Disparitäten im Sozialhilfebezug

Europäische Hochschulschriften
Publications Universitaires Européennes
European University Studies

Reihe V
Volks- und Betriebswirtschaft

Série V Series V
Sciences économiques, gestion d'entreprise
Economics and Management

Bd./Vol. 3023

PETER LANG
Frankfurt am Main · Berlin · Bern · Bruxelles · New York · Oxford · Wien

Monika Burmester

Disparitäten im Sozialhilfebezug

Auswertung der Sozialhilfestatistik unter Berücksichtigung des Haushaltskontextes und regionaler Aspekte

PETER LANG
Europäischer Verlag der Wissenschaften

Bibliografische Information Der Deutschen Bibliothek
Die Deutsche Bibliothek verzeichnet diese Publikation in der Deutschen Nationalbibliografie; detaillierte bibliografische Daten sind im Internet über <http://dnb.ddb.de> abrufbar.

Zugl.: Frankfurt (Main), Univ., Diss., 2003

D 30
ISSN 0531-7339
ISBN 3-631-51619-3

www.peterlang.de

Vorwort

Die Sozialhilfe, das unterste Auffangnetz des deutschen Sozialstaates, findet sich seit Jahren in der Kritik. Insbesondere gilt dies für die laufende Hilfe zum Lebensunterhalt, die auf die Sicherung des soziokulturellen Existenzminimums zielt. Es gab immer wieder Reformen, die auch Einfluss auf die Empfängerstruktur hatten, aber keine war so einschneidend wie die für 2004 geplante Zusammenlegung von Arbeitslosen- und Sozialhilfe für Erwerbsfähige.

Anspruch auf laufende Hilfe zum Lebensunterhalt, auf die sich diese Arbeit bezieht, hat zukünftig wahrscheinlich nur noch ein sehr kleiner Personenkreis. Für die in dieser Arbeit präsentierten Untersuchungsergebnisse ist das allerdings von untergeordneter Bedeutung, denn viele der betrachteten Empfängergruppen werden weiterhin auf Leistungen zum Lebensunterhalt angewiesen sein. Allerdings wechseln diese Personen in ein anderes Hilfesystem – von der Sozialhilfe in die Grundsicherung für Arbeitssuchende. In dem neuen Sicherungssystem werden die Erwerbsfähigen, die heute Anspruch auf laufende Hilfe zum Lebensunterhalt haben, und einige der jetzigen Arbeitslosenhilfebezieher zusammengefasst. Die in dieser Arbeit dargestellten Ergebnisse über die Empfängerstruktur kann folglich nur auf einen Teil aller zukünftigen Empfänger von Grundsicherung für Arbeitssuchende übertragen werden.

Mit dem geplanten Wechsel von der Sozialhilfe zur Grundsicherung für Arbeitssuchende sind einige Neuerungen verbunden, die sich auf die Empfängerstruktur auswirken dürften. Die Einführung des Kinderzuschlages wird wahrscheinlich dazu führen, dass es kaum noch Familien mit einem Vollzeiterwerbstätigen im Haushalt geben wird, die die neuen Fürsorgeleistungen benötigen. Aber auch aus einer anderen Gruppe von heutigen Hilfeempfängern könnten zukünftig einige aus dem Leistungsbezug herausfallen: diejenigen, deren Mitwirkung als unzureichend definiert wird. Bei mangelnder Mitwirkung sind Leistungskürzungen selbst dann vorgesehen, wenn Nichtleistungsfähige zur Bedarfsgemeinschaft gehören. Junge Menschen unter 25 Jahren müssen sogar mit dem vollständigen Leistungsentzug rechnen. Es bleibt zu hoffen, dass diejenigen, die über die Leistungsgewährung zu entscheiden haben, das richtige Augenmaß mitbringen und mit ihren Entscheidungen nicht zu Unterversorgung, Ausgrenzung oder verdeckter Armut beitragen.

Diese Arbeit basiert ganz wesentlich auf Auswertungen der 25%-Stichprobe der Sozialhilfeempfängerstatistik. Die Sozialhilfestatistik ist gelegentlich in die Kritik geraten: sie könnte besser sein. Zum gegenwärtigen Zeitpunkt kann nur die Hoffnung ausgedrückt werden, dass die Statistik über die Grundsicherung für Arbeitssuchende die Mängel der Statistik der Empfänger laufender Hilfe zum Lebensunterhalt überwindet. Es ist noch nicht absehbar, wie die zukünftige Statistik aussehen wird und ob die für Armutsuntersuchungen so wichtigen Haushaltsauswertungen, wie sie mit dieser Arbeit vorgelegt werden, mit der neuen Statistik überhaupt möglich sind.

Die vorliegende Untersuchung ist als Dissertation an der Johann Wolfgang Goethe-Universität Frankfurt am Main entstanden. Die Anregung zur Auswertung der 25%-Stichprobe der Sozialhilfeempfängerstatistik erhielt ich von Prof. Dr. Richard Hauser, der mich als Doktorandin betreut hat. Ihm bin ich für die vielfältige Unterstützung zu besonderem Dank verpflichtet. Bedanken möchte ich mich auch ganz herzlich bei Prof. Dr. Wolfgang Glatzer als Zweitgutachter sowie bei Prof. Dr. Roland Eisen und Prof. Dr. Hugo Kossbiel für ihre Bereitschaft, am Promotionsverfahren teilzunehmen.

Ohne die Unterstützung durch das Statistische Bundesamt wäre die Arbeit in dieser Form nicht zustande gekommen. Als externe Wissenschaftlerin erhielt ich im Statistischen Bundesamt erstmals Zugang zu den Einzeldatensätzen der 25%-Stichprobe. Für diese Möglichkeit, die kollegiale Aufnahme und die Unterstützung, die ich von Mitarbeitern des Statistischen Bundesamtes erhalten habe, bedanke ich mich nochmals. Zu danken habe ich auch den Mitarbeitern der Statistischen Landesämter und des Bundesamtes für Bauwesen und Raumordnung, die mir durch ihre Auskünfte und die bereitgestellten Daten ebenfalls sehr geholfen haben. Schließlich gilt mein Dank den Professoren, Dozenten und Mitarbeitern am Fachbereich Wirtschaftswissenschaften der Johann Wolfgang Goethe-Universität Frankfurt am Main, die sich meinen Fragen stellten und mir hilfreiche Hinweise gegeben haben.

Das wissenschaftliche Umfeld ist wichtig für das Gelingen einer Dissertation, die sozialen Beziehungen sind es ebenfalls. Ich bedanke mich bei allen, die mich bei der Realisierung dieses Projektes aktiv oder passiv unterstützt haben.

Eppstein, im September 2003

Monika Burmester

Inhaltsverzeichnis

Verzeichnis der Tabellen

Verzeichnis der Graphiken und Schaubilder

Verzeichnis der verwendeten Abkürzungen

AFG = Arbeitsförderungsgesetz

AFRG = Arbeitsförderungs-Reformgesetz

AL = arbeitslos

AsylbLG = Asylbewerberleistungsgesetz

AWO = Arbeiterwohlfahrt

BA = Berufsausbildung

BaföG = Bundesausbildungsförderungsgesetz

BBR = Bundesamtes für Bauwesen und Raumordnung

BfLR = Bundesforschungsanstalt für Landeskunde und Raumordnung

BG = Bedarfsgemeinschaft(en)

BGB = Bürgerliches Gesetzbuch

BMA = Bundesministerium für Arbeit und Sozialordnung

BMFSFJ = Bundesministerium für Familie, Senioren, Frauen und Jugend

BSHG = Bundessozialhilfegesetz

CAST = Chancen und Anreize zur Aufnahme sozialversicherungspflichtiger Tätigkeiten

DIW = Deutsches Institut für Wirtschaftsforschung

ET = erwerbstätig

EU = Europäische Union

EVS = Einkommens- und Verbrauchsstichprobe

EW = Einwohner

FN = Fußnote

GfK = Gesellschaft für Konsumforschung

GG = Grundgesetz

GKV = Gesetzliche Krankenversicherung

GSiG = Gesetz über eine bedarfsorientierte Grundsicherung im Alter und bei Erwerbsminderung

HbL = Hilfe in besonderen Lebenslagen

HLU = Hilfe zum Lebensunterhalt

HLUE = Empfänger laufender Hilfe zum Lebensunterhalt

HH = Haushalt(e)

HS = Hauptschule

HzA = Hilfe zur Arbeit

ISG = Institut für Sozialforschung und Gesellschaftspolitik GmbH

IZA = Forschungsinstitut zur Zukunft der Arbeit

KGSt = Kommunale Gemeinschaftsstelle

km^2 = Quadratkilometer

Lfd.HLU = laufende Hilfe zum Lebensunterhalt

MAVA = Mannheimer Vermittlungsagentur

MoZArT = Modellvorhaben zur Verbesserung der Zusammenarbeit von Arbeitsämtern und Trägern der Sozialhilfe

NET = nicht erwerbstätig

NEL = nichteheliche Lebensgemeinschaften

OECD = Organization of Economic Co-operation and Development

OLS = ordinary least squares (Kleinst-Quadrate-Schätzung)

qkm = Quadratkilometer

RWI = Rheinisch-Westfälisches Institut für Wirtschaftsforschung

SfB = Sonderforschungsbereich

SGB = Sozialgesetzbuch

SGI = Saar-Gemeinschaftsinitiative

SOEP = Sozioökonomisches Panel

WS = weiterführende Schule

ZFSH = Zeitschrift für Sozialhilfe und Sozialgesetzbuch

ZEW = Zentrum für Europäische Wirtschaftsforschung GmbH

ZWE = Zentrale wissenschaftliche Einrichtung

1 Einleitung

Mit der Sozialhilfe existiert in Deutschland ein unterstes soziales Sicherungssystem. Es tritt bei Bedürftigkeit ein und schließt Lücken der vorgelagerten sozialen Sicherung. Seit 1962 besteht ein Rechtsanspruch auf Leistungen nach dem Bundessozialhilfegesetz (BSHG)[1]. Mit der rechtlichen Kodifizierung sollte der Sozialhilfe der Fürsorgecharakter genommen werden[2]. Der Hilfeempfänger wird dadurch als Subjekt der Hilfe und nicht mehr als Objekt staatlichen Ordnungsdenkens begriffen (Thuy 1999: 206). Den Trägern der Sozialhilfe sind Pflichten auferlegt, der Bedürftige hat Rechtsansprüche. Jeder Bedürftige hat einen rechtsverbindlichen Anspruch auf Hilfe, unabhängig davon, ob er verschuldet oder unverschuldet in Not geraten ist (Finalprinzip). Dieser Anspruch besteht aber nur dem Grunde nach, nicht nach Art und Höhe (Lampert 1998: 309).

Die Sozialhilfe unterscheidet zwei Hilfearten. Hilfe in besonderen Lebenslagen (HbL) richtet sich auf außergewöhnliche Notlagen, hervorgerufen etwa durch Krankheit, Behinderung, Pflegebedürftigkeit usw. Hilfe zum Lebensunterhalt (HLU) wird demgegenüber Personen gewährt, deren eigene finanzielle Mittel nicht ausreichen, um die zugebilligten Kosten des Lebensunterhalts (vollständig) zu decken. Sie wird in Form laufender Hilfe zum Lebensunterhalt gewährt und als einmalige Leistung. Auf einmalige Leistungen haben auch Personen Anspruch, deren Einkommen knapp über dem sozialhilferechtlichen Bedarf liegen. Laufende Hilfe zum Lebensunterhalt (lfd. HLU) war ursprünglich für besondere, atypische Not- und Bedarfslagen konzipiert (Hanesch 1995: 385). Mittlerweile ist sie nicht mehr letztes Auffangnetz, sondern hat für immer mehr Personen, die durch das übrige Sozialleistungs- und Sozialversicherungssystem unzureichend oder gar nicht abgesichert sind, die Funktion einer Grundsicherung bekommen (Semrau 1990: 114).

1.1 Laufende Hilfe zum Lebensunterhalt

Für Armutsuntersuchungen, die sich am Ressourcenkonzept orientieren und auf die Verfügbarkeit finanzieller Mittel (häufig Einkommen) abstellen, sind die Empfänger laufender Hilfe zum Lebensunterhalt von besonderem Interesse. Sie verfügen nicht über ausreichende finanzielle Mittel, um die Kosten des Lebensunterhalts – auf dem durch die Sozialhilfeschwelle (sozialhilferechtlicher Bedarf) zugestandenen niedrigen Niveau – zu decken. Anspruch auf Sozialhilfe hat nur, wer sich nicht selber helfen kann. Dies entspricht einem wesentlichen Grundprinzip der Sozialhilfe, der Nachrangigkeit der Leistung. Hilfe wird ausschließlich dann gewährt, wenn individuelle Not-

[1] Das Gesetz wurde 1961 im Bundestag verabschiedet und trat am 1.6.1962 in Kraft.

[2] Schulte/Trenk-Hinterberger (1986: 47) beschreiben die Fürsorge oder Armenpolitik als einseitige Leistungen der Obrigkeit dem Bedürftigen gegenüber, die über die Sicherung der öffentlichen Ordnung motiviert sind.

lagen nicht aus eigener Kraft zu überwinden sind und wenn keine Ansprüche an Dritte (i.d.R. Unterhaltspflichtige) oder an andere soziale Sicherungssysteme bestehen (z.B. Sozialversicherung). Aus diesem Grundsatz folgt u.a., dass sich Empfänger laufender Hilfe zum Lebensunterhalt ihre Einkommen weitgehend anrechnen lassen müssen[3]. Geldvermögen wird nur in Höhe eines vergleichsweise geringen Betrages von der Anrechnung ausgenommen. Prinzipiell muss der Hilfesuchende zunächst seine eigenen Mittel einsetzen. Hierzu zählt neben dem laufenden Einkommen und dem verwertbaren Vermögen auch die Arbeitskraft. Ansprüche des Hilfesuchenden an Unterhaltspflichtige oder gegenüber anderen Sozialleistungsträgern sind ebenfalls der Sozialhilfe vorgelagert. Nach dem Subsidiaritätsprinzip setzt die laufende Hilfe also erst ein, wenn mit eigener Leistung die erforderlichen Mittel zur Deckung des Lebensunterhaltes nicht erbracht werden können. Zur eigenen Leistung gehört auch das individuelle Arbeitsvermögen. Der Einsatz der Arbeitskraft kann nicht von allen Hilfeempfängern eingefordert werden. Ausgenommen sind Personen im Rentenalter und Erwerbsunfähige sowie Kinder, sofern sie nicht bereits eine Ausbildung abgeschlossen haben. Zudem gibt es eine andere relevante Empfängergruppe, deren Leistungsfähigkeit zur Erzielung eines Markteinkommens eingeschränkt ist. Es sind Personen, die sich der Versorgung ihrer (Klein-)Kinder widmen (müssen) und daher nur eingeschränkt oder gar nicht erwerbstätig sein können.

Voraussetzung für den Leistungsbezug ist die Bedürftigkeit des Hilfesuchenden. Sie besteht, wenn die originären Einkünfte oder Vermögen unter der vom Gesetzgeber festgelegten Schwelle liegen. Diese Grenze wird auch als soziokulturelles Existenzminimum[4] oder als quasi-politische Armutsgrenze bezeichnet[5]. Die Hilfe wird als individuelle Hilfe gewährt: Art, Form und Umfang der Leistungen haben sich nach den Besonderheiten des Einzelfalls zu richten (Grundsatz der Individualisierung). Laufende Hilfe zum Lebensunterhalt wird mit einer doppelten Zielsetzung gewährt. Sie soll es dem Empfänger ermöglichen, ein Leben zu führen, das der Würde des Menschen entspricht (§ 1 Abs. 2 (1) BSHG), sie soll ihn aber gleichzeitig befähigen, unabhängig von ihr zu leben. Hieran hat der Hilfeempfänger mitzuwirken (§ 1 Abs. 2 (2) BSHG). Diese Mitwirkungspflicht bedeutet für erwerbsfähige Hilfeempfänger die prinzipielle Verpflichtung zum Einsatz ihrer Arbeitskraft. Das in Absatz 2 von § 1 des BSHG formulierte Ziel der Sozialhilfe unterstreicht ihren „eigentlich" transitorischen Charakter: Die Leistungen der Sozialhilfe sind darauf gerichtet, sich selbst überflüssig zu machen.

[3] Bestimmte Sozialleistungen wie das Erziehungsgeld gelten nicht als Einkommen.

[4] Die im Rahmen der laufenden Hilfe zum Lebensunterhalt gewährten Leistungen sollen nicht nur die physische Existenz des Hilfeempfängers sicherstellen, sondern auch Beziehungen zur Umwelt und die Teilnahme am kulturellen Leben ermöglichen.

[5] Für die Gewährung von Hilfe in besonderen Lebenslagen gelten deutlich höhere Einkommens- und Vermögensgrenzen. Auch in Bezug auf den Rückgriff auf Unterhaltspflichtige gibt es unterschiedliche Regelungen sowohl für bestimmte Personengruppen als auch für die verschiedenen Hilfearten.

„Die Sozialhilfe soll vor allem keine dauerhafte, attraktive Alternative zur materiellen Selbstversorgung (insbesondere durch Einsatz der eigenen Arbeitskraft) sein" (Schulte/Trenk-Hinterberger 1986: 107). Auf die mögliche Dauer des Leistungsbezugs wirkt sich der transitorische Charakter der Hilfe allerdings nicht aus; die Leistungen werden ohne zeitliche Befristung gewährt.

Zum Zeitpunkt der Einführung des BSHG war nur ein vergleichsweise kleiner Personenkreis auf laufende Hilfe zum Lebensunterhalt angewiesen. Damals herrschte die Vorstellung, dass die wirtschaftliche Prosperität anhalten würde und die Gesamtbevölkerung daran – flankiert durch den Ausbau des Sozialversicherungssystems – in einer Weise partizipieren könnte, die mittelfristig die Sozialhilfe überflüssig macht. Diese Hoffnungen waren trügerisch. Die Zahl der Personen, deren eigene finanzielle Mittel nicht ausreichen, um ihr soziokulturelles Existenzminimum zu decken, ist insbesondere seit Mitte der achtziger Jahre erheblich gestiegen. Hierzu haben eine Reihe von Faktoren beigetragen. Nicht zuletzt ist die Politik selbst zu nennen. Sie hat es versäumt, das Fundament des deutschen Sozialstaates, die Sozialversicherungen, an die veränderten ökonomischen und gesellschaftlichen Verhältnisse anzupassen. Sie hat mit ihrer Lebensstandardsicherungspolitik zu wenig Rücksicht auf das armutsgefährdete untere Einkommenssegment genommen, und sie hat gesellschaftlich erwünschte Mindestsicherungen für verschiedene Bevölkerungsgruppen (Alleinerziehende) auf die Sozialhilfeträger abgewälzt.

Die Gründungsväter des BSHG gingen davon aus, dass die Sozialversicherungen die wesentlichen Armutsrisiken wie Erwerbsunfähigkeit aus gesundheitlichen Gründen oder wegen Alters und das Arbeitslosenrisiko abdecken. Die Pflichtversicherungen für abhängig Beschäftigte sollten vor den Standardrisiken einer Industriegesellschaft mit hohem Beschäftigungsgrad schützen. Ein Defizit der Sozialversicherungen besteht darin, dass sie keine Grundsicherungselemente beinhalten. Die Leistungshöhe richtet sich nicht nach dem Bedarf[6] des Leistungsempfängers, sondern hängt weitgehend vom zuvor erzielten Einkommen ab[7]. Die Sozialversicherungsleistungen zielen also auf Lebensstandardsicherung und nicht auf Grundsicherung. Für Bezieher niedriger Einkommen bedeutet dieses Konstruktionsprinzip, dass die Lohnersatzleistungen durchaus unter dem tatsächlichen Bedarf liegen können. Dies gilt insbesondere, wenn mehrere Personen im Haushalt davon leben müssen. Reichen die Leistungen des vorgelagerten sozialen Sicherungssystems nicht zur Bedarfsdeckung aus, dann springt die Sozialhilfe ein. Im Unterschied zur Sozialversicherung tritt sie ein, ohne dass zuvor Ansprüche in Form von Anwartschaften zu erwerben sind. Dieses Element des sozialen

---

[6] Bedarf ist hier immer gleichgesetzt mit dem zugestanden soziokulturellen Existenzminimum wie es durch die laufende Hilfe zum Lebensunterhalt festgesetzt ist.

[7] Im Unterschied zur privaten Versicherung ist das Äquivalenzprinzip (Anspruch auf Versicherungsleistung entsprechend der Prämienleistung) in den Sozialversicherungen nicht das allein gültige Gestaltungselement. Neben dem Risikoausgleich spielt hier auch der soziale Ausgleich eine Rolle.

Sicherungssystems passt in keiner Weise zum Versicherungsprinzip. Die Sozialhilfe stellt vielmehr eine Ergänzung dar. Sie ist ein Ausfallbürge für die Wechselfälle des Lebens, für die es keine „Standardversicherungen" gibt.

Durch die Zunahme des Arbeitslosigkeitsrisikos in den letzten Dekaden und die politischen Reaktionen auf den damit einhergehenden Kostendruck (Leistungseinschränkungen) ist die Arbeitslosenversicherung für eine größere Zahl von Leistungsberechtigten und sonstigen Arbeitslosen keine hinreichende Absicherung mehr. Das Sozialhilfe-System hat sich dadurch zu einem Arbeitslosenversicherungs-Ersatzsystem gewandelt (Thuy 1999: 203). Aber nicht nur Arbeitslose finden sich in großem Umfang unter den Empfängern laufender Hilfe zum Lebensunterhalt, sondern auch Alleinerziehende. Bei ihnen konfligiert die Teilnahme am Erwerbsleben mit ihren häuslichen Verpflichtungen. Dass sie häufig durch die Maschen des Sozialversicherungsnetzes fallen, hängt an einem weiteren Konstruktionsprinzip: Sozialversicherungsleistungen sind an abhängige Erwerbsarbeit geknüpft. Damit werden auch Personen, die aus gesellschaftlich anerkannten Gründen keiner Erwerbstätigkeit nachgehen (können oder wollen), vom Leistungsbezug ausgeschlossen. Viele Alleinerziehende sind auf die Leistungen der Sozialhilfe verwiesen. In den letzten Jahren wurden die ihnen zustehenden Leistungen erhöht und die Unterhaltsverpflichtungen eingeschränkt[8]. Diese Beispiele veranschaulichen den Funktionswandel: statt eines Ausfallbürgen für atypische Notlagen deckt die laufende Hilfe zum Lebensunterhalt zunehmend Standardrisiken ab.

1.2 Der Untersuchungsgegenstand: Disparitäten im Hilfebezug

Die Ergebnisse der amtlichen Statistik über die Anzahl der Empfänger laufender Hilfe zum Lebensunterhalt differenziert nach verschiedenen Merkmalen werden regelmäßig veröffentlicht. In wissenschaftlichen Untersuchungen findet die Sozialhilfestatistik keine sehr große Beachtung. Analysen zum Sozialhilferisiko erfolgen häufig mit Datenquellen, die nur vergleichsweise geringe Fallzahlen von Hilfeempfängern enthalten. Für verschiedene Fragestellungen - z.B. mikroanalytische Simulationen zum Sozialhilferisiko unterschiedlicher Gruppen - ist die Verwendung solcher Datenquellen unerlässlich. Ebenso werden für bestimmte Fragen nach der Dynamik des Hilfebezugs (bspw. Mehrfachbezug) Daten benötigt, die in der amtlichen Sozialhilfestatistik nicht verfügbar sind. Trotz dieser Einschränkungen gibt es Argumente für die Verwendung der amtlichen Statistik. Der wichtigste Grund ist die Größe des Datensatzes. Sie er-

[8] Auf das Problem der Kostenträgerschaft wird im Rahmen dieser Arbeit nicht eingegangen. Es ist aber nachvollziehbar, dass sich die Kommunen mit der Überwälzung der Kosten sozialpolitischer Ziele finanziell überfordert fühlen. Seit Jahren interessiert die Sozialhilfe vorwiegend als Kostenfaktor. Fragen der Kostensenkung (Stichwort: Missbrauch) stehen im Vordergrund der öffentlichen Diskussion.

laubt differenzierte Betrachtungen, die bei vergleichsweise kleinen Stichproben u.U. zu Fehlschlüssen führen.

Politikempfehlungen, die darauf zielen, die Zahl der Empfänger laufender Hilfe zum Lebensunterhalt zu senken, müssen auf einer genauen Analyse der Empfängerstruktur, der Gründe für den Hilfebezug und der Möglichkeiten der Überwindung basieren. Mit dieser Arbeit soll ein Beitrag dazu geleistet werden. Allerdings erlaubt es die Datenlage nicht, auf alle offenen Fragen eine Antwort zu geben. In dieser Untersuchung wird ein Schwerpunkt auf die Haushaltssituation verschiedener Gruppen von Empfängern laufender Hilfe zum Lebensunterhalt gelegt. Für die Haushaltsbetrachtung – statt der üblichen personenbezogenen Auswertungen – sprechen verschiedene Gründe. So entsteht ein Leistungsanspruch häufig erst durch den Haushaltszusammenhang (unzureichender Familienleistungsausgleich) bzw. durch die spezielle Haushaltskonstellation. Diagnosen zur Überwindung des Hilfebezugs für bestimmte Personengruppen können unangemessen sein, wenn dabei Umstände unberücksichtigt bleiben, die sich aus dem Haushaltskontext ergeben.

Welche Empfängergruppen sind zu identifizieren? In welchen Haushalten leben sie? Dies ist der erste Fragenkomplex, der im Rahmen dieser Untersuchung behandelt wird. Damit soll der engen Sicht in der politischen Debatte – der Fokussierung auf vermeintlich Erwerbsfähige – entgegen getreten werden. Es kann nicht nur darum gehen, in der Logik des Förderns und Forderns Anreize (evtl. durch Sanktionen) zur Aufnahme einer Erwerbsarbeit zu schaffen[9]. Ebenso ist der Hilfebedarf der temporär oder noch nicht leistungsfähigen Hilfeempfänger anzuerkennen oder der spezielle Bedarf einzelner Gruppen, denen der Zugang zum ersten Arbeitsmarkt versperrt sein dürfte. Vorschläge, wie der Hilfebedarf verschiedener Gruppen auch außerhalb der Sozialhilfe befriedigt werden kann, sind bekannt. Auch sie sollten in der Politik Berücksichtigung finden.

Nicht alle Bevölkerungsgruppen sind gleichermaßen vom Sozialhilferisiko betroffen sind. In Abhängigkeit vom Alter, vom Geschlecht und von der Nationalität (deutsch oder nicht deutsch) schwankt das Risiko, auf laufende Hilfe zum Lebensunterhalt angewiesen zu sein[10], mehr oder weniger stark. Seit Inkrafttreten des BSHG hat sich der Kreis der Leistungsbezieher geändert. Anfangs waren ältere Menschen und insbesondere Frauen gemessen an ihrer Repräsentanz in der Gesamtbevölkerung überdurchschnittlich häufig auf laufende Hilfe zum Lebensunterhalt angewiesen. In späteren

---

[9] Hier stellt sich die Frage, ob die Diagnose richtig ist. Liegt die Nichterwerbstätigkeit an fehlenden Anreizen oder daran, dass es in der Mehrheit der Fälle an geeigneten Arbeitsplätzen fehlt?

[10] Das Risiko wird hier gleichgesetzt mit der relativen Häufigkeit des Sozialhilfebezugs. Es ist also identisch mit der gruppenspezifischen Sozialhilfequote, die auch als Sozialhilfedichte bezeichnet wird. Diese Größe bezieht sich ausschließlich auf die ausgewiesenen Hilfeempfänger. Die potenziell Anspruchsberechtigten, die natürlich ebenfalls ein Sozialhilferisiko tragen, bleiben unberücksichtigt.

Jahren nahm dann die Sozialhilfebetroffenheit von Minderjährigen (Infantilisierung der Armut) kräftig zu. Daneben gab es andere Trends: Der Anteil männlicher Hilfeempfänger ist heute höher als in den sechziger Jahren und Ausländer fallen als weitere Personengruppe mit einem weit überdurchschnittlichen Anstieg der Sozialhilfebetroffenheit auf. Im Rahmen dieser Arbeit stellt die Darstellung der längerfristigen Entwicklung einerseits eine Hintergrundinformation dar, andererseits begründet sich aus der langfristigen Veränderung in der Empfängerstruktur die Auswahl der betrachteten Personengruppen. Im Zentrum der Untersuchung steht die aktuelle Empfängerstruktur. Der Blick wird auf drei Gruppen gerichtet: Kinder unter 18 Jahre, Hilfeempfänger im erwerbsfähigen Alter und Ausländer. Für alle drei Gruppen ist der Haushaltszusammenhang wichtig. Der Sozialhilfebezug von minderjährigen Kindern begründet sich aus der sozioökonomischen Lage ihrer Familie[11]. Die höhere Sozialhilfebetroffenheit von Frauen ist ebenfalls auf den Faktor Familie zurückzuführen (Kinderbetreuung statt Vollzeiterwerbstätigkeit). Männliche Hilfeempfänger im erwerbsfähigen Alter zählen daher in größerem Umfang als Frauen dieser Altersgruppe zum Nettoarbeitskräftepotenzial. Ausländische Hilfeempfänger schließlich unterscheiden sich hinsichtlich ihrer Haushaltsstruktur beachtlich von deutschen HLU-Empfängern. Für diese Personengruppe dürfte die Arbeitsmarktsituation von noch größerer Bedeutung sein als für Deutsche, bei denen der Familienstatus „Alleinerziehend“ in Verbindung mit „Nicht erwerbstätig wegen häuslicher Bindung“ vergleichsweise häufig den Hilfebezug begründet.

Von den Einzeldatensätzen der Statistik der Empfänger laufender Hilfe zum Lebensunterhalt existiert eine repräsentative 25%-Stichprobe. Die Verfügbarkeit der Stichprobendaten erlaubt es, personengewichtete Haushaltsbetrachtungen vorzunehmen, wie sie in der Armutsforschung üblich sind. Zudem lassen sich verschiedene Ergebnisse zu denen der Gesamtbevölkerung in Beziehung setzen, denn unter Verwendung der Individualdatensätze des Mikrozensus können für beide Statistiken identische Haushaltsabgrenzungen konstruiert werden. Ein solcher eindeutiger Vergleich war bislang nicht möglich, da den amtlichen Veröffentlichungen für beide Statistiken unterschiedliche Haushalts- bzw. Familienkonzepte zu Grunde liegen. Der Schwerpunkt der folgenden Auswertungen der Sozialhilfeempfängerstatistik liegt auf dem Haushaltskontext. Sofern es sinnvoll erscheint, werden haushaltsbezogene Analysen um personenbezogene Aspekte ergänzt.

Neben den gruppenspezifischen Disparitäten, die sich in der unterschiedlichen Sozialhilfebetroffenheit verschiedener Bevölkerungsgruppen widerspiegelt, gibt es regionale

[11] In dieser Arbeit wird zwischen Haushalten und Familien nicht unterschieden. Die Kategorisierung der Hilfeempfänger und der Gesamtbevölkerung erfolgt anhand der Haushaltsinformationen. Damit dürften die Familien untererfasst sein. Die terminologische Gleichsetzung bezieht sich auf Paarhaushalte mit Kindern und Alleinerziehende, die auch als Zwei- bzw. Ein-Eltern-Familien bezeichnet werden.

Differenzen. So variiert das Sozialhilferisiko in Abhängigkeit vom Wohnort und auf noch kleinräumigerer Ebene in Abhängigkeit vom Stadtteil[12]. Im Jahr 1998 erhielten bundesweit 2,9 Millionen Personen außerhalb von Einrichtungen laufende Hilfe zum Lebensunterhalt. Bezogen auf die Gesamtbevölkerung entspricht dies einer Quote von 3,5%[13]. Im früheren Bundesgebiet ist der Anteil der HLU-Empfänger an der Bevölkerung mit 3,7% deutlich höher als in den neuen Bundesländern (2,7%). Ein Blick auf die durchschnittlichen Empfängerquoten der Bundesländer vermittelt einen ersten Eindruck von der regionalen Heterogenität dieser Größe. Während der Stadtstaat Bremen schon seit Jahren eine Spitzenposition einnimmt (Sozialhilfedichte 1998: 10,2%), kommen in Thüringen und Bayern gerade einmal zwei Hilfeempfänger auf hundert Einwohner. Noch größer werden die Unterschiede, wenn statt der Bundesländer die kreisfreien Städte und Landkreise als kleinste der im Rahmen dieser Arbeit betrachtete Regionaleinheiten gewählt werden. Regionale Disparitäten bilden einen weiteren Schwerpunkt der Untersuchung. In diesem Teil der Analyse wird ein Versuch unternommen, die regional unterschiedlichen Sozialhilfequoten für die westdeutschen Bundesländer und letztendlich bis auf Kreisebene zu erklären. Von Interesse ist in diesem Zusammenhang aber nicht nur die Frage, welche quantifizierbaren Größen die regionalen Unterschiede in der Sozialhilfebetroffenheit erklären, wobei die Bedeutung der Arbeitslosigkeit im Zentrum der Betrachtung steht. Ebenso soll geklärt werden, ob sich über diese Einflüsse hinaus ein eigenständiger Regionaleinfluss, wie er in den Vorstellungen vom Nord-Süd-Gefälle in den alten Bundesländern und vom Stadt-Land-Gefälle existiert, nachweisen lässt.

1.3 Zur Vorgehensweise

Die Untersuchung gliedert sich in drei Teile. Im ersten Teil werden unter dem Titel „Urteile zum Sozialhilfebezug und Datengrundlage“ zunächst einige Befunde zum Bezug laufender Hilfe zum Lebensunterhalt präsentiert. Dabei wird nicht nur auf Urteile von Ökonomen eingegangen, denn Sozialhilfebezug bzw. Fragen der Grundsicherung sind kein originär ökonomisches Thema. In den Wirtschaftswissenschaften wird die effiziente Allokation und Verteilung von Ressourcen thematisiert. Unterstellt sind dabei immer Akteure, die am Wirtschaftsprozess teilnehmen. Einzelne Wirtschaftssubjekte können durchaus ein geringeres Einkommen haben (working poor). Inwieweit dies über oder unter bestimmten Armutsgrenzen liegt, zu der hier auch die Sozialhilfeschwelle gezählt wird, hängt von Bedingungen ab, die nicht unbedingt mit der Entlohnung des Faktors Arbeit zu tun haben. Ob ein am Markt erzieltes Einkommen für eine Familie ausreicht, hängt neben der Einkommenshöhe vom Haushaltskontext ab und

[12] Auf solch kleinräumige Betrachtungen wird in dieser Arbeit allerdings nicht eingegangen. Die kleinste Untersuchungseinheit sind die Landkreise und kreisfreien Städte.

[13] Der Anteil von Hilfeempfängern an der Gesamtbevölkerung wird auch als Sozialhilfequote, als Empfängerquote oder als Empfängerdichte bezeichnet.

von der Ausgestaltung des gesamten sozialen Sicherungssystems inklusive des Steuer-Transfersystems. Fragen der Sozialpolitik weisen über die reine ökonomische Theorie hinaus. Hier werden u.a. gesellschaftliche Gerechtigkeitsvorstellungen tangiert. Im Zusammenhang mit Sozialhilfebezug richtet sich die Frage der Verteilungsgerechtigkeit insbesondere auf die Ressourcenverteilung zwischen den Personen, die über ausreichende Erwerbseinkünfte verfügen und denen, die von einer Partizipation am Erwerbsleben ausgeschlossen sind, aus gesellschaftlich anerkannten Gründen nicht erwerbstätig sind oder deren Erwerbseinkünfte bzw. daraus abgeleitete Ansprüche zu gering ausfallen.

Bei den in Kapitel 2 dargestellten wissenschaftlich begründeten Diagnosen zum Sozialhilfebezug stehen weniger empirische Ergebnisse im Vordergrund als vielmehr allgemeine Überlegungen. Der erste Abschnitt befasst sich mit den Grundaussagen der dynamischen Armutsforschung, die wesentlich dazu beigetragen hat, ein differenziertes Bild von Empfängern laufender Hilfe zum Lebensunterhalt zu zeichnen. Der in den Untersuchungen der dynamischen Armutsforschung verwendete Ansatz stellt auf die individuellen Handlungsoptionen ab, über die auch Sozialhilfeempfänger verfügen; sie sind nicht nur als Opfer zu begreifen. Im folgenden Abschnitt geht es zunächst um die Beziehung zwischen Einkommensarmut und Sozialhilfebezug. Die Begriffe sollten nicht synonym verwendet werden, denn die Festlegung der Bedarfsgewichte, der Art und Höhe der Mehrbedarfe usw. ist eine politische Entscheidung. Welche Personengruppen Anspruch auf laufende Hilfe zum Lebensunterhalt haben und damit als Arme anerkannt sind, ist also z.T. politisch bestimmt. Im Anschluss an diese Überlegungen wird auf einzelne Aspekte eingegangen: Kinderarmut, verdeckte Armut und Leistungsmissbrauch. Auch hier geht es um normative Urteile: Kinder werden als die unschuldigen Armen angesehen. Dass sie in so hohem Maße auf laufende Hilfe zum Lebensunterhalt angewiesen sind, ist einerseits auf die Ausgestaltung der Sozialhilfe zurückzuführen (Regelsätze, Mehrbedarfe, Unterhalt), andererseits auf Defizite im Familienleistungsausgleichs. Verdeckt Arme sind die eigentlich (guten) Armen. Sie aufzuspüren, ist allerdings nicht oberstes Ziel der Politik. Vielmehr richtet sich das Interesse auf die missbräuchliche Inanspruchnahme laufender Hilfe zum Lebensunterhalt. Diesem Generalverdacht sehen sich die „eigentlich" leistungsfähigen Hilfeempfänger ausgesetzt. Auf diese Personengruppe bezieht sich auch das von Ökonomen in den Vordergrund gestellte Urteil des unzureichenden Arbeitsanreizes für Empfänger laufender Hilfe zum Lebensunterhalt, auf das im dritten Abschnitt dieses Kapitels eingegangen wird.

Im Anschluss an die Ausführungen zu den Diagnosen und Urteilen zum Sozialhilfebezug wird im dritten Kapitel die Datengrundlage für die anschließende empirische Auswertung dargestellt: die Sozialhilfeempfängerstatistik. Welche Merkmale werden erhoben? Welche Auswertungen sind möglich? Die hier präsentierten Untersuchungsergebnisse basieren sehr stark auf Haushaltsauswertungen. In diesem Kapitel wird beschrieben, wie mit den Stichprobendaten eindeutige Haushaltstypen klassifiziert werden können. Die späteren haushaltsbezogenen Auswertungen mit der 25%-Stichprobe der Sozialhilfeempfängerstatistik basieren auf diesem Konzept.

Im zweiten Teil der Arbeit werden unter dem Titel „Sozialhilfebezug in Deutschland - Disparitäten in der Empfängerstruktur“ verschiedene Auswertungsergebnisse der Sozialhilfestatistik für Gesamtdeutschland präsentiert. Es beginnt mit einem Überblick über die mehrjährige Entwicklung des Sozialhilfebezuges im vierten Kapitel. Ausschließlich in diesem Kapitel wird auf Ausgaben und auf die Empfänger von Hilfe in besonderen Lebenslagen Bezug genommen. Mit diesen längerfristigen Betrachtungen ist eine Positionsbestimmung bezweckt: Welche Bedeutung haben eigentlich die im Zentrum der öffentlichen Debatte stehenden Empfänger laufender Hilfe zum Lebensunterhalt hinsichtlich der auf sie entfallenden Kosten? Schließlich werden längerfristige Änderungen in der Zusammensetzung der Empfänger laufender Hilfe zum Lebensunterhalt nachgezeichnet: Die zunehmende Sozialhilfebetroffenheit von Minderjährigen, von Männern und von Ausländern. Auf diese drei Empfängergruppen beziehen sich die in dem folgenden fünften Kapital präsentierten Ergebnisse der Auswertungen der 25%-Stichprobe der Sozialhilfeempfängerstatistik. Den Darstellungen der langfristigen Entwicklung liegen überwiegend die Daten der Totalerhebung zu Grunde.

Im fünften Kapitel werden detailliert die Befunde für die beschriebenen drei Empfängergruppen dargestellt. Zunächst geht es um minderjährige Kinder im Hilfebezug. In welchen Haushalten leben sie? Welchen Erwerbsstatus hat der Haushaltsvorstand, welche Einkommen sind quantitativ bedeutend? Schließlich wird untersucht, wie viele Personen durch die Gewährung eines einkommensabhängigen Kinder- und/oder Erziehungsgeldzuschlags von der Sozialhilfe unabhängig werden könnten. Im Anschluss hieran werden Unterschiede zwischen Männern und Frauen dargestellt. Das Schwergewicht liegt auf Personen im erwerbsfähigen Alter, deren potenzielle Arbeitsmarktpartizipation beleuchtet wird. Nach der gewählten Abgrenzung dürften ca. 740.000 Personen zum Nettoarbeitskräftepotenzial zählen. Insbesondere bei den Alleinstehenden unter ihnen erscheint der Verdacht fehlender ökonomischer Anreize zur Arbeitsaufnahme unbegründet, denn sie würden sich durch eine Arbeitsaufnahme wegen der großen Differenz zwischen erzielbarem Lohneinkommen und Sozialhilfeleistungen ökonomisch deutlich besser stellen. Hier scheinen die Gründe für den Hilfebezug also nicht in den zu hohen Sozialleistungen zu liegen, sondern sie sind eher in den fehlenden Arbeitsplätzen und u.U. auch in eingeschränkter Erwerbsfähigkeit („unzureichende Arbeitsmarktnähe“) einiger dieser Hilfeempfänger zu suchen. Die dritte Personengruppe, die in diesem Kapitel betrachtet wird, sind ausländische Hilfeempfänger. Sie unterscheiden sich von Deutschen u.a. durch eine andere Haushaltszusammensetzung, aber auch durch eine geringere formale Qualifizierung. Diese Empfängergruppe benötigt insbesondere Qualifizierungsmaßnahmen. Die dargestellten Ergebnisse basieren vornehmlich auf Auswertungen der 25%-Stichprobe der Sozialhilfeempfängerstatistik.

Viele Hilfeempfänger sind nur kurzfristig auf laufende Hilfe zum Lebensunterhalt angewiesen. Für sie übernimmt die laufende Hilfe zum Lebensunterhalt die ihr zugedachte Funktion der Überbrückung einer vorübergehenden Notlage. Aber es gibt auch das andere Extrem: Langzeitempfänger. Als Indikator für Ausgrenzung oder für ein dauerhaftes Auskommen mit einem sehr geringen Einkommen fungiert ausschließlich ein langer Hilfebezug. Auf die Zeitdimension von Armut haben insbesondere die Vertreter der dynamischen Armutsforschung abgestellt. Die reformierte Sozialhilfeempfängerstatistik ermöglicht Antworten auf einige Fragen zur Dauer und zu den Gründen der Überwindung des Hilfebezugs. Wenngleich sich mit den Sozialhilfedaten nicht sämtliche Ergebnisse von Längsschnittuntersuchungen reproduzieren lassen, so sind einige Schlüsse möglich, die in Kapitel 6 mit denen der Bremer Studien verglichen werden. In diesem Kapitel werden schwerpunktmäßig die Ergebnisse der Zu- und Abgangsstatistik (Quartalsstatistik 1999) präsentiert. Wichtige Ergebnisse sind, dass Kurzzeitbezug zwar häufig ist, aber keineswegs so häufig vorkommt wie in den Untersuchungsergebnissen der dynamischen Armutsforschung und dass Arbeitsaufnahme die wichtigste Art der Überwindung des Hilfebezugs ist. Bemerkenswert ist dabei, dass in der weit überwiegenden Zahl dieser Fälle der Hilfebezug ohne vorherige Förderung durch das Arbeits- oder Sozialamt überwunden wird.

Der dritte Teil dieser Arbeit befasst sich mit einer anderen Art von Disparitäten: Regionale Unterschiede in der Sozialhilfebetroffenheit. Die Regionalanalysen beginnen mit dem siebenten Kapitel. Sie basieren ebenfalls auf der Auswertungen der 25%-Stichprobe der Sozialhilfeempfängerstatistik und haben regionale Unterschiede nicht nur der Sozialhilfedichte, sondern auch der Empfänger- und Haushaltsstruktur zum Inhalt. In Kapitel 7 geht es um die Unterschiede zwischen den neuen und den alten Bundesländern. Hier wird begründet, weshalb es nicht sinnvoll ist, eine gesamtdeutsche Schätzung des Regionalgefälles vorzunehmen. In Anbetracht der nach wie vor existenten Differenzen in der Sozialstruktur der alten und der neuen Bundesländer sind beide Teile getrennt zu analysieren. Das folgende achte Kapitel behandelt das für Westdeutschland bekannte Nord-Süd-Gefälle. Zunächst geht es um die Frage der Operationalisierung: Wo ist die Grenze zwischen Nord und Süd zu ziehen? Hierzu erfolgt ein differenzierterer Vergleich der drei Bundesländer Rheinland-Pfalz, Hessen und Baden-Württemberg. Bei dem Versuch, Unterschiede in der Sozialhilfequote mittels Komponentenzerlegung auf Unterschiede in der Bevölkerungs- bzw. Haushaltsstruktur zurückzuführen, zeigt sich, dass der Regionalfaktor einen größeren Einfluss hat als der Strukturfaktor. In der anschließenden multiplen Regressionsschätzung der Sozialhilfequoten für die westdeutschen Bundesländer – unter Verwendung von Zeitreihendaten – wird ebenfalls die Bedeutung der Regionalfaktoren (Bundesländer) auf die Höhe der Sozialhilfequoten belegt. Im neunten Kapitel wird dann auf das kleinräumige Stadt-Land-Gefälle eingegangen. Die Auswertung der 25%-Stichprobe legt nahe, dass es keine systematischen Unterschiede in der Empfängerstruktur zwischen Kreisstädten und Landkreisen gibt. In der sich anschließenden Schätzung der regionalen Disparitäten für die westdeutschen Landkreise und kreisfreien Städte wird das Ergebnis der „Bundesländerschätzung" bestätigt: Es gibt Regionaleinflüsse auf die Höhe der Sozialhilfequote, die sich nicht in den übrigen Modellvariablen widerspiegeln. Mit der Höhe der Arbeitslosigkeit alleine lassen sich die Unterschiede in der Sozialhilfequote nur unzureichend erklären.

Im Abschlusskapitel werden die Ergebnisse zur Disparität im Soziahilfebezug, die sich sowohl auf der Ebene von Empfängergruppen als auch unter regionalem Aspekt finden lassen, zusammengefasst. Die Analyse führt zu dem Ergebnis, dass es nicht einen „Königsweg" zur Vermeidung von Sozialhilfebezug gibt. Vielmehr gibt es eine Reihe unterschiedlicher Ansatzpunkte für die Politik. Mit der Fokussierung auf Arbeitsmarktintegration in Verbindung mit dem Paradigma des „Förderns und Forderns" drohen wichtige Grundprinzipien der Sozialhilfe ausgehöhlt zu werden: Leistungen erhält nur noch, wer seine Leistungsbereitschaft unter Beweis stellt. Das Bedarfsdeckungsprinzip – die Hilfegewährung bei Kenntnis der Notlage, unabhängig davon ob sie verschuldet oder unverschuldet ist – steht damit auf dem Prüfstand. Die als unzureichend empfundene Mitwirkung des Hilfeempfängers bei den Maßnahmen zur Arbeitsmarktintegration soll konsequenter als bisher zu Leistungseinbußen führen. Damit werden - über ein geringeres Haushaltseinkommen - auch Nichtleistungsfähige wie minderjährige Kinder betroffen, die in Bedarfsgemeinschaften eines mit Sanktionen belegten Hilfeempfängers leben.

Teil I: Urteile zum Sozialhilfebezug und Datengrundlage

2 *Sozialhilfebezug – Diagnosen und empfohlene Bewältigungsstrategien*

Sozialhilfebezug - in diesem Kapitel immer als Synonym für den Bezug laufender Hilfe zum Lebensunterhalt verwendet - wird in der wissenschaftlichen Diskussion aus unterschiedlichsten Blickwinkeln betrachtet. Es finden sich z.B. gruppenspezifische Analysen wie der häufige Hilfebezug von Alleinerziehenden neben grundsätzlichen Erörterungen zur Ausgestaltung der sozialen Grundsicherung. Im Folgenden kann nur auf einen Ausschnitt der Diskussion Bezug genommen werden. Die Befassung mit Empfängern laufender Hilfe zum Lebensunterhalt erfolgt häufig im Rahmen von Armutsuntersuchungen, die je nach wissenschaftlicher Disziplin unterschiedliche Perspektiven einnehmen. So befassen sich sozialpädagogisch motivierte Untersuchungen u.a. mit den Auswirkungen von Armutserfahrungen auf die Entwicklung von Kindern und Jugendlichen. Auf sozialpädagogische und psychologische Aspekte wird im Rahmen dieser Kapitels ebenso wenig eingegangen wie auf den ebenfalls relevanten soziologischen Lebenslagenansatz.

Sozialhilfebezug wird als eine Variante von Einkommensarmut angesehen. Aus der Vielzahl soziologischer Ansätze - einen Überblick über die soziologische Armutsforschung gibt Dietz (1997) - wird im Folgenden die dynamische Armutsforschung herausgegriffen. Sie bezieht sich explizit auf die Empfänger laufender Hilfe zum Lebensunterhalt. Die Auswahl begründet sich einerseits daraus, dass die Längsschnittuntersuchungen zum Sozialhilfebezug eine Reihe interessanter Erkenntnisse zutage gefördert hat, zum anderen daraus, dass sich ein Teil dieser Befunde mit den Ergebnissen der neuen Sozialhilfestatistik kontrastieren lässt. In diesem Kapitel stehen weniger die konkreten Zahlen im Vordergrund als vielmehr das diesem Forschungsansatz zu Grunde liegende Konzept. Einige der Befunde werden im Zusammenhang mit der Präsentation der Resultate der Quartalsstatistik der Empfänger laufender Hilfe zum Lebensunterhalt in Kapitel 6 dieser Arbeit dargestellt.

In den Längsschnittuntersuchungen wird Sozialhilfebezug mit Einkommensarmut gleichgesetzt. Solch eine Gleichsetzung findet sich auch in anderen Veröffentlichungen, insbesondere zur Quantifizierung von Kinderarmut. Warum diese Gleichsetzung ungerechtfertigt erscheint, wird in Abschnitt 2.2 thematisiert. Es geht also um die Positionierung des Sozialhilfebezugs im Rahmen von Armutsanalysen – hier und im Weiteren immer nur auf Einkommensarmut bezogen. Der Beziehung von Kinderarmut und Sozialhilfebezug wird ein eigener Abschnitt gewidmet, in dem es u.a. darum geht, Abgrenzungsunterschiede deutlich zu machen.

Die öffentliche Meinung zeichnet ein ambivalentes Bild der Empfänger laufender Hilfe zum Lebensunterhalt. Einerseits wird ihnen von den öffentlichen Institutionen Bedürftigkeit zugestanden. Sie haben Anspruch auf Leistungen nach dem BSHG, und damit ist ihre Armut (im Sinne von Bedürftigkeit) anerkannt. Andererseits sehen sich Hilfeempfänger, und dies gilt vor allem für Personen im erwerbsfähigen Alter, dem Generalverdacht des Leistungsmissbrauchs ausgesetzt. Dieser Aspekt findet insbesondere in der ökonomischen Bearbeitung des Themas Sozialhilfebezug Beachtung. Die Höhe der Kosten der Grundsicherung durch laufende Hilfe zum Lebensunterhalt wirft fiskalpolitische Probleme auf. Aber auch vermeintliche Arbeitsmarktverzerrungen durch Quasi-Mindestlöhne spielen eine Rolle. Auf einige ökonomisch begründete Urteile zur Anreizproblematik und zur Ausgestaltung der sozialen Mindestsicherung wird im Abschnitt „Die Armutsfalle – fehlende Anreize für erwerbsfähige Hilfeempfänger" eingegangen.

2.1 Dynamische Armutsforschung: Armut hat viele Gesichter

Einen wesentlichen Beitrag zu einer differenzierten Sicht von Sozialhilfebetroffenheit hat die dynamische Armutsforschung[14] geleistet. Sie stellt auf die zeitliche Dimension von Armut, die sie mit Sozialhilfebezug operationalisiert, ab. Im Unterschied zur statischen Armutsforschung, die Zustände betrachtet und daraus häufig den Schluss zieht oder nahe legt, dass sich Armut im Zeitablauf verfestigt, betrachtet die dynamische Armutsforschung den Verlauf. In der Momentaufnahme sind die „Langzeitfälle" überrepräsentiert; die Zeitverlaufsbetrachtung soll den Blick für die Dynamik auch im Sozialhilfebezug schärfen: das ständige Kommen und Gehen (Leisering 1993: 299). In diesem lebenslauftheoretischen Ansatz geht es um die Fragen: Wodurch wird Sozialhilfeabhängigkeit hervorgerufen? Wie lange halten Perioden des Sozialhilfebezugs an? Wodurch wird der Sozialhilfebezug überwunden? Ist die Überwindung dauerhaft oder nur vorübergehend? Welche individuellen Bewältigungsstrategien gibt es? Der Schwerpunkt der Untersuchung liegt dabei auf individuellen Mustern. Die Verknüpfung einer lebenslauftheoretischen mit der handlungstheoretischen Forschungsperspektive führt zum Begriff der Sozialhilfekarrieren, womit die Biographien von Sozialhilfeempfängern gemeint sind (Ludwig 1992: 360). Das Urteil lautet: Der Weg in, durch die und aus der Sozialhilfe ist weder eindeutig noch determiniert. Es gibt eine Reihe individuell durchaus verschiedener Verläufe, die sich mit der Makro-Sicht nicht erschließen lassen.

Ende der achtziger Jahre (1987) wurde in Bremen ein Sonderforschungsbereich (SfB) der Deutschen Forschungsgemeinschaft eingerichtet. Im Rahmen des Forschungsprojektes wurden Daten von Sozialhilfeempfängern ausgewertet. Dabei ging es um Verlaufsbetrachtungen. Untersuchungen dieser Art, insbesondere ein eventuell wiederkeh-

[14] Die hier beschriebene dynamische Armutsforschung bezieht sich nur auf Empfänger laufender Hilfe zum Lebensunterhalt außerhalb von Einrichtungen. Armut wird einengend mit Sozialhilfebezug gleichgesetzt oder wie Buhr es ausdrückt: Armut wird als Sozialhilfebezug operationalisiert (Buhr 1995: 19).

render Hilfebezug, sind mit den Daten der amtlichen Statistik nicht zu reproduzieren. Hierfür sind ergänzende Informationen notwendig, so auch die Verfolgung der Fälle über die laufende Sozialhilfebezugsperiode hinaus. Ähnliche Untersuchungen wie für Bremen gab es u.a. für Halle und für Bielefeld. Die umfangreichsten Arbeiten wurden aber von den Bremer Wissenschaftlern vorgelegt, auf die sich die folgenden Ausführungen schwerpunktmäßig beziehen.

Die Längsschnittuntersuchungen zum Sozialhilfeverlauf basieren auf vergleichsweise kleinen Fallzahlen[15], und im Fall von Bremen und Halle handelt es sich um relativ kurze Beobachtungsperioden (maximal sechs Jahre). Die untersuchten Daten beziehen sich auf Empfänger laufender Hilfe zum Lebensunterhalt in ausgewählten Städten. Folglich spiegeln sich in den Befunden immer auch gewisse regionale Besonderheiten wider[16]. Auch die Auswahl des Startjahres der Untersuchung dürfte die Ergebnisse beeinflussen. Die Forscher selbst sehen in den Unterschieden ihrer Ergebnisse für die verschiedenen Perioden einen Beleg für den sozialen Wandel und damit einhergehend eine Bestätigung für ihr Vorgehen: Armut hat viele Gesichter, sie ändert sich selbst in vergleichsweise kurzen Perioden. Zu dieser Diagnose trägt natürlich auch die gewählte Methode bei. Es werden nur Hilfeempfänger berücksichtigt, die in bestimmten Jahren (1983 und 1989) erstmals laufende Hilfe zum Lebensunterhalt bezogen haben. Die spezifische Situation dieser Jahre dürfte die Ergebnisse stärker beeinflussen als dies bei der Berücksichtigung aller Hilfeempfänger (sowohl des Bestandes als auch der in den Folgejahren hinzugekommenen) sichtbar würde[17]. Nicht sämtliche Einzelergebnisse der Bremer Studien sollten daher verallgemeinert werden; sie sind vielmehr in ihrem historischen und regionalen Kontext zu begreifen. Diese Einschränkungen bei der Interpretation der Ergebnisse wird nur bedingt von den Vertretern der dynamischen Armutsforschung geteilt. Gelegentlich erstaunt die Interpretation von Daten, denen

[15] Grundlage für die ersten Auswertungen in Bremen war eine 10%-Stichprobe der Neuzugänge zur Sozialhilfe im Jahr 1983. Dies waren 586 Bedarfsgemeinschaften, zu denen 935 Hilfeempfänger gehörten und eine deutlich größere Anzahl von Haushaltsmitgliedern (1570). Sie wurden über den Zeitraum 1983-1989 beobachtet. Zu einem späteren Zeitpunkt erfolgte eine weitere Untersuchung von 922 Bedarfsgemeinschaften mit 1420 Mitgliedern und 2063 Haushaltsangehörigen, die 1989 erstmals laufende Hilfe zum Lebensunterhalt erhielten. Diese Bedarfsgemeinschaften wurden bis 1994 wissenschaftlich begleitet. Ergänzend wurden mit einigen Teilnehmern der ersten Kohorte Interviews geführt (Auswertung: 74 Interviews). Anfang der neunziger Jahre gab es eine vergleichbare Untersuchung in den neuen Bundesländern. In der ostdeutschen Stadt Halle wurde ebenfalls eine 10%-Stichprobe der Neuzugänge zur laufenden Hilfe zum Lebensunterhalt außerhalb von Einrichtungen über einen Zeitraum von fünf Jahren beobachtet.

[16] Bei dem Vergleich der Ergebnisse für Bremen und Halle (Leisering/Leibfried 1999: 230 ff.) wird explizit auf den Regionalaspekt verwiesen. Im Großen und Ganzen wird aber eine gewisse Repräsentativität der Ergebnisse unterstellt. Dieses Urteil teilt Dietz nicht, der Unterschiede zu einer eigenen Untersuchung für Gießen konstatiert (Dietz 1997: 158 ff.).

[17] So werfen Busch-Geertsema/Ruhstrat die Frage auf, ob die Überbrücker in der 1983er Zugangskohorte durch die Massenentlassungen infolge der Liquidierung der Werft AG Weser nach oben verzerrt sind (Busch-Geertsema/Ruhstrat 1992: 367).

aufgrund vergleichsweise geringer Fallzahlen eine große Zufälligkeit anhaften dürfte. Auch in Bezug auf die Repräsentativität ihrer Ergebnisse für andere Formen der Armut sind die Bremer Wissenschaftler zuversichtlich: Grundsätzlich halten sie die Annahme für plausibel, dass die Befunde nicht auf Sozialhilfebezug beschränkt sind (Leisering 1995: 80).

2.1.1 Pluralisierung der Lebensstile entgrenzt das Armutsrisiko

Die dynamische Armutsforschung grenzt sich von der traditionellen Armutsforschung ab. Hierzu zählen die Bremer Wissenschaftler neben der Ungleichheits- und Randgruppenforschung die deskriptiv-sozialpolitische Tradition der Armutsforschung. An letzterer wird eine unzureichende theoretische Fundierung bemängelt. Der Ungleichheitsforschung (Klassen- und Schichtenforschung sowie Mobilitätsanalysen) wird eine zu geringe Beschäftigung mit den Randzonen der gesellschaftlichen Ungleichheitsstruktur wie Armut und Deprivation vorgeworfen (Leisering 1995: 67). An der Randgruppenforschung wird kritisiert, dass sie zu einer Dramatisierung der Armut neigt, weil sie nur eine Richtung – den sozialen Abstieg – thematisiert. Wenngleich die Ergebnisse der dynamischen Armutsforschung empirisch fundiert sind, so versteht sie sich keinesfalls als ein rein empirischer Ansatz. Sie steht der soziologischen Lebenslauf- und Biographieforschung nahe. Auch die zu Grunde liegende Gesellschaftstheorie, „insbesondere die Kritik herkömmlicher Vorstellungen einer Klassengesellschaft" (Leisering 1995: 72) spiegelt sich in den Fragestellungen und zum Teil auch in den Schlüssen wider. Der dynamische Ansatz soll geeigneter sein, in Zeiten, in denen Lebensläufe bewegter und auch für Angehörige mittlerer Schichten riskanter werden, das Armutsrisiko wirklichkeitsnäher abzubilden (Leibfried u.a. 1995: 14). Die Armutsforschung hat den gesellschaftlichen Wandel zu berücksichtigen: Die vermeintliche Stabilität der Lebenslagen gibt es nicht mehr, Erwerbs- und Familienbiographien sind brüchig geworden. In der Konsequenz bedeutet dies, dass das Armutsrisiko bis in Bevölkerungskreise hineinreicht, für die ein Sozialhilfebezug früher kaum vorstellbar war. Die Diagnose eines entgrenzten Armutsrisikos wird als Gegenposition zur Vorstellung einer „Zweidrittelgesellschaft" gesehen. Darüber hinaus wenden sich die Vertreter der dynamischen Armutsforschung gegen eine als zu eng angesehene Diagnose neuer Armut und hier insbesondere gegen Vorstellungen einer neuen Gruppe Ausgegrenzter, die Langzeitarbeitslosen. Der Gedanke, dass Arbeitslosigkeit dauerhafte Armutslagen schafft, begründet sich aus den bekannten Schwierigkeiten der Reintegration von Langzeitarbeitslosen in den Arbeitsprozess. Dadurch birgt Langzeitarbeitslosigkeit ebenso wie andere Formen der länger andauernden Abstinenz vom Arbeitsmarkt und Jugendarbeitslosigkeit („Fehlstart" in das Berufsleben) letztendlich das Risiko von Ausgrenzung in sich[18]. Gegen eine solch statische Sicht von Armut wendet sich die dynamische Forschung. Sie stellt auf die Betroffenheit unterschiedlichster Bevölkerungsgruppen ab - neben Arbeitslosen benennen sie Ausländer, Kinder und Alleinerziehende (Leibfried u.a. 1995: 226) - und auf die verschiedenen Bewältigungsstrategien gleicher soziodemographischer Gruppen: Das Verharren in Armutslagen ist nicht notwendig dauerhaft. Vielmehr ist Sozialhilfebezug häufig nur eine Episode im Lebensabschnitt, um eine temporäre Finanzknappheit (wegen Arbeitslosigkeit oder familiärer Verpflichtungen) zu überwinden. Armutsverläufe sind nicht nur als eine Abwärtsspirale anzusehen. Es gibt auch den Weg aus der Armut heraus.

Der Grund für das zunehmende Armutsrisiko wird im Versagen des Sozialstaates gesehen. Er stellt keinen ausreichenden Schutz mehr vor den vielfältigen Lebensrisiken dar. Diese Diagnose ist mit einer Kritik am Sozialstaat verbunden, die auf dessen mangelhafte Anpassung an den Strukturwandel abstellt: Der Sozialstaat bundesdeutscher Prägung hält an tradierten Leitbildern fest, die der gesellschaftlichen Realität und den unterschiedlichen Lebensentwürfen seiner Bürger nicht mehr gerecht werden kann. Er hat sich nicht adäquat an die veränderten gesellschaftlichen Bedingungen insbesondere die neuen, vielfältigeren, brüchigeren Lebensläufe angepasst. Diesem Urteil liegt die Vorstellung der „Risikogesellschaft" zu Grunde. Nach diesem Gesellschaftsbild hat die wirtschaftliche Prosperität die gesellschaftlichen Strukturen verändert. Lebenslagen und Lebensstile haben sich individualisiert und diversifiziert und dadurch das Hierarchiemodell sozialer Klassen und Schichten unterlaufen (Beck 1986: 122). Ungleichheit besteht weiter, wird aber anders wahrgenommen. Armut ist nicht mehr das Problem einer Klasse oder Schicht, sondern ein individuelles Problem.

2.1.2 Arme sind nicht nur Opfer, sondern auch Gestalter

Nach dem hier gezeichneten Bild ist die moderne Gesellschaft geprägt von der Auflösung traditioneller Arbeits- und Familienformen. Pluralisierung der Lebensstile drückt aus, dass es keine starren vorgezeichneten Raster für den individuellen Lebenslauf mehr gibt. Damit hat auch der Handlungsspielraum der Individuen zugenommen, die Selbstverwirklichungschancen sind gestiegen. Diese Vielfältigkeit individueller Lebensentwürfe ist nicht unabhängig vom Staat zu denken. „Staatlich verliehene und durchgesetzte Teilhaberechte schaffen erst das Individuum als autonom tätiges Subjekt" (Leibfried u.a. 1995: S.23). Sozialstaatliche Institutionen setzen den Rahmen für das individuelle Handeln. Dies lässt nach Auffassung der dynamischen Armutsfor-

[18] Kronauer (1997: 34) benennt fünf Gruppen von sozial Ausgegrenzten, die in der internationalen Literatur thematisiert werden: (1) die schwarze und puertoricanische Bevölkerung in den Armenvierteln der Großstädte in den USA und zum Teil auch in England, (2) Immigranten der zweiten Generation in den französischen banlieues, (3) Langzeitarbeitslose, (4) Obdachlose und Arme, (5) illegale Immigranten.

scher aber keinesfalls den Schluss zu, dass Lebenswege durch den Sozialstaat determiniert seien. Letztendlich liegt es am Einzelnen, welche Handlungsalternative er wählt. In dem Maße, wie tradierte Moralvorstellungen, Milieus und die Familie an Bindungskraft verlieren, nehmen die persönlichen Gestaltungsmöglichkeiten zu. Diese Entwicklung hat allerdings nicht nur die Seite der persönlichen Freiheit, der Entfaltung der Subjektivität. Gleichzeitig besteht der Zwang zur Entscheidung, und die Entscheidung ist nicht nur von der Willkür des ungebundenen Subjekts getragen. Sie bewegt sich in einem institutionellen Rahmen, der wesentlich vom Arbeitsmarkt, von den Medien und vom Sozialstaat geprägt ist[19]. Aus dieser Sicht der Beziehung von Staat und Bürger folgt, dass jedes Individuum – auch das arme – über Handlungsalternativen verfügt[20]. Bei Sozialhilfeempfängern ist dies mit Selbsthilfe gleichzusetzen: Arme sind nicht nur Opfer staatlicher und gesellschaftlicher Institutionen, sondern können selbst ihren Lebensweg mitgestalten. In ihrem handlungstheoretischen Ansatz verwenden die dynamischen Armutsforscher hierfür den Begriff des „Coping", also Bewältigungshandeln (Leisering 1997: 1039). Dass Empfänger laufender Hilfe zum Lebensunterhalt prinzipiell über Handlungsoptionen verfügen, sollte aber nicht dahingehend fehlinterpretiert werden, dass sie die Dauer ihres Hilfebezugs immer determinieren könnten. Buhr/Leisering (1995) sprechen in diesem Zusammenhang von „missglückten Überbrückern". Damit sind Personen gemeint, für die Sozialhilfe ursprünglich nur eine Übergangslösung sein sollte, die dann aber Langzeitbezieher wurden.

Die Eigenverantwortung für die Armutslage, die hier immer mit Sozialhilfebezug gleichgesetzt ist, bezieht sich nicht nur auf den Verlauf und dessen Ende. Auch der Eintritt des Ereignisses ist in bestimmten Fällen vom Hilfeempfänger eigenverantwortlich herbeigeführt worden. Grundsätzlich werden zwei Arten von Ereignissen, die ursächlich für den Sozialhilfebezug sind, unterschieden. Einerseits gibt es quasi schicksalhafte Ereignisse wie Arbeitslosigkeit, die vom Einzelnen nicht zu verantworten sind. Andererseits gibt es aber auch durchaus Fälle, in denen z.B. mit der Entscheidung dafür, ein Kind ohne einen Ernährer(-Ehemann) und ohne ausreichende eigene finanzielle Ressourcen großzuziehen, der Weg in die Sozialhilfe bewusst beschritten wird. Die Inanspruchnahme von Sozialhilfe kann also eine bewusste Option in der Lebensplanung sein (Leibfried u.a. 1995: 225). Entsprechend erscheint das Urteil plausibel, dass Sozialhilfebezieher nicht immer nur Opfer sind. In bestimmten Lebenssituationen kann das untere soziale Sicherungssystem durchaus als Chance für ein selbstbe-

[19] Eine etwas radikalere Sicht nimmt Zwick ein, wenn er auf die marktmäßig organisierte Gesellschaft verweist, die den Subjekten die formale Freiheit bietet „auf den Märkten anzutreten, Verträge zu schließen, zu kaufen und (sich) zu verkaufen." (Zwick 1997: 53).

[20] Berger (1994) setzt sich damit auseinander, wie Armut, also Einschränkung, Knappheit und Restriktion zu der Diagnose der Individualisierung passt, die (fälschlicherweise) mit einer Zunahme von Optionen assoziiert wird. Sein Befund: Unter den Bedingungen einer individualisierten Gesellschaft ist die Armutsdynamik hoch, viele Wege führen in Armuts- und Mängellagen hinein, ebenso viele Wege aber wieder aus ihnen heraus (Berger 1994: 36).

stimmtes Leben angesehen und folglich bewusst gewählt werden (Mädje/Neusüß 1994: 140). Allerdings hat die Wahl dieser Option einen Preis: Einschränkung. Von den von Mädje und Neusüß untersuchten Frauen sahen nur wenige keinen Nachteil im Bezug von Sozialhilfe. Die meisten fühlten sich in der einen oder anderen Form in ihren Entfaltungsmöglichkeiten beschränkt. Dennoch führte dies nicht zu einer durchweg negativen Einschätzung: „Die Befragten begreifen den Bezug von Sozialhilfe auch als Chance, ihre Lebensvorstellungen zu realisieren" (Mädje/Neusüß 1996: 21). Zu einem ähnlichen Urteil kommen Hagen/Hock (1996), die eine an die Bremer Forschung angelehnte Untersuchung für eine hessische Kleinstadt durchführten. Sie identifizieren ebenfalls bei Alleinerziehenden unterschiedliche Muster von Selbsteinschätzungen in Bezug auf den Umgang mit dem Sozialhilfebezug. Die Palette reicht vom Gefühl massiver Beschränkungen ohne Handlungsoptionen bis zum affirmativen Bezug auf den freiwilligen Verzicht. Mit letztgenannter Haltung wird das Leben mit der Sozialhilfe optimiert. Allerdings weisen die Autorinnen darauf hin, dass sich eine solche bewusste Entscheidung für die Sozialhilfe erst während des Bezugs entwickelt hat. Keine der von ihnen befragten Alleinerziehenden hatte sich zum Antragszeitpunkt für ein längerfristiges Einrichten in der Sozialhilfe entschieden (Hagen/Hock 1996: 171).

Die Eigenverantwortung spielt für den Hilfebezug und dessen Überwindung in der handlungstheoretisch fundierten dynamischen Armutsforschung eine erhebliche Rolle. Gleiche Ausgangslagen wie z.B. Arbeitslosigkeit präjudizieren keineswegs einen identischen oder ähnlichen Verlauf in Bezug auf Dauer und Kontinuität des Hilfebezugs. Ausgehend von den zeitlichen Dimensionen Dauer und Kontinuität werden die Empfänger laufender Hilfe zum Lebensunterhalt kategorisiert in: Überbrücker (Transitorische), Mehrfachüberbrücker (Mehrfachtransitorische), Langzeitbezieher, Pendler und Ausbrecher (Escaper). Die Zuordnung erfolgt nach objektiven Kriterien. Diesen objektiven Beurteilungen können subjektive Einschätzungen der Hilfeempfänger gegenübergestellt werden: subjektive Überbrücker, missglückte Überbrücker und subjektive Langzeitbezieher. In diesen Begriffen kommt zum Ausdruck, wie der Hilfeempfänger seine Situation unter dem Aspekt der Dauer beurteilt. Dabei kann es natürlich zu Fehleinschätzungen kommen (missglückte Überbrücker), was deutlich macht, dass der Hilfeempfänger trotz aller Wünsche und Ansprüche nicht zwingend Subjekt seiner Lage ist. Für die subjektiven Überbrücker gibt es unterschiedlichste Ereignisse, bis zu deren Eintritt sie Sozialhilfe in Anspruch nehmen wollen. Hierzu zählt bspw. die Gewährung vorrangiger Leistungen oder geringerer Betreuungsaufwand für Kinder. Die subjektiven Überbrücker sind also eine sehr heterogene Gruppe, deren Zeithorizonte stark voneinander abweichen. Ihnen allen ist aber gemeinsam, dass sie sich nicht dauerhaft in der Sozialhilfe einrichten wollen. Sie werden als Beleg dafür angeführt, dass die verschiedenen Vorstellungen über Sozialhilfeempfänger (welfarization[21] und rational choice[22]) zumindest für den überwiegenden Teil der Hilfeempfänger, nämlich die subjektiven Überbrücker, nicht zutreffen. Für diese Hilfeempfänger gilt, dass der Sozialhilfebezug weder abhängig macht, indem Hilflosigkeit (psychosozialer Ansatz) oder gar eine Kultur der Armut (kulturelles Modell) produziert wird, noch dass sie die Sozialhilfeleistungen gewählt haben, weil sie die Leistungen für attraktiver halten als die eigene Erwerbsarbeit (Leibfried u.a. 1995: 131 ff.).

Die bisherigen Ausführungen haben die handlungstheoretische Fundierung der dynamische Armutsforschung beleuchtet. Nach dem zu Grunde liegenden Modell von Armutskarrieren müssen Armutsverläufe nicht zwingend eine Richtung – den sozialen Abstieg – einschlagen. Neben dem sozialen Abstieg gibt es die Möglichkeit der relativen Stabilisierung und ebenso den sozialen Aufstieg. Die Sozialhilfeempfänger sind handelnde Individuen, die ihre Situation nicht nur erleiden, sondern u.U. auch aktive Bewältigungsstrategien verfolgen. In der Bremer Untersuchung werden die Typen Opfer, Problemverwalter, pragmatische Gestalter, aktive Gestalter und strategische Nutzer[23] unterschieden. Diese Typologisierung bezieht sich auf den Umgang mit der Situation Sozialhilfebezug. Die (wenigen) strategischen Nutzer z.B. konstruieren ihre Lebensentwürfe systematisch um die Sozialhilfe herum (Leibfried u.a. 1995: 154).

2.1.3 Die zeitliche Dimension von Armut

Entscheidend für die Verlaufsbetrachtung von Armut ist die zeitliche Dimension: Wie lange hält der Sozialhilfebezug an? Die Antwort auf diese Frage ist nicht immer eindeutig, denn Sozialhilfe wird nicht in allen Fällen kontinuierlich bezogen. Häufiger kommt es zu Unterbrechungen, also zu Mehrfachbezug. Für die Messung der Bezugsdauer haben die Bremer Forscher unterschiedliche Konzepte entwickelt. Im Unterschied zur amtlichen Statistik, die nur Angaben zur aktuellen Bezugsperiode enthält, berücksichtigen die Verlaufsstudien (auch) die Gesamtheit der Sozialhilfeepisoden innerhalb des Untersuchungszeitraums[24]. Wird die Sozialhilfe z.B. durch Arbeits-

---

[21] Bei diesem Ansatz ist unterstellt, dass der Sozialstaat seine Klientel quasi entmündigt. Die Leistungsgewährung führt dazu, dass die Hilfeempfänger die Fähigkeit verlieren, sich selbst um ihre Reproduktion zu kümmern.

[22] Dieser nutzentheoretische Gedanke stellt auf das ökonomische Kalkül ab, auf die Gegenüberstellung von Geldeinkommen und Arbeitsleistung. Arbeit ist dabei negativ bestimmt als nicht frei verfügbare Zeit.

[23] Thuy hält die Bezeichnung „strategischer Nutzer“ für eine nette Umschreibung von Leistungsmissbrauch und merkt dazu an: „Dieser Personenkreis, der Selbstverwirklichung mittels eines von der Arbeitswelt losgelösten Fundamentalanspruchs auf Einkommen zu realisieren trachtet, verformt die Leitidee der Ausfallbürgschaft in einer Weise, die, kommt es zu einer weiteren Verbreitung dieses Verhaltens, das Sozialhilfesystem nicht verkraften kann.“ (Thuy 1999: 232)

[24] Die Bremer Studien basieren auf einem Untersuchungszeitraum von maximal sechs Jahren. Dies ist eine vergleichsweise kurze Periode gemessen am Untersuchungsziel: Wie lange sind Hilfeempfänger

aufnahme unterbrochen, setzt später aber wieder ein, so werden beide Zeiten (Nettodauer) oder auch die Gesamtzeit vom Beginn des ersten bis zum Ende der letzten Sozialhilfebezugsepisode (Bruttodauer) inklusive der Unterbrechungszeiten berücksichtigt. Insgesamt ergeben sich bei diesem Vorgehen also längere Verweildauern als in der amtlichen Statistik, die immer nur eine Episode erfasst. Um so erstaunlicher ist das Ergebnis: Der Anteil der Kurzzeitempfänger (Bedarfsgemeinschaften) – hiermit sind Bezugsperioden von höchstens 12 Monaten gemeint – liegt selbst auf Basis der Bruttodauer bei ca. 50% (1983er Zugangskohorte: 46%). Werden nur die einzelnen Episoden betrachtet, wie es die Daten der amtlichen Statistik zulassen, dann liegt der Anteil der Kurzzeitempfänger bei über 70%[25]. Langzeitbezug (mindestens 5 Jahre) spielt demgegenüber eine untergeordnete Rolle. Selbst unter Berücksichtigung von Unterbrechungszeiten (Bruttokonzept) bezogen nur 16% der Bedarfsgemeinschaften (1983er Kohorte: 23%) über einen Zeitraum von mindestens fünf Jahren mehr oder weniger regelmäßig laufende Hilfe zum Lebensunterhalt.

Die große Bedeutung des Kurzzeitbezugs sollte aber nicht darüber hinweg täuschen, dass ein nicht unerheblicher Teil der Bedarfsgemeinschaften in den Betrachtungsperioden wiederholt laufende Hilfe zum Lebensunterhalt erhalten hat. In der 89er Zugangskohorte waren dies 31%, in der 1983er Kohorte sogar 40%. Für diese Bedarfsgemeinschaften kann konstatiert werden, dass die Beendigung des Hilfebezugs keineswegs mit einer dauerhaften Unabhängigkeit von der Sozialhilfe einhergegangen ist. In diesen Fällen hat die Sozialhilfe ihre Überbrückungsfunktion nur temporär erfüllt: Die Überwindung der Sozialhilfeabhängigkeit war eben nicht gleichbedeutend mit der Rückkehr in die Normalität gesicherter bzw. armutsfester ökonomischer Verhältnisse[26]. Unter dem Gesichtspunkt der Bezugsdauer und der Kontinuität des Hilfebezugs werden die untersuchten Hilfeempfänger unterschieden nach Überbrückern, Mehrfachüberbrückern, Pendlern, Langzeitbeziehern und Ausbrechern (Buhr 1995: 114). Quantitativ am relevantesten sind die Überbrücker. Dies dürfte die einzige „unproblematische" Gruppe sein; sie ist nur kurzfristig und einmalig auf laufende Hilfe zum Lebensunterhalt angewiesen. Pendler und Mehrfachüberbrücker haben demgegenüber mehrere Sozialhilfeepisoden. Das Ende des Hilfebezugs bedeutet für sie also keinesfalls, dass sie dauerhaft von der Hilfe unabhängig werden. Sie dürften den Langzeitbeziehern daher fundamental näher sein als dem im Gesetz unterstellten Idealtyp des vorrübergehend in eine Notlage Geratenen.

---

insgesamt im Leistungsbezug? Perioden, die außerhalb dieses Untersuchungszeitraums liegen, bleiben notwendigerweise unberücksichtigt.

[25] Die Ergebnisse der amtlichen Statistik werden in Kapitel 6.2.2 dieser Arbeit präsentiert.

[26] Inwieweit dies für die Abgänger aus der Sozialhilfe überhaupt der Fall ist, wird im Rahmen der Bremer Untersuchungen nicht ermittelt. Der etwas zu eng gefasste Armutsbegriff der Bremer Forscher suggeriert eine Überwindung der Armut nach Beendigung des Sozialhilfebezugs, wofür es allerdings keine Anhaltspunkte gibt.

Neben den Erkenntnissen zur Bezugsdauer, die zum damaligen Zeitpunkt - für einzelne Aspekte gilt dies auch heute noch - auf Grundlage der amtlichen Statistik nicht verfügbar waren, haben die Bremer Längsschnittuntersuchungen Ergebnisse über die Gründe für den Sozialhilfebezug und dessen Überwindung geliefert. Beim Vergleich der Befunde fällt auf, dass die Hauptursachen des Sozialhilfebezugs für die beiden betrachteten Zugangskohorten erheblich voneinander abweichen[27]. War in der 83er Kohorte noch „Arbeitslosigkeit" die wichtigste Ursache (47%), so galt dies sechs Jahre später für „Einwanderung"[28] (46%). Auffällig ist auch die veränderte Bedeutung der „Wartefälle". In der ersten Untersuchung war „Warten auf andere staatliche Leistungen" noch für 25% der Fälle alleinige Ursache, in der zweiten Untersuchung (89er Kohorte) galt dies nur noch für 8% der Fälle. Insgesamt ist aber der Anteil der „Wartenden"[29] von 36% in der 83er Kohorte auf 44% gestiegen, was nicht zuletzt auf den deutlich höheren Anteil von Zuwanderern zurückzuführen sein dürfte. Bemerkenswert ist ebenfalls, dass in beiden Kohorten der Grund „Familiäre Ursachen" nur ein vergleichsweise geringes Gewicht (12% bzw. 8% in 83er bzw. 89er Kohorte) hat, obwohl Alleinerziehenden in der Untersuchung immer wieder große Beachtung geschenkt wird. Die dynamische Armutsforschung ist angetreten, um den vermeintlich auf Arbeitslosigkeit als Armutsursache verengten Blick zu erweitern. Dabei muss sie selbst konstatieren, dass andere Ursachen keine annähernd so große Bedeutung haben wie die Arbeitslosigkeit, denn selbst bei den Wartenden handelt es sich überwiegend um Arbeitslose, die die Zeit bis zur Gewährung vorrangiger Leistungen überbrücken müssen.

Welche Gründe für die Beendigung des Hilfebezugs werden auf Grundlage der Bremer Stichprobe diagnostiziert[30]? Die Gewährung vorrangiger Leistungen hat erwartungsgemäß – bei dem hohen Anteil von „Wartenden" – die größte Bedeutung. Es folgt die Arbeitsaufnahme. In Bezug auf die Bewertung der Arbeitsaufnahme als Grund für die Überwindung der Sozialhilfeabhängigkeit erstaunt die Beurteilung der Bremer Forscher: „Allerdings ist Arbeitsaufnahme bei weitem nicht so häufig, wie man es erwarten würde, wenn man Sozialhilfebedürftigkeit so unmittelbar auf Arbeits-

[27] In den verschiedenen Veröffentlichen werden nicht immer die gleichen Ergebnisse präsentiert. So unterscheiden sich die Anteile u.a. in Abhängigkeit davon, ob nur die Gründe beim erstmaligen Hilfebezug berücksichtigt werden oder alle Episoden. Wird nur auf den Hauptgrund Bezug genommen, sind die Ergebnisse anders als bei Berücksichtigung sämtlicher Gründe (bis zu drei). Die hier angegebenen Daten beziehen sich auf die Hauptgründe der jeweils ersten Sozialhilfeepisode, wie sie in den Standardwerken von Leibfried und Leisering (1995 und 1999) veröffentlicht sind.

[28] Hier ist allerdings eine gewisse Überzeichnung nicht auszuschließen. Die Autoren weisen darauf hin, dass sie „Einwanderung" immer als Hauptgrund gewählt haben, sofern „Einwanderung" als eine von drei möglichen Angaben zur Ursache des Hilfebezugs genannt war. Vgl. Leisering/Leibfried 1999: 72, Fußnote (FN) 10.

[29] Hier sind alle „Wartefälle" berücksichtigt und nicht nur solche, für die „Warten" die alleinige Ursache für den Hilfebezug ist.

[30] Auf einen Ausweis der Quoten wird an dieser Stelle verzichtet (vgl. hierzu Kapitel 6.4).

losigkeit zurückführt, wie es in der sozialpolitischen Diskussion üblicherweise getan wird.“ (Leibfried u.a. 1995: 88f.) Hier sind Ursachen für den Hilfebezug und Ursachen für die Überwindung des Hilfebezugs gleichgesetzt. Es wird der Schluss nahegelegt, als könne ein Arbeitsloser nur durch die Reintegration in den Arbeitsprozess die Sozialhilfeabhängigkeit überwinden. Dafür aber gibt es keine zwingende Notwendigkeit. Zunächst ist gar nicht sichergestellt, dass ein Arbeitsloser die Sozialhilfe überhaupt überwindet; der eine oder andere dürfte Langzeitempfänger werden. Relevanter aber sind wahrscheinlich die Fälle, in denen Arbeitslose Lohnersatzleistungen in einer Höhe erhalten, die sie ggf. in Verbindung mit anderen (Transfer-)Einkommen über die Sozialhilfegrenze hebt[31]. Auch in diesen Fällen war Arbeitslosigkeit der Grund für den Hilfebezug; die Gewährung und Auszahlung vorrangiger Leistungen hat den Hilfebezug beendet. Die Bremer Forscher interpretieren diesen Sachverhalt anders: Der Grund für den Hilfebedarf von Arbeitslosen, die nur auf vorrangige Leistungen warten, ist nicht in der Arbeitslosigkeit begründet, sondern in der verzögerten Leistungsgewährung durch die Arbeitslosenversicherung. Durch diese Personen wird das Ausmaß der tatsächlichen Bedürftigkeit überschätzt. Ein wesentlicher Kritikpunkt der Bremer Forscher richtet sich auf die hier transparent werdenden Defizite in der Sozialbürokratie, die zu staatlich verursachter Armut führen.

Während die Aufnahme einer Erwerbstätigkeit als Grund für die Überwindung der Sozialhilfeabhängigkeit in der Beurteilung der Bremer Forscher eine gewisse Geringschätzung erfährt, werden andere Gründe, die quantitativ von untergeordneter Bedeutung sind, hervorgehoben: „Eher ignoriert wird in dieser Diskussion die Tatsache, dass auch Heirat und Rückkehr zum Ehemann aus der Sozialhilfe herausführen können“ (Leibfried u.a. 1995: 89)[32]. Dieser Hinweis gilt als Beleg für die Vielfältigkeit der Armutsverläufe und ist gegen eine verkürzte monokausale Erklärung über die Arbeitsmarktlage gerichtet. In Anbetracht des geringen Stellenwertes, den „Heirat oder Rückkehr zum Ehemann“ als Grund für das Ende des Hilfebezuges hat (ca. 3% aller eindeutig spezifizierten Gründe), fällt es schwer, den formulierten Einwand nachzuvollziehen.

In ihrer sozialpolitischen Ausrichtung wendet sich die dynamische Armutsforschung gegen die in der öffentlichen Debatte weit verbreitete Vorstellung, beim Sozialhilfebezug handele es sich um eine Art Grundsicherung, die von gewissen Bevölkerungsgruppen dauerhaft in Anspruch genommen wird. Hiergegen wird das Argument des überwiegend kurzen Hilfebezugs ins Feld geführt. Statt auf Leistungsmissbrauch durch

---

[31] Hierfür spricht, dass es sich bei den „Wartenden“ (zumindest der 1983er Kohorte) überwiegend um Arbeitslose handelt. Wenn also die Gewährung vorrangiger Leistungen die häufigste Ursache für das Ende des Hilfebezugs ist, dann dürften hier etliche Arbeitslose enthalten sein.

[32] Butterwegge merkt dazu an, dass es sich bei Heirat keineswegs um eine Option handelt, die auf ein Mehr an Handlungsalternativen gerichtet ist. Es ist vielmehr die „bloße Flucht in eine andere Form der Abhängigkeit“ (Butterwegge 2000: 30).

die Sozialhilfeklientel zu verweisen, sollten die Ursachen woanders gesucht werden, und dabei spielen Defizite des Sozialstaates eine Rolle. Eine wichtige Diagnose ist, dass der Staat seine Sozialhilfeklientel zum Teil selbst produziert. In diesem Zusammenhang sind zunächst die Hilfeempfänger zu nennen, die nur auf laufende Hilfe zum Lebensunterhalt angewiesen sind, weil sich die Auszahlung vorrangiger Sozialleistungen verzögert („Wartende"). Hinzu kommen die Auswirkungen der Leistungskürzungen im Bereich der Arbeitslosenversicherung und die damit verbundenen massiven Verschiebeoperationen im föderalen Sozialstaat, hier zwischen Bund und Gemeinden (Leibfried u.a. 1995: 34). Aber auch die Migrationspolitik, insbesondere die gewünschte Zuwanderung Deutschstämmiger aus den osteuropäischen Staaten, hat den Kreis der Sozialhilfeempfänger aufgebläht. Für das Ausmaß der Sozialhilfeabhängigkeit der Migranten spielen zudem Bestimmungen zur Arbeitsaufnahme und der Zugang zu anderen Sozialleistungen eine nicht unwesentliche Rolle (Leisering/Leibfried 1999: 228). Ganz grundsätzlich wird dem Sozialstaat angelastet, dass er unzureichend auf den gesellschaftlichen Wandel, der sich mit den Stichworten Pluralisierung der Lebensstile und diskontinuierliche Erwerbsverläufe beschreiben lässt, reagiert hat. Das der Sozialhilfe vorgelagerte soziale Sicherungssystem ist zu wenig auf solche vermeintlich anormalen Biographien eingestellt.

Der allgemeine Befund, wonach Armut verzeitlicht, individualisiert, aber auch in erheblichem Maße sozial entgrenzt ist, führt zu neuen komplexen Armutsbildern. Die Betonung der Vielfältigkeit der Armutsverläufe durch die dynamische Armutsforschung suggeriert eine gewisse Beliebigkeit in der Ursachenforschung und der Armutsüberwindung. Dabei negieren die Autoren gar nicht gesellschaftliche Bedingungsfaktoren für Armut wie die Arbeitsmarktverfassung, Wohnungsnot und den Wandel von Familienstrukturen. Es geht ihnen vielmehr darum, herauszufinden, wie sich diese Faktoren „auf den einzelnen auswirken und wie der einzelne damit umgeht. Die Lebenslaufforschung zielt gerade auf die Schnittstelle von institutionellen Rahmenbedingungen und individuellem Handeln im Lebenslauf" (Leibfried u.a. 1995: 341 f.). Mit dieser Betonung von Handlungsoptionen auch für Sozialhilfeempfänger läuft die dynamische Armutsforschung Gefahr, die gesellschaftlichen Bedingungen zu verharmlosen und die Verantwortung – zumindest implizit – den Betroffenen zuzuweisen[33]. Ein anderer Kritikpunkt richtet sich auf die Diagnose der Vielfältigkeit der Armutsmuster. Diese Diagnose verschließt den Blick auf die Risikogruppen, die sich selbstverständlich auch aus der Sicht der Bremer Forscher identifizieren lassen. Mit ihrer Betonung des häufig kurzfristigen Hilfebezugs und der Aufstiegsmöglichkeiten verfallen sie ge-

[33] Dietz formuliert die Folgen der ausschließlich individualisierten Ursachenforschung krasser: „Die Differenzierung von Armutsbiographien kann dazu missbraucht werden, um gesellschaftliche Regelfälle zu entkausalisieren und ihrer Systemursachen zu entledigen. Individualisierung wird nicht entlarvt, sondern Legitimation für einen Regelfall sozialer Ausgrenzung: Es kann eben jeden treffen." (Dietz 1997: 163)

genüber den von ihnen kritisierten „statischen Armutsanalysen“ in das andere Extrem. Das Problem marginalisierter Armut kommt in diesen Analysen zu kurz. Andreß (2000: 44) bemerkt zudem, dass viele Aufstiege aus Armut nur in einen „prekären Wohlstand“ führen.

Diese kritischen Einwände sollen natürlich nicht darüber hinwegtäuschen, dass die Längsschnittuntersuchungen wesentliche neue Erkenntnisse über die Sozialhilfeempfänger geliefert haben. Einige davon lassen sich mit den Daten der reformierten Sozialhilfestatistik auf ein breiteres Fundament stellen, aktualisieren, aber auch relativieren. Hierauf wird in Kapitel 6 näher eingegangen.

2.2 Sozialhilfeempfänger – Die anerkannten Armen

In den Bremer Längsschnittsuntersuchungen wird Armut mit Sozialhilfebezug operationalisiert; die Studien zielen also auf sozialstaatliche „bekämpfte Armut“ (Ludwig 1992: 359). Der Begriff „bekämpfte Armut“ drückt aus, dass der Zustand der Armut beseitigt ist. Eggen (1998) veranschaulicht den logischen Widerspruch, wenn Sozialhilfeempfänger als arm bezeichnet werden: Die Sozialhilfe soll gerade darauf hinwirken, Unterversorgung und Ausgrenzung einkommensschwacher Personen zu beseitigen. Wird mit den politischen Maßnahmen das erstrebte Ziel erreicht, dann sind Sozialhilfeempfänger nicht mehr arm. „Die Sozialhilfe ist als Indikator für Armut insofern unbrauchbar, als Armut de jure unterhalb der Sozialhilfeschwelle liegt oder aber – einer sozialpolitischen Maßnahme eigen – de facto durch die Sozialhilfe nicht bekämpft wird; die Maßnahme also im Hinblick auf die Zwecksetzung ihre Wirkung verfehlen kann“ (Eggen 1998: 24). Nach dieser Interpretation gibt es keine Armut, da Nichtunterstützte nicht als arm anzusehen sind und für Unterstützte der Zustand der Armut beseitigt ist (Dietz 1997: 93). Die Beziehung von Sozialhilfebezug und Armut besteht aber gerade darin, dass die Hilfeleistungen Bedürftigen gewährt wird. Diese Bestimmung ist unabhängig davon, ob das durch die Sozialhilfe garantierte Einkommen als ausreichend oder unzulänglich zur Erreichung des Ziels der Armutsbekämpfung angesehen wird[34]. Vielmehr wird auf die Bedürftigkeit der Hilfeempfänger bzw. ihre originäre Einkommensarmut abgestellt. Ohne die Leistungen des untersten sozialen Sicherungssystems verfügen die Empfänger laufender Hilfe zum Lebensunterhalt über ein Einkommen, das unterhalb des soziokulturellen Existenzminimums liegt. Sozialhilfebezieher sind eine Gruppe von (originär) Einkommensarmen. Diese Interpretation ist

[34] Hauser (1995b: 5) stellt noch auf einen weiteren Aspekt ab, nämlich darauf, ob die Umstände der Antragstellung und des Bezugs (Subsidiarität, Unterhalt, Stigmatisierung) mit der Menschenwürde vereinbar sind. Hierbei handelt es sich um die Frage der Ausgestaltung der Sozialhilfe, auf die im Rahmen dieser Arbeit nicht näher eingegangen wird.

gemeint, wenn Empfänger laufender Hilfe zum Lebensunterhalt, die in diesem Kapitel verkürzt als Sozialhilfeempfänger bezeichnet werden, arm genannt werden[35].

2.2.1 Sozialhilfebezug und Einkommensarmut – Unterschiede, Gemeinsamkeiten und normative Aspekte

In welcher Beziehung steht Sozialhilfebezug zu Einkommensarmut? Bei der durch die laufende Hilfe zum Lebensunterhalt festgesetzten Einkommenshöhe handelt es sich um eine quasi-politische Armutsgrenze[36]. Sie ist nicht identisch mit den üblicherweise in Armutsanalysen verwendeten Einkommensgrenzen. Dort werden Armutsschwellen als %-Anteil vom Nettoäquivalenzeinkommen festgelegt. Empirische Untersuchungen zur Einkommensarmut basieren häufig auf der 50%-Grenze. Es finden sich aber auch andere Grenzziehungen wie z.B. 40% des Nettoäquivalenzeinkommen als Maß für strenge Armut oder 75% als Schwelle für den prekären Wohlstand (vgl. Hanesch/ Krause/Bäcker 2000: 51). Der Begriff des prekären Wohlstands geht auf Hübinger (1996) zurück. Damit ist ein Einkommensbereich oberhalb der Armutsgrenze gemeint. Der Wohlstand ist in diesem Einkommensbereich wenig „gesichert", so dass Wechselfälle des Lebens rasch zu einem Abgleiten unter die Armutsgrenze führen können (Hübinger 1996: 207). Bei all diesen Maßen handelt es sich um den Versuch der Operationalisierung eines vielschichtigen Phänomens. Für Einkommensarmut gibt es kein objektives Kriterium im Sinne konkreter Einkommensgrenzen (absolut oder relativ zum Durchschnittseinkommen). Äußerst undurchsichtig wird die Suche nach Armutsgrenzen, wenn das subjektive Urteil über die zum Leben notwendige finanzielle Ausstattung eines Haushalts einbezogen wird. Die subjektive Einschätzung über den notwendigen Bedarf schwankt in Abhängigkeit von verschiedenen Größen, zu denen auch das verfügbare Haushaltseinkommen gehört (Andreß 1999: 97 f.). Wo soll die Grenze für Armut gezogen werden? Dort, wo sie die Personen mit Niedrigeinkommen ziehen, die ohnehin bereits etliche finanzielle Einschränkungen hinnehmen oder eher bei den Lebensnotwendigkeiten, die von Beziehern höherer Einkommen als unverzichtbar angesehen werden? Aufgrund der Vielzahl von subjektiven Grenzen argumentiert z.B. Veit-Wilson (1998) gegen eine „lineare Armutsgrenze". Für ihn handelt es sich bei

---

[35] Mit arm ist hier ausschließlich eine unzureichende Ausstattung mit finanziellen Mitteln gemeint. Barlösius (1997: 91) weist auf die besondere soziale Qualität von Armut (Deklassierung oder Ausgrenzung) hin: „Die Kategorie Armut misst also nicht nur soziale Ungleichheit; sie wertet soziale Lagen und qualifiziert deren Beziehung zur Gesamtgesellschaft."

[36] Krämer (1997) verwendet hierfür den Begriff „Sozialnotgrenze". Im Unterschied zur „Existenznot" geht es bei der Sozialnot auch um den subjektiven Aspekt der Benachteiligung (Krämer 1997: 5). Veit-Wilson (1998) plädiert dafür, statt von „offizieller Armutsgrenze" von „staatlichen Mindesteinkommensstandards" zu sprechen. Sein Argument: Die Grundlage für die Mindesteinkommensstandards bilden nicht wissenschaftlich ermittelte Armutsgrenzen; vielmehr sind sie Ausdruck dessen, was die politischen Entscheidungsträger anderen zugestehen, also subjektive Standards (Veit-Wilson 1998: 29).

dem Konzept der relativen Einkommensarmut, auf das im Rahmen dieser Arbeit Bezug genommen wird, um eine Definition von Ungleichheit, die mit Armut nichts zu tun hat (Veit-Wilson 1998: 42).

Ebenso wie bei der Gewährung von Sozialhilfe wird auch bei den Berechnungen zur relativen Einkommensarmut vom Haushaltskonzept ausgegangen[37]. Es ist unterstellt, dass im Haushalt quasi aus einem Topf gewirtschaftet wird, mit anderen Worten: Sämtliche Einkünfte fließen zusammen und werden anschließend auf die einzelnen Haushaltsmitglieder verteilt. Da das gemeinsame Wirtschaften im Mehrpersonenhaushalt an gewissen Punkten zu Kosteneinsparungen führt, benötigen nicht alle Mitglieder den gleichen Einkommensbetrag, um den gleichen Nutzen zu erzielen wie ein Ein-Personen-Haushalt. Daraus folgen unterschiedliche (Bedarfs-)Gewichte, die sich in der Sozialhilfe in den Regelsätzen widerspiegeln, bei der Ermittlung des Nettoäquivalenzeinkommens in den Personengewichten. Mit diesen allgemeinen Prinzipien hören die Gemeinsamkeiten zwischen der Bedürftigkeitsberechnung eines Sozialhilfeempfängerhaushaltes und der Bestimmung eines einkommensarmen Haushaltes auf. Bei der Ermittlung von Einkommensarmut wird keinerlei Differenzierung nach dem Haushaltstyp vorgenommen. Die Gewichtungsfaktoren orientieren sich an der Personenzahl und dem Alter minderjähriger Kinder. Demgegenüber ist das durch die Sozialhilfe garantierte Mindesteinkommen, selbst ohne Berücksichtigung einmaliger Leistungen, sehr viel variabler berechnet. So werden bestimmten Gruppen von Sozialhilfeempfängern Mehrbedarfszuschläge gewährt. Aber auch die Wohnkosten werden bei den Empfängern laufender Hilfe zum Lebensunterhalt individueller berücksichtigt als dies in der Festlegung der Armutsgrenzen auf Basis des durchschnittlichen Nettoäquivalenzeinkommens normalerweise geschieht. Die Sozialhilfegrenze schwankt also in Abhängigkeit vom Haushaltstyp, von der Anzahl und dem Alter der Personen, eventuellen Mehrbedarfen und von der Höhe der anerkannten Kosten für das Wohnen. Die Wohnkosten wiederum sind abhängig von der Haushaltsgröße und vom Regionstyp, in dem der Hilfeempfänger lebt. Aufgrund dieser variablen Bestandteile ist die Sozialhilfegrenze keine fixe Größe. Werden Schwellenwerte angegeben, so handelt es sich um Durchschnittswerte, die zumindest nach Haushaltstypen unterschieden werden sollten.

Armutsuntersuchungen, die sich auf Sozialhilfeempfänger im engeren Sinne beziehen, können nicht für sich beanspruchen, Urteile über die Gesamtheit der Armen abzugeben. Dazu sind die Ausgestaltung des Sozialhilferechts mit den Unterschieden im Rückgriff auf Unterhaltspflichtige[38] und in der Gewährung von Mehrbedarfen sowie die Verwaltungspraxis zu heterogen. Seit Einführung des BSHG wurden dessen Be-

---

[37] Das Sozialhilferecht bezieht sich streng genommen nicht auf den Haushalt, sondern auf die Einsatzgemeinschaft, die auch als Bedarfsgemeinschaft bezeichnet wird.

[38] Einen Vergleich zwischen den Unterhaltsregelungen des BSHG und des BGB gibt Schellhorn (1994).

stimmungen durch über 50 Gesetzesvorhaben geändert. In den letzten Jahren standen im Zuge der Konsolidierung der öffentlichen Haushalte Leistungskürzungen, die Ausweitung des Ermessensspielraums der Verwaltungen sowie die Einschränkung des Wunschrechts der Hilfesuchenden im Vordergrund (BMA 2000b: 574). Maßnahmen dieser Art blieben nicht ohne Auswirkungen auf den Empfängerkreis: Einige Personen erfüllten die modifizierten Anspruchsvoraussetzungen nicht mehr, für Mitglieder anderer Gruppen hat sich die Sozialhilfe hingegen weiter geöffnet. Dies zeigt, dass die laufende Hilfe zum Lebensunterhalt keineswegs eine starre Armutsgrenze definiert, die für alle Bevölkerungsgruppen gleichermaßen gilt. Mit der Variation der Mehrbedarfszuschläge und einem unterschiedlichen Rückgriff auf Unterhaltspflichtige erfolgt eine gewisse Einflussnahme auf die Zusammensetzung der Sozialhilfeklientel. Würden die Empfänger laufender Hilfe zum Lebensunterhalt als die „typischen" und womöglich sogar einzigen Armen betrachtet, ließe man die Beeinflussungsmöglichkeit der so abgegrenzten Armutspopulation durch staatliche Maßnahmen außer acht. „Der Gesetzgeber steuert durch die Festlegung der Sozialhilfeschwelle und durch die Änderung der Konditionen für die Inanspruchnahme der Sozialhilfe das absolute Ausmaß der Armut wie auch das Verhältnis der Anzahl von Armen und Nicht-Armen. Art und Umfang von Armut sind Ausdruck politischer und juristischer Einschätzungen" (Eggen 1998: 24). Die Gleichsetzung von Sozialhilfebeziehern und Armen kann zu äußerst problematischen Schlüssen führen: Da eine Erhöhung zum Beispiel der Sozialhilferegelsätze zu einem Anstieg, eine Reduzierung zu einem Rückgang der Armen führt, werden mehr Arme produziert, wenn die Situation der Armen generell verbessert wird. Umgekehrt sinkt die Zahl der ausgewiesenen Armen, weil sich deren Situation verschlechtert (Hübinger 1996: 69 f.)[39]. Es wäre also vermessen, von Sozialhilfeempfängern als den Armen schlechthin zu sprechen. Dieser Aspekt sollte bei der Quantifizierung gruppenspezifischer Armutsbetroffenheit berücksichtigt werden. Eine hohe Sozialhilfequote korrespondiert nicht zwingend mit einer vergleichbar hohen Armutsquote.

Die bisherigen Betrachtungen stellten auf den normativen Charakter der Sozialhilfe als Armutsschwelle ab[40]. Auch bei der Ermittlung der Bedarfshöhe, werden eine Reihe normativer Entscheidungen getroffen (Krause 1997: 45 ff.). Nach dem Gesetz ist es

[39] Die Argumente gegen die häufige Gleichsetzung von Armut und Sozialhilfebezug sollten allerdings nicht zu einer verkürzten Zurückweisung möglicherweise richtiger Schlüsse führen: „Steigt die Zahl der Empfänger und Empfängerinnen in der Sozialhilfe, nähme mit ihr auch die Armut in der Gesellschaft zu. Dieses zu behaupten ist ebenso üblich, wie diesem prompt zu widersprechen ist" (Eggen 2000c: 8). Ob die Behauptung richtig oder falsch ist, entscheidet sich nicht an der Gleichsetzung, sondern daran, ob eine allgemeine Zunahme von Einkommensarmut für den Anstieg der Empfängerzahlen verantwortlich zu machen ist oder nicht.

[40] Krämer (1997: 30) weist zudem darauf hin, dass auch mit der Wahl der betrachteten Einheit (Individuum, Familie, Haushalt, auch Kommune, Dorfgemeinschaft, Kloster usw.), die das Einkommen empfängt und deren Mitglieder (Ausnahme: Individuum) sich die aus dem Einkommen fließenden realen Ressourcen teilen, das Ergebnis beeinflusst wird.

Aufgabe der Sozialhilfe, dem Leistungsempfänger die Führung eines Lebens zu ermöglichen, das der Würde des Menschen entspricht (BSHG § 1, Abs. 2 (1)). Welche Geldleistungen hierfür notwendig sind, lässt sich aus der Bestimmung „menschenwürdiges Leben“ nicht ableiten. Lampert (1998: 309 f.) spricht von einem Rechtsanspruch dem Grunde nach, nicht aber nach der Art und Höhe der Leistung. Aber natürlich gibt der Gesetzgeber auch Richtlinien über den Leistungsumfang vor. Nach dem Statistikmodell[41] werden für die Festlegung der Regelsätze, also des standardisierten Leistungsumfangs, die tatsächlichen Ausgaben von Haushalten im unteren Einkommensbereich zu Grunde gelegt. Die Regelsätze sollen einerseits hoch genug sein, um den Bedarf der Hilfeempfänger zu decken, andererseits unter dem Einkommen eines Ehepaares mit drei Kindern und einem alleinverdienenden Vollzeitbeschäftigten der unteren Lohn- und Gehaltsgruppe liegen (BSHG § 22). Ein Gegensatz dieses zuletzt genannten Lohnabstandsgebots zum Bedarfsdeckungsgrundsatz wird nicht gesehen. Der Unterschied im verfügbaren Einkommen zwischen Hilfeempfängern und Personen, die ihren Lebensunterhalt aus eigenen Mitteln bestreiten, wird mit dem Selbsthilfegrundsatz gerechtfertigt. Dem Hilfebedürftigen ist nach dieser Interpretation die Eigenleistung abzufordern, seinen Hilfebedarf durch wirtschaftliches Verhalten und eine bescheidene, sparsame Lebensführung zu begrenzen (Rothkegel 2000: 265).

Es gibt kein objektives Maß für eine allgemein anzuerkennende Armutsgrenze. Mit der Sozialhilfeschwelle als quasi-politischer Armutsgrenze wird lediglich festgeschrieben, wer unter den jeweiligen institutionellen Regelungen als bedürftig angesehen wird (anerkannte Arme). Gelegentlich wird bestimmten Empfängergruppen, aufgrund anderer Zielsetzungen, eine besondere Bedürftigkeit zuerkannt. Dies lässt sich an einem Bestandteil des Sozialhilfereformgesetzes 1996 verdeutlichen. Seither werden hilfebedürftige minderjährige Schwangere, die bei ihren Eltern wohnen, nicht mehr mit ihren Eltern zu einer Einsatzgemeinschaft zusammengefasst. Dies führte zu einer Ausweitung des Kreises der Anspruchsberechtigten, obwohl das nicht das intendierte Ziel ist. Die Bestimmung zielt vielmehr darauf, einen möglichen Schwangerschaftsabbruch wegen materieller Notlagen zu verhindern (Riehle 2000: 456). An diesem Beispiel wird offensichtlich, dass die Sozialhilfe Lückenbüßer für Defizite im sonstigen sozialen Sicherungssystem ist. Andererseits zeigt der Umstand, dass Alleinerziehenden bei Bedürftigkeit kein ausreichendes Grundeinkommen ohne den stigmatisierenden[42]

[41] 1990 wurde das bis dahin praktizierte Warenkorbprinzip zur Festlegung der Regelsätze durch das sogenannte Statistikmodell abgelöst und die Regelsätze auf Basis der Ergebnisse der Einkommens- und Verbrauchsstichprobe (EVS) des Jahres 1983 berechnet. Um den Anstieg der Regelsätze in den Folgejahren zu begrenzen, fand lediglich eine Fortschreibung statt. Diese Regelung (Erhöhung der Regelsätze entsprechend der Rentenanpassung) gilt bis 2005. Eine Anpassung an das veränderte Verbraucherverhalten ist frühestens für diesen Zeitpunkt vorgesehen (vgl. Deutscher Verein 2002: 243).

[42] Stigmatisierung kann sowohl durch Zuweisung durch andere (externe Stigmatisierung) als auch durch das Individuum selbst (interne Stigmatisierung) erfolgen. Die interne Stigmatisierung äußert

Gang zum Sozialamt gewährt wird, welch geringen Stellenwert dieses sozialpolitische Ziel hat[43].

2.2.2 Sozialhilfebetroffenheit von Kindern im Kontext der Armutsforschung

Sozialhilfebetroffenheit von Kindern ist eine Dimension von Kinderarmut, die unter verschiedenen Aspekten thematisiert wird. Auch für Kinder gilt, dass Soziahilfebezug keineswegs mit Einkommensarmut gleichzusetzen ist. Quantifizierbare Unterschiede zeigen sich sowohl in Bezug auf das Ausmaß als auch hinsichtlich der Zeitverlaufsbetrachtung. Die langfristige Tendenz im Sozialhilfebezug von Minderjährigen ist keineswegs deckungsgleich mit der zeitlichen Entwicklung in der relativen Einkommensarmut von Kindern. So lässt sich für die neunziger Jahre kein anhaltender Trend steigender Einkommensarmut von Kindern feststellen (Weick 1999: 189). Wie sieht nun die Dynamik von Kinderarmut aus? Hierbei geht es um die Dauer der Armutslage und damit verbunden um die Frage, wie viele Kinder überhaupt von Armut betroffen werden. Die konkreten Ergebnisse solcher Untersuchungen, die i.d.R. an die dynamische Armutsforschung anknüpfen, hängen von unterschiedlichsten Faktoren wie der Wahl der Datenbasis, dem Betrachtungszeitraum und der Einkommensabgrenzung ab. Als Tendenzaussage lässt sich festhalten, dass es in Deutschland eine hohe Dynamik in der Kinderarmut gibt. Kinder aus Ein-Eltern-Familien haben ein höheres Risiko arm zu werden. Gleichzeitig ist ihre Abgangsrate niedriger als die anderer armer Kinder (Bradbury/Jenkins/Micklewright 2000: 36 f.). Im Vergleich zu Armen im Erwachsenenalter ist das Risiko langfristiger Armut für Kinder größer. Auch in diesem Fall sind Kinder aus Haushalten von Alleinerziehenden besonders stark betroffen (Jenkins/Schluter/Wagner 2000: 13).

Bei der Quantifizierung von Einkommensarmut von Kindern tauchen besondere Probleme auf. Die ökonomische Lage der Kinder bestimmt sich über den Haushalt, in dem sie leben. Das Ausmaß von Kinderarmut – gemessen als relative Einkommensarmut – schwankt u.a. in Abhängigkeit von den Bedarfsgewichten (Äquivalenzskala). Bei der Festlegung von Einkommensarmutsgrenzen für den Haushalt wird mit der Annahme operiert, dass alle Haushaltsangehörigen die gleiche Wohlstandsposition haben: Jedes Familienmitglied erhält den seinem Bedarf entsprechenden Einkommensanteil. Dies ist aber keineswegs zwingend. Kinder haben innerhalb der Familie eine schwache Machtposition. Daher können ihnen Ressourcen vorenthalten werden. Das kann durchaus auch Kindern aus nicht armen Haushalten passieren, die durch eine solche

sich als Minderwertigkeitsgefühl des Einzelnen, die externe Stigmatisierung als verringerte Wertschätzung dem Hilfeempfänger gegenüber (Thuy 1999: 242).

[43] Riehle (2000: 456) weist zudem darauf hin, dass in solchen Fällen Eltern häufig über die Regelung der Hausgemeinschaft zum Unterhalt herangezogen werden. Die Rechtsgrundlage für diese Verwaltungspraxis ist § 16 BSHG, der vom Gesetzgeber 1996 nicht entsprechend geändert wurde.

innerfamiliäre Umverteilung zu ihren Lasten auf eine Wohlfahrtsposition gedrückt werden, die mit relativer Einkommensarmut korrespondiert. Aber auch die umgekehrte Variante wird vorkommen: Konsumverzicht der Eltern in einkommensarmen Haushalten zu Gunsten der Kinder. Die Erfassung von Kinderarmut nach dem Ressourcenkonzept ist also keineswegs eindeutig (Joos 2000: 107). Es kann einkommensarme Kinder in nicht armen Haushalten geben und „eigentlich" nicht arme Kinder in einkommensarmen Haushalten. Unter Berücksichtigung der innerfamiliären Einkommensverteilung kann das Ausmaß von Kinderarmut durchaus höher oder niedriger ausfallen als es in den ermittelten Daten zur relativen Einkommensarmut zum Ausdruck kommt.

Kinderarmut stellt unter moralischem Gesichtspunkt ein besonderes Problem dar, denn Kinder können für ihre Lage nicht verantwortlich gemacht werden. Ihnen kann kein Selbstverschulden – etwa durch Leistungsverweigerung, unverhältnismäßig hohen Konsum, Suchtabhängigkeit usw. – nachgesagt werden. Kinder sind also einerseits eine stark armutsgefährdete Gruppe in der Bevölkerung, andererseits haben die Gruppenmitglieder keinerlei Möglichkeit, diese Situation aus eigener Kraft zu verändern.

Angespannte finanzielle Verhältnisse wirken sich in mehrfacher Hinsicht belastend auf die Entwicklung von Kindern aus. Zu den Belastungsfaktoren zählen die Ernährung mit ihrem Einfluss auf die Gesundheit, die subjektive Selbsteinschätzung, die soziale Einbindung in Gruppen und die schulische und berufliche Ausbildung (BMFSFJ 1998: 92 f.). Unterversorgungslagen bei Kindern können durchaus zu Defiziten in Bezug auf die kulturelle und soziale Kompetenz führen. Das größte Problem stellt sicherlich die Gefahr einer dauerhaften sozialen Ausgrenzung dar. In diesen Zusammenhang ist – unabhängig von den vorfindbaren Konsumgewohnheiten – auf den eingeschränkten oder gar verwehrten Zugang zu Bildungsressourcen zu verweisen. Das Bildungssystem hat eine Schlüsselstellung bei der Zuteilung von Lebenschancen (Bartholmai u.a. 2000: 791). In dem Maße, wie es in dem Bildungs- und Ausbildungsprozess zu sozialen Benachteiligungen kommt, verschlechtern sich die Startchancen von Kindern aus einkommensarmen Familien. Damit hat Armut bei Kindern eine andere Qualität als Armut im Erwachsenenalter: Sie beeinflusst Entwicklungsmöglichkeiten in weit stärkerem Maße und verschlechtert die Startchancen beim Eintritt in das Berufsleben[44]. Gleichwohl ist der Lebensweg durch Armutserfahrung natürlich nicht präjudiziert. Familiäre Armut kann letztlich zu ganz unterschiedlichen Lebensläufen führen (AWO 2000: 67). Diese grundsätzliche Handlungsfähigkeit auch eines einkommensarmen jungen Menschen sollte aber nicht den Blick darauf verschließen, dass das Aufwachsen in Armut die Entwicklung derjenigen persönlichen Voraussetzungen blockiert, die

[44] Armut von Kindern wird darüber hinaus häufig als Grund für soziale und psychische Deprivation angesehen (Neuberger 1997: 97). Mansel/Brinkhoff (1998: 9 ff.) ziehen aus ihren Erhebungen den Schluss, dass bei Jugendlichen, die in andauernder Armut leben, der Aufbau eines positiven Selbstkonzeptes behindert wird.

zu einer erfolgreichen Nutzung der Bildungsangebote nötig sind (Beisenherz 2000: 91).

Einkommensarmut und Sozialhilfebezug von Kindern verweisen auf eine unzureichende Ausstattung der Eltern mit finanziellen Mitteln. Wingen (1997) unterscheidet zwischen einkommensarmen Haushalten, in denen die Existenz von Kindern die Probleme noch verschärfen und Haushalten, in denen die Armutslage erst durch die Kinder entsteht (Wingen 1997: 168). Hier ist z.B. an ledige Mütter zu denken. Für die Quantifizierung der „Kinder in Armut" ist diese Unterscheidung irrelevant, für die Quantifizierung der Fälle, in denen „Kinder ein Armutsrisiko" darstellen, allerdings nicht. Diese analytische Trennung ist empirisch schwer nachzuvollziehen. Die Sozialhilfestatistik erfragt zwar als besondere soziale Situation der Hilfeempfänger die „Geburt eines Kindes", hieraus kann aber nicht geschlossen werden, dass ohne dieses Kind kein Sozialhilfeanspruch generiert worden wäre. Der Umkehrschluss ist ebenfalls nicht zulässig, denn es ist durchaus möglich, dass in Fällen, in denen diese soziale Situation nicht signiert wurde, der Sozialhilfebezug letztlich doch auf die Geburt eines Kindes zurückzuführen ist.

Einkommensarmut und Sozialhilfebezug in Familien mit Kindern ist nicht losgelöst von der Sozialpolitik zu sehen. Welche Bedeutung hat insbesondere die Ausgestaltung der Familienpolitik für den Umfang der auf laufende Hilfe zum Lebensunterhalt angewiesenen Kinder[45]? Auf den ersten Blick erscheint das Phänomen von Kindern, die auf Sozialhilfebezug angewiesen sind, als Fehlleistung der Familienpolitik. Dieses Urteil trifft aber nur zu, wenn das Resultat - Kinder im Sozialhilfebezug - nicht intendiert ist. Eggen (2000b: 149) hebt die politisch erwünschte Absicherungsfunktion der Sozialhilfe hervor. Damit ist ein Teil des Sozialhilfebezugs von Minderjährigen nicht als Defizit zu interpretieren, sondern Resultat der Familienpolitik. Veranschaulichen lässt sich dies am Beispiel der Ein-Eltern-Familien. In der Sozialhilfe gelten für diese Haushalte Sonderregelungen in Bezug auf Unterhaltsverpflichtungen gegenüber der Mutter und Mehrbedarfe. Diese „Vergünstigungen" tragen dazu bei, dass der Anteil der anspruchsberechtigten Alleinerziehenden in der Sozialhilfe relativ hoch ist (vgl. Sell 2000: 155)[46]. Die Sozialhilfe als unterstes soziales Sicherungssystem übernimmt also insbesondere für Alleinerziehende die Funktion, Defizite im Familienleistungs-

---

[45] Hier wird der Anspruch auf Unterstützung mit der tatsächlich erhaltenen Leistung gleichgesetzt. In der Realität gilt diese Identität nicht, denn auch in Haushalten mit Kindern gibt es verdeckte Armut, also den bewussten oder unbewussten (Informationsdefizite) Verzicht auf Leistungen nach dem BSHG.

[46] Sell weist in diesem Zusammenhang noch auf ein weitere „Verzerrung" hin: Das Erziehungsgeld wird auf die Sozialhilfe nicht angerechnet. Daher ist das Einkommensniveau nicht erwerbstätiger Alleinerziehender mit Kleinkindern vergleichsweise hoch.

ausgleich[47] zu kompensieren. Ein anderes Beispiel für politisch intendierten Sozialhilfebezug, auf das Wingen (1997) hinweist, ist die Sozialhilfeabhängigkeit von Kindern in Haushalten von Ausländern, die keine oder lediglich eine eingeschränkte Arbeitserlaubnis haben[48].

Zu den Gründen für die hohe Sozialhilfeabhängigkeit von Kindern zählt sicherlich der unzureichende staatliche Transfer für Kinder einkommensschwacher Familien. Der Familienleistungsausgleich in Form von Kindergeld und Kinderfreibetrag begünstigt Familien mit hohen Einkommen. Für einkommensarme Familien spielt das Kindergeld die entscheidende Rolle, und dessen Höhe ist so bemessen, dass damit nur ein Teil der Mindestunterhaltskosten für Kinder gedeckt ist[49]. Der Rest muss durch Leistungen der Eltern erbracht werden. In den modernen Gesellschaften ist Erwerbsarbeit für breite Kreise der Bevölkerung die relevante Einkommensquelle. Selbst Sozialleistungen (Arbeitslosenunterstützung oder Rente) sind häufig an vorangegangene Erwerbsarbeit geknüpft. Von daher kommt dem Erwerbsstatus eine entscheidende Rolle bei der Entstehung prekärer Einkommensverhältnisse von Familien zu, die letztendlich in der Notwendigkeit münden können, auf laufende Hilfe zum Lebensunterhalt angewiesen zu sein. Die Ausübung einer Erwerbstätigkeit lässt sich aber insbesondere für Ein-Eltern-Familien mit Kleinkindern häufig mit den Kinderbetreuungspflichten nicht oder nur sehr schwer vereinbaren. Für diese Haushalte stellt die Unterversorgung mit entsprechender Infrastruktur (Kindertagesstätten usw.) ein besonderes Hemmnis zur Arbeitsaufnahme dar (Sell 2000: 156)[50]. Um die Vereinbarkeit von Erwerbstätigkeit und Kindererziehung zu gewährleisten, wäre daher ein flächendeckendes Angebot institutioneller Kinderbetreuung notwendig. Ebenfalls notwendig ist die Beseitigung von Defiziten in bestehenden Betreuungsangeboten. Hierzu gehört eine stärkere Kundenorientierung (Flexibilität in Betreuungszeiten und Erziehungszielen) ebenso wie eine

[47] In dieser Arbeit wird durchgängig der Begriff Familienleistungsausgleich verwendet. Detaillierter hierzu Fußnote 118.

[48] Wingen (1997) bezieht sich explizit nur auf Asylbewerber, die zu dem von ihm betrachteten Zeitpunkt noch gänzlich in der Sozialhilfestatistik nachgewiesen wurden.

[49] Forderungen zu einer Reform des Familienleistungsausgleich richten sich u.a. auf die Gewährung einer Kindergrundsicherung zur Verhinderung von Einkommensarmut von Kindern. Otto/Spieß/Teichmann (2001) haben die „Finanzierbarkeit" eines solchen Modells für einkommensarme Haushalte geprüft, wobei die Ablösung des Ehegattensplitting (Ersatz durch Realsplitting) als Gegenfinanzierung fungiert.

[50] Welche Bedeutung Erwerbseinkommen für Alleinerziehende haben und wovon die Erwerbsorientierung abhängt (Verfügbarkeit von Kinderbetreuungsplätzen, Alter und Anzahl der Kinder usw.), zeigt z.B. Behrendt (2000) in einem Vergleich zwischen Deutschland, Großbritannien und Schweden. Ruspini (1999) geht in ihrem Mehrländervergleich darauf ein, dass nicht nur günstige Bedingungen für die Kombination von Erwerbs- und Familienarbeit (Schweden) der Einkommensarmut von Alleinerziehenden entgegenwirken können, sondern auch ein großzügiger Familienleistungsausgleich (Belgien) oder funktionierende soziale Netzwerke, die auf der Familie basieren (Italien).

stärkere Subjektförderung; die bisherige Objektförderung benachteiligt Bezieher geringer Einkommen (Kreyenfeld/Spieß/Wagner 2000: 273 ff.)[51].

Zusammenfassend lässt sich festhalten, dass die hohe Sozialhilfebetroffenheit von Kindern wesentlich auf den Wandel der familiären Lebensformen zurückzuführen ist. Hierauf hat die Fiskal- und Sozialpolitik in der Gestaltung des Familienleistungsausgleichs offensichtlich nicht angemessen reagiert. In dem Maße, wie die Doppelverdiener-Familie zum gesellschaftlichen Standard wird[52], nimmt das Risiko unter die Sozialhilfeschwelle zu rutschen für Familien zu, die diese Bedingungen nicht erfüllen (können) und die über kein überdurchschnittlich hohes Erwerbseinkommen verfügen. Dies sind neben den Alleinerziehenden auch (Ehe)paare mit nur einem Verdiener im Niedriglohnbereich und/oder mehreren Kindern. Bei Verlust des Arbeitsplatzes können sogar Ein-Verdiener-Familien mit vorausgegangenen „Normaleinkommen" in finanzielle Bedrängnis geraten. Eine Reform des Familienleistungsausgleichs für einkommensschwache Haushalte ist eine wesentliche Bedingung, um dem Sozialhilfebezug von Kindern entgegen zu wirken. Auf einen Reformvorschlag, der auf eine Grundsicherung für Kinder aus Familien mit Niedrigeinkommen zielt, wird detaillierter in Kapitel 5.1.5 eingegangen.

2.2.3 Verdeckt Arme: Die vernachlässigte Gruppe

Neben den Empfängern laufender Hilfe zum Lebensunterhalt als den anerkannten Armen gibt es Personen in vergleichbaren oder schlechteren Einkommensverhältnissen, die vom Sozialhilfebezug ausgeschlossen sind, weil für sie andere soziale Sicherungssysteme existieren. Hierzu zählen u.a. verschiedene Gruppen von Ausländern und Staatenlosen, die Anspruch auf die geringeren Leistungen nach dem Asylbewerberleistungsgesetz haben. Außer den Personengruppen, denen Ansprüche auf laufende Hilfe zum Lebensunterhalt grundsätzlich verweigert wird, existiert ein quantitativ bedeutender Personenkreis, der trotz bestehender Voraussetzungen seine Ansprüche nicht geltend macht. Dies sind die verdeckt Armen. Wird die Anzahl der verdeckt Armen zu der Gesamtheit der Anspruchsberechtigten (Hilfeempfänger zuzüglich verdeckt Arme) ins Verhältnis gesetzt, so ergibt sich als Quote die „Dunkelziffer der Armut". In Abhängigkeit von der Datenbasis und der Berechnungsart wird das Ausmaß verdeckter Armut unterschiedlich hoch beziffert. Zeitnahen Schätzungen zufolge (Neumann 1999b), kommt auf einen Hilfeempfänger ungefähr eine weitere Person, die ihren An-

[51] Mit der Finanzierung einer solchen institutionalisierten Kinderbetreuung beschäftigen sich Kreyenfeld/Spieß/Wagner 2001.

[52] Bertram (1998) identifiziert die Zweiverdienerfamilie als neues Familienmodell. Alle familiären Lebensformen, die von diesem Modell abweichen, tragen ein erhöhtes Armutsrisiko, das bei Alleinerziehenden durch deren eingeschränkter Erwerbsfähigkeit besonders hoch ist.

spruch nicht geltend macht[53]. Nach den Untersuchungen von Neumann, die auf den Daten des SOEP basieren, ist verdeckte Armut bei Ausländern weiter verbreitet als bei Deutschen. Unerwartet häufig finden sich Personen mit einem hohen Bildungsabschluss (Fach- oder Hochschulabschluss) unter ihnen. Die These, dass mit zunehmender Bildung die verdeckte Armut abnimmt, kann nur zum Teil bestätigt werden (Neumann 1999a: 77). In Bezug auf die Erwerbstätigkeit ist einerseits festzuhalten, dass Erwerbstätigkeit das Risiko, in verdeckte Armut zu geraten, deutlich verringert, andererseits ist der Anteil der verdeckt armen Erwerbstätigen relativ hoch (Neumann 1999a: 82). Riphahn (2000), die entsprechende Berechnungen mit der EVS durchgeführt hat, ermittelt für die Gesamtbevölkerung einen etwas höheren Anteil verdeckt Armer als Neumann. Sie hebt hervor, dass die Erwartung einer langen Bezugsdauer (z.B. bei Alleinerziehenden oder Personen mit geringer Qualifikation und schlechten Arbeitsmarktchancen) zu höherem Inanspruchnahmeverhalten führt. Ausländer und Bewohner kleinerer Gemeinden nehmen Sozialhilfeleistungen demgegenüber, gemessen an ihrer Bedürftigkeit, seltener in Anspruch (Riphahn 2000: 23).

Die Gründe für die Nichtinanspruchnahme sind vielschichtig. In den meisten empirischen Ergebnissen zur verdeckten Armut werden plausibel erscheinende Begründungen für die aufgezeigten Beziehungen angeführt. Hauser/Hübinger (1993: 122 ff.) haben versucht, Belege für die aufgestellten Hypothesen durch Befragung der von ihnen untersuchten Caritas-Klientel zu finden. Zunächst diagnostizierten sie bei den von ihnen als verdeckt arm identifizierten Personen erhebliche Kenntnislücken über wichtige Bedingungen der Sozialhilfegewährung. Lediglich über die Ansprüche von Rentenbeziehern und Alleinerziehenden waren die Befragten gut informiert. Informationsdefizite führen zu Fehleinschätzungen über die eigenen Ansprüche. Unter den verdeckt Armen gibt es etliche mit nur geringen (zu erwartenden) Leistungsansprüchen. Die Unannehmlichkeiten, die mit den für den Hilfebezug notwendigen administrativen Prozeduren einhergehen, dürften insbesondere in diesen Fällen mit „geringem Problemdruck" für einen Leistungsverzicht ausschlaggebend sein. Eine häufige Antwort war, dass der Rückgriff des Sozialamtes auf Verwandte ersten Grades vermieden werden sollte. Dies führt zu dem Urteil: „Offenbar wird es in breiten Schichten nicht mehr als selbstverständlich angesehen, dass die Mehr-Generationen-Familie Lasten und Risiken im Sinn einer ursprünglichen Risikogemeinschaft gemeinsam trägt" (Hauser/Hübinger 1993: 128). Nicht alle Antworten sind eindeutig zu kategorisieren. Einige lassen unterschiedliche Interpretationen zu. Insgesamt sind neben den bereits genannten Motiven Stolz und individuelle Selbstbehauptung, Verzichtshaltung, aber auch Angst vor Stig-

[53] Beide Gruppen sind in Westdeutschland ähnlich groß. Die verdeckt Armen haben im Mittel aber geringere Ansprüche als die Leistungsempfänger. Neumann (1999a: 53) weist darauf hin, dass sich die Gesamtausgaben für laufende Hilfe zum Lebensunterhalt in Westdeutschland 1995 auf 15,9 Mrd. DM beliefen. Dem stand ein fiktiver Bedarf für die annähernd gleich große Gruppe der verdeckt Armen (Armutslücke) von lediglich 3,3 Mrd. DM gegenüber.

matisierung oder Schwierigkeiten im Umgang mit dem Sozialamt häufige Gründe für die Nichtinanspruchnahme.

In der Untersuchung von Hauser/Hübinger (1993) wird die Seite der Anspruchsberechtigten beleuchtet. Aber auch die Gegenseite, die Leistungsträger sorgen in Zeiten knapper Kassen nicht unbedingt dafür, den Kreis der Hilfeempfänger auszudehnen. In der Praxis dürfte § 5 BSHG, wonach die Träger bei Kenntnis einer Notlage aktiv werden müssen (und nicht erst bei Stellung eines Antrags), nicht unbedingt handlungsleitende Maxime der Sozialbürokratie sein. Schoch (2001) weist auf ein anderes Defizit hin: Hilfegewährung setzt Ermittlung des Hilfebedarfs voraus. Hierzu ist es nötig, die Lebensumstände des Hilfesuchenden möglichst vollständig zu erfassen. Nur so können alle Bedarfe umfassend ermittelt werden. Die Verwaltungspraxis sieht häufig anders aus. Der Hilfesuchende wird durch Standard-Erhebungsbogen in ein Schema gepresst, das weniger auf Hilfe, sondern mehr auf verwaltungsmäßige Handhabbarkeit abzielt (Schoch 2001: V).

2.2.4 Zum Generalverdacht des Leistungsmissbrauchs

Im Zentrum der öffentlichen Debatte steht nicht das Phänomen der verdeckten Armut, sondern der Leistungsmissbrauch. Die Empfänger laufender Hilfe zum Lebensunterhalt sehen sich - wobei es durchaus Differenzierungen zwischen den Empfängergruppen gibt - dem Generalverdacht der missbräuchlichen Inanspruchnahme ausgesetzt. Missbrauch liegt vor, wenn ein „eigentlich“ Nichtbedürftiger Hilfe in Anspruch nimmt. So verstanden, spiegelt sich im Sozialhilfemissbrauch wider, dass sich Mitglieder der Solidargemeinschaft der Verantwortung zu entziehen versuchen. Hierfür gibt es zwei Erklärungsansätze. Nach dem ersten neigen Individuen, die zu einem Zwangskollektiv zusammengeschlossen sind, dazu, Leistungen über ihren eigentlichen Bedarf hinaus in Anspruch zu nehmen. Dem zweiten Erklärungsansatz zufolge ändern Individuen ihr Verhalten, sobald sie versichert sind (Thuy 1999: 36). Diese Diagnosen beziehen sich auf den aktiven Missbrauch, also die bewusste Fehlinformation der Leistungsträger. Untersuchungen zu dem Phänomen Missbrauch stellen auch auf den passiven Missbrauch ab, der durch Unkenntnis über notwendige Angaben zustande kommt (BMA 2000a: 71). Missbrauch ist in diesem Fall kein bewusster Täuschungsakt, sondern ergibt sich ausschließlich aus dem Resultat: ein Hilfeempfänger erhält zu Unrecht Leistungen. Im Zentrum der öffentlichen Missbrauchsdiskussion steht die bewusste Täuschung.

Die Missbrauchsdiskussion unterscheidet verschiedene Ebenen. Eine Variante stellt auf die Weigerung von Hilfeempfängern ab, trotz prinzipieller Leistungsfähigkeit ihren Lebensunterhalt durch Eigenleistung sicherzustellen. In diesen Fällen handelt es sich um eine Verletzung des Prinzips der Nachrangigkeit der Sozialhilfe: „Sozialhilfe erhält nicht, wer sich selbst helfen kann“ (§ 2 BSHG). Diese Problematik ist Gegenstand der grundsätzlich geführten Debatte um fehlende Anreize zur Überwindung des Sozialhilfebezugs, auf die an späterer Stelle (Kapitel 2.3 dieser Arbeit) näher eingegangen wird. In einer anderen Variante der Missbrauchsdiskussion geht es um den unberechtigten Leistungsbezug aufgrund falscher Angaben. Zur Bekämpfung dieser Art von Leistungsmissbrauch stehen den Sozialämtern nach dem BSHG eine Reihe von Instrumenten zur Verfügung. Dazu gehören die konkrete Arbeitsvermittlung (als Maßnahme gegen Schwarzarbeit), der automatische Datenabgleich mit vorrangigen Leistungsträgern (bspw. zur Erfassung nicht gemeldeter geringfügiger Beschäftigungsverhältnisse) und sonstigen Behörden, die Auskunftspflicht Dritter (neben Unterhaltspflichtigen zählen hierzu auch die Finanzämter und Kraftfahrzeugzulassungsstellen) und schließlich die Möglichkeit, besondere Ermittlungen anzustellen (Klinger 2000). Mit der letztgenannten Maßnahme ist der Einsatz sogenannter Sozialamtsdetektive gemeint. Sie suchen Antragsteller oder Hilfeempfänger i.d.R. in ihrer Wohnung auf, um sich ein Bild von dem tatsächlichen Bedarf (z.B. bei beantragten Einmalleistungen) zu machen oder um die Lebensverhältnisse (eheähnliche Lebensgemeinschaften) und daraus ableitbare Unterhaltsverpflichtungen zu überprüfen[54]. Hammel (2000: 111ff.) führt eine Reihe von Beispielen dafür an, dass die Verwaltungspraxis beim Einsatz besonderer Ermittler regional unterschiedlich gehandhabt wird. Die Effizienz dieser Maßnahmen (das Verhältnis der aufgedeckten Missbrauchsfälle zum dafür notwendigen Mitteleinsatz) wird in den Kommunen uneinheitlich beurteilt. Der Nutzen des Einsatzes eines Ermittlungsdienstes besteht für die Kommunen, die an Kostensenkung interessiert sind, aber nicht nur im Aufdecken von Missbrauch. Es gibt auch Sekundärwirkungen, „nämlich die Verunsicherung und Verängstigung über diejenigen hinaus, die mit gesetzwidrigen Motiven um Leistungen der Sozialhilfe nachsuchen, d.h. breiter Kreise (wirklich) Bedürftiger“ (Hammel 2000: 141). Der Einsatz von besonderen Ermittlern ist also durchaus geeignet, die verdeckte Armut zu erhöhen. Ein Lösungsvorschlag zur Vermeidung von Missbrauch bei einmaligen Leistungen ist die weitgehende Pauschalierung der individuellen Bedarfe. Klinger (2000: 76) sieht dies zudem als Ausdruck der allgemeinen Forderung, das Sozialhilfesystem vom Anspruchsdenken des einzelnen Hilfeempfängers auf die Übernahme von Eigenverantwortung umzustellen.

Über das Ausmaß der missbräuchlichen Inanspruchnahme von Leistungen aufgrund falscher oder lückenhafter Angaben über die Einkommensverhältnisse gibt eine Studie der ISG (Engels/Sellin 2000) Auskunft. Sie untersucht die Auswirkung der 1998 in

[54] Brühl (2000: 330 ff.) hält die Praxis der Hausbesuche für rechtlich problematisch. Sie stehen im Widerspruch zum Grundrecht auf Unverletzlichkeit der Wohnung (Art. 13 Abs. 1 GG) und sind auch nicht aus der im Sozialgesetzbuch (SGB I §§ 60ff.) geforderten Mitwirkungspflicht abzuleiten. Insbesondere richtet sich die Kritik gegen die praktische Erzwingung des Zugangs zur Wohnung dadurch, dass die Verweigerung des Zutritts zur Wohnung die Leistungsverweigerung durch das Sozialamt rechtfertigt (Verweigerung der Mitwirkung lässt den Schluss zu, dass keine Bedürftigkeit besteht).

Kraft getretenen Sozialhilfedatenabgleichverordnung. Seither ist es den Sozialämtern gestattet, die Angaben der Hilfeempfänger untereinander (zur Vermeidung von Mehrfachbezug) und mit anderen Leistungsträgern (Bundesanstalt für Arbeit usw.) zu vergleichen. Dieser Datenabgleich zielt auf die Aufdeckung schadhaften Parallelbezugs, also einer Überzahlung von Sozialhilfe[55]. Nach diesen Untersuchungen beläuft sich die Schadenshöhe auf ca. 0,5% der Gesamtausgaben für Hilfe zum Lebensunterhalt außerhalb von Einrichtungen. 2,5% der Bedarfsgemeinschaften hatten unvollständige oder in wenigen Fällen keine Angaben zu ihren Einkünften gemacht. Häufig waren Erhöhungen der Lohnersatzleistungen nicht mitgeteilt worden. Bei geringfügiger Beschäftigung gab es allerdings auch einen nennenswerten Anteil dem Sozialamt nicht bekannten Parallelbezugs. Insgesamt beurteilen die Autoren den Datenabgleich als eine wirksame und effektive Hilfe, um den Missbrauch zu quantifizieren und zu bekämpfen. In diesem Zusammenhang wird auch auf die präventive Wirkung des Datenabgleichs hingewiesen.

Leistungsbezug bei gleichzeitiger Erwerbstätigkeit in der Schattenwirtschaft (Schwarzarbeit) ist mit den beiden bislang dargestellten Mitteln nicht festzustellen. Hier können Maßnahmen im Rahmen der Hilfe zur Arbeit (HzA) für Transparenz sorgen. Empfänger laufender Hilfe zum Lebensunterhalt sind verpflichtet, ihre Arbeitskraft einzusetzen. An diese Verpflichtung ist die Sozialhilfeleistung geknüpft. Von daher ist es nicht nur legal, sondern legitim (Berlit 1999: 51) die Voraussetzung der Hilfegewährung zu überprüfen, indem erwerbsfähige Hilfeempfänger zur Arbeit verpflichtet werden. Mit Ansprüchen zur (Re-)Integration in den Arbeitsprozess hat diese Art der „Hilfe zur Arbeit" nichts zu tun. Sie zielt vielmehr auf eine Selbstselektion[56]: Die „Verweigerungsquote" wird als Indiz für den Sozialhilfemissbrauch angesehen. Inwieweit die Verpflichtung zur Arbeit geeignet ist, zwischen Bedürftigen und Personen, die Sozialhilfe missbräuchlich in Anspruch nehmen, zu selektieren, wird von Feist (2000) erörtert. Er unterscheidet zwischen Bedürftigen und Nichtbedürftigen. Bedürftig sind alle Personen, deren geringe Produktivität nur zu einer Entlohnung unterhalb der Sozialhilfeschwelle führt. Dieser Gruppe von Personen mit geringerer Begabung stehen die begabten Hilfeempfänger gegenüber, die durchaus in der Lage wären, einen Marktlohn zu erzielen, der über der Sozialhilfegrenze liegt. Günstiger stellen sich die Begabten aber, wenn sie die leistungsfreie Transferzahlung um eine Entlohnung für eine Tätigkeit in der Schattenwirtschaft aufstocken. Wer bedürftig ist und wer leistungsfähig, können die staatlichen Organe nicht unmittelbar erkennen (sonst erhielten die Leistungsfähigen keine Unterstützung); Missbrauch ist also ein Resultat

[55] Es gab auch einige Fälle, in denen Korrekturen zu Gunsten der Hilfeempfänger notwendig wurden (Engels/Sellin 2000: 19).

[56] Missbrauchsabwehr ist natürlich nur eines von mehreren Zielen, die mit Hilfe zur Arbeit erreicht werden sollen. In den letzten Jahren hat das Ziel der Kostenverlagerung von den Sozialhilfeträgern zur Bundesanstalt für Arbeit an Bedeutung gewonnen.

asymmetrischer Informationen. Hilfe zur Arbeit – analog zum Leipziger Modell als Verpflichtung zur Arbeit verstanden – schränkt die Arbeitsfähigkeit in der Schattenwirtschaft ein und animiert entsprechend die Nichtbedürftigen, sich einen regulären Arbeitsplatz zu suchen. Nur so können sie auch weiterhin ein über der Sozialhilfeschwelle liegendes Einkommen erzielen. Gibt es hingegen Empfänger mit unterschiedlichen Freizeitpräferenzen, dann ist die Hilfe zur Arbeit für die Selbstselektion zwischen Bedürftigen (weniger Begabten) und Nichtbedürftigen (Begabten) ungeeignet (Feist 2000: 155). Es ist also verkürzt, den Verzicht einzelner Antragsteller auf Sozialhilfeleistungen nach der Verpflichtung zur Arbeit unmittelbar auf alternative Einkünfte dieser Personen aus der Schattenwirtschaft – also Sozialhilfemissbrauch – zurückzuführen. Das allgemeine Urteil lautet: Bei asymmetrischen Informationen lässt sich Betrug nur unterbinden, indem auch ehrliche Hilfebedürftige vom Transfer ausgeschlossen werden (Sen 1998: 13 f.).

Missbrauch ist häufig als grundsätzliche Kritik an der Inanspruchnahme von Sozialleistungen gemeint. Wogawa (2000) zeigt, dass sich der Missbrauchsvorwurf speziell auf die Frage der Teilnahme am Arbeitsmarkt richtet. Die Sozialpolitik hat danach mit der Sozialhilfe einen Bereich konstituiert, in dem ein legitimer Einkommensbezugs außerhalb des Arbeitsmarktes möglich ist. Hierauf richtet sich der Missbrauchsvorwurf, der folglich als Sozialstaatskritik gemeint ist (Wogawa 2000: 39f.). Während insbesondere den Hilfeempfängern im erwerbsfähigen Alter gute Gründe unterstellt werden, sich in der Sozialhilfe einzurichten (Leistungsbereitschaft und Eigenverantwortung wird diesen Hilfeempfängern abgesprochen[57]), sind Alte und Kinder von diesem Verdacht weitgehend ausgenommen. Sie sind nicht mehr oder noch nicht leistungsfähig. Eine Schuldzuweisung für die eigene Lage ist bei Kindern gänzlich unmöglich. Sie sind für ihre ökonomische Lage in keiner Weise verantwortlich zu machen. Sie sind die unschuldigen Armen[58]. Diese Interpretation verdeutlicht, dass die Schuldfrage, wenngleich sie für die Gewährung der Leistung unerheblich ist, in der öffentlichen Diskussion durchaus eine Rolle spielt.

2.3 Die Armutsfalle – fehlende Anreize für erwerbsfähige Hilfeempfänger

„Verantwortliche Sozialpolitik orientiert sich an dem Leitgedanken, Bedürftige in die Lage zu versetzen, ihr Leben selbständig und eigenverantwortlich aus eigener Kraft zu

[57] Dies passt zur neoliberalen Weltsicht von Armut, die Butterwegge (2000: 41) „als selbstverschuldetes Schicksal, das im Grunde eine gerechte Strafe für Leistungsverweigerung oder die Unfähigkeit darstellt, sich bzw. seine Arbeitskraft auf dem Markt mit ausreichendem Erlös zu verkaufen“ beschreibt.

[58] In ihrer Analyse der öffentlichen Armutsbilder in den Printmedien hebt Peters (1996: 530) die differenzierte Sicht der Kinderarmut hervor, die nicht unter finanziellem Gesichtspunkt thematisiert wird. Die Schuldfrage bleibt außen vor. Die Kinder und mit ihnen ihre Eltern werden als Opfer der Verhältnisse geschildert.

gestalten, mithin unabhängig von Sozialhilfeleistungen zu werden" (Bundesregierung 2001: 233). So beginnt das Kapitel „Armutsbekämpfung durch Sozialhilfe" des ersten Armuts- und Reichtumsberichts der Bundesregierung. Fehlende Qualifikationen und Arbeitslosigkeit werden als wesentliche Ursachen für Sozialhilfeabhängigkeit diagnostiziert. Entsprechend wird der Hilfe zur Arbeit große Bedeutung beigemessen. Jedem arbeitsfähigen Hilfeempfänger, dem eine Erwerbstätigkeit zuzumuten ist, sollte eine Arbeit, eine Umschulung oder eine Weiterbildung angeboten werden. Dies entspricht dem Charakter der Sozialhilfe als Hilfe zur Selbsthilfe.

Maßnahmen zur Integration der Hilfeempfänger in den Arbeitsprozess haben in den vergangenen Jahren an Relevanz gewonnnen. Dies zeigt sich u.a. in den Ausgaben für Hilfe zur Arbeit, die sich von 1994 bis 1998 von 850 Mio. DM auf 2 Mrd. DM mehr als verdoppelt haben. Die Bundespolitik hat die Integrationsanstrengungen durch das Gesetz zur Verbesserung der Zusammenarbeit von Arbeitsämtern und Trägern der Sozialhilfe unterstützt. Es ist Anfang Dezember 2000 in Kraft getreten und zielt auf die Verbesserung der Vermittlungschancen der Empfänger laufender Hilfe zum Lebensunterhalt. Die (Re-)Integration der Hilfeempfänger in den Arbeitsprozess ist aber nur ein Ziel, das von den Kommunen mit der Hilfe zur Arbeit angestrebt wird. Ihnen geht es in erster Linie um Kostensenkung. Aus Sicht der einzelnen Kommune ist es erreicht, wenn zukünftig andere Kostenträger (i.d.R. die Bundesanstalt für Arbeit) die Unterstützungszahlungen leisten[59]. Nach Jacobs (2000: 79) besteht ein zentrales Ziel der Hilfe zur Arbeit darin, den Teilnehmern den Zugang zu AFG-Leistungen zu ermöglichen. Ein anderer unter dem Aspekt der Kostensenkung erwünschter Effekt ist die oben beschriebene Selbstselektion, also das freiwillige Ausscheiden aus dem Hilfebezug oder der Verzicht auf notwendige Leistungen. Dass dieses Resultat mit dem Gebot der Armutsbekämpfung konfligieren kann, darauf wurde bereits im Zusammenhang mit der Missbrauchdebatte hingewiesen. In den folgenden Ausführungen geht es nicht um eine Beurteilung der verschiedenen Maßnahmen, die auf Eingliederung der Hilfeempfänger in den Arbeitsmarkt zielen. Auf einige Befunde hierzu wird im Zusammenhang mit der Präsentation der Auswertungsergebnisse der Sozialhilfeempfängerstatistik in Kapitel 5.2.2 nochmals eingegangen. Die sich anschließenden Betrachtungen setzen sich allgemein mit der Anreizproblematik auseinander.

2.3.1 Das Ideal vom markträumenden (Niedrig-)Lohn

Grundsätzlich können in Bezug auf die Erfolgschancen von (Re-)Integrationsbemühungen in den Arbeitsmarkt zwei Positionen unterschieden werden. Die erste sieht in

[59] Feist/Schöb (2000) zeigen, dass z.B. ein Vorgehen wie in Leipzig unter fiskalischem Gesichtspunkt für die Kommune effizient sein kann. Allerdings führt die dadurch hervorgerufene Kostenverschiebung auf andere Gebietskörperschaften zu Ineffizienzen. Daher plädieren sie für eine „Hilfe aus einer Hand".

der hohen Arbeitslosigkeit eine Restriktion des Angebots an Arbeitsplätzen (globales Arbeitsplatzdefizit) (Engelen-Kefer 1997: 333). Nach dieser Vorstellung bestimmt sich die Arbeitskräftenachfrage nicht nur in Abhängigkeit vom Lohnsatz. Folglich führen Lohn- oder Einkommenssubventionen zur Kompensation niedriger Lohnsätze keineswegs unmittelbar zu einer Ausweitung der Nachfrage. Den Bemühungen um Integration von Hilfeempfängern haftet in diesem Szenario das Risiko an, dass es in erster Linie zu einer Verdrängung anderer (nicht geförderter oder subventionierter) Beschäftigter kommt. Ein Rückgang der Anzahl der Hilfeempfänger als Folge solch einer gruppenbezogenen Integrationspolitik wird höchstens erreicht, sofern die vormals beschäftigten Personen oder zumindest ein größerer Teil von ihnen nicht ihrerseits Anspruch auf laufende Hilfe zum Lebensunterhalt haben. Dies ist aber nicht die Variante, auf die die Befürworter der „Arbeit statt Sozialhilfe" abstellen. Sie gehen vielmehr von der Vorstellung aus, dass es durchaus zusätzliche Arbeitsplätze geben könnte. Hierbei handelt es sich um ein neues Niedriglohnsegment, das unterhalb des durch die Sozialhilfe festgeschriebenen Mindestlohnes[60] anzusiedeln ist. Nach dieser Vorstellung gibt die Sozialhilfe oder allgemeiner das Transfersystem falsche Anreize: Arbeitsplätze, die eine geringere Entlohnung bieten als das Sozialhilfeniveau, werden nicht nachgefragt. Für den Hilfeempfänger lohnt sich die Arbeitsaufnahme nicht, weil er ohne Arbeit ein gleich hohes oder sogar höheres Einkommen erzielen kann. Zwar findet sich bei Vertretern eines solchen Ansatzes durchaus der Hinweis, dass diese Diagnose nicht das faktische Verhalten aller Hilfeempfänger beschreibt (Boss 1999: 72, Berthold/Thode/v.Berchem 2000: 577), denn bekanntlich befinden sich auch Erwerbstätige unter ihnen. In ihrer Argumentation lassen sie dann aber i.d.R. die Existenz nichtfinanzieller Arbeitsanreize unberücksichtigt. Sie führen den Nachweis, dass rationale Wirtschaftssubjekte (was Sozialhilfeempfänger nicht zwingend sind) unter dem Aspekt der (kurzfristigen) Einkommenserzielung keinen faktischen Anreiz zur Arbeitsaufnahme haben.

Mit der Diagnose „falsche Anreize durch das soziale Sicherungssystem" ist theorieimmanent keineswegs zwingend eine Kritik der Leistungsempfänger verbunden. Ökonomisch rationales Verhalten ist, weil vernünftig, nicht zu kritisieren. Die Kritik richtet sich vielmehr an den Verursacher der ineffizienten Resultate, den Sozialstaat. Er sorgt für eine suboptimale Faktorallokation, weil er die Rahmenbedingungen falsch setzt. So hat einerseits der Hilfeempfänger aufgrund der Höhe der Unterstützungsleistungen keinen Anreiz, seine Arbeitskraft zum herrschenden Marktlohn anzubieten,

[60] Für die Behauptung, durch die Sozialhilfe sei quasi ein Mindestlohn festgelegt, lassen sich schwer Argumente finden, denn Sozialhilfebezieher sind nur eine Teilmenge von (potenziellen) Arbeitsanbietern im Niedriglohnbereich. Häufig sind im unteren Einkommenssegment Zweitverdiener aus Paarhaushalten tätig, die nicht über die Option verfügen, alternativ zum Erwerbseinkommen laufende Hilfe zum Lebensunterhalt in Anspruch nehmen zu können. Auf ihr Arbeitsangebot kann sich folglich die Höhe der Sozialhilfeleistungen nicht auswirken.

andererseits stellt das Sozialhilfeniveau eine Art implizite Untergrenze im Lohnfindungsprozess dar und beeinflusst indirekt auch das Kalkül der Arbeitsnachfrager (Paqué 1999: 196). Die tatsächliche Lohnhöhe liegt über dem markträumenden Niveau, so dass Menschen mit niedriger Produktivität, die auch zu entsprechend niedrigen Löhnen gerne bereit wären, ihre Arbeitskraft anzubieten, keine Arbeit finden (Feist 2000: 2). Das allgemeine Urteil lautet also: der Sozialstaat produziert einen Teil seiner Klientel selbst, indem er falsche Anreize setzt[61]. „Arme Individuen werden von ihm in der Armutsfalle gehalten“ (Berthold/Thode/ v.Berchem 2000: 578), weil sich Arbeit oder die Ausdehnung des Arbeitsangebots für Empfänger laufender Hilfe zum Lebensunterhalt nicht lohnt. Zudem führt der Mindestlohncharakter der Sozialhilfe dazu, dass weniger produktive Menschen dauerhaft von der Teilnahme am Arbeitsprozess ausgeschlossen werden, weil die für sie notwendigen gering bezahlten Arbeitsplätze nicht zur Verfügung stehen. Daraus ergeben sich zwei Forderungen: einerseits die Spreizung der Lohnstruktur nach unten[62], andererseits die Schaffung von „Anreizen“ zur Arbeitsaufnahme.

2.3.2 Das Lohnabstandsgebot – damit sich Arbeit lohnt

Die Diagnose fehlender Arbeitsanreize durch das gegenwärtige System der Grundsicherung zielt auf eine zu hohe Transferentzugsrate, aber auch auf zu hohe Sozialhilfeleistungen: Es gibt keinen Anreiz zur Arbeitsaufnahme, wenn die Sozialhilfeleistungen im Vergleich zum Erwerbseinkommen zu hoch sind. Bei einem zu geringen Abstand zwischen beiden Einkommen spricht das ökonomische Kalkül gegen eine Arbeitsaufnahme. Dieses Problem sieht auch der Gesetzgeber und hat daher das sogenannte Lohnabstandsgebot in das Gesetz aufgenommen, geregelt in § 22 Absatz 4 BSHG. Danach haben die im Rahmen der laufenden Hilfe zum Lebensunterhalt gewährten Leistungen unterhalb des Einkommens zu liegen, das einem Ehepaar mit drei Kindern und nur einem alleinverdienenden Vollzeitbeschäftigten im Niedrigeinkommensbereich (untere Lohn- und Gehaltsgruppen), zur Verfügung steht (Engels 1999: 5). Mit der Auswahl solch eines Haushaltstyps als Referenzgröße trägt der Gesetzgeber dem Umstand Rechnung, dass in der Sozialhilfe höhere Kosten für Kinder anerkannt wer-

[61] Dies ist nur einer von mehreren Fehlanreizen, die nach Feist (2000: 35 ff.) vom gegenwärtigen System der Grundsicherung ausgehen. Ebenfalls bedenklich ist, dass Kinder in der Sozialhilfe als gesellschaftliches Problem anerkannt sind, während sie für den Arbeitnehmer eine private Angelegenheit sind. Für Familien mit vielen Kindern ist ein Erwerbseinkommen im Niedriglohnbereich daher unattraktiv. Die hohe Transferentzugsrate bei Hinzuverdienst führt dazu, dass von dieser Regelung ein Anreiz ausgeht, in einer Kultur der Unselbständigkeit zu verbleiben. Ein weiteres Problem sieht Feist in der fehlenden Sanktionierung durch den Staat, wenn ein prinzipiell Leistungsfähiger missbräuchlich Hilfe in Anspruch nimmt.

[62] Einen Überblick über den theoretischen Zusammenhang von Lohnspreizung (allerdings nicht beschränkt auf den unteren Einkommensbereich) und Arbeitslosigkeit sowie empirische Ergebnisse geben Kohnz/Erber (2000).

den als im Familienleistungsausgleich. Dies wirkt sich dahingehend aus, dass zusammen lebende Ehepaare mit mehreren Kindern relativ häufiger auf laufende Hilfe zum Lebensunterhalt angewiesen sind als Ehepaare mit nur einem Kind.

In der Interpretation der empirischen Überprüfung des Lohnabstandes sind sich die Vertreter der verschiedenen Positionen uneinig. Engels (1999 und 2001) sieht einen ausreichenden Abstand gewahrt. Die differenziertere Analyse nach Haushaltstypen zeigt einen sehr hohen Lohnabstand und nach der skizzierten Logik einen hohen Anreiz zur Arbeitsaufnahme für allein Lebende, kinderlose Paare und Paare mit einem Kind. Dies sind gut die Hälfte aller Bedarfsgemeinschaften. Pohl (2000: 249) weist in Anbetracht des sehr hohen Lohnabstandes von allein Lebenden darauf hin, dass es unter dem Anreizgesichtspunkt eigentlich keine arbeitslosen Sozialhilfeempfänger dieses Typs geben dürfte. Folglich ist der Lohnabstand kein sinnvoller Indikator, um den Übergang von der Arbeitslosigkeit zur Erwerbsarbeit zu erklären. Für die Fälle mit hohem Lohnabstand muss es andere Gründe für den Sozialhilfebezug geben als die fiktive Einkommensdifferenz. Sie können in persönlichen Merkmalen der Hilfeempfänger liegen wie z.B. einer eingeschränkten Leistungsfähigkeit oder in der Arbeitsmarktlage, also mangelnden Arbeitsgelegenheiten (Engels 2001: 62). Auch Langzeitarbeitslosigkeit dürfte als Grund eine Rolle spielen. Betroffene verlieren Qualifikation oder können sich neue Qualifikationen nicht aneignen. Sie werden entmutigt und schränken ihre Suchanstrengungen ein. Gleichzeitig interpretieren potenzielle Arbeitgeber die Dauer der Arbeitslosigkeit als negatives Signal. Entsprechend haben Langzeitarbeitslose - ungeachtet der von ihnen akzeptierten Lohnhöhe - ungünstige Einstellungschancen (Hackenberg/Wagner 1997: 221).

Boss (1999) bezieht zum Lohnabstand eine andere Position als Engels. Er dehnt - ähnlich wie die Deutsche Bundesbank (1996b) - seine Modellrechnung auf verschiedene Branchen aus. Hierzu gehören mit dem Hotel- und Gaststättengewerbe und dem Einzelhandel zwei Bereiche mit einem bekanntlich niedrigen Lohnniveau[63]. Analog zu Engels kommt Boss (ebenso wie die Bundesbank) zu dem Befund, dass der Lohnabstand mit zunehmender Haushaltsgröße sinkt und dass Alleinerziehende einen vergleichsweise geringen Lohnabstand haben. Er zählt eine Reihe von Faktoren auf (vgl. Boss 1999: 62 ff.), die erwarten lassen, dass der in den Modellrechnungen ermittelte und von ihm als gering angesehene Lohnabstand noch weiter abschmilzt. Hierzu gehört, dass das Durchschnittsalter der Hilfeempfänger niedriger ist als das der Referenzgruppe, dass der Eintrittslohn der Hilfeempfänger wahrscheinlich geringer sein dürfte, weil ihnen kein Bonus für die Dauer der Betriebszugehörigkeit gewährt wird, und dass die mit der Ausübung einer Erwerbstätigkeit verbundenen Kosten nicht in die

[63] Für die Berücksichtigung der Löhne für wenig qualifizierte Arbeit im Hotel- und Gaststättengewerbe liefert Boss die Begründung: „eine Beschäftigung in diesem Sektor dürfte für viele Sozialhilfeempfänger eine relevante Alternative zur Nichterwerbstätigkeit sein.“ (Boss 1999: 54)

Modellrechnung eingehen. Die prinzipielle Frage, die sich beim Vergleich der Ergebnisse stellt, ist die der angemessenen Differenz. Wie groß der Unterschied zwischen beiden Einkunftsarten sein muss, um zur Arbeitsaufnahme zu motivieren, kann theoretisch nicht entschieden werden. Daher wird häufig der Umkehrschluss gezogen: Der Sozialhilfebezug gilt als Beleg für einen zu geringen Lohnabstand. „Es ist zu vermuten, dass arbeitsfähige Sozialhilfeempfänger nur einen geringen Anreiz haben, von sich aus aktiv Beschäftigung zu relativ niedrigen Löhnen zu suchen. Dies gilt insbesondere für jene Empfängergruppen, die durch ihre familiären Verhältnisse einen relativ hohen Anspruch auf Hilfe zum Lebensunterhalt geltend machen können" (Paqué 1999: 198). Dieses Argument lässt bekannte Auswertungsergebnisse der Sozialhilfestatistik außer acht. Bei den Empfängergruppen mit vergleichsweise hohen (Brutto-) Ansprüchen handelt es sich erstens um Alleinerziehende, deren Arbeitsaufnahme häufig durch fehlende Kapazitäten für Kinderbetreuung eingeschränkt ist. Zweitens sind es Ehepaare mit mehreren Kindern, und für diese Empfängergruppe hat Erwerbstätigkeit einen vergleichsweise hohen Stellenwert. Unterschiede im Erwerbsstatus für verschiedene Typen von Sozialhilfeempfängerhaushalten lässt auch Boss (2001: 77 f.) in seinem Vergleich von Lohnabstand und Empfängerquoten nach Haushalts- bzw. Bedarfsgemeinschaftstyp unberücksichtigt. Seine Überlegungen zielen auf den Nachweis einer mit geringer werdendem Lohnabstand steigenden Empfängerquote. Dies kann er allerdings nur für gleiche Haushaltstypen in Abhängigkeit von der Kinderzahl entdecken, für die Gesamtheit der Haushaltstypen diagnostiziert er einen sehr lockeren Zusammenhang[64].

Eine differenziertere Beurteilung des Lohnabstands findet sich bei Feist (2000). Er betrachtet den Fall der missbräuchlichen Inanspruchnahme laufender Hilfe zum Lebensunterhalt. Eine Person mit höherer Produktivität kann zwischen den Alternativen einer regulären Beschäftigung und der einer Alimentierung durch eine Grundsicherung ergänzt durch einen Wechsel in die Schattenwirtschaft wählen. Auf den Preis, zu dem der Wechsel vom regulären Arbeitsmarkt in die Schattenwirtschaft attraktiv wird, wirkt sich u.a. der Optionswert eines festen (sicheren) Arbeitsplatzes aus. Dieser Preis steigt in Zeiten zunehmend instabiler Beschäftigungsverhältnisse. Feist kommt zu dem Ergebnis, dass ein Teil der Funktionen, die traditionell dem Lohnabstand zugeschrieben werden, tatsächlich schon allein der Optionswert eines festen Arbeitsplatzes übernimmt (Feist 2000: 66). Ein größerer Lohnabstand ist folglich unter Anreizgesichtspunkten gar nicht nötig. Unter Berücksichtigung der Perspektive der Lebenseinkommenssicherung sind also durchaus andere Entscheidungskriterien heranzuziehen, als

[64] Des Sachverständigenrat zur Beurteilung der gesamtwirtschaftlichen Entwicklung hat in seinem Jahresgutachten 2002/2003 die Ergebnisse einer multiplen Regression zum Zusammenhang von Lohnabstand und Sozialhilferisiko veröffentlicht. Der festgestellte statistische Zusammenhang dürfte in erster Linie darauf zurückzuführen sein, dass die Analyse nicht nur auf dem unterem Einkommenssegment basiert.

der ausschließliche Vergleich aktueller Unterschiede zwischen zwei denkbaren Einkommensalternativen. Auf diesen Aspekt weist auch Hauser (1995a: 432 f.) in seiner Anmerkung hin, dass bei der Ermittlung des Lohnabstandes die Ansprüche aus Sozialversicherungsbeiträgen unberücksichtigt bleiben.

Die Schlussfolgerungen aus der Berücksichtigung des Lebenseinkommens sind nicht präjudiziert. Feist (2000) zieht den Schluss, dass die Tarifparteien durchaus Raum zu Lohnsenkungen haben. Dies würde auch weniger produktiven Arbeitswilligen Beschäftigungschancen einräumen. Einen praktischen Ausweg sieht er darin, arbeitsfähigen Hilfeempfängern nur noch eine Alimentierung unterhalb des soziokulturellen Existenzminimums zu gewähren. Die Sozialhilfe verliert damit die Funktion eines Mindestlohnes; der Marktlohn kann sich folglich auf einem markträumenden Niveau einpendeln. Damit überhaupt Arbeitsleistung bei einer niedrigen Entlohnung, die dann z.B. durch verschiedene Varianten der Einkommenssubventionen auf das jetzige Grundsicherungsniveau anzuheben ist, angeboten wird, muss die laufende Hilfe zum Lebensunterhalt für Arbeitsfähige niedriger sein als für Personen, die nicht ihre Arbeitskraft einsetzen können, um von der Sozialhilfe unabhängig zu werden oder denen dies nicht zumutbar ist. Berthold/Thode/v.Berchem (2000) schlagen vor, die Ungleichbehandlung von arbeitsfähigen Hilfeempfängern und solchen, denen eine Arbeitsaufnahme aus verschiedensten Gründen nicht zumutbar ist, über das in der Sozialhilfe vorgesehene Differenzierungsvehikel der Mehrbedarfszuschläge zu regeln. Bei einer generellen Senkung der Regelsätze könnten Personen, von denen eine Erwerbstätigkeit nicht verlangt werden kann, durch aufgestockte Mehrbedarfszuschläge vor Armut geschützt werden. Arbeitsfähige Hilfeempfänger erhielten geringere Leistungen. Für sie würde sich damit der Anreiz zur Arbeitsaufnahme oder zur Ausweitung des Arbeitsangebotes erhöhen.

Ebenfalls auf der Arbeitsangebotsseite setzt die Kritik an einer zu hohen Transferentzugsrate an. Sie hemmt die Bereitschaft von Hilfeempfängern zur Arbeitsaufnahme oder -ausweitung. Die Diagnose: Dem Hilfeempfänger bleibt von zusätzlichem Erwerbseinkünften, gemessen an den dafür zu erbringenden Leistungen (Verzicht auf alternative Zeitverwendung), zu wenig übrig. Dies führt ebenso wie die zu hohen Leistungen (siehe oben) zu freiwilliger Arbeitslosigkeit. Faktisch ist die Einkommensanrechnung so ausgestaltet, dass erwerbstätigen Hilfeempfängern nur ein vergleichsweise geringer „Freibetrag" als eine Art Aufwandsentschädigung zugestanden wird. Der sogenannte Absetzungsbetrag sollte entsprechend der Empfehlungen des Deutschen Vereins mindestens 25% (Sockelbetrag) und höchstens 50% des Regelsatzes ausmachen. Für den Freibetrag und das Einkommen lassen sich entsprechend dieser Regelung drei Bereiche identifizieren (Gern 1999: 34 ff., Dreger u.a. 1998: 707). Ein Erwerbseinkommen in Höhe der Sockelbetrages (25% des Regelsatzes) kann in voller Höhe abgesetzt werden. Bei einem höheren Erwerbseinkommen bleiben zunächst zusätzlich 15% des den Sockelbetrag übersteigenden Einkommens anrechnungsfrei. Eine reduzierte Einkommensanrechnung (85% werden auf die Sozialhilfe angerechnet) erfolgt so lange, bis das nicht angerechnete Einkommen 50% des Regelsatzes beträgt. Wird diese Höchstgrenze überschritten, dann schmälert das darüber hinausgehende Einkommen in voller Höhe den Sozialhilfeanspruch. In diesem Bereich beträgt die Transferentzugsrate bzw. Grenzbelastung bei zusätzlichen Erwerbseinkommen 100%; das verfügbare Haushaltseinkommen der Hilfeempfänger ändert sich durch Mehrarbeit oder bei Einkommenserhöhungen also nicht[65]. Diese Angaben sind nur Orientierungspunkte, denn im Einzelfall kann sowohl nach oben als auch nach unten abgewichen werden. Zudem können ausgewählte Empfängergruppen (z.B. Menschen mit Behinderungen wie Blinde, psychisch Kranke usw.) höhere Absetzungsbeträge geltend machen (vgl. Brühl 2000: 113 f.).

2.3.3 Niedrigere Löhne als Weg aus der Armutsfalle

Die Diagnose zu geringer Arbeitsanreize sieht Anpassungsbedarf vornehmlich auf der Arbeitsangebotsseite. Letztendlich gipfelt sie in der Forderung nach einem zu etablierenden neuen Niedriglohnsegment. Der Bedarf hierfür wird unterstellt. Pohl (2000: 244 f.) problematisiert diese Annahme. Er weist darauf hin, dass die potenzielle Nachfrage nach einfacher Arbeit keineswegs homogen ist. Sie unterscheidet sich hinsichtlich der geforderten Qualifikationen, in der räumlichen Dimension, in Bezug auf den geforderten Arbeitsrhythmus und die Arbeitszeit. Von daher ist keineswegs zwingend, dass eine potenzielle Ausweitung der Nachfrage mit dem vorhandenen Angebot zusammenpasst. Zudem dürfte eine Lohnsenkung für einfache Arbeit von Unternehmen auch so genutzt werden, dass bestehende Quersubventionierungen (für einfache Arbeit wird ein „überhöhter" Lohn gezahlt) entfallen. Einen Beschäftigungseffekt gäbe es in diesen Fällen bei sinkenden Löhnen nicht. Überhaupt ist ungeklärt, ob es einen nennenswerten Bedarf an bezahlter einfacher Arbeit gibt. Im Prinzip kommen hierfür Betätigungen in Frage, die heute nicht als Erwerbsarbeit organisiert sind. Hierzu zählen u.a. ehrenamtliche Tätigkeiten.

Eine Absenkung des Marktlohns ist auf der Einkommensseite zu korrigieren, sofern der erzielte Lohn nicht ausreicht, um den Bedarf des Arbeitnehmers und seiner Familie zu decken. Der Lohn ist der Preis für die Arbeitsleistung und hat sich daher nicht an der Bedarfsdeckung zu orientieren. Hierfür ist die Grundsicherung zuständig. Die Etablierung eines neuen Niedrigeinkommensbereichs ist also durch Formen der Einkom-

---

[65] In verschiedenen Modellprojekten zur Förderung der Arbeitsmarktintegration u.a. von Sozialhilfeempfängern bleiben weitere Einkommensbestandteile bei Aufnahme einer Erwerbstätigkeit anrechnungsfrei. Dies gilt auch für die Zuschüsse zu den Sozialversicherungsbeiträgen und/oder den Kindergeldzuschlag an den Arbeitnehmer, die im Rahmen des 2002 bundesweit eingeführten Mainzer Modells gezahlt werden. Diese Leistungen zielen darauf, zur Arbeitsaufnahme zu motivieren. Eine Anrechnung auf die Sozialhilfe wird als nicht zielkonform angesehen (vgl. BMA: Richtlinien zur Durchführung des Sonderprogramms „Mainzer Modell" vom 6.2.2002).

menssubventionierung im Niedriglohnbereich zu flankieren. Wie sich eine solche Subventionierung auf die Beschäftigung quantitativ auswirkt, war in jüngster Vergangenheit Gegenstand verschiedener ökonometrischer Untersuchungen. Die Notwendigkeit empirischer Schätzungen ergibt sich schon allein daraus, dass der bislang postulierte enge Zusammenhang zwischen Lohnsatz und Arbeitsangebot faktisch zu kurz greift. Das Arbeitsangebotsverhalten ist nicht nur von der Einkommenshöhe bzw. von Einkommensunterschieden (Erwerbseinkommen versus Sozialhilfetransfer) abhängig, sondern auch von den Zeitverwendungswünschen oder -notwendigkeiten (Zeit für Erwerbsarbeit und für sonstige Tätigkeiten). Bei Berücksichtigung des Zeitfaktors sind die zuvor dargestellten Zusammenhänge zu relativieren. Personen mit einer hohen Freizeitpräferenz werden erst bei drastischen Einschnitten in der Höhe der leistungsunabhängigen Einkommen oder bei deutlich niedrigeren Transferentzugsraten ihr Arbeitsangebot ausdehnen[66]. Theoretisch lässt sich die Wirkung einer isolierten Lohnsubventionierung auf das Arbeitsangebot nicht bestimmen. Eine Einkommenssubventionierung wirkt sich auf das Arbeitsangebot in gleicher Weise aus wie die Erhöhung des Lohnsatzes. Bei steigenden Löhnen verteuert sich der Konsum von Freizeit (Zeit der Nichterwerbstätigkeit) relativ zur Verwendung als Arbeitszeit. Als Folge dieser Relativpreisänderungen wird Freizeit durch Arbeit substituiert, das Arbeitsangebot steigt (Substitutionseffekt). Gleichzeitig führt der durch den Lohnanstieg hervorgerufene Einkommenseffekt zu einer Senkung des Arbeitsangebots, da ein geringerer Arbeitseinsatz ausreicht, um die gleiche Gütermenge zu kaufen. Freizeit gewinnt also an Attraktivität. Wie sich die beiden gegenläufigen Effekte auf das gesamte Arbeitsangebot auswirken, lässt sich nicht theoretisch bestimmen, sondern bedarf der empirischen Ermittlung der Elastizitäten (Walwei 1999: 525).

Während die Anreizwirkungen einer geringeren Anrechnungsquote von Erwerbseinkommen auf die Sozialhilfe also keineswegs so sicher sind, wie von Befürwortern dieser Option unterstellt, ist auf jeden Fall ein anderer Effekt vorprogrammiert: Der Kreis der Anspruchsberechtigten steigt. Denn Personen oder Haushalte, die zuvor ein Erwerbseinkommen knapp über der Sozialhilfeschwelle bezogen haben, werden bei einer geringeren Anrechnung dieser Einkünfte bei der Ermittlung des sozialhilferechtlichen Bedarfs ebenfalls anspruchsberechtigt. In welchem Umfang diese Ansprüche gelten gemacht werden, kann natürlich nicht gesagt werden. Eine weitere Unsicherheit betrifft die Nachfrageseite. Selbst wenn ein höherer finanzieller Anreiz zur Arbeitsaufnahme tatsächlich zu einer Ausweitung des Arbeitsangebots führt, ist keineswegs garantiert, dass sich quasi simultan eine entsprechende Nachfrage nach Arbeitskräften entwickelt. Warum sollten die möglicherweise benötigten zusätzlichen Arbeitsplätze in vollem Umfang zur Verfügung gestellt werden? Kaltenborn weist unter Bezugnah-

[66] Die Lohnhöhe kann auch durch das Verhalten der Arbeitsnachfrager nach unten beschränkt sein. Begründungen hierfür liefert die Effizienzlohntheorie. Vgl. Franz 1999: 310 ff.

me auf seine Simulationsergebnisse darauf hin, dass die Verfügbarkeit von Arbeitsplätzen (Arbeitsnachfrage) nur indirekt durch die zu Grunde liegende ökonometrische Schätzung der nachfragerestringierten Arbeitsbereitschaft (Arbeitsangebot) in seine Prognose eingeht (Kaltenborn 1999: 79). Eine explizite Schätzung der Arbeitsnachfrage erfolgt im Rahmen dieses Modells nicht.

Im Zentrum der empirischen Untersuchungen, auf deren Ergebnisse im Folgenden kurz eingegangen wird, stand nicht die Frage einer gruppenspezifischen Unterstützung, denn solche Art von Maßnahmen bewirken häufig nicht intendierte Resultate (Kaltenborn 2000a: 85 oder Hagen/Steiner 2000: 154f.). Hierzu zählen Mitnahmeeffekte auf Seiten der Unternehmen (Subventionen für ohnehin geplante Neueinstellungen) oder der geförderten Personen (Förderung für Personen, die ohnehin eine Erwerbstätigkeit aufgenommen hätten) aber auch Substitutionseffekte im einstellenden oder im Konkurrenzunternehmen. Daneben können Zielgruppenförderungen Wirkungen zeigen, die zwar - gemessen am Ziel eines Beschäftigungsaufbaus - ebenfalls nicht intendiert sind, die aber in einem anderen Sinn positiv beurteilt werden können. Dies gilt insbesondere für Verdrängungseffekte im einstellenden Unternehmen, denn dadurch können sich die Beschäftigungschancen der Risikogruppen verbessern. Allerdings hat es in diesem Fall keinen Beschäftigungsaufbau gegeben, und damit ist das eigentliche Ziel der Förderung nicht erreicht. Schließlich ist noch auf den sogenannten Drehtüreffekt bei befristeten Leistungen hinzuweisen (rotierender Austausch von jeweils temporär geförderten Personen). Bei universeller Leistungsgewährung treten etliche dieser unerwünschten Effekte nicht auf. Demgegenüber kommt es zu kostenträchtigen Mitnahmeeffekten: Arbeitsplätze werden gefördert, die ohnehin entstanden wären oder Personen erhalten Einkommenssubventionen, die ihrer nicht bedürfen.

Bei den ökonometrischen Untersuchungen zur Beschäftigungswirkung von Lohn- oder Einkommenssubventionen handelt es sich um Simulationen mit Mikrodaten, in denen Angebots- und Nachfragereaktionen geschätzt werden. Hierfür werden Partialmodelle für den Arbeitsmarkt aufgestellt. Da der Gütermarkt nicht in die Analyse einbezogen wird, bleiben auch eventuell von dort ausgehende Nachfragerestriktionen in den Modellen weitgehend unberücksichtigt. Es wird geschätzt, wie sich unterschiedlichste Maßnahmen der Subventionierung von Niedrigeinkommen entweder durch direkte Transfers (für Arbeitnehmer oder Arbeitgeber) oder durch eine Senkung der Transferentzugsrate auswirken. In einigen Fällen wird auch explizit untersucht, welcher Arbeitsangebotseffekt von einer Senkung der Leistungen für Empfänger laufender Hilfe zum Lebensunterhalt ausgeht. Die Ergebnisse hängen von der gewählten Modellspezifikation ab, auf die an dieser Stelle nicht weiter eingegangen wird, von der Datenbasis und auch davon, welche Art von Maßnahmen untersucht wird[67]. Riphahn/Thalmaier/Zimmermann (1999) betrachten z.B. ausschließlich die Form der Arbeitgebersub-

---

[67] Einen Überblick geben Kaltenborn (2000a und 2000b) sowie Hagen/Steiner 2000: 210 ff.

vention. Ihr Argument für dieses Vorgehen: Zum herrschenden Lohnsatz existiert ohnehin bereits ein Angebotsüberhang, was an der Arbeitslosigkeit zu erkennen ist. Eine Subventionierung, die auch den Arbeitnehmern zugute käme (Einkommenserhöhung), würde zu einer weiteren Erhöhung des Arbeitsangebots im Niedrigeinkommensbereich führen (aus der stillen Reserve). Daher ist es sinnvoller, die Nachfrage zu stimulieren. Geschätzt wird die Arbeitsnachfrageelastizität, das Arbeitsangebot wird als starr unterstellt[68].

Die übrigen Modelle legen das Schwergewicht auf die Schätzung der Arbeitsangebotselastizitäten. Das wichtigste Ergebnis dieser Untersuchungen ist sicherlich, dass auch im Niedrigeinkommensbereich Frauen und insbesondere Frauen in Paarhaushalten die größte Reagibilität auf Änderungen des Lohnsatzes zeigen[69]. Die Simulation verschiedener Modifikationen der Anrechnungsquoten für Empfänger laufender Hilfe zum Lebensunterhalt wirkt sich im Modell von Buslei/Steiner (1999) nicht nennenswert auf das Arbeitsangebot aus. Eine pauschale Senkung des Sozialhilfebedarfs um 10% lässt einen bescheidenen Anstieg des Arbeitsangebots um 45.000 Personen erwarten. In Anbetracht vergleichsweise moderater Arbeitsmarkteffekte und vor dem Hintergrund hoher Kosten für die öffentlichen Haushalte, von Mitnahme- und möglichen Verdrängungseffekten, sowie von verteilungspolitisch fragwürdigen Folgen wird Lohnsubventionen von den Gutachtern überwiegend eine gewisse Skepsis entgegen gebracht.

Kaltenborn (2000b) beschäftigt sich näher mit den verschiedenen, insbesondere von den politischen Parteien entwickelten Reformvorschlägen zur Grundsicherung. Für keinen der von ihm untersuchten Reformansätze lässt sein Modell einen positiven Beschäftigungseffekt erwarten. Dies liegt an der hohen Arbeitsangebotselastizität von Frauen mit erwerbstätigen Partnern, einem quantitativ bedeutsamen Personenkreis im untersuchten Einkommenssegment. Diese Frauen reagieren besonders empfindlich auf Änderungen des Steuer-Transfersystems. Den Anpassungsmechanismus auf die veränderte Einkommenssituation beschreibt Kaltenborn folgendermaßen: „Durch die *verminderte* Anrechnung des Erwerbseinkommen des Partners *erhöht* sich das gemeinsam verfügbare Einkommen ohne Beschäftigung der Frau. Gleichzeitig *reduziert* sich das tatsächlich zusätzlich erzielbare Nettoeinkommen durch eine Erwerbstätigkeit der Frau, weil deren Erwerbseinkommen nunmehr auch der Anrechnung auf den Transfer unterliegt.“ (Kaltenborn 2000b: 181 f.) Dies hat zur Folge, dass eine negative Ein-

[68] In der Schätzung des Arbeitsangebots sehen die Autoren ein prinzipielles Problem: „Es ist mutig, in Zeiten, in denen die Nachfrageseite langanhaltend die Beschäftigung dominiert, aus beobachtetem Datenmaterial das Arbeitsangebot identifizieren zu wollen.“ (Riphahn/Thalmaier/Zimmermann 1999: 26)

[69] Während Buslei/Steiner (1999) nur für westdeutsche Frauen eine höhere Arbeitsangebotselastizität festgestellt haben, kommen Dreger u.a. (1998) auch für Sachsen-Anhalt zu dem Befund: „Offensichtlich reagieren gemäß den Ergebnissen der Schätzung Männer weitaus weniger flexibel auf Lohnsatzänderungen als Frauen.“ (Dreger u.a. 1998: 710)

kommensteuer in den verschiedensten Varianten zwar zu einer größeren Transparenz im Steuer-Transfersystem führt, Arbeitsmarkteffekte aber nicht zu erwarten sind. Einzig die Senkung der Sozialhilfeleistung führt in den ökonometrischen Modellen von Kaltenborn zu einer – wenn auch nicht starken – Ausweitung des Arbeitsangebots. Im Unterschied zu anderen Ökonomen lehnt Kaltenborn diese Option mit dem Hinweis darauf ab, dass dadurch nicht nur die eigentliche Zielgruppe, sondern auch etliche Hilfeempfänger getroffen würden, denen eine Arbeitsaufnahme nicht möglich ist. Dieser Einwand gilt im Übrigen auch, wenn nur der Leistungsanspruch der erwerbsfähigen Hilfeempfänger gesenkt wird, wie von einigen Ökonomen gefordert. Die Familienangehörigen erhalten bei solch einer Option über das Haushaltseinkommen ebenfalls niedrigere Leistungen, obwohl sie gar nicht leistungsfähig sind. Wird in diesen Fällen (bei Zusammenleben mit nicht leistungsfähigen Hilfeempfängern) den als erwerbsfähig unterstellten Personen[70] der volle Leistungssatz gewährt, so kann wiederum die beabsichtigte Anreizwirkung nicht zum Tragen kommen.

Die Ergebnisse der empirischen Untersuchungen sind mit gewissen Unsicherheiten behaftet, da eine Reihe von Einflüssen, Verhaltsänderungen und Wechselwirkungen nicht in den Modellen berücksichtigt wurden bzw. werden konnten (vgl. Bittner 2001: 11 ff.). So können bspw. mögliche Verhaltensänderungen nach tiefgreifenden Reformen nicht in einem Modell abgebildet werden, das notwendigerweise das Verhalten der Vergangenheit simuliert. Ebenso sind Rückwirkungen von den Gütermärkten, Folgen eines erhöhten Finanzbedarfs sowie weitere ergebnisrelevante Einflüsse nicht in den Modellen abgebildet. In der politischen Praxis hat die Unsicherheit der Modellergebnisse zu dem Beschluss geführt, Niedriglohnsubventionen in Modellversuchen zu erproben. Im Rahmen des Sonderprogramms „Chancen und Anreize zur Aufnahme sozialversicherungspflichtiger Tätigkeiten" (CAST) wurden in ausgewählten Regionen zwei Fördervarianten etabliert. Das Mainzer Modell, das eine Förderung vorrangig von potenziell Beschäftigten vorsieht, hat sich dabei gegenüber dem SGI-Modell, das in erster Linie auf eine Entlastung der Arbeitgeber (Zuschuss zu den Arbeitgeberbeiträgen zur Sozialversicherung) zielt, durchgesetzt[71].

Die Ausführungen in diesem Kapitel haben sich auf den Argumentationsstrang bezogen, der in den letzten Jahren im Rahmen der Diskussion um eine mögliche Reform der Grundsicherung ins Zentrum gerückt ist. Damit ist aber nicht annähernd die gesamte Palette von Reformvorschlägen zur Grundsicherung abgedeckt. Sie reicht von einem unbedingten Mindesteinkommen (Bürgergeld) für alle, über eine negative Einkommensteuer für Erwerbstätige angelehnt an das Konzept der unearned income tax in

[70] Inwieweit die Sozialhilfebehörden in der Lage sind, die physische und psychische Disposition der Hilfeempfänger, zu denen auch sogenannte „Multiproblemfälle" (Berlit 1999: 16) gehören, immer richtig einzuschätzen, bleibt dahingestellt.

[71] Auf kommunaler Ebene gibt es eine Reihe weiterer unterschiedlich ausgestalteter „Kombi-Lohn-Modelle". Ein Überblick wird in Dann u.a. (2001) gegeben.

den USA (Feist 2000), über eine Mindestsicherung für Massenrisiken (Hauser 1996) bis hin zur Beibehaltung des gegenwärtigen Systems aufgrund ordnungspolitischer Überlegungen (Thuy 1999). Auf die einzelnen Vorschläge und die unterschiedlichen Ausgestaltungsvarianten wird hier nicht näher eingegangen. Zur Vermeidung verdeckte Altersarmut, definiert als ein Einkommen unter der Sozialhilfegrenze, wurde das Gesetz für eine bedarfsorientierte Grundsicherung im Alter und bei Erwerbsunfähigkeit (GSiG) geschaffen, das 2003 in Kraft getreten ist. Im Zentrum der politischen Diskussion (und Maßnahmen) steht jetzt eine andere Empfängergruppe, die (uneingeschränkt) Erwerbsfähigen. Die Umsetzung des Leitbildes des aktivierenden Sozialstaates macht auch vor dem untersten sozialen Sicherungssystem nicht halt: Die Leistungsfähigkeit (fiktiv) unterstellt, hat der Hilfesuchende seine Leistungsbereitschaft zu beweisen, will er nicht den Anspruch auf das soziokulturelle Existenzminimum verlieren. Seine konkrete Umsetzung findet dieser Gedanke in der diskutierten Zusammenführung von Arbeitslosen- und Sozialhilfe.

3 Die Statistik der Empfänger laufender Hilfe zum Lebensunterhalt

Die Sozialhilfestatistik gliedert sich in die Ausgaben-/Einnahmenstatistik und die Empfängerstatistik. Letztere setzt sich aus der Statistik der Empfänger von Hilfe in besonderen Lebenslagen (HbL) und der Statistik der Empfänger laufender Hilfe zum Lebensunterhalt (HLU) zusammen. Über die Empfänger laufender Hilfe zum Lebensunterhalt, auf die sich die hier präsentierte Untersuchung beziehen, gibt insbesondere die Bestandsstatistik Auskunft. Ergänzende Informationen über dieser Empfängergruppe liefert die vierteljährlichen Zu- und Abgangsstatistik (Quartalsstatistik)[72]. Die relevante Statistik für die Empfänger laufender Hilfe zum Lebensunterhalt ist die Bestandsstatistik. Von ihr erhält das Statistische Bundesamt für eigene Aufbereitungen eine repräsentative Stichprobe (25% der Originaldatensätze der Statistischen Landesämter). Die in dieser Arbeit präsentierten Ergebnisse basieren weit überwiegend auf Auswertungen der 25%-Stichprobe.

3.1 Die Statistikreform von 1994

Anfang der neunziger Jahre wurde die Sozialhilfestatistik einer tiefgreifenden Reform unterzogen. Sie zielte darauf, den veränderten Informationsanforderungen an die amtliche Statistik gerecht zu werden. Die Neustrukturierung traf insbesondere die Statistik der Empfänger laufender Hilfe zum Lebensunterhalt. Kleinere Änderungen gab es auch in der Statistik der Ausgaben und Einnahmen, in der seit 1994 die Einnahmen detailliert für die verschiedenen Hilfearten nachgewiesen sind. Seither können die reinen Ausgaben, also die Differenz aus den Bruttoausgaben und den ihnen gegenüberstehenden Einnahmen, für die einzelnen Hilfearten ermittelt werden. Dies war bis einschließlich 1993 nur für die Gesamtausgaben möglich. Die Änderungen in der Statistik der Empfänger von Hilfe in besonderen Lebenslagen richteten sich insbesondere auf den ergänzenden Ausweis des Jahresendbestandes. Zusätzlich werden für die Empfänger von Hilfe zur Pflege und von Eingliederungshilfe für Behinderte der Beginn und das Ende des Hilfebezugs erhoben, so dass auch abgeschlossene Bezugsperioden nachweisbar sind. Da für diese Empfängergruppe nach wie vor die kumulierten Jahresfallzahlen ermittelt werden, ist eine konsistente Darstellung der langfristigen Entwicklung möglich. Die ergänzende Angabe des Jahresendbestandes gestattet zudem - beginnend mit dem Erhebungsjahr 1994 - einen Vergleich mit den Daten der Empfänger laufender Hilfe zum Lebensunterhalt.

---

[72] Auf die Ergebnisse der Statistik der Empfänger laufender Hilfe zum Lebensunterhalt mit kurzzeitiger Hilfegewährung wird im Rahmen dieser Arbeit nicht eingegangen. Hier sind die Personen nachgewiesen, die HLU-Leistungen nicht nach Monats-, sondern nach Wochen- und Tagessätzen erhalten.

Für die Empfänger laufender Hilfe zum Lebensunterhalt wurden - ebenso wie für die HbL-Empfänger - in der alten Statistik vorwiegend kumulierte Jahreswerte erhoben[73]. Jahresendbestände gab es nur für bestimmte Eckzahlen und auch nicht für den gesamten Erhebungszeitraum. Lediglich für die Gesamtzahl der HLU-Empfänger ist der Jahresendbestand seit der erstmaligen Erhebung im Jahr 1963 verfügbar. Erst später lieferte die amtliche Statistik eine Differenzierung nach Geschlecht und Altersgruppen und seit 1980 auch die Unterscheidung nach Deutschen und Ausländern für die HLU-Empfänger am Jahresende. Etliche der in der aktuellen Statistik erhobenen Merkmale wurden in der früheren Statistik gar nicht erfasst. Dies schränkt eine differenzierte langfristige Auswertung der HLU-Empfängerdaten ein.

Die Kritik an der alten HLU-Empfängerstatistik stellte auf verschiedene Aspekte ab (vgl. Wolff/Beck 1993). So sollte u.a. die unterjährige Dynamik besser abgebildet werden, die Bezugsdauer sollte ermittelt werden, bei den Ursachen des Hilfebezugs sollte die Kumulation von Problemlagen Berücksichtigung finden, die Gründe für die Überwindung des Hilfebezugs sollten erhoben werden. Von den Anforderungen war nicht nur die Bestandsstatistik betroffen. Die Reformwünsche richteten sich auch auf die neu zu etablierende Statistik der Empfänger laufender Hilfe zum Lebensunterhalt mit kurzzeitiger Hilfegewährung, auf die im Folgenden nicht weiter eingegangen wird und die Quartalsstatistik, in der die Zu- und Abgänge nachgewiesen sind. Sie liefert interessante Informationen über die tatsächliche Bezugsdauer und die Gründe für das Ende des Hilfebezugs. Mit dieser Statistik hat es allerdings erhebliche Anlaufschwierigkeiten gegeben, so dass Bundesergebnisse erstmals für das Erhebungsjahr 1999 vorliegen. Den Kern der Statistik der Empfänger laufender Hilfe zum Lebensunterhalt bildet die Bestandsstatistik. Sie wird im Folgenden als Sozialhilfeempfängerstatistik bezeichnet.

3.2 Neue Sozialhilfeempfängerstatistik: stichtagsbezogene Bestandsstatistik

Die Sozialhilfeempfängerstatistik ist eine Totalerhebung. Für die Datenerfassung sind die örtlichen und überörtlichen Träger der Sozialhilfe zuständig. Einige Erhebungsmerkmale, die in die amtliche Statistik eingehen, werden für die Auszahlung der Leistungen benötigt. Zudem werden Informationen erhoben, die für die Ermittlung des Bedarfs und des Anspruch des Leistungsberechtigten nicht bzw. nicht zwingend notwen-

[73] Die Jahresfallzahlen (kumulierte Jahreswerte) überschätzen die tatsächliche Anzahl der Hilfeempfänger systematisch, da alle Zugänge, aber keine Abgänge berücksichtigt sind. Demgegenüber führt die Jahresendstandsbetrachtung zu einer Untererfassung der Personen, die im Jahresverlauf tatsächlich laufende Hilfe zum Lebensunterhalt in Anspruch genommen haben; alle Empfänger, die nur für wenige Monate und nicht über den Stichtag hinaus Leistungen bezogen, bleiben in der Bestandserhebung unberücksichtigt. Die Gruppe dieser Kurzzeitbezieher ist in der Bestandsstatistik erheblich unterrepräsentiert.

dig sind. Im Gesetz (BSHG §§ 127-134) ist dezidiert festgelegt, welche Merkmale zu welchen Zeitpunkten von wem (Berichtsstellen) zu erheben sind.

Die Bestandsstatistik weist die Anzahl der Personen und Bedarfsgemeinschaften nach, die am Stichtag 31.12. Regelleistungen im Rahmen laufender Hilfe zum Lebensunterhalt erhalten. Mit Ausnahme der Personen, die Leistungen nur zur kurzfristigen Überbrückung bspw. als Vorleistung bis zur Gewährung von beantragtem Arbeitslosengeld in Anspruch nehmen (Vorleistungsempfänger), werden nur diejenigen Hilfeempfänger ausgewiesen, die für mindestens einen Monat laufende Hilfe zum Lebensunterhalt beziehen. Unberücksichtigt bleiben dagegen u.a. Personen, die ausschließlich einmalige Leistungen bekommen und solche, denen Hilfe nach Tages- und Wochensätzen gewährt wird (i.d.R. wohnungslose Alleinstehende[74]) sowie Leistungsempfänger, die sich dauerhaft im Ausland aufhalten. Ebenfalls nicht nachgewiesen sind Empfänger von Hilfe zur Arbeit (§ 19 BSHG), sofern sie nicht gleichzeitig laufende Hilfe nach Regelsätzen erhalten.

Mit der Einführung der neuen Statistik wurde der Merkmalskatalog modifiziert und erweitert. Die vollständige Liste der Merkmalsausprägungen findet sich in Anhang 1. Im Folgenden wird kurz auf die aus der Statistik zu gewinnenden Informationen eingegangen. Zunächst ist darauf hinzuweisen, dass die Sozialhilfestatistik personen- und haushaltsbezogene Daten enthält. Ebenso wie die Hilfegewährung geht auch die Statistik von der Bedarfsgemeinschaft aus[75]. Ehepartner und Paare, die in einer eheähnlichen Gemeinschaft leben, werden mit ihren im Haushalt lebenden minderjährigen unverheirateten Kindern zusammengefasst. Demgegenüber bilden z.B. volljährige Kinder, die ebenfalls im Haushalt leben, eine eigene Bedarfsgemeinschaft. Bedarfsgemeinschaft und Haushalt sind also nicht immer identisch. In der Statistik werden bestimmte Informationen lediglich für die Bedarfsgemeinschaft als Ganzes erfasst.

Zu den Angaben, die sich auf die Bedarfsgemeinschaft beziehen und folglich für alle Mitglieder der Bedarfsgemeinschaft gleich sind, gehören zunächst allgemeine Auskünfte zum Wohnort, zur Art des Trägers (örtlich oder überörtlich), ob HLU innerhalb oder außerhalb von Einrichtungen gewährt wird, ob HLU voraussichtlich als Vorleistung gewährt wird und als haushaltsbezogene Angaben die Zahl der Haushaltsmitglieder und die Zahl der HLU-Empfänger im Haushalt. Hinzu kommen Informationen zur Höhe des Bruttobedarfs, der anerkannten Bruttokaltmiete und zum Nettobedarf. Als Bruttobedarf ist der Betrag bezeichnet, über den die Bedarfsgemeinschaft unter sozial-

[74] Diese Empfängergruppe soll in der Statistik der Empfänger mit kurzzeitiger Hilfegewährung nachgewiesen werden. Allerdings dürften auch etliche Wohnungslose, die z.B. eine Obdachlosenunterkunft als Adresse angeben können, in der Bestandsstatistik enthalten sein.

[75] Die Zusammenfassung mehrerer Familienmitglieder zu einer Bedarfs- oder Einsatzgemeinschaft ist umstritten, da nach dem Individualprinzip eigentlich jede Person einen Einzelanspruch hat. Ausführlich hierzu: Schoch 2002.

hilferechtlichem Aspekt verfügen darf, also die ihr zugestandenen finanziellen Mittel. Er setzt sich im Wesentlichen aus den Regelsätzen, eventuellen Mehrbedarfszuschlägen, den laufenden Heizkosten und der anerkannten Bruttokaltmiete zusammensetzt. Unter Bruttokaltmiete sind die laufenden Aufwendungen für die tatsächlichen Kosten der Unterkunft zu verstehen; bei Wohnungseigentümern also auch die Belastungen für den Wohnungsunterhalt. Ausgeklammert sind lediglich die Kosten für Strom, Heizung und Warmwasserbereitung. Allerdings erfolgt nicht immer eine vollständige Kostenübernahme durch die Sozialhilfeträger. Lediglich die anerkannte Bruttokaltmiete wird auf den Bruttobedarf angerechnet. Der Nettobedarf schließlich ist die Höhe der gewährten Leistung (Bruttobedarf abzüglich angerechnetem Einkommen). Das angerechnete Einkommen selbst wird in dem Erhebungsbogen zur Statistik nicht erfasst, sondern als Restgröße ermittelt.

Weitere Angaben zur Bedarfsgemeinschaft sind die über den Beginn der Hilfegewährung für die Bedarfsgemeinschaft in der gegenwärtigen Zusammensetzung, aus der die bisherige Dauer des Hilfebezugs abgeleitet werden kann. Sobald sich durch die Geburt eines Kindes, durch Tod, Trennung, Scheidung, Heirat oder Volljährigkeit eines Kindes die Zusammensetzung der Bedarfsgemeinschaft ändert, wird eine neue Bedarfsgemeinschaft konstituiert. Die Bezugsdauer beginnt von vorne. Als zusätzliche Information ist die längste bisherige Bezugsdauer der ununterbrochenen Hilfegewährung für mindestens ein Mitglied der Bedarfsgemeinschaft ausgewiesen. Dieser Wert auf alle Mitglieder der Bedarfsgemeinschaft angewendet, überschätzt die Länge der Bezugsdauer etwas, während - im Fall unterschiedlicher Bezugsperioden - die bisherige Bezugsdauer für die Bedarfsgemeinschaft in der aktuellen Zusammensetzung einen zu niedrigen Wert ausweist. Bei beiden Variablen zur Bezugsdauer handelt es sich nicht um abgeschlossene Perioden, denn erfasst sind schließlich nur Bedarfsgemeinschaften, die zum Erhebungszeitpunkt Sozialhilfe beziehen.

Einen Hinweis auf besondere Problemlagen, die mit dem Sozialhilfebezug in Verbindung stehen, liefert die Rubrik „Besondere soziale Situation". Hier sind soziale Ausnahmetatbestände wie Scheidung, Geburt eines Kindes, Überschuldung usw. erhoben. Diese Variable wird gelegentlich fehlinterpretiert. Sie ist keineswegs zu vergleichen mit den Gründen für den Hilfebezug, die in der Vorgängerstatistik erhoben wurden. Die bis 1993 ermittelten Angaben zu den Ursachen des Sozialhilfebezuges deckten ein sehr viel breiteres Spektrum ab. Jetzt werden für die Bedarfsgemeinschaften nur noch eventuelle soziale Ausnahmesituationen erfragt. Unzureichende Erwerbsmöglichkeiten - insbesondere Arbeitslosigkeit oder häusliche Bindung - als Grund für die Inanspruchnahme von Sozialhilfe ist aus den personenbezogenen Informationen über den Erwerbsstatus abzuleiten. Eine Verknüpfung mit den in der alten Statistik nachgewiesenen Gründen für den Hilfebezug, zu denen u.a. der Verlust des Arbeitsplatzes und unzureichende Versicherungs- oder Versorgungsansprüche gehörten, ist nicht möglich[76].

Als letzte bedarfsgemeinschaftsbezogene Angabe wird erhoben, über welche Einkunftsarten die Bedarfsgemeinschaft verfügt. Von fünfzehn unterschiedenen Einkommensarten sind sämtliche anzugeben, die in die Berechnung der laufenden Hilfe einbezogen sind. Signiert wird ausschließlich, ob Einkommen der spezifizierten Kategorie anzurechnen ist. Die tatsächliche Höhe bleibt unberücksichtigt. In einem zusätzlichen Ausweis des Haupteinkommens der Bedarfsgemeinschaft ist die dem Betrag nach höchste Einkommensart spezifiziert.

Neben diesen Informationen für die Bedarfsgemeinschaft als Ganzes gibt es eine Reihe von personenbezogenen Angaben für jeden einzelnen Hilfeempfänger. Hierzu zählen Geschlecht, Geburtsjahr, Personengruppe (Deutsche und vier Gruppen von Ausländern), Art der gewährten Mehrbedarfszuschläge und die Stellung zum Haushaltsvorstand. Aus dieser letztgenannten Variablen lassen sich Haushaltstypen ableiten. Die Stellung zum Haushaltsvorstand unterscheidet die Positionen: Haushaltsvorstand, Ehegatte(in), Kind, Verwandte oder Verschwägerte und sonstige Person. Im Datensatz kann eine Bedarfsgemeinschaft nur einen Haushaltsvorstand haben. Es ist die Person, die die Generalkosten des Haushaltes trägt. Dem Haushaltsvorstand steht ein erhöhter Eckregelsatz zu. Wird in einer Bedarfsgemeinschaft dieser erhöhte Eckregelsatz anteilig auf (Ehe-)Partner verteilt, so wird in der Statistik die ältere der beiden Personen als Haushaltsvorstand definiert. In Bedarfsgemeinschaften mit Haushaltsvorstand dürfen keine „Verwandte/Verschwägerte" auftreten. Eindeutig ist die Definition der zweiten möglichen Stellung zum Haushaltsvorstand: „Ehegatte". Bei der dritten Position „Kind" ist die Abgrenzung schon nicht mehr unmittelbar klar. Hierunter sind nicht nur die leiblichen Kinder des Haushaltsvorstandes zu verstehen, was der Begriff „Stellung zum Haushaltsvorstand" vermuten ließe. Als Kinder sind neben ehelichen und nichtehelichen vielmehr auch Stief-, Adoptiv- und Pflegekinder zu signieren, die zusammen mit ihren Eltern oder einem Elternteil, der nicht der Haushaltsvorstand sein muss, in einem Haushalt wohnen. Bei den im Folgenden interessierenden Haushaltstypen: Alleinstehende, Alleinerziehende, Ehepaare und nichteheliche Lebensgemeinschaften mit und ohne Kinder handelt es sich ausschließlich um Bedarfsgemeinschaften mit Haushaltsvorstand. Als Kinder sind immer nur Minderjährige berücksichtigt. Alleinerziehende oder Paare mit Kindern sind also nur solche mit minderjährigen Kindern.

Erwerbsbezogene Informationen werden für alle HLU-Empfänger im Alter von 15 bis unter 65 Jahren erhoben. Die wichtigste Größe ist der Erwerbsstatus. Hier wird unter-

[76] Die Kritik an den in der alten Statistik erhobenen Ursachen des Hilfebezugs bezog sich einerseits darauf, dass nur die Hauptursache angegeben werden konnte, eine Kumulation von Ursachen aber als wahrscheinlich galt und zudem die Gründe nicht differenziert genug erschienen (Wolff/Beck 1993: 423).

schieden nach: voll- und teilzeitbeschäftigt, arbeitslos mit und ohne Leistungen nach dem Sozialgesetzbuch (SGB) III sowie aus anderen Gründen nicht erwerbstätig. Für die letztgenannte Kategorie werden nochmals fünf Fälle aufgeführt. Schüler, Auszubildende und Umschüler sind i.d.R. nicht erwerbstätig wegen Ausbildung[77], Mütter von Kleinkindern sind häufig nicht erwerbstätig wegen häuslicher Bindung. Nicht erwerbstätig wegen Krankheit, Behinderung und Arbeitsunfähigkeit sind z.B. Personen, die in Behindertenwerkstätten arbeiten. Aus Altersgründen nicht erwerbstätig kann nur sein, wer mindestens 40 Jahre alt ist[78]. In der Rubrik „nicht erwerbstätig aus sonstigen Gründen" sind auch alle Personen enthalten, über deren Erwerbsstatus keine Informationen vorliegen. Neben dem Erwerbsstatus werden als Hintergrundinformationen zu den Arbeitsmarktchancen die Schul- und Berufsausbildungsabschlüsse erhoben; die Angaben zu diesen beiden Variablen sind nach wie vor sehr lückenhaft.

3.3 Die 25%-Stichprobe

Zuständig für die Datenerfassung (Berichtsstellen) sind die Träger der Sozialhilfe. Die Auswertungen werden von den Statistischen Landesämtern vorgenommen, die die Daten in aggregierter Form an das Statistische Bundesamt weiterleiten. Für die Sozialhilfeempfängerstatistik (Totalerhebung) existieren Standardtabellen, die auf Länderebene in allen Statistischen Landesämtern verfügbar sind. Mit dem Rückgriff auf diese Tabellen ist es möglich, bundesweit aggregierte Daten in der gleichen Abgrenzung und Aufbereitungsform zu erhalten. Darüber hinaus steht dem Statistischen Bundesamt eine Zufallsstichprobe (25%) der Einzeldatensätze zur Verfügung (BSHG § 132). Auf der Grundlage dieser Stichprobe ist eine detaillierte Auswertung nach verschiedenen Merkmalen und Merkmalskombinationen möglich. Zudem gestatten die Einzeldatensätze eine gegenüber den Standardauswertungen modifizierte Abgrenzung der Bedarfsgemeinschaften. Wie eine solche Spezifizierung von Sozialhilfeempfängerhaushalten aussehen kann, wird in Kapitel 3.5 dargestellt. Im Unterschied zu dem in der empirischen Sozialforschung häufig verwendeten Datensatz des Sozioökonomischen Panels (SOEP) lässt die Sozialhilfestichprobe nur Querschnittsbetrachtungen zu. Eine Identifizierung einzelner Bedarfsgemeinschaften, die bereits seit mehreren Jahren Sozialhilfe beziehen, in verschiedenen Stichproben, ist nicht vorgesehen. Panel-Analysen, also die Kombination von Zeitpunkt- und Zeitverlaufsinformationen, sind mit den Individualdatensätzen nicht möglich.

Die in dieser Arbeit präsentierten Ergebnisse basieren vornehmlich auf der Auswertung der Stichprobendaten. Kontrollberechnungen haben ergeben, dass die hochgerechneten Stichprobenergebnisse die auf Basis der Totalerhebung ermittelten Fallzah-

[77] Studenten haben i.d.R. keinen Anspruch auf Sozialhilfe, da ihnen Bafög-Leistungen zustehen.
[78] Aber nicht jede Person ab 40 Jahre, für die kein konkreter Grund für Nichterwerbstätigkeit signiert ist, wird hier zugeordnet.

len im Allgemeinen sehr gut treffen. Die Abweichungen sind natürlich um so größer, je kleiner die Untersuchungseinheiten gewählt werden. Für sehr schwach besetzte Größen oder sehr spezielle Merkmalskombinationen ist der Stichprobenfehler so groß, dass die Ergebnisse aus der Stichprobe nicht punktgenau interpretiert werden sollten.

Zum Untersuchungszeitpunkt waren die Stichproben der Erhebungsjahre 1994 bis 1998 verfügbar. Für die vorliegende Analyse blieben die Daten des ersten Erhebungsjahres 1994 gänzlich unberücksichtigt. Bei den im Folgenden genannten Zahlen handelt es sich um die Werte des Jahres 1998. Ausgewiesene Haushaltsquoten, in denen die Daten des Mikrozensus eingegangen sind, basieren aber immer auf dem Jahr 1997, da die Mikrozensus-Stichprobe nur für dieses Erhebungsjahr verfügbar war.

3.4 Vierteljährliche Zu- und Abgänge (Quartalsstatistik)

Die Bestandsstatistik der Empfänger laufender Hilfe zum Lebensunterhalt wird durch eine Quartalsstatistik ergänzt. Sie weist den begonnenen und beendeten Hilfebezug im abgeschlossenen Vierteljahr nach. Mit dieser Statistik kann also die unterjährige Dynamik abgebildet werden: Wie viele Bedarfsgemeinschaften oder Empfänger verlassen im Berichtszeitraum den Hilfebezug, wie viele kommen hinzu? Dabei ist zwischen sogenannten echten und unechten Zu- und Abgängen zu unterscheiden. Unter dem Gesichtspunkt der Dynamik ist nur von Interesse, wie viele Empfänger tatsächlich von der Hilfe abhängig oder unabhängig werden. Das ist aber nicht die einzige Empfängergruppe, die sich „bewegt". So führen auch Änderungen in der Zusammensetzung der Bedarfsgemeinschaft zu einem Ende des Hilfebezugs für die Bedarfsgemeinschaft in der aktuellen Zusammensetzung. Zeitgleich beginnt - zumindest für einen Teil der Mitglieder der Bedarfsgemeinschaft - der Hilfebezug erneut: für eine Bedarfsgemeinschaft in veränderter Zusammensetzung. Hierbei handelt es sich ebenso wenig um echte Zu- oder Abgänge wie in den Fällen, in denen die Bedarfsgemeinschaft den Wohnort wechselt. Dies geht häufig mit einer Abmeldung bei der bisherigen Berichtsstelle einher, führt aber i.d.R. umgehend zu einer Neuanmeldung bei einer anderen Berichtsstelle. Schließlich wird auch der beendete und begonnene Hilfebezug wegen Wechsel in der Zuständigkeit als „unechter" Zu- oder Abgang angesehen. All diesen Fällen ist gemeinsam, dass der Hilfebezug – zumindest für einen Teil der Mitglieder der Bedarfsgemeinschaft - quasi nicht unterbrochen ist[79]. In all diesen Bedarfsgemeinschaf-

[79] Eine Fortsetzung des Hilfebezugs ist in den skizzierten Fällen zwar wahrscheinlich, aber nicht immer sicher. Bei der Gewährung von Sozialhilfe gibt es gewisse Spielräume. Fälle werden unterschiedlich intensiv geprüft, Zusammenhänge nicht notwendigerweise gleich interpretiert. Gelegentlich werden Anspruchsvoraussetzungen daher erst vor Gericht geklärt. Aus diesem Grund erfolgt die Fortsetzung des Hilfebezugs bei „unechten" Abgängen nicht zwingend ohne zeitliche Unterbrechung. Dies kann Auswirkungen auf die Statistik haben, denn der Zugang wird nur dann als „unecht" deklariert, wenn mindestens ein Mitglied der Bedarfsgemeinschaft unmittelbar vor dem Hilfebezug bereits laufende Hilfe erhalten hat. Unterbrechungen bleiben unberücksichtigt.

ten gibt es mindestens ein Mitglied, das vor Beginn der aktuellen Bezugsperiode bereits im Hilfebezug war. Im Unterschied hierzu sind als echte Zugänge solche definiert, für die beide Bezugsdauern (Beginn der Hilfegewährung an die Bedarfsgemeinschaft in der aktuellen Zusammensetzung und Beginn für mindestens ein Mitglied der Bedarfsgemeinschaft) übereinstimmen. Die Klassifizierung als echte oder unechte Zugänge ist also implizit abgeleitet aus den Angaben zum Beginn der Hilfegewährung. Eine den Angaben für die unechten Abgänge analoge Aufspaltung nach den Kategorien: Änderung in der Zusammensetzung der Bedarfsgemeinschaft, Wohnortswechsel und Wechsel in der Zuständigkeit ist bei den Zugängen daher nicht möglich.

Grundlage der Quartalstatistik sind die Angaben bei Beendigung des Hilfebezugs und beim Beginn. Zu Beginn des Hilfebezugs werden die gleichen Angaben erhoben wie in der jährlichen Bestandserhebung. Die Typisierung als echter oder unechter Zugang erfolgt anhand der Angaben zum Beginn des Hilfebezugs für die Bedarfsgemeinschaft in der aktuellen Zusammensetzung und für mindestens ein Mitglied der Bedarfsgemeinschaft. Bei der Änderung in der Zusammensetzung der Bedarfsgemeinschaft wird ergänzend zu den Standardangaben der Bestandserhebung der Zeitpunkt (Monat) der Änderung erhoben. Dies gilt auch beim Ende der Leistungsgewährung. Zusätzlich ist der Grund für die Einstellung der Hilfegewährung anzugeben. Als mögliche Ursachen sind spezifiziert :

- Tod des Hilfeempfängers
- Ausreichendes Einkommen wegen:
    - Eheschließung
    - Erstaufnahme einer Erwerbstätigkeit
    - Wiederaufnahme einer Erwerbstätigkeit
    - Erhöhter Einkommen aus Erwerbstätigkeit
    - Gewährung oder Erhöhung anderer staatlicher Leistungen
    - Erstmaligen Erhalts oder Erhöhung privater Unterstützungszahlungen
- Wechsel des Wohnortes innerhalb des Bundesgebietes
- Wechsel des Wohnortes außerhalb des Bundesgebietes
- Wechsel der Zuständigkeit
- Sonstige Gründe.

Sofern als Grund für die Einstellung der Hilfegewährung die Erst- oder Wiederaufnahme einer Erwerbstätigkeit angegeben ist, wird ergänzend gefragt, ob die Aufnahme der Erwerbstätigkeit durch:

- Maßnahmen des BSHG gefördert wurde
- Maßnahmen des SGB III (Arbeitsförderungsgesetz) gefördert wurde
- Nicht gefördert wurde.

Wie bereits erwähnt, werden nicht alle der spezifizierten Gründe als echte Abgänge angesehen. Beim Wechsel des Wohnortes innerhalb des Bundesgebietes und beim

Wechsel der Zuständigkeit ist davon auszugehen, dass die Bedarfsgemeinschaft im Hilfebezug bleibt und sich höchstens die Kostenträgerschaft verschiebt. Diese Fälle werden mit den Änderungen in der Zusammensetzung der Bedarfsgemeinschaft gleichgesetzt und als „unechte“ Abgänge deklariert. Eine schematische Darstellung der Zu- und Abgänge nach Art (echt oder unecht) und Gründen gibt das folgende Schaubild 3.1.

Schaubild 3.1 Abgänge aus dem Leistungsbezug nach Art und Gründen und Zugänge nach Art

<table>
<tr><td colspan="4">Alle Abgänge</td><td colspan="2">Alle Zugänge</td></tr>
<tr><td colspan="3">Änderung in der Zusammensetzung der Bedarfsgemeinschaft</td><td rowspan="3">„unechte“ Abgänge = anderweitig fortgesetzte Hilfegewährung</td><td rowspan="3">„unechte“ Zugänge</td><td rowspan="3">Dauer des Hilfebezugs für Bedarfsgemeinschaft in aktueller Zusammensetzung
kürzer
Längste bisherige Dauer des Hilfebezugs für mindestens ein Mitglied der Bedarfsgemeinschaft</td></tr>
<tr><td rowspan="11">Einstellung der Leistungsgewährung (aus Sicht des Leistungsträgers)</td><td colspan="2">Wechsel des Wohnortes innerhalb des Bundesgebietes</td></tr>
<tr><td colspan="2">Wechsel der Zuständigkeit</td></tr>
<tr><td colspan="2">Tod des Hilfeempfängers</td><td rowspan="9">„echte“ Abgänge = abgeschlossene Hilfegewährung</td><td rowspan="9">„echte“ Zugänge</td><td rowspan="9">Dauer des Hilfebezugs für Bedarfsgemeinschaft in aktueller Zusammensetzung
identisch
Längste bisherige Dauer des Hilfebezugs für mindestens ein Mitglied der Bedarfsgemeinschaft</td></tr>
<tr><td rowspan="6">Ausreichendes Einkommen</td><td>Eheschließung</td></tr>
<tr><td>Erstaufnahme einer Erwerbstätigkeit</td></tr>
<tr><td>Wiederaufnahme einer Erwerbstätigkeit</td></tr>
<tr><td>Erhöhte Einkommen aus Erwerbstätigkeit</td></tr>
<tr><td>Gewährung oder Erhöhung anderer staatlicher Leistungen</td></tr>
<tr><td>Erstmaliger Erhalt oder Erhöhung privater Unterstützung</td></tr>
<tr><td colspan="2">Wechsel des Wohnortes außerhalb des Bundesgebietes</td></tr>
<tr><td colspan="2">Sonstige Gründe</td></tr>
</table>

Neben den Gründen für das Ende des Hilfebezugs liefert die Quartalsstatistik auch Informationen über die tatsächliche Dauer der Leistungsgewährung (abgeschlossene Bezugsperioden). Damit ist eine wichtige Informationslücke der Bestandsstatistik geschlossen. Allerdings ist bei der Beurteilung der Ergebnisse zu berücksichtigen, dass die amtliche Statistik immer nur einzelne Sozialhilfeepisoden ausweist. Selbst kurze Unterbrechungen des Hilfebezugs generieren eine neue Episode. Daher ist der Kurzzeitbezug in der amtlichen Statistik wahrscheinlich zu hoch gewichtet.

Im Unterschied zur Bestandsstatistik gibt es von der Quartalsstatistik keine Stichprobe. Die Auswertung der Ergebnisse der Quartalsstatistik müssen sich daher an den verfügbaren Standardtabellen orientieren, die von den Statistischen Ämtern zur Verfügung gestellt werden. In diesen Tabellen werden nur die wesentlichen Eckzahlen ausgewiesen. Eine Differenzierung z.B. nach der formalen Qualifikation der Hilfeempfänger ist nicht möglich[80]. Ebenso wenig ist es möglich, das Haushaltskonzept zu verwenden, das in dieser Arbeit vorwiegend benutzt wird. Bei Aussagen, die sich auf die Quartalsstatistik beziehen, ist also immer zu berücksichtigen, dass es sich hier um eine andere „Haushaltskategorisierung" handelt, denn die Zuordnung kann ausschließlich entsprechend der Zusammensetzung der Bedarfsgemeinschaft vorgenommen werden. Ein „einzeln nachgewiesener Haushaltsvorstand" (Bedarfsgemeinschaftstyp) ist nicht immer auch ein „Alleinstehender" (Haushaltstyp). Um diese Unterschiede deutlich zu machen, wird für Ergebnisse der Quartalsstatistik i.d.R. der Begriff „Bedarfsgemeinschaftstypen" statt „Haushaltstypen" verwendet[81].

3.5 Sozialhilfeempfängerhaushalt versus Bedarfsgemeinschaft

Der Schwerpunkt der vorliegenden Auswertung der Sozialhilfestatistik liegt auf den Haushalten von Empfängern laufender Hilfe zum Lebensunterhalt. Bei einer haushaltsbezogenen Analyse taucht das Problem auf, dass sich die Hilfegewährung nicht notwendigerweise auf alle Haushaltsmitglieder bezieht. Prinzipiell hat jeder, der bedürftig ist, Anspruch auf laufende Hilfe zum Lebensunterhalt (Individualprinzip). Allerdings haben nicht getrennt lebende Ehegatten[82] mit ihrem Einkommen und Vermögen füreinander und für ihre ebenfalls im Haushalt lebenden minderjährigen Kinder einzustehen[83] (§ 11 BSHG). Sie bilden eine Einsatz- oder Bedarfsgemeinschaft. Nach Siebenhaar/Sommer (1999: 13f.) zählen zu einer Bedarfsgemeinschaft in diesem Sinne nicht getrennt lebende Ehegatten und ihre Kinder, sofern diese minderjährig sind, unverheiratet, dem Haushalt mindestens eines Elternteils angehörigen und ihren notwendigen Lebensunterhalt nicht aus eigenem Einkommen und Vermögen sicherstellen können. Kinder, für die diese Beschreibungen nicht zutreffen, gehören ebenso wenig zur Bedarfsgemeinschaft wie eventuell weitere im Haushalt lebende Personen. Die

[80] Das ursprüngliche Konzept für die Quartalsstatistik sah eine Einzelfallfortschreibung vor. Dies hat sich allerdings als zu aufwendig und fehlerhaft herausgestellt. Daher erfolgt jetzt eine tabellarische Fortschreibung des Bestandes. Mit der Wahl des vereinfachten Verfahrens ging die Beschränkung auf die Kerndaten der Bedarfsgemeinschaften und der darin lebenden Personen einher. Nur nach diesen Kerndaten (Typ der Bedarfsgemeinschaft, Alter, Geschlecht und Nationalität) lassen sich die Abgangsgründe differenzieren.

[81] Personengewichtete Auswertungen sind mit der Quartalsstatistik ebenfalls nicht möglich, so dass sich die Angaben auf die Anzahl der Bedarfsgemeinschaften und nicht auf die Anzahl der darin lebenden Personen beziehen.

[82] § 122 BSHG stellt eheähnliche Gemeinschaften in Bezug auf Voraussetzung und Umfang der Sozialhilfe den Ehepaaren gleich. Eine ähnliche Gleichstellung findet sich in anderen Bereichen wie etwa dem Steuerrecht nicht.

[83] Die Unterhaltspflicht der Eltern gilt allerdings nicht für Schwangere und für Mütter, die ihre Kinder bis zur Vollendung des 6. Lebensjahres betreuen.

Bedarfsgemeinschaft ist also nicht zwingend mit dem Haushalt identisch. In einem ersten Schritt ist daher die Beziehung zwischen diesen beiden Größen zu klären mit dem Ziel, letztendlich die Bedarfsgemeinschaften herauszufiltern, die mit dem Haushalt übereinstimmen.

Einem Haushalt können durchaus mehrere Bedarfsgemeinschaften angehören. Dies gilt z.B., wenn neben einem Ehepaar auch noch volljährige Kinder im Haushalt leben und alle Haushaltsmitglieder auf laufende Hilfe zum Lebensunterhalt angewiesen sind. In diesem Fall setzt sich der Haushalt aus mehreren Bedarfsgemeinschaften zusammen. Es kommt auch vor, dass HLU-Empfänger mit Personen, die keinen Anspruch auf laufende Hilfe zum Lebensunterhalt haben, eine Haushaltsgemeinschaft bilden. Die Sozialhilfestatistik geht von der Bedarfsgemeinschaft aus und liefert als Zusatzinformation die Anzahl der Personen sowie die Anzahl der HLU-Empfänger im Haushalt. Zwar ist es mit diesen Informationen nicht möglich, die definitive Anzahl der Haushalte mit Hilfeempfängern zu ermitteln, wohl aber die Bedarfsgemeinschaften zu bestimmen, deren Personenzahl mit der Anzahl der Haushaltsmitglieder übereinstimmt. Auf diese Weise kann letztendlich eine eindeutige Zuordnung zu den Haushaltstypen Alleinstehende, Alleinerziehende, Ehepaare und nichteheliche Lebensgemeinschaften[84] erfolgen. Ein-Personen- oder Single-Haushalte[85] (Alleinstehende) sind eine Teilmenge der Bedarfsgemeinschaften „Einzeln nachgewiesene Haushaltsvorstände", Haushalte von Alleinerziehenden gehören zu den Bedarfsgemeinschaftstypen „Haushaltsvorstände mit Kind". In Tabelle 3.1 sind diese Begriffe der amtlichen Statistik gewählt, um deutlich zu machen, dass es sich in dieser Zuordnungstabelle um Bedarfsgemeinschaftstypen handelt.

Tabelle 3.1 geht von Bedarfsgemeinschaftstypen aus, die nach dem gängigen Haushaltsschema kategorisiert sind. Unter Verwendung der Zusatzinformationen über die Anzahl der Personen in der Bedarfsgemeinschaft, die Anzahl aller Hilfeempfänger im Haushalt und die Anzahl der Haushaltsmitglieder wurden vier mögliche Kombinationen von Mitgliedern in der Bedarfsgemeinschaft und eventuellen weiteren Personen im Haushalt unterschieden. Im ersten Fall - die Ergebnisse stehen in der Zahlenspalte 1 von Tabelle 3.1 - ist der Anteil der Bedarfsgemeinschaften (immer gewichtet mit der Personenzahl), deren Mitglieder mit der Anzahl der Haushaltsmitglieder überein-

[84] In den Sozialwissenschaften werden unverheiratete Paare als nichtehelichen Lebensgemeinschaften bezeichnet. Dieser Terminus wird auch in den Tabellen des Statistischen Bundesamtes für die Bedarfsgemeinschaften verwendet. Der Gesetzgeber bezeichnet im BSHG (§ 122) unverheiratete Paare, die in der Sozialhilfe nicht besser gestellt werden dürfen als Ehepartner, als eheähnliche Gemeinschaften (vgl. Brühl 2000: 262). Die Begriffe eheähnliche und nichteheliche Lebensgemeinschaften werden in dieser Untersuchung synonym verwendet.

[85] Der Begriff Single-Haushalte wird als Synonym für Ein-Personen-Haushalte verwendet. Damit wird ausschließlich auf die Haushaltsgröße abgestellt. Eine Aussage über den Lebensstil soll damit nicht getroffen werden.

stimmt, an allen HLU-Empfängern dargestellt. Im zweiten Fall (2. Zahlenspalte) sind alle Hilfeempfänger in Bedarfsgemeinschaften berücksichtigt, die mit weiteren HLU-Empfängern im Haushalt leben. Die Anzahl der Haushaltsmitglieder entspricht hier der Gesamtzahl der Hilfeempfänger. In diesen Fällen besteht der Haushalt, zu dem die klassifizierte Bedarfsgemeinschaft gehört, aus mindestens zwei Bedarfsgemeinschaften, und alle Haushaltsmitglieder beziehen Sozialhilfe im engeren Sinne. Die Fälle 3 und 4 beziehen sich auf Haushalte, in denen weitere Personen leben, die keine laufende Hilfe zum Lebensunterhalt erhalten. Im Fall 3 setzt sich der Haushalt aus einer Bedarfsgemeinschaft und weiteren Personen zusammen, im Fall 4 sind es wieder mindestens zwei Bedarfsgemeinschaften.

Tabelle 3.1 Bedarfsgemeinschaft und Haushalt (1998)
HLU-Empfänger nach Typ der Bedarfsgemeinschaft

Typ der Bedarfsgemeinschaft	Alle Personen im HH mit HLU		HH mit Personen ohne HLU		Alle HLU-Empfänger
	eine BG	mind.2 BG	eine BG	mind.2 BG	
	%-Anteil an allen HLU-Empfängern				
Einzeln nachgewiesene					
Haushaltsvorstände insges.	20,0	0,2	1,4	0,0	21,7
männlich	9,7	0,1	0,3	0,0	10,1
weiblich	10,3	0,2	1,1	0,0	11,6
Haushaltsvorstände mit Kind	28,5	0,4	2,4	0,0	31,3
männlich	0,7	0,0	0,2	0,0	0,9
weiblich mit 1 Kind	11,7	0,1	1,0	0,0	12,9
weiblich mit 2 Kindern	10,0	0,1	0,7	0,0	10,8
weiblich mit mind.3 Kindern	6,1	0,1	0,5	0,0	6,7
Ehepaare insgesamt	28,4	0,7	2,2	0,1	31,4
ohne Kind	6,4	0,2	0,7	0,0	7,2
mit Kind(ern)	22,0	0,5	1,6	0,1	24,2
Nichtehel.Lebensgemeinsch.	4,4	0,1	0,2	0,0	4,7
ohne Kind	1,1	0,0	0,1	0,0	1,2
mit Kind(ern)	3,3	0,0	0,1	0,0	3,5
Sonstige	6,9	0,5	3,2	0,1	10,8
Insgesamt	88,4	1,9	9,5	0,3	100,0

Abkürzungen: HH=Hauhalt, HLU=lfd.Hilfe zum Lebensunterhalt, BG=Bedarfsgemeinschaft
Erläuterungen: 1. Zahlenspalte gibt den Anteil der HLU-Empfänger in Bedarfsgemeinschaften an, derer Personenzahl mit der Anzahl der Haushaltsmitglieder identisch ist. Interpretation der Zeilen am Bsp. der 1.Zahlenzeile: 21,7% aller HLU-Empfänger sind einzeln nachgewiesene Haushaltsvorstände 20,0% leben ohne weitere Personen im Haushalt, 0,2% mit mindestens einer weiteren Bedarfsgemeinschaft und 1,4% mit weiteren Personen, die keine HLU erhalten.
Quelle: 25% Stichprobe der Sozialhilfeempfängestatistik, eigene Berechnungen

Es ist immer der Anteil an allen HLU-Empfängern ausgewiesen. Die Bedarfsgemeinschaften sind also mit der Personenzahl gewichtet. Ein-Personen-Bedarfsgemeinschaften erhalten dadurch ein geringeres Gewicht, während Mehrpersonenbedarfsgemeinschaften relativ an Bedeutung gewinnen. Diese Darstellungsweise wird in dieser Arbeit weitgehend beibehalten. Statt auf der Anzahl der Bedarfsgemeinschaften bzw. Haushalte basiert diese Auswertung vorwiegend auf der Anzahl der in dem jeweiligen

Haushaltstyp lebenden Personen oder auf der Anzahl der interessierenden Personen (z.B. in Kapitel 5.1 die Anzahl der Kinder in unterschiedlichen Haushaltstypen). Sofern auf aggregierte Daten der amtlichen Statistik zurückgegriffen werden muss (Ergebnisse der Quartalsstatistik und langfristige Betrachtungen), kann dieses Vorgehen nicht beibehalten werden. In diesen Fällen wird auf die Anzahl der Bedarfsgemeinschaften Bezug genommen; die Haushaltsklassifizierung basiert auf der Zusammensetzung der Bedarfsgemeinschaft.

Auf Basis der Angaben in der 25%-Stichprobe der Sozialhilfeempfängerstatistik ergibt sich der Befund, dass die Unterscheidung von Bedarfsgemeinschaft und Haushalt weniger gravierend ist, als dies die häufige Bebilderung mit Fällen von z.B. volljährigen Kindern, die im Haushalt ihrer ebenfalls auf Sozialhilfeleistungen angewiesenen Eltern leben (zwei Bedarfsgemeinschaften in einem Haushalt), vermuten lässt. Für annähernd 90% aller HLU-Empfänger gilt, dass sie in Bedarfsgemeinschaften leben, deren Personenzahl der des Haushaltes entspricht (alle Personen im HH mit HLU und eine BG). Für die klassifizierten Haushaltstypen, die im Zentrum dieser Auswertung stehen, ist der Anteil höher als für Bedarfsgemeinschaften ohne Haushaltsvorstand. Die Fälle, in denen mehrere Bedarfsgemeinschaften in einem Haushalt zusammenleben (Zahlenspalte 2 und 4) sind vergleichsweise selten. Häufiger kommt vor, dass weitere Personen im Haushalt wohnen, die keine Sozialhilfe beziehen (Zahlenspalte 3).

Insgesamt leben weniger als 20% aller HLU-Empfänger in Bedarfsgemeinschaften, die nicht eindeutig als Haushaltstyp Alleinstehend, Alleinerziehend, Ehepaar oder nichteheliche Lebensgemeinschaft klassifiziert werden können. Diese Gruppe der nicht spezifizierbaren Bedarfsgemeinschaften wird im Folgenden unter „Sonstige" subsumiert. Es handelt sich dabei einerseits um die Bedarfsgemeinschaften, die für sich genommen zwar ebenfalls einem dieser Haushaltstypen entsprechen würden, die aber nur eine Teilmenge eines größeren Haushaltes darstellen[86]. Andererseits befinden sich in dieser Restgröße die Bedarfsgemeinschaften mit einem Haushaltsvorstand, die nicht in das vorgegebene Raster der Haushaltstypen passen, sowie alle Bedarfsgemeinschaften ohne Haushaltsvorstand.

Für die Berechnung von Sozialhilfequoten für unterschiedliche Haushalte wurde die analoge Haushaltsdefinition auf die Angaben im Mikrozensus 1997 (70% Unterstichprobe des Mikrozensus) angewendet. Im Mikrozensus liegen dezidierte Angaben zur Familienzusammensetzung vor. Mit diesem Datensatz können entsprechend sehr diffe-

[86] Wegen fehlender Haushaltsinformationen kann nicht ausgeschlossen werden, dass zumindest einige dieser Bedarfsgemeinschaften ebenfalls in das hier verwendete Raster von Haushaltstypen passen. Eine Kategorisierung anhand der Zusammensetzung der Bedarfsgemeinschaft führt aber auf jeden Fall zu einem „falschen" Ergebnis. So entsprechen z.B. Bedarfsgemeinschaften von Ehepaaren mit zwei Kindern und weiteren Personen im Haushalt mit Sicherheit nicht dem Haushaltstyp „Ehepaar mit zwei Kindern".

renzierte Familientypisierungen vorgenommen werden. Normalerweise werden Sozialhilfequoten für Haushalte auf Grundlage der Familienabgrenzung der amtlichen Statistik berechnet. Damit kommt es zu Abgrenzungsunterschieden, denn in einem Haushalt können durchaus mehrere Familien leben. Auch sind die nichtehelichen Lebensgemeinschaften im Mikrozensus anders ermittelt als in der Sozialhilfestatistik (freiwillige Angabe: Lebenspartner). Die Verfügbarkeit der Individualdatensätze beider Statistiken macht eine Harmonisierung der Haushaltstypen möglich. Von dieser Möglichkeit wurde in dieser Arbeit Gebrauch gemacht.

Der Haushaltsvorstand in der Sozialhilfestatistik wird mit der Bezugsperson im Mikrozensus[87] gleichgesetzt. Bei Haushalten mit Kindern handelt es sich ausschließlich um solche mit Minderjährigen, da volljährige Kinder eine eigene Bedarfsgemeinschaft bilden. In den spezifizierten Haushaltstypen leben keine weiteren Personen. Haushalte von Ehepaaren bestehen aus einem Haushaltsvorstand bzw. einer Bezugsperson und einem Ehepartner sowie eventuell minderjährigen Kindern. Nichteheliche Lebensgemeinschaften setzen sich aus einem Haushaltsvorstand bzw. einer Bezugsperson und einer sonstigen Person ab 16 Jahren sowie eventuell minderjährigen Kindern zusammen. Als Alleinerziehend sind Haushaltsvorstände bzw. Bezugspersonen mit minderjährigen Kindern klassifiziert. Alleinstehende sind in der Sozialhilfestatistik einzeln nachgewiesene Haushaltsvorstände, im Mikrozensus Ein-Personen-Haushalte. Wenngleich sich die verwendete Typisierung auf den Haushalt bezieht, wird im Text gelegentlich von Familien gesprochen. Damit wird keineswegs auf eine andere Abgrenzung Bezug genommen[88]. Familien sind hier immer mit den entsprechend abgegrenzten Haushalten gleichgesetzt.

[87] Die Bezugsperson ist die erste Person, die sich im Erhebungsbogen einträgt.

[88] In einem Haushalt können durchaus mehrere Familien leben.

Teil II: Sozialhilfebezug – Disparitäten in der Empfängerstruktur

4 Langfristige Entwicklung des Sozialhilfebezugs

In der öffentlichen Debatte über Sozialhilfebezug gerät gelegentlich aus dem Blickfeld, dass es sich bei den Empfängern laufender Hilfe zum Lebensunterhalt, die im Fokus dieser Arbeit stehen, nur um eine Teilmenge aller Bezieher von Sozialhilfeleistungen handelt. Von den Gesamtausgaben für Leistungen nach dem BSHG entfällt der geringere Anteil auf diese Empfängergruppe. Politische Maßnahmen im Bereich der Sozialhilfe zielen aufgrund der fiskalischen Belastungen vorwiegend auf Kostensenkung. Hierzu soll u.a. der interkommunale Kennzahlenvergleich (Benchmarkkonzept) beitragen, von dem sich die teilnehmenden Kommunen die Identifizierung von Einsparpotenzialen erhoffen[89]. Der Ausgabenaspekt scheint für die Politik, die mit ihren Gestaltungsmöglichkeiten Einfluss nimmt auf die Zielgruppen, den Umfang und nicht zuletzt die Qualität der Hilfen, gelegentlich wichtiger zu sein als das Ziel der Armutsbekämpfung. Mit dem folgenden Überblick über die Struktur und Entwicklung der Ausgaben, der ergänzt wird um personenbezogene Betrachtungen (Anzahl der Empfänger von Hilfe in besonderen Lebenslagen und von laufender Hilfe zum Lebensunterhalt), ist eine Art Positionsbestimmung bezweckt: Ein wie großer Anteil der Gesamtausgaben für Sozialhilfe entfällt auf die im weiteren Analyseverlauf ausschließlich berücksichtigten Empfänger laufender Hilfe zum Lebensunterhalt[90]? Wie hat sich deren relative Position im Zeitablauf gemessen an den Ausgaben, an den empfangenen Leistungen (Ausgaben pro Hilfeempfänger) und an der gesamten Empfängerzahl verändert?

Der langfristig steigende Trend in der Anzahl der Empfänger laufender Hilfe zum Lebensunterhalt geht einher mit Verschiebungen in der Zusammensetzung. Bekannte Diagnosen sind: Die Hilfeempfänger werden immer jünger, es kommen zunehmend Männer in den Hilfebezug und der Ausländeranteil steigt[91]. Auf diese Tendenzen nimmt der zweite Teil dieses Kapitels (4.2) Bezug. Im Blickpunkt stehen erstens die Altersgruppen, mit Schwergewicht auf den Minderjährigen, zweitens die Männer und drittens die Ausländer unter den HLU-Empfängern. Zur Darstellung der langfristigen

---

[89] Vgl. zum Benchmarkkonzept KGSt (1997). Eine kritische Auseinandersetzung mit diesem Verfahren findet sich in Strohmeier/Kersting/Neubauer 1999.

[90] Wenn im Folgenden von Empfängern laufender Hilfe zum Lebensunterhalt oder verkürzt HLU-Empfängern gesprochen wird, dann sind i.d.R. die Empfänger außerhalb von Einrichtungen gemeint. Damit ist die weit überwiegende Mehrheit der Empfänger laufender Hilfe berücksichtigt. Auf die Gesamtheit der Empfänger laufender Hilfe, also sowohl die Personen außerhalb als auch innerhalb von Einrichtungen, wird nur in wenigen Fällen Bezug genommen, so z.B. bei der Aufschlüsselung der Gesamtkosten in Hilfe in besonderen Lebenslagen und Hilfe zum Lebensunterhalt.

[91] Hauser/Hübinger (1993: 57) weisen zudem auf Veränderungen in der Haushaltsstruktur hin. Auf diesen Aspekt wird hier nicht isoliert eingegangen. Die einzelnen Personengruppen werden im weiteren Teil der Analyse vielmehr auch im Haushaltskontext betrachtet.

Entwicklung wird auf die Daten der Totalerhebung zurückgegriffen. Bei Verfügbarkeit der Daten wird der Zeitraum 1973 bis 1998 berücksichtigt. Der Gebietsstand zur Beschreibung der Struktur zu verschiedenen Zeitpunkten ist i.d.R. Deutschland. Da in langfristigen Vergleichen oder graphischen Darstellungen die Änderung des Gebietsstandes 1991 zu Verzerrungen oder Brüchen führt, beziehen sich Angaben (z.B. zu Wachstumsraten) oder bestimmte graphische Darstellungen (z.B. der Sozialhilfequoten), mit denen auf die Kontinuität abgestellt wird, auf das frühere Bundesgebiet. Die verwendeten Daten liegen in aufbereiteten Tabellen beim Statistischen Bundesamt vor. Als Quelle ist „Daten zur langfristigen Entwicklung“ angegeben.

4.1 Ausgaben und Empfängergruppen nach Hilfearten

Die Sozialhilfeausgaben sind in den vergangenen Jahren nahezu kontinuierlich gestiegen. Diese Entwicklung ist aber nicht für alle Hilfearten synchron verlaufen. Mit der Differenzierung der Gesamtausgaben nach Hilfeart lässt sich dies transparent machen. Zudem wird im Folgenden auf die Fragen eingegangen, wie sich die Ausgaben je Hilfeempfänger nach Leistungsart entwickelt haben und wie sich die Anzahl der Hilfeempfänger nach Hilfeart langfristig veränderte.

4.1.1 Struktur und Entwicklung der Gesamtausgaben

Die gesamten Sozialhilfeausgaben beliefen sich 1998 auf 45 Mrd. DM. Noch nicht einmal die Hälfte dieses Betrages wurde für Hilfe zum Lebensunterhalt ausgegeben, die Hilfeart, die im Mittelpunkt der öffentlichen Debatte steht. Höher sind die Gesamtausgaben für die Hilfe in besonderen Lebenslagen. Von den einzelnen Leistungsarten der Hilfe in besonderen Lebenslagen hat die Eingliederungshilfe für Behinderte den größten Stellenwert. 1998 wurde gut ein Drittel der gesamten Sozialhilfeausgaben hierfür aufgewendet. Es folgte die Hilfe zur Pflege (13%) und schließlich die Krankenhilfe (5,3%). Ein Vergleich mit der Ausgabenstruktur von 1993 (Graphik 4.1) zeigt die gravierenden Verschiebungen, zu denen insbesondere die Einführung der Pflegeversicherung geführt hat. Gegenüber 1993 ist der Anteil der Ausgaben für laufende Hilfe zum Lebensunterhalt außerhalb von Einrichtungen deutlich gestiegen. Die laufenden Leistungen an Empfänger außerhalb von Einrichtungen machen gut 80% der gesamten HLU Ausgaben aus[92]. Auf Hilfe zur Pflege entfällt heute ein sehr viel geringerer Ausgabenanteil als noch 1993. Gleichzeitig ist in dem Betrachtungszeitraum ein größerer Ausgabenblock in die Eingliederungshilfe für Menschen mit Behinderungen geflossen.

[92] Sonstigen HLU-Ausgaben sind Einmalleistungen und laufende Hilfe zum Lebensunterhalt für Empfänger in Einrichtungen.

Graphik 4.1 Ausgaben nach Hilfeart 1993 und 1998 im Vergleich

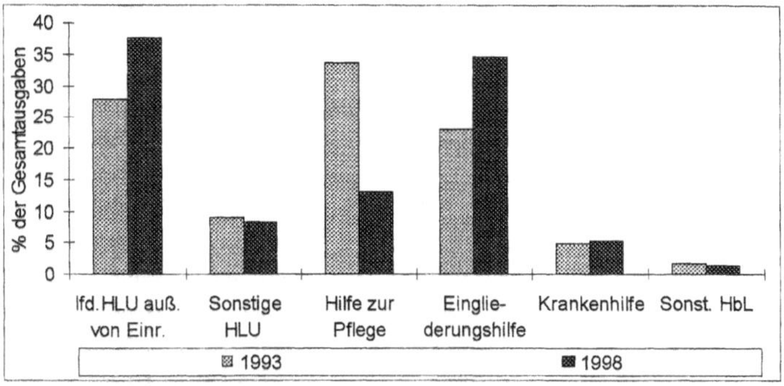

Quelle: Statistisches Bundesamt, Statistik der Sozialhilfe, Ausgaben und Einnahmen, Arbeitsunterlagen, verschiedene Jahrgänge

Wie sieht nun die Ausgabenentwicklung in der längerfristigen Perspektive aus? In den 25 Jahren von 1973 bis 1998 sind die Sozialhilfeausgaben in den alten Bundesländern um durchschnittlich 8,1% pro Jahr gestiegen. Hinter dieser Durchschnittszahl verbergen sich sehr unterschiedliche jährliche Veränderungsraten. Zu Beginn der Betrachtungsperiode stiegen die Ausgaben mit Wachstumsraten im zweistelligen Bereich, zum Ende sind sie - aufgrund institutioneller Änderungen (Asylbewerberleistungsgesetz und Pflegeversicherung) - sogar gesunken. Während der Gesamtperiode der letzten 25 Jahre hat es Eingriffe in den Leistungskatalog gegeben, Veränderungen in den vorgelagerten sozialen Sicherungssystemen, die sich wiederum auf den Sozialhilfeaufwand ausgewirkt haben, unterschiedliche Kostenentwicklungen für die in Anspruch genommenen Leistungen usw. In dieser Zeitspanne gab es ökonomische Verwerfungen (Rezessionen) und strukturelle Veränderungen auf wirtschaftlichem und gesellschaftlichem Gebiet. Durch die Wiedervereinigung hat sich die Einwohnerzahl erheblich verändert. In Bezug auf die ökonomische und soziale Struktur gibt es immer noch erhebliche Unterschiede zwischen den alten und den neuen Bundesländern. Die Fiskal- und Sozialpolitik hat auf den ökonomischen und sozialen Wandel reagiert und Leistungsgesetze oder deren Auslegung geändert. Sozialhilfe – und dies gilt insbesondere für die laufende Hilfe zum Lebensunterhalt – musste immer häufiger in Anspruch genommen werden, um z.T. früher weniger relevante Risiken aufzufangen.

Zur Veranschaulichung des Ausmaßes der Sozialhilfeausgaben kann die Größe „Ausgaben je Einwohner" herangezogen werden. Im Jahr 1998 wurden bundesweit im Durchschnitt 550 DM je Einwohner für die gesamten Leistungen der Sozialhilfe aufgewendet (1973: 91 DM). Im Vergleich zum Sozialbudget der Bundesrepublik Deutschland, das sämtliche Sozialleistungen inklusive der Sozialversicherungen und Steuervergünstigungen beinhaltet, sind die Sozialhilfeausgaben bis 1993 überproportional gestiegen. Ihr Anteil am gesamten Sozialbudget hat sich von 2,2% im Jahr 1973 auf 4,7% im Jahr 1993 (historischer Höchststand) annähernd verdoppelt. Seither ist die Quote aufgrund der bereits erwähnten Ausgliederung verschiedener Leistungen aus der Sozialhilfe wieder gesunken (1998: 3,6%). Der niedrige Anteil der Sozialhilfeausgaben am Sozialbudget veranschaulicht die geringe quantitative Bedeutung, die das unterste soziale Netz im Rahmen des gesamten sozialen Sicherungssystems nach wie vor hat.

Die Ausgaben für die verschiedenen Hilfearten haben sich im Betrachtungszeitraum (1973-1998) nicht gleichförmig entwickelt. Zu Beginn der Betrachtungsperiode, im Jahr 1973, entfielen 63% der gesamten Sozialhilfeausgaben auf Leistungen für Hilfe in besonderen Lebenslagen. Die verbleibenden 37% wurden für laufende Hilfe zum Lebensunterhalt (insgesamt) aufgewendet. Ein gutes Drittel der HLU-Aufwendungen wurde im Jahr 1973 an Hilfeempfänger in Einrichtungen gezahlt oder in Form einmaliger Leistungen gewährt, also auch an Personen, die keine Regelleistungen im Rahmen der laufenden Hilfe außerhalb von Einrichtungen bezogen (1998 waren es weniger als ein Fünftel der gesamten HLU-Ausgaben). Von der Hilfe in besonderen Lebenslagen entfielen 1973 noch über die Hälfte der Ausgaben auf Hilfe zur Pflege. Mehr als 20% der HbL-Ausgaben wurden für die Eingliederungshilfe für Behinderte aufgewendet. Für Krankenhilfe wurden gut 12% der Gesamtausgaben für Hilfe in besonderen Lebenslagen aufgewendet. Mittlerweile sehen die Relationen anders aus. Dank der Einführung der Pflegeversicherung ist der Anteil der HbL-Ausgaben für Hilfe zur Pflege unter 25% gefallen.

Wie sich die gesamten Bruttoausgaben auf Hilfe in besonderen Lebenslagen (HbL) und Hilfe zum Lebensunterhalt (HLU) aufteilen, ist in Graphik 4.2 zu erkennen. Die Relation zwischen den beiden Hilfearten hat sich im Zeitablauf diskontinuierlich verändert. Bis 1981 stiegen die Ausgaben für Hilfe in besonderen Lebenslagen leicht überdurchschnittlich. Der Anteil der auf dieses Segment entfallenden Gesamtausgaben erhöhte sich auf knapp 68% (1973: 63%). In den fünf folgenden Jahren zogen dann die Ausgaben für laufende Hilfe zum Lebensunterhalt (HLU) überproportional an, so dass sich der Anteil der HLU-Ausgaben an den Gesamtausgaben auf 41% im Jahr 1986 erhöhte (Folge des starken Anstiegs der Empfängerzahlen). Die Relationen zwischen den Ausgaben für HLU und HbL blieben bis Anfang der 90er Jahre nahezu unverändert[93]. In den 90er Jahren gab es dann die bereits erwähnten gravierenden Einschnitte. Zunächst ließ die Einführung des Asylbewerberleistungsgesetzes und die damit einhergehende Ausgliederung der Asylbewerber aus der Sozialhilfestatistik insbesondere

[93] In Graphik 4.2 sind ab 1991 die gesamtdeutschen Relationen dargestellt. Dadurch wird im Vergleich zum alten Gebietsstand der Anteil der HbL-Ausgaben etwas erhöht.

die Ausgaben für laufende Hilfe zum Lebensunterhalt im Jahr 1994 schrumpfen[94]. Auf diese Hilfeart entfielen 1994 nur noch 36% der Gesamtausgaben. In den Folgejahren zeigten sich die Entlastungen durch die Einführung der Pflegeversicherung in den rückläufigen Sozialhilfeausgaben für Hilfe zur Pflege. Mittlerweile haben sich die Ausgaben für Hilfe in besonderen Lebenslagen und Hilfe zum Lebensunterhalt stark angenähert. Von den 45 Mrd. DM, die 1998 bundesweit für Sozialhilfeleistungen aufgewendet wurden, entfielen mit 24,4 Mrd. DM nur noch 54% auf Hilfe in besonderen Lebenslagen und 20,6 Mrd. DM oder 46% auf Hilfe zum Lebensunterhalt. Diese gesamtdeutschen Relationen entsprechen weitgehend denen in den alten Bundesländern. In den neuen Ländern ist der Anteil der gesamten HLU-Ausgaben etwas geringer.

Graphik 4.2 Langfristige Entwicklung des Ausgabenanteils für HbL und HLU

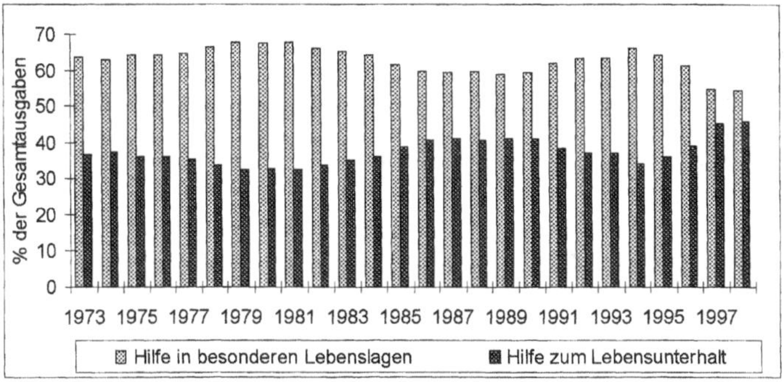

Erläuterungen: ab 1991 Gesamtdeutschland
Quelle: Statistisches Bundesamt, Daten zur langfristigen Entwicklung

Den Gesamtausgaben stehen nur vergleichsweise geringe Einnahmen gegenüber. Während bis 1990 über 20% der Gesamtausgaben durch Einnahmen gedeckt waren, ist der Anteil insbesondere in den letzten beiden Jahren des Betrachtungszeitraums deutlich gesunken. 1998 wurden nur noch 12% der Ausgaben durch Einnahmen gedeckt. Die Einnahmen kommen zu über 60% von Sozialleistungsträgern. Übergeleitete Unterhaltsansprüche gegenüber Unterhaltspflichtigen fallen demgegenüber mit knapp 8% der Einnahmen kaum ins Gewicht. Seit 1994 werden die Einnahmen nach Hilfearten erfasst, so dass für die verschiedenen Hilfearten auch die um die Einnahmen bereinigten reinen Kosten ermittelt werden können. Die oben beschriebene Relation zwischen den Ausgaben für laufende Hilfe zum Lebensunterhalt und Hilfe in besonderen Lebenslagen verändert sich unter Berücksichtigung der Einnahmen nur geringfügig. Für

[94] Das Asylbewerberleistungsgesetz (AsylbLG) ist im November 1993 in Kraft getreten. Seit 1994 werden die Leistungen für den Personenkreis, dessen Lebensunterhalt nach diesem Gesetz geregelt ist, in einer eigenen Statistik nachgewiesen.

die verschiedenen Arten der Hilfe in besonderen Lebenslagen sind die Einnahmen allerdings von unterschiedlicher Bedeutung. Auf die Hilfe zur Pflege, die nur noch 13% der gesamten Sozialhilfeausgaben ausmachen, entfällt ein gutes Viertel der Einnahmen. Es ist die Hilfeart mit dem höchsten Einnahmenanteil (24% der Ausgaben für Hilfe zur Pflege).

Die Einnahmen für die einzelnen Hilfearten sind in der Statistik erst seit 1994 nachgewiesen. Eine langfristige Betrachtung der Entwicklung der Nettoausgaben nach Hilfeart ist daher nicht möglich. Die folgenden Ausführungen zur Ausgabenentwicklung je Hilfeempfänger beziehen sich daher auf die Bruttoausgaben.

4.1.2 Ausgaben[95] je Hilfeempfänger

Die Gesamtausgaben variieren in Abhängigkeit von der Anzahl der Hilfeempfänger und von der Höhe der erbrachten Leistungen. Wie sich die Anzahl der Hilfeempfänger im Zeitablauf verändert hat, wird in Abschnitt 4.1.3 dargestellt. Die folgenden Ausführungen beziehen sich auf die Entwicklung der durchschnittlichen Ausgabenhöhe je Hilfeempfänger, also auf die Leistungskomponente. In den durchschnittlichen Ausgaben je Hilfeempfänger spiegeln sich verschiedene Effekte wider. Zunächst gibt es eine reine Preisvariation, z.B. Anpassung der Regelsätze, der Pflege- oder Betreuungskosten. Auch Leistungsverbesserungen wie etwa eine qualitativ höherwertige und damit auch teurere medizinische Versorgung führen zu einer Leistungsausweitung. Ebenso kann sich eine andere Zusammensetzung der Empfängergruppen in den verschiedenen Jahren auf die durchschnittliche Höhe der pro-Kopf-Ausgaben[96] auswirken, ohne dass sich an den Preisen und/oder der Qualität der erbrachten Leistungen etwas geändert haben muss. Diese drei benannten Effekte (Preis, Qualität und Empfängerstruktur) lassen sich in dem verfügbaren Datenmaterial nicht ohne weiteres isolieren[97]. Die Größe „Ausgaben je Hilfeempfänger", die alle drei Elemente enthält, wird als Indikator für die gewährte Leistung herangezogen.

Um die durchschnittlichen Ausgaben je Empfänger für die verschiedenen Leistungsarten vergleichen zu können, sind einige Abgrenzungsprobleme zu berücksichtigen. Die

[95] In den folgenden Ausführungen geht es um die längerfristige Entwicklung der Ausgaben nach Hilfearten. Für den Zeitraum vor 1993 liegen entsprechende Angaben nur für die Bruttoausgaben vor.

[96] Mit pro-Kopf ist hier pro Empfänger der jeweiligen Hilfeart gemeint. In anderen Publikationen bezieht sich die Bezeichnung „pro-Kopf-Ausgaben" gelegentlich auf die Kennziffer „Ausgaben je Einwohner".

[97] Um bspw. die Ausgabenentwicklung bei konstanter Empfängerstruktur zu schätzen, wäre zunächst zu klären, welches die ausgabenrelevanten Strukturmerkmale der Hilfeempfänger sind. Verursachen Männer höhere Ausgaben als Frauen, Erwachsene höhere als Kinder, Ausländer höhere als Deutsche oder ist der Haushaltskontext entscheidend? Wie sieht es bei den Empfängern von Hilfe in besonderen Lebenslagen aus, für die keine Haushaltsinformationen verfügbar sind? In dieser Arbeit wurde von dem Versuch einer Isolierung der beschriebenen Effekte abgesehen.

Ausgaben für laufende Hilfe zum Lebensunterhalt setzen sich aus Regelleistungen und einmaligen Leistungen zusammen, sie werden an Personen außerhalb von und solchen in Einrichtungen gezahlt. Einmalige Leistungen werden auch Personen gewährt, die aufgrund ihrer Einkommensverhältnisse anspruchsberechtigt sind, aber keine laufende Hilfe zum Lebensunterhalt erhalten. Dieser Personenkreis ist zahlenmäßig nicht erfasst. Für Empfänger in Einrichtungen, die gleichzeitig Hilfe in besonderen Lebenslagen erhalten, werden die Ausgaben für laufende Hilfe zum Lebensunterhalt unter der Hilfe in besonderen Lebenslagen nachgewiesen. In der folgenden Betrachtung werden nur die Ausgaben für laufende Hilfe zum Lebensunterhalt außerhalb von Einrichtungen berücksichtigt[98]. Von den HLU-Ausgaben in Einrichtungen und von sämtlichen Einmalzahlungen wird abstrahiert[99].

Es gibt erhebliche Unterschiede zwischen der Höhe der Beträge, die im Durchschnitt für Empfänger laufender Hilfe zum Lebensunterhalt außerhalb von Einrichtungen aufgewendet werden und den durchschnittlichen Leistungen für Empfänger von Hilfe in besonderen Lebenslagen. Im Jahr 1973 waren die Ausgaben für Hilfe in besonderen Lebenslagen pro Hilfeempfänger mit ca. 3.400 DM doppelt so hoch wie die Bruttoaufwendungen für einen Empfänger laufender Hilfe zum Lebensunterhalt außerhalb von Einrichtungen (knapp 1.600 DM). Die Relation hat sich bis 1993, dem letzten Erhebungsjahr, in dem die Empfänger laufender Hilfe zum Lebensunterhalt unterjährig erfasst wurden, deutlich verschoben. Pro Hilfeempfänger wurden 1993 in den alten Bundesländern 16.000 DM Hilfe in besonderen Lebenslagen gewährt, aber nur 3.800 DM je Empfänger laufender Hilfe zum Lebensunterhalt. Während dieses Zeitraums von zwanzig Jahren war bei den Hilfen in besonderen Lebenslagen ein überproportionaler Anstieg zu verzeichnen[100]. Besonders kräftig stiegen die Ausgaben für die Eingliederungshilfe für Menschen mit Behinderungen, aber auch die Ausgaben für Hilfe zur Pflege je Hilfeempfänger haben sich weit überdurchschnittlich entwickelt. Demgegenüber haben sich die Ausgaben für Krankenhilfe je Empfänger im Betrachtungszeitraum nicht einmal verdreifacht. Noch etwas geringer fiel der Anstieg der pro-Kopf-Ausgaben für laufende Hilfe zum Lebensunterhalt außerhalb von Einrichtungen aus. Hier spiegeln sich die bereits erwähnten Effekte wider: Kostensteigerung und Leistungsverbesserungen im Gesundheitswesen dürften die HbL-Ausgaben in die Höhe

---

[98] In den Ausgaben für laufende Hilfe zum Lebensunterhalt außerhalb von Einrichtungen sind die Ausgaben für Hilfe zur Arbeit enthalten. Auch hierbei handelt es sich um Ausgaben, die nicht nur den nachgewiesenen HLU-Empfängern zuzurechnen sind. Diese Leistungen wurden vor 1994 allerdings nicht separat ausgewiesen und können daher nicht isoliert werden.

[99] Einmalige Leistungen hatten 1998 einen Anteil von 14,3% an den Gesamtausgaben für HLU, Leistungen für Empfänger laufender Hilfe zum Lebensunterhalt in Einrichtungen einen Anteil von 3,2%.

[100] Worauf dieser kräftige Ausgabenanstieg zurückzuführen ist, wurde im Rahmen dieser Arbeit nicht untersucht. Die Deutsche Bundesbank (1996a) hat die Kostenentwicklung von 1985 bis 1993 beleuchtet. Sie hebt hervor, dass insbesondere die gestiegenen Personalkosten die Unterbringung in stationären Einrichtungen stark verteuert hat (Deutsche Bundesbank 1996a: 44ff.).

gedrückt haben, während die gesamten HLU-Ausgaben insbesondere aufgrund eines größeren Empfängerkreises gestiegen sind.

Mitte der 90er Jahre hat sich das Blatt gewendet. Die Ausgaben für Hilfe zur Pflege sind - bezogen auf den durchschnittlichen Hilfeempfänger - dank der Einführung der Pflegeversicherung[101] gesunken, die Aufwendungen für die Eingliederungshilfe für Menschen mit Behinderungen stagnieren auf hohem Niveau. Einzig die Ausgaben für Krankenhilfe je Hilfeempfänger sind aktuell (1998) deutlich höher als 1993. Die durchschnittlichen Ausgaben je Empfänger laufender Hilfe zum Lebensunterhalt lassen sich für die Periode von 1994 bis 1998 nicht exakt bestimmen, da seit der Statistikreform für diese Empfängergruppe keine Jahresfallzahlen mehr verfügbar sind. Daher können nur Schätzungen vorgenommen werden. Unter der Annahme eines konstanten Verweilkoeffizienten (Beck 1992) und eines konstanten Anteils der Empfänger, die sowohl HLU als auch HbL erhalten, ergibt sich nur ein geringfügiger Anstieg der Ausgaben der laufenden Hilfe zum Lebensunterhalt je Empfänger.

Diese Ergebnisse stützen die eingangs formulierte These, dass die Ausgabenentwicklung auf mehrere Faktoren zurückzuführen ist. Unterschiede in der Kosten- und Qualitätsentwicklung für die einzelnen Hilfearten, aber auch in der Variation der gewährten Leistungen spiegeln sich ebenso wie Veränderungen in der Zusammensetzung der Hilfeempfänger in der Leistungskomponente (Ausgaben je Empfänger) wider. Diese Einflüsse haben zu der sehr unterschiedlichen langfristigen Dynamik der pro-Kopf-Ausgaben für die einzelnen Hilfearten geführt. Die Empfänger laufender Hilfe zum Lebensunterhalt haben - gemessen an den Ausgaben je Empfänger - am wenigsten von einer Leistungsausweitung zu spüren bekommen. Wie sich die Empfängergruppen zahlenmäßig entwickelt haben, ist Gegenstand des folgenden Abschnittes.

4.1.3 Langfristige Entwicklung der Empfängergruppen (HLU und HbL)

Der langfristige Vergleich der Empfängerzahlen ist durch die Statistikreform stärker beeinträchtigt. Bis 1993 liegen für die Empfänger von Hilfe in besonderen Lebenslagen nur kumulierte Jahreswerte vor. Erst seit 1994 werden auch für diese Empfängergruppe Jahresendstände erfasst. Für die Empfänger laufender Hilfe zum Lebensunterhalt existieren seit 1994 keine kumulierten Jahreswerte mehr. Die Empfängerstruktur auf Basis der Jahresfallzahlen dürfte nicht gänzlich mit der Struktur auf Grundlage der Bestandsdaten zum Jahresende übereinstimmen. Von daher kann selbst ein Vergleich der Zusammensetzung der Sozialhilfeempfänger nach Empfängergruppen für verschiedene Zeitpunkte (vor und nach der Statistikreform) verzerrt sein. Wie ausgeprägt

[101] Die Pflegeversicherung ist 1995 in Kraft getreten. Seit April 1995 werden Leistungen für häusliche Pflege und seit Juli 1996 auch für stationäre Pflege von der Pflegeversicherung gewährt. Ab April 1996 wurden im Einrichtungsbereich der Sozialhilfe die Pflegesätze begrenzt, so dass auch von dieser Seite eine Deckelung der Kosten erfolgte (vgl. Seewald 1998).

diese Verzerrung ist, hängt vom Anteil der Empfänger ab, die nur kurzzeitig Sozialhilfe in Anspruch nehmen. Hilfearten mit einem hohen Anteil von Kurzzeitbeziehern bekommen in einer unterjährigen Betrachtung ein höheres Gewicht. Dieses Problem sollte berücksichtigt werden, wenn die Anteilswerte vor 1993 - berechnet auf Basis der kumulierten Jahreswerte - mit denen ab 1994 verglichen werden, die auf Basis der Jahresendstände ermittelt wurden. Der Bruch in den Zeitreihen ist aber nicht nur auf die Statistikreform zurückzuführen, sondern auch auf die Einführung des Asylbewerberleistungsgesetzes. Hierdurch sind Empfängergruppen aus der Statistik ausgegrenzt, die die verschiedenen Hilfearten in sehr unterschiedlichem Maße in Anspruch genommen haben.

Weit mehr Personen erhalten laufende Hilfe zum Lebensunterhalt (1998: 2,9 Mio.) als Hilfe in besonderen Lebenslagen (1998: 0,9 Mio.). Über 80% aller Empfänger der unterschiedlichen Sozialhilfeleistungen bezogen 1998 laufende Hilfe zum Lebensunterhalt[102]. 25 Jahre zuvor (1973) waren es gerade einmal gut 50%. In dem Zeitraum von 1973 bis 1998 hat die zahlenmäßige Bedeutung der Empfänger laufender Hilfe zum Lebensunterhalt nahezu kontinuierlich zugenommen. Neben dieser trendmäßigen Entwicklung hat es auch bei den drei wichtigsten Arten der Hilfe in besonderen Lebenslagen Verschiebungen gegeben (vgl. Graphik 4.3). Gravierende Veränderungen in der Rangfolge sind insbesondere seit 1994 zu verzeichnen. Mit der Einführung der Pflegeversicherung ist der Empfängerkreis von Pflegeleistungen geschrumpft. Bei der Krankenhilfe hat sich das Asylbewerberleistungsgesetz ausgewirkt, das eine wichtige Empfängergruppe dieser Leistungsart aus der Sozialhilfestatistik eliminiert hat.

Graphik 4.3 Sozialhilfeempfänger nach ausgewählten Hilfearten

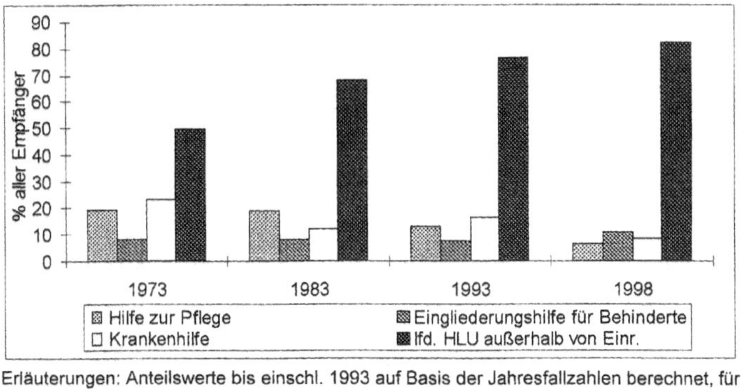

Erläuterungen: Anteilswerte bis einschl. 1993 auf Basis der Jahresfallzahlen berechnet, für 1998 Jahresendwerte. Ab 1993 Gesamtdeutschland. Ohne Mehrfachzählungen für alle Empfänger.

Quelle: Statistisches Bundesamt, Daten zur langfristigen Entwicklung

102 Einige dieser Personen erhalten gleichzeitig Hilfe in besonderen Lebenslagen.

Die relativen Betrachtungen geben keine Information über die trendmäßige Entwicklung der Empfängerzahlen. Seit 1981 hat die Anzahl der Empfänger laufender Hilfe zum Lebensunterhalt trendmäßig zugenommen. Ebenfalls langfristig gestiegen ist die Zahl der Empfänger von Eingliederungshilfe für Behinderte. Demgegenüber hat sich die Anzahl der Personen, die Hilfe zur Pflege erhalten, in den zwanzig Jahren von 1973 bis 1993 kaum erhöht. Seither ist sie, aufgrund der bereits mehrfach angesprochenen Einführung der Pflegeversicherung, kräftig gefallen. Die Anzahl der Bezieher von Krankenhilfe ist bis 1984 gesunken, dann aber sehr stark angestiegen. Eine Gegenreaktion setzte 1994 ein, als die Einführung des Asylbewerberleistungsgesetzes viele der vormals Leistungsberechtigten aus der Sozialhilfe ausgliederte. Seither hat die Zahl der Empfänger von Krankenhilfe wieder zugenommen. In den stark schwankenden Empfängerzahlen für Krankenhilfe zeigt sich deutlich die Wirkung administrativer Änderungen auf die Hilfegewährung und die Anzahl der Empfänger. Anspruch auf Krankenhilfe haben Bedürftige, die über keinen (hinreichenden) eigenen Versicherungsschutz verfügen. Dies trifft häufig auf Immigranten zu, die wegen fehlender Arbeitserlaubnis oder aufgrund des allgemeinen Mangels an Arbeitsplätzen keinen Zugang zur gesetzlichen Krankenversicherung erhalten.

Seit 1994 ist der Anteil der nicht deutschen Empfänger von Krankenhilfe, wegen der Ausgliederung einer zahlenmäßig umfangreichen Empfängergruppe, deutlich zurückgegangen. Mit ca. 40% sind nicht deutsche HbL-Empfänger in dieser Hilfeart aber immer noch weit stärker repräsentiert als in den anderen Sparten der Hilfe in besonderen Lebenslagen. Der hohe Ausländeranteil sollte dennoch nicht darüber hinwegtäuschen, dass es auch eine große Anzahl von Deutschen gibt, die Leistungen der Krankenhilfe in Anspruch nehmen müssen. Für das Jahr 1998 weist die Statistik mehr als 300.000 deutsche Empfänger von Krankenhilfe[103] aus.

Ergänzend zur langfristigen Entwicklung sei noch auf einige Unterschiede in der Empfängerstruktur für die verschiedenen Hilfearten hingewiesen:

- Von den Empfängern von Hilfe in besonderen Lebenslagen lebt ein sehr viel größerer Anteil in Einrichtungen als von den Empfängern laufender Hilfe zum Lebensunterhalt.
- Der Ausländeranteil ist bei der Hilfe in besonderen Lebenslagen niedriger als bei der laufenden Hilfe, wobei es zwischen den verschiedenen Hilfearten in besonderen Lebenslagen starke Unterschiede gibt. In den beiden quantitativ bedeutenden Bereichen Hilfe zur Pflege und Eingliederungshilfe für Menschen mit Behinderungen liegt der Ausländeranteil unter 6%.

[103] Krankenhilfe schließt die Hilfe zur Sterilisation und zur Familienplanung ein. Die Jahresfallzahl weicht für diese Hilfeart erheblich vom Jahresendbestand (ca. 180.000 Deutsche) ab. Ein Mehrfachbezug einzelner Hilfeempfänger ist nicht auszuschließen, lässt sich aber nicht quantifizieren.

- Das Durchschnittsalter der Empfänger von Hilfe zur Pflege ist deutlich höher als das der Empfänger von Krankenhilfe und von Eingliederungshilfe für Behinderte. Empfänger laufender Hilfe zum Lebensunterhalt sind im Mittel jünger.
- Die geschlechtsspezifische Differenzierung liefert für die Gesamtzahl der Empfänger von Hilfe in besonderen Lebenslagen einen nahezu gleich großen Anteil von Frauen und Männern. Leistungen der Hilfe zur Pflege wird in sehr viel größerem Umfang Frauen gewährt, während bei der Eingliederungshilfe für Behinderte der Anteil männlicher Empfänger sehr viel höher ist.

4.2 Sozialhilfeempfänger im engeren Sinne – Struktur und langfristige Entwicklung

Im Fokus dieser Arbeit stehen die Empfänger laufender Hilfe zum Lebensunterhalt außerhalb von Einrichtungen, die auch Sozialhilfeempfänger im engeren Sinne genannt werden. Die weiteren Ausführungen beziehen sich ausschließlich auf diese Empfängergruppe. Sie werden im Folgenden verkürzt als Sozialhilfeempfänger bezeichnet. Sozialhilfebezug von bestimmten Bevölkerungsgruppen meint also immer nur den Bezug laufender Hilfe zum Lebensunterhalt.

Das Sozialhilferisiko ist nicht auf alle Bevölkerungsgruppen gleichmäßig verteilt. Dies lässt sich anhand demographischer Merkmale veranschaulichen. Im Anschluss an die Darstellung der aktuellen Empfängerstruktur werden langfristige Tendenzen skizziert. Die Sozialhilfebetroffenheit verschiedener Bevölkerungsgruppen hat sich seit Einführung der Statistik verändert. Das Durchschnittsalter der Hilfeempfänger ist gesunken, der Anteil der männlichen und der ausländischen Bevölkerung unter den Hilfeempfängern ist gestiegen. Hinter diesen Änderungen verbergen sich demographische, aber auch gesellschaftliche Veränderungen, die einerseits in der zunehmenden Bedeutung von Lebensformen sichtbar werden, die sich als Alternative zur traditionellen Familie verstehen und die sich andererseits auf dem Arbeitsmarkt zeigen. Die folgende Betrachtung bezieht sich auf die modifizierte Altersstruktur, die sich wandelnde geschlechtsspezifische Zusammensetzung und den gestiegenen Ausländeranteil an den Empfängern laufender Hilfe zum Lebensunterhalt außerhalb von Einrichtungen.

4.2.1 Überblick über die aktuelle Empfängerstruktur

Wie sich die Gesamtheit der Empfänger laufender Hilfe zum Lebensunterhalt außerhalb von Einrichtungen nach Geschlecht, Personen- und Altersgruppen unterscheiden, wird regelmäßig berichtet. Eine Überblick gibt Tabelle 4.1. Die Empfängerstruktur lässt sich folgendermaßen beschreiben:

- Mehr als ein Drittel der Empfänger laufender Hilfe zum Lebensunterhalt ist minderjährig. Gemessen an ihrer Bedeutung in der Gesamtbevölkerung ist diese Altersgruppe weit überdurchschnittlich unter den Sozialhilfeempfängern vertreten.

- Der Anteil weiblicher Hilfeempfänger ist höher als der männlicher. Bei Deutschen ist der geschlechtsspezifische Unterschied ausgeprägter als bei Ausländern.
- Der Anteil der Ausländer an den HLU-Empfängern fällt mit 23% sehr viel höher aus als ihre Repräsentanz in der Gesamtbevölkerung.

Tabelle 4.1 Empfänger laufender Hilfe zum Lebensunterhalt nach demographischen Merkmalen (1998)

Altersgruppen	Insgesamt		Deutsche		Nichtdeutsche	
	männlich	weiblich	männlich	weiblich	männlich	weiblich
	Anzahl					
unter 18 Jahre	549.616	523.569	421.138	405.892	128.478	117.677
18 - 64 Jahre	662.513	969.128	485.901	764.921	176.612	204.207
ab 65 Jahre	50.143	124.353	33.361	103.529	16.782	20.824
Insgesamt	1.262.272	1.617.050	940.400	1.274.342	321.872	342.708
	%-Anteil an allen Hilfeempfängern					
unter 18 Jahre	19,1	18,2	14,6	14,1	4,5	4,1
18 - 64 Jahre	23,0	33,7	16,9	26,6	6,1	7,1
ab 65 Jahre	1,7	4,3	1,2	3,6	0,6	0,7
Insgesamt	43,8	56,2	32,7	44,3	11,2	11,9
	%-Anteil an der jeweiligen Bevölkerungsgruppe (Sozialhilfequoten)					
unter 18 Jahre	6,8	6,8	5,9	6,0	14,2	14,0
18 - 64 Jahre	2,5	3,7	2,0	3,2	6,1	8,6
ab 65 Jahre	1,0	1,5	0,7	1,3	11,3	14,1
Insgesamt	3,2	3,8	2,6	3,3	8,2	10,2

Erläuterungen: Nur Hilfeempfänger außerhalb von Einrichtungen, Ergebnisse der Totalerhebung
Quelle: Statisches Bundesamt, Fachserie 13, Reihe 2 und Statistik Regional, eigene Berechnungen

Diese Strukturangaben sind im Groben weitgehend bekannt. Wie aber verteilen sich die Hilfeempfänger auf die verschiedenen Haushaltstypen? Die amtliche Statistik weist die Anzahl der Bedarfsgemeinschaften aus. Ausgehend von der Anzahl der Haushalte in der hier gewählten Kategorisierung[104] ist der mit Abstand bedeutendste Haushaltstyp der des alleinstehenden Hilfeempfängers. Fast 40% aller Bedarfsgemeinschaften entsprechen diesem Typ. Aber gerade einmal 20% aller Hilfeempfänger leben in den so spezifizierten Haushalten. Unter Berücksichtigung der in den Bedarfsgemeinschaften lebenden Personen relativiert sich die Bedeutung der Alleinstehenden also erheblich. Durch die Bezugnahme auf die Anzahl der im Haushalt lebenden Personen (statt der Anzahl der Haushalte) bekommen Mehrpersonenbedarfsgemeinschaften ein stärkeres Gewicht. Nur in dieser Darstellungsform lässt sich zeigen, wie sich die Hilfeempfänger auf die verschiedenen Haushaltstypen verteilen; Personen- und Haushaltsbetrachtungen können auf diese Weise zusammengeführt werden. Für die Berechnung der Sozialhilfequoten werden entsprechende Angaben für die Gesamtbe-

[104] Zur Abgrenzung der Haushaltstypen siehe Kapitel 3.5. Grundsätzlich gilt, dass nur die Bedarfsgemeinschaften den spezifizierten Haushaltstypen zugeordnet sind, deren Personenzahl mit der Anzahl der Haushaltsmitglieder übereinstimmt.

völkerung benötigt. Hierzu erfolgten eigene Auswertungen des Mikrozensus. Die benötigten Daten standen für diese Arbeit aber nur für das Erhebungsjahr 1997 zur Verfügung. Die in Tabelle 4.2 ausgewiesenen Sozialhilfequoten beziehen sich entsprechend auf den Datenstand 1997.

Tabelle 4.2 Empfänger laufender Hilfe zum Lebensunterhalt nach Haushaltstyp - Datenstand: 1998, Sozialhilfequoten beziehen sich auf 1997 -

Haushaltstyp	HLU-Empfänger im Haushaltstyp			Nachrichtlich: Bedarfsgemeinschaften	
	Anzahl	% von Insgesamt	Sozialhilfe-quote (1997)	Anzahl	% von Insgesamt
Alleinstehende	576.072	20,0	4,3	576.072	38,7
Alleinerziehende	821.292	28,5	29,4	312.780	21,0
Ehepaare	818.780	28,4	2,1	246.596	16,6
ohne Kind(er)	184.344	6,4	1,0	92.172	6,2
mit Kind(ern)	634.436	22,0	2,9	154.424	10,4
Nichtehel.Lebensgem.	127.984	4,4	2,8	42.088	2,8
ohne Kind(er)	32.992	1,1	1,1	16.496	1,1
mit Kind(ern)	94.992	3,3	8,4	25.592	1,7
Sonstige	534.848	18,6	2,7	310.104	20,8
Insgesamt	2.878.976	100,0	3,5	1.487.640	100,0

Quelle: 25% Stichprobe der Sozialhilfeempfängerstatistik und Mikrozensus, eigene Berechnungen

Die Haushaltsstruktur der Sozialhilfeempfänger im engeren Sinne unterscheidet sich stark von der Haushaltsstruktur der Gesamtbevölkerung. Entsprechend gibt es erhebliche Disparitäten in der Sozialhilfebetroffenheit in Abhängigkeit von der Haushaltsform. Ein besonders hohes Sozialhilferisiko – hier verwendet als Synonym für die relative Häufigkeit des Sozialhilfebezugs - tragen Mitglieder von Ein-Eltern-Familien. Fast 30% aller Personen, die in Haushalten von Alleinerziehenden leben, beziehen laufende Hilfe zum Lebensunterhalt[105]. Ebenfalls überdurchschnittliche Sozialhilfequoten haben mit gut 8% Personen, die in nichtehelichen Lebensgemeinschaften mit Kindern leben. Die Sozialhilfebetroffenheit dieses Haushaltstyps ist deutlich höher als der von Ehepaaren mit Kindern, obwohl beide Haushaltsformen formal ähnlich erscheinen (Zwei-Eltern-Familien) und auch vom Gesetzgeber in der Sozialhilfe, nicht aber bspw. im Steuerrecht, gleich behandelt werden[106]. Hinter der ebenfalls überdurchschnittlichen Sozialhilfequote von Alleinstehenden (gut 4%) dürfte sich die Kumulation besonderer Problemlagen verbergen. Ein unterdurchschnittliches Sozialhilferisiko haben Mitglieder von kinderlosen Paarhaushalten und von verheirateten Paaren mit Kindern.

[105] Aufgrund der hier gewählten Haushaltsabgrenzung werden nur die Haushalte von Alleinerziehenden berücksichtigt, in denen alle Haushaltsmitglieder laufende Hilfe erhalten. Diese Zahl markiert daher nur das untere Ende des tatsächlichen Ausmaßes des Hilfebezugs durch Personen in Ein-Eltern-Familien.

[106] Auf die Unterschiede zwischen den beiden Haushaltstypen wird an späterer Stelle nochmals näher eingegangen.

4.2.2 Änderungen in der Altersstruktur: Hilfeempfänger werden immer jünger

Die Altersstruktur der Empfänger laufender Hilfe zum Lebensunterhalt hat sich in den letzten 25 Jahren erheblich verändert. Zu Beginn der hier betrachteten Periode (1973) hatten Personen im Rentenalter (ab 65 Jahre) noch eine höhere Empfängerquote (Anteil an der Gesamtbevölkerung) als Minderjährige. In Graphik 4.4 ist zu erkennen, dass diese Relation bereits 1978, dem ersten Jahr, für das Jahresenddaten für HLU-Empfänger nach Altersgruppen vorliegen, nicht mehr gegolten hat. In den Folgejahren ist die Empfängerquote der älteren Menschen (ab 65 Jahre) entgegen dem allgemeinen Trend leicht gesunken. Stark zugenommen hat demgegenüber die Sozialhilfebetroffenheit von Minderjährigen. Die Sozialhilfequote der Empfänger im Rentenalter ist heute zu vernachlässigen, während insbesondere Kleinkinder unter den Sozialhilfeempfängern weit überrepräsentiert sind. Minderjährigen wird daher in den folgenden Ausführungen besondere Beachtung geschenkt.

Graphik 4.4 Sozialhilfeempfängerquoten (HLU) für Altersgruppen im Zeitvergleich

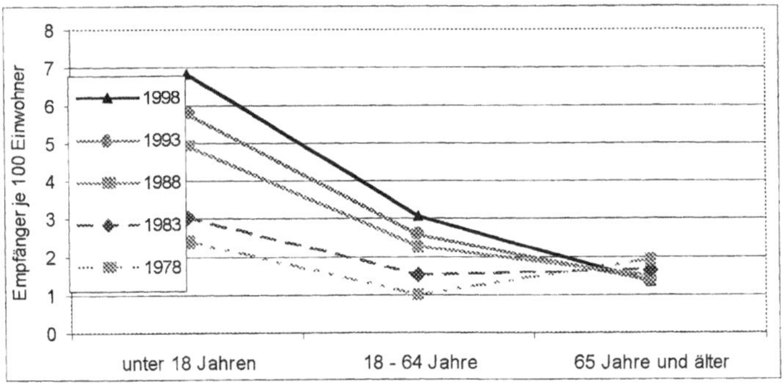

Erläuterungen: ab 1993 Gesamtdeutschland
Quelle: Statistisches Bundesamt, Daten zur langfristigen Entwicklung

Gemessen an ihrer Repräsentanz in der Bevölkerung sind Minderjährige überdurchschnittlich häufig unter den Sozialhilfeempfängern vertreten. Die Sozialhilfequote, die diese Relation ausdrückt, ist langfristig nicht nur mit dem allgemeinen Trend gestiegen, sondern stärker. Hierbei ist allerdings zu berücksichtigen, dass die Veränderung der Sozialhilfequote zwei Effekte widerspiegelt: einerseits die Entwicklung in der Empfängerzahl, andererseits die Bevölkerungsdynamik. Betrachtet man ausschließlich die Empfängerzahlen, dann fiel der Anstieg bei den Minderjährigen in den letzten zwanzig Jahren[107] weniger spektakulär aus, als dies die Höhe der Empfängerquote

[107] Daten für die Empfänger nach Altersgruppen zum Jahresende liegen erst seit 1978 vor. Daher beziehen sich die folgenden Veränderungsraten auf diesen Zeitraum. Für die davor liegenden fünf Jahre

suggeriert. Die Anzahl der minderjährigen Hilfeempfänger ist sogar leicht unterdurchschnittlich gestiegen. Während die Anzahl der Personen im Rentenalter, die laufende Hilfe zum Lebensunterhalt in Anspruch genommen haben, annähernd stagnierte[108], hat die Gruppe der Hilfeempfänger im Alter von 18 bis 64 Jahren überdurchschnittlich zugelegt. Mehr als 55% der Sozialhilfeempfänger im engeren Sinne gehören zu dieser Altersgruppe. Vor zwanzig Jahren waren es noch 40%. Wie sich das unterschiedliche Wachstum in der Verschiebung der Anteile an allen Hilfeempfängern ausgewirkt hat, ist in Graphik 4.5 veranschaulicht. Hier ist die Altersgruppe der 18- bis 64-Jährigen nochmals etwas tiefer gegliedert, um die Entwicklung bei den jungen Erwachsenen (18-24 Jahre), die am Beginn des Erwerbslebens stehen und bei den Personen, die sich dem Ende der Erwerbsphase genähert haben (50-64 Jahre), transparent zu machen.

Graphik 4.5 Empfänger laufender Hilfe zum Lebensunterhalt nach Altersgruppen

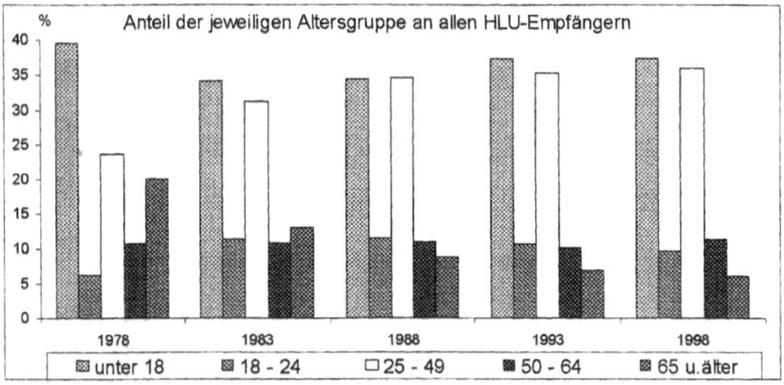

Erläuterungen: ab 1993 Gesamtdeutschland
Quelle: Statistisches Bundesamt, Daten zur langfristigen Entwicklung

Auch diese Darstellung unterstreicht, dass Altersarmut, gemessen an der Inanspruchnahme laufender Hilfe zum Lebensunterhalt durch Personen, die die Altersrentengrenze überschritten haben, relativ an Bedeutung verloren hat. In diesen Zahlen spiegelt sich aber nur das Ausmaß der bekämpften Altersarmut wider. Mit dem Gesetz über eine bedarfsorientierte Grundsicherung im Alter und bei Erwerbsminderung (GSiG) soll nun auch der verdeckten Altersarmut begegnet werden. Gleichzeitig wird damit möglichen innerfamiliären Konfliktpotenzialen, die sich aus den Unterhaltsverpflich-

von 1973 bis 1978 lässt sich auf Basis der Jahresfallzahlen allerdings eine in der Tendenz vergleichbare Entwicklung nachweisen.

[108] Bei der Argumentation mit durchschnittlichen jährlichen Veränderungsraten ist zu berücksichtigen, dass im Prinzip nur zwei Zeitpunkte betrachtet werden. Sämtliche Veränderungen in der Zwischenphase bleiben unberücksichtigt. Hinter der vermeintlichen Stagnation der Anzahl der HLU-Empfänger im Rentenalter verbirgt sich ein Rückgang der Empfängerzahlen von 180 Tsd. auf 142 Tsd. Mitte der achtziger Jahre. Erst Anfang der neunziger Jahre setzte dann wieder ein Anstieg ein auf 164 Tsd. in den alten Bundesländern und 175 Tsd. in Gesamtdeutschland.

tungen ergebenden, entgegengewirkt. Nach dem neuen Gesetz, das 2003 in Kraft getreten ist, werden sicherlich deutlich mehr Personen im Rentenalter leistungsberechtigt sein als der aktuelle Kreis von Empfängern laufender Hilfe zum Lebensunterhalt dieser Altersgruppe. Das Ausmaß kann zum gegenwärtigen Zeitpunkt kaum abgeschätzt werden, denn eine niedrige Rente allein ist kein hinreichender Indikator für Bedürftigkeit: Bezieher niedriger Renten verfügen häufig über weitere Einkommen, die sie sich anrechnen lassen müssen (Stubig/Reuter 1999). Allerdings entfallen zukünftig Unterhaltsansprüche an Kinder weitgehend. Dies ist ein wesentlicher Unterschied zum geltenden Sozialhilferecht, dessen quantitative Wirkung auf den Umfang der Leistungsberechtigten schwer zu beurteilen ist.

Auf die Hilfeempfänger im Rentenalter wird im Folgenden nicht mehr eingegangen. Die weiteren Betrachtungen richten sich auf das andere Ende der Alterskala: die Minderjährigen. Sie sind annähernd doppelt so häufig unter den Sozialhilfeempfängern im engeren Sinne zu finden wie die Gesamtheit der Bevölkerung. Von 100 minderjährigen Einwohnern erhalten sieben laufende Hilfe zum Lebensunterhalt. Für die deutsche Bevölkerung unter 18 Jahren ist der Anteil etwas geringer. Die nicht deutschen Minderjährigen haben demgegenüber eine Sozialhilfequote, die mehr als doppelt so hoch ist wie die von Deutschen unter 18 Jahren. Von 100 minderjährigen Ausländern sind vierzehn auf Hilfe zum Lebensunterhalt angewiesen.

Weitere Unterschiede zwischen verschiedenen Gruppen von Minderjährigen lassen sich in den Sozialhilfequoten der Altersgruppen erkennen. Je jünger die Kinder, desto höher die Sozialhilfebetroffenheit. Für die noch nicht schulpflichtigen Kinder liegt die Sozialhilfequote bei 8,6 (in den neuen Bundesländern und Berlin-Ost sogar bei 12,6), für die nicht mehr schulpflichtigen Kinder (15-17 Jahre) errechnet sich eine sehr viel niedrigere Quote von 4,9 (in den neuen Bundesländern und Berlin-Ost sind es nur 3,0). Die dazwischen liegenden Altersgruppen (7-10 und 11-14 Jahre) haben Empfängerquoten, die zwischen den genannten beiden Polen liegen. Von daher scheint die Sozialhilfebetroffenheit stetig mit zunehmendem Alter abzunehmen. Allerdings besteht diese Beziehung – bei der Wahl der hier verwendeten Altersgruppen – erst seit Anfang der 90er Jahre. In den zehn Jahren davor (nach Altersgruppen differenzierte Daten für minderjährige Hilfeempfänger sind erst seit 1980 verfügbar) hatten die 7- bis 10-jährigen Kinder die höchsten Sozialhilfequoten (Graphik 4.6).

Graphik 4.6 Sozialhilfequoten (HLU) Minderjähriger im Zeitverlauf (Früheres Bundesgebiet)

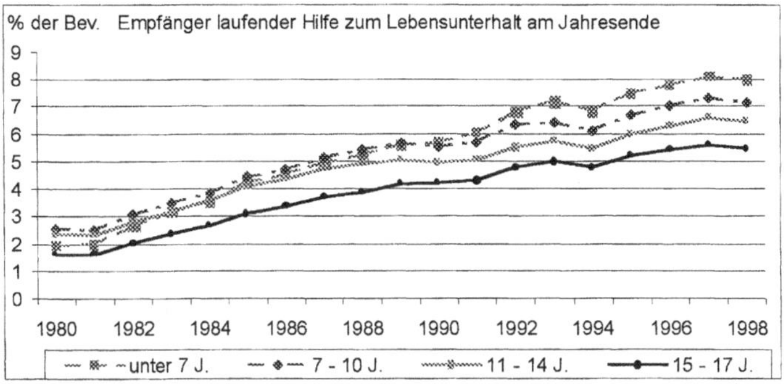

Quelle: Statistisches Bundesamt, Daten zur langfristigen Entwicklung

Über die Gründe für die rasantere Zunahme in der Sozialhilfebetroffenheit der noch nicht schulpflichtigen Kinder lässt sich zunächst nur spekulieren. Möglicherweise haben die geänderten Unterhaltsbestimmungen im Sozialhilferecht (keinen Rückgriff auf Eltern von ledigen Müttern mit Kindern unter 6 Jahren) einige der betroffenen Frauen dazu veranlasst, sich für ein Kind zu entscheiden. Vielleicht hat sich das Trennungs-/Scheidungsverhalten geändert, so dass heute weniger noch als in den achtziger Jahren ein niedriges Alter der Kinder als Grund für eine Fortsetzung der Beziehung akzeptiert wird. Als weiterer Grund ist denkbar, dass prekäre Arbeitsverhältnisse zunehmend Familien mit Kleinkindern treffen.

4.2.3 Männer finden sich zunehmend unter den Hilfeempfängern

Nach wie vor haben Frauen eine höhere Sozialhilfequote als Männer. Dennoch charakterisiert das pauschale Urteil „Armut ist weiblich“ die Sozialhilfe beziehende Bevölkerung nicht treffend. Zunehmend finden sich Männer unter den Hilfeempfängern. Ein besonders hohes Risiko, auf den Bezug von Sozialhilfe angewiesen zu sein, dürften Männer tragen, die entweder gar nicht in den Arbeitsprozess integriert wurden oder hinausgefallen sind und deren Reintegration sich aufgrund einer Kumulation vermittlungshemmender Merkmale schwierig gestaltet. Auch die erhöhte Sozialhilfebetroffenheit von Ausländern dürfte sich in dem langfristig gestiegenen Anteil männlicher Hilfeempfänger widerspiegeln, denn in der nicht deutschen Bevölkerung sind Männer überrepräsentiert.

In den letzten 25 Jahren (von 1973 bis 1998) hat der Anteil männlicher Empfänger laufender Hilfe zum Lebensunterhalt überproportional zugenommen (Graphik 4.7). Waren zu Beginn der Betrachtungsperiode (1973) gerade einmal ein gutes Drittel der

Hilfeempfänger männlich[109], so sind es mittlerweile knapp 44%. Im gleichen Zeitraum ist der Anteil der männlichen Bevölkerung nur geringfügig von 48 auf 49% gestiegen. Entsprechend hat sich die Sozialhilfequote von Männern an die der Frauen leicht angenähert. Zu dieser Entwicklung dürfte auch das höhere Sozialhilferisiko von Ausländern beigetragen haben. Diese Empfängergruppe hat einen höheren Männeranteil.

Graphik 4.7 Empfänger laufender Hilfe zum Lebensunterhalt nach Geschlecht

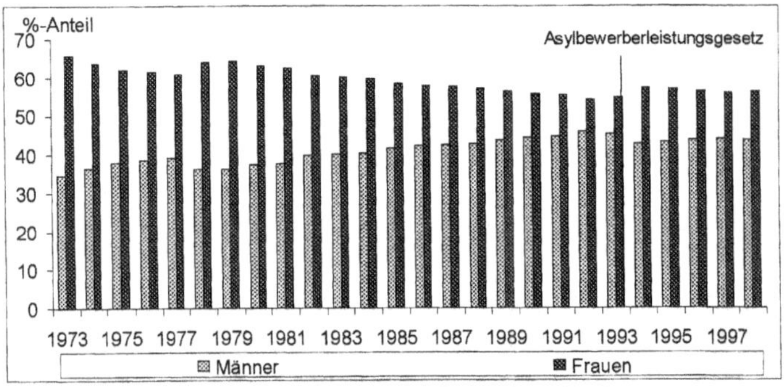

Erläuterungen: ab 1978 Jahresendwerte, ab 1991 Gesamtdeutschland
Quelle: Statistisches Bundesamt, Daten zur langfristigen Entwicklung

Die zunehmende Relevanz männlicher Empfänger laufender Hilfe zum Lebensunterhalt außerhalb von Einrichtungen kommt insbesondere in der relativen Betrachtung zum Ausdruck: Der Anteil der Empfänger männlichen Geschlechts ist langfristig gestiegen, und die durchschnittliche jährliche Wachstumsrate fiel für männliche Hilfeempfänger höher aus als für weibliche. Im Vergleich der Absolutwerte der Sozialhilfequoten von Männern und Frauen springt die diagnostizierte Annäherung nicht unmittelbar ins Auge, denn die absolute Differenz zwischen den Empfängerquoten hat sich nur unwesentlich geändert. Dies liegt in dem trendmäßigen Anstieg der gesamten Empfängerzahlen (und entsprechend der Quoten) begründet: Wenn bei langfristig steigenden Quoten unterschiedlichen Niveaus deren absolute Differenz unverändert bleibt, dann spiegelt sich hierin ein stärkeres Wachstum der Gruppe mit der niedrigeren Quote wider. Bei trendbehafteten Reihen ist die unterschiedliche „Wachstumsdynamik" daher besser durch die relativen Abweichungen zu veranschaulichen als durch die absoluten Differenzen der Empfängerquoten. Wird also bei den geschlechtsspezifischen Quoten auf die relative Entwicklung abgestellt, dann gelangt man zu dem Ergebnis, dass die Sozialhilfequote der Männer aktuell knapp 20% niedriger ist als die von Frauen. Im Jahr 1978 betrug die relative Abweichung noch fast 40%. Die auf solch eine

[109] Die Anteilswerte des Jahres 1973 sind auf Basis der Jahresfallzahlen kalkuliert und daher nicht ganz vergleichbar mit den ab 1978 verfügbaren Werten auf Grundlage von Jahresendständen.

Weise gemessene größte Nähe zwischen der Empfängerquote von Männern und Frauen gab es vor der Einführung des Asylbewerberleistungsgesetzes. 1992 lag die männliche Empfängerquote nur noch 10% unter der weiblichen. Zum damaligen Zeitpunkt hatte auch der Ausländeranteil an den HLU-Empfängern einen Spitzenwert von über 30% erreicht.

Die bisherigen Betrachtungen stellen auf die relative Entwicklung ab und die darin sichtbare zunehmende Bedeutung männlicher Hilfeempfänger. Ein Vergleich der absoluten Veränderungen von 1998 gegenüber 1978 könnte dazu verleiten, den Sachverhalt einer zunehmenden Relevanz von Männern als HLU-Empfänger zu relativieren. Im Zeitraum von 1978 bis 1998 ist die Anzahl weiblicher Empfänger laufender Hilfe zum Lebensunterhalt um über eine Million gestiegen, während die der Männer „nur“ um gut 900.000 zugenommen hat. Aber auch dieses Ergebnis ist nur bedingt richtig. Es hängt nämlich stark davon ab, welche Zeitpunkte verglichen werden. Im Betrachtungszeitraum gab es etliche Jahre, in denen die Anzahl der männlichen Hilfeempfänger auch absolut stärker stieg als die der weiblichen.

Bereits in den Ausführungen zur langfristigen Entwicklung der Sozialhilfebetroffenheit nach Altersgruppen wurde darauf hingewiesen, dass insbesondere die Hilfeempfänger im erwerbsfähigen Alter überdurchschnittlich zugelegt haben. In der Altersgruppe der 18 bis 64jähigen hat sich der Anteil von Männern an allen Empfängern laufender Hilfe zum Lebensunterhalt außerhalb von Einrichtungen fast verdoppelt (von 12,5% im Jahr 1978 auf 23% im Jahr 1998). Der entsprechende Frauenanteil nahm hingegen „nur“ von 27,9% auf 33,7% zu, ist damit aber immer noch erheblich höher als der von Männern. Ausgedrückt in Sozialhilfequoten (Anteile an der jeweiligen Bevölkerungsgruppe) entspricht dies einem Anstieg bei den Männern von 0,6 auf 2,5% und bei den Frauen von 1,3 auf 3,7% in dem entsprechenden Zeitraum.

Erwachsene Hilfeempfänger im erwerbsfähigen Alter können weiter nach Altersgruppen differenziert werden (HLU-Empfänger im Alter von 18 bis 20 Jahren, von 21 bis 24 Jahren, von 25 bis 49 Jahren, von 50 bis 59 Jahren und von 60 bis 64 Jahren). In jeder dieser Altersgruppen war die durchschnittliche jährliche Wachstumsrate für männliche Hilfeempfänger über den gesamten Betrachtungszeitraum von zwanzig Jahren (1978 bis 1998) höher als die für Frauen. Das stärkste Wachstum verzeichnete die Altersgruppe der 60- bis 64-Jährigen, gefolgt von der Gruppe der 25- bis 49-Jährigen, die zahlenmäßig am bedeutendsten ist. Zu einem kleinen Teil dürfte sich in dem unterschiedlichen Wachstum der einzelnen Altersgruppen die demographische Entwicklung niederschlagen, denn in dem Betrachtungszeitraum ist die Anzahl junger männlicher Erwachsener in der Bevölkerung gesunken, während die Altersgruppe der 60- bis 64-Jährigen stärker gestiegen ist.

Mit dem durchschnittlichen jährlichen Wachstum werden zwei Zeitpunkte verglichen und die Entwicklung in der Zwischenzeit als stetig unterstellt. Ein Blick auf die tatsächlichen jährlichen Wachstumsraten der letzten zwanzig Jahre zeigt, dass die Entwicklung keineswegs sehr stetig verlief. Allerdings war in der Mehrzahl der Jahre der relative Anstieg bei den männlichen Hilfeempfängern höher als bei den weiblichen; die höhere durchschnittliche Wachstumsrate bei den Männern ist also nicht etwa auf einen „Einmaleffekt" zurückzuführen. Geht man von der relativen zur absoluten Betrachtung über, dann schrumpft die Anzahl der Jahre, in denen absolut mehr Männer als Frauen in den Sozialhilfebezug gekommen sind. Was für die Gesamtheit der Hilfeempfänger im erwerbsfähigen Alter gilt, lässt sich nicht für jede der betrachten Altersgruppen nachweisen. So ist z.B. die Anzahl männlicher HLU-Empfänger im Alter von 25 bis 59 Jahren von 1980 bis 1982 um ca. 54.000 gestiegen, die der Frauen der gleichen Altersgruppe „nur" um 47.000. In der Gruppe der jungen (unter 25 Jahren) und ältern (60 bis 64 Jahre) Erwachsenen war eine vergleichbare Entwicklung nicht festzustellen. Hier sind jeweils deutlich mehr weibliche Hilfeempfänger hinzugekommen.

Die Ergebnisse der vorangegangenen Betrachtungen lassen sich folgendermaßen zusammenfassen:

- In allen Altersgruppen ist die Anzahl männlicher Hilfeempfänger von 1978 bis 1998 überdurchschnittlich stark gestiegen. Dennoch liegen die Sozialhilfequoten von Männern nach wie vor deutlich unter denen von Frauen.
- Die stärkste Annäherung der Sozialhilfequoten (in der relativen Betrachtung) ist bei den älteren HLU-Empfängern (50 bis 64 Jahre) zu verzeichnen. Diese Jahrgänge haben sowohl für Männer als auch für Frauen unterdurchschnittliche Empfängerquoten.
- Die höchsten Empfängerquoten haben junge Erwachsene (18 bis 24 Jahre). Die Anzahl männlicher Hilfeempfänger dieser Altersgruppen ist in dem Betrachtungszeitraum zwar ebenfalls stärker gestiegen als die weiblicher Hilfeempfänger, allerdings waren die Wachstumsunterschiede geringer als für andere Altersgruppen. Entsprechend haben sich die Empfängerquoten weniger stark angenähert (in der relativen Betrachtung).

4.2.4 Ausländer unter den HLU-Empfängern stark überrepräsentiert

Ausländer haben eine deutlich höhere Sozialhilfebetroffenheit als Deutsche. Seit 1980, dem ersten Jahr, für das Angaben über die gesamte Anzahl ausländischer Empfänger laufender Hilfe zum Lebensunterhalt außerhalb von Einrichtungen zum Jahresende vorliegen, ist der Anteil dieser Empfängergruppe erheblich gestiegen[110]. Waren 1980 gerade einmal 8% der Empfänger laufender Hilfe zum Lebensunterhalt nicht deutsch, so zählen mittlerweile ein Viertel der Hilfeempfänger im früheren Bundesgebiet zu

[110] Die folgenden Ausführungen beziehen sich weitgehend auf den Zeitraum von 1980 bis 1998. Auf kürzere Perioden wird bei der Altersdifferenzierung Bezug genommen; Angaben hierüber sind erst seit 1985 verfügbar.

dieser Personengruppe. In den neuen Bundesländern ist der Ausländeranteil sehr viel niedriger (6%); für die Bundesrepublik beläuft sich der Anteil von Ausländern an den Sozialhilfeempfängern auf 23% (Datenstand 1998). Hierbei handelt es sich im historischen Vergleich keineswegs um einen Spitzenwert. Vor der Einführung des Asylbewerberleistungsgesetzes wurde im Westen und in Gesamtdeutschland die 30%-Marge überschritten[111].

Bereits zu Beginn der Betrachtungsperiode (1980) lag der Anteil der ausländischen Hilfeempfänger an der nicht deutschen Bevölkerung über der entsprechenden Empfängerquote für Deutsche. Allerdings war der Unterschied zu dem Zeitpunkt noch sehr gering. In Graphik 4.8 wird die Scherenbewegung offensichtlich. Sie setzte Mitte der achtziger Jahre ein. 1994 gab es die Niveaukorrektur, aufgrund der Ausgliederung der nicht deutschen Empfänger, die seither nur noch Leistungen nach dem Asylbewerberleistungsgesetz erhalten. Für die Periode vor 1994 sind also nicht nur die bereits seit längerer Zeit in Deutschland lebenden Ausländer nachgewiesen, sondern auch Asylbewerber, Kriegsflüchtlinge und zur Ausreise verpflichtete Ausländer.

Graphik 4.8 Sozialhilfequote (HLU) für Deutsche und Ausländer (Früheres Bundesgebiet)

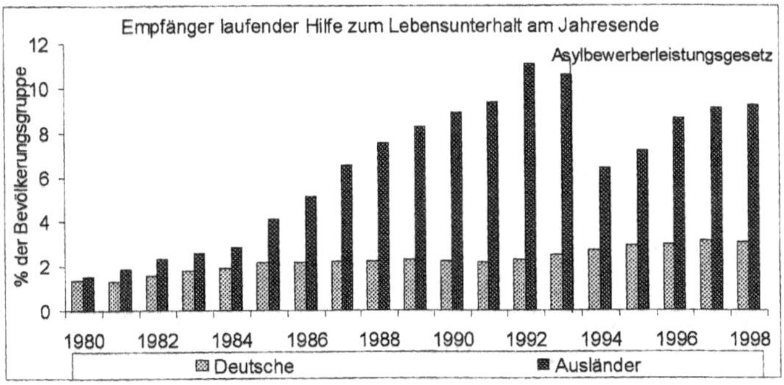

Quelle: Statistisches Bundesamt, Daten zur langfristigen Entwicklung

Die stark gestiegene Sozialhilfebetroffenheit von Ausländern in den achtziger Jahre speiste sich aus zwei Quellen: der Zuwanderung und der Arbeitsmarktsituation. Für

[111] Von 1994 bis 1998 erhielten weit mehr als 400.000 Personen Regelleistungen nach dem Asylbewerberleistungsgesetz. Werden sie – wie in den Jahren davor – zu den ausländischen Empfängern laufender Hilfe zum Lebensunterhalt hinzugezählt, dann errechnet sich ein Ausländeranteil an allen Hilfeempfängern (laufende Hilfe nach BSHG und Regelleistung nach AsylbLG) von 33% im Jahr 1998. Der höchste (hypothetische) Ausländeranteil wurde im Jahr 1996 mit 35% erreicht.

die ansässigen Ausländer dürfte die Arbeitsmarktentwicklung entscheidend sein[112], denn Ausländer sind deutlich häufiger als Deutsche von Arbeitslosigkeit betroffen[113]. Die ursprüngliche Intention der Politik, ausländische Arbeitnehmer quasi als Konjunkturpuffer einzusetzen (Ideal der Pendlermigration nach Maßgabe der Arbeitsmarktlage)[114], wurde bereits in den siebziger Jahren durch die Politik selbst konterkariert: Durch das Inkrafttreten des Anwerbestopps (1973) wurde Ausländern, die wegen Arbeitslosigkeit in ihre Heimat zurückkehrten, der erneute Rückzug nach Deutschland weitgehend verwehrt. Daher zogen sie es vor, im Land zu bleiben und sich als Arbeitslose registrieren zu lassen (Thränhardt/ Dieregsweiler/ Santel 1994: 101). Der Anwerbestopp hatte aber auch noch andere Auswirkungen. Seither ist der Anteil von Familienangehörigen unter den Zuwanderern gestiegen (Schulz 1999). Dies hat sich nicht nur auf die Haushaltsstruktur ausgewirkt, sondern auch auf die Arbeitsmarktpartizipation ausländischer Frauen. Deren Erwerbsbeteiligung ist in der langfristigen Perspektive kräftig gesunken. Dies kann auf zwei Effekte zurückgeführt werden: einerseits auf die verschlechterten Arbeitsmarktbedingungen[115], andererseits aber auch auf eine veränderte Lebensplanung. Statt eines temporären auf Erwerbstätigkeit ausgerichteten Aufenthaltes in Deutschland hat ein dauerhafter oder zumindest langfristiger Aufenthalt mit der Familie in Deutschland für Ausländer heute einen höheren Stellenwert (Statistisches Bundesamt 1998: 103).

Ein Vergleich der Altersstruktur deutscher und ausländischer Sozialhilfeempfänger im engeren Sinne – entsprechende Daten liegen seit 1985 vor – zeigt eine bemerkenswerte Annäherung in der Altersstruktur beider Empfängergruppen. Waren zu Beginn der Betrachtungsperiode noch zwei Drittel der ausländischen Hilfeempfänger im Alter von 18 bis unter 65 Jahren, so ist seither deren Anteil in den alten Bundesländern auf die Bedeutung gesunken, die diese Altersgruppe auch unter den deutschen Hilfeempfängern hat (ca. 56%). Dies ging mit einem steigenden Anteil der Minderjährigen und der Personen über 64 Jahre unter den ausländischen Hilfeempfängern einher. Der Anteil

---

[112] Dies gilt im Übrigen auch für einen Teil der Immigranten, denn bei einem absorptionsfähigen Arbeitsmarkt hätten etliche von ihnen die für den Lebensunterhalt benötigten Mittel selbst erwirtschaften können.

[113] Für das Jahr 1998 beziffert die Bundesanstalt für Arbeit die Arbeitslosenquote von Ausländern auf 20,3% ggü. 12,3% für alle Arbeitslosen.

[114] Die in den neunziger Jahren häufiger eingesetzten temporären Arbeitsmigranten, denen z.B. zur Abdeckung saisonaler Nachfragespitzen etwa in der Landwirtschaft oder als Mitarbeiter ausländischer Subunternehmen für die Dauer der zu erbringenden Arbeitsleistung die Einreise nach Deutschland gewährt wird, entsprechen dem Ideal - Ausgleich vorübergehender Nachfrageschwankungen ohne arbeitsmarktpolitische Folgekosten - sehr viel besser. Zur Bedeutung dieser Arbeitnehmergruppe vgl. Schulz (1999).

[115] Auch für die beschäftigten ausländischen Frauen hat sich die Situation verändert. Seifert (1996) hebt die zunehmende Beschäftigung ausländischer Frauen im tertiären Sektor hervor, die aber keineswegs mit einer überdurchschnittlichen Einkommensentwicklung korrespondiert. Folglich kann der Wechsel in den tertiären Sektor nicht als beruflicher Aufstieg interpretiert werden.

Minderjähriger ist bei ausländischen Hilfeempfängern etwas höher als bei deutschen, der Anteil der Personen im Rentenalter etwas niedriger. In den neuen Bundesländern und Berlin-Ost ist die Altersstruktur der ausländischen Hilfeempfänger anders: Minderjährige haben dort ein deutlich geringeres Gewicht.

Während sich die Altersstruktur von ausländischen Hilfeempfängern an die deutscher Leistungsbezieher im Zeitablauf angeglichen hat, kann dies für die Sozialhilfequote, also den Anteil an der jeweiligen Bevölkerung der Altersgruppe, nicht behauptet werden. Der Unterschied – abgesehen von dem sehr viel höheren Niveau der jeweiligen Quoten für Nichtdeutsche – liegt bei den Personen im Rentenalter. Ein beachtlich hoher Anteil der ausländischen Bevölkerung ab 65 Jahre erhält laufende Hilfe zum Lebensunterhalt (Graphik 4.9). Die Sozialhilfequote dieser Altersgruppe ist mittlerweile fast ebenso hoch wie die von Minderjährigen (in den neuen Bundesländern ist sie sogar höher). Demgegenüber spielt der Sozialhilfebezug älterer Menschen (ab 65 Jahre) für Deutsche – gemessen an ihrer Repräsentanz in der Gesamtbevölkerung – bekanntlich nur noch eine vergleichsweise geringe Rolle (Sozialhilfequote von 1,1%). Als Gründe für die erhöhte Sozialhilfequote ausländischer Senioren führt Stubig (1998) an, dass sie seltener als wahrscheinlich ursprünglich geplant in ihre Heimatländer zurückkehren und dass sie aufgrund ihrer Erwerbsbiographie (häufig geringe Bezahlung und/oder reduzierte sozialversicherungsrelevante Erwerbszeiten bei Zuzug im mittleren Lebensalter) unzureichende Versorgungsansprüche erworben haben. Insgesamt ist die Bevölkerungsgruppe der älteren Ausländer nicht sehr stark. Nur 4% der in Deutschland lebenden Ausländer sind 65 Jahre und älter; von der deutschen Bevölkerung sind 17% in diesem Alter.

Graphik 4.9 Sozialhilfequoten von Ausländern nach Altersgruppen (Früheres Bundesgebiet)

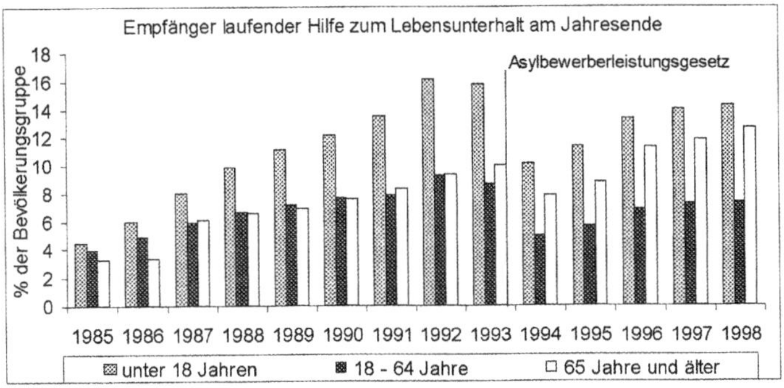

Quelle: Statistisches Bundesamt, Daten zur langfristigen Entwicklung

4.3 Zusammenfassung: Entwicklung von Sozialhilfeausgaben und -bezug

Seit Jahren flammt immer wieder die öffentliche Debatte um die vermeintlich zu hohen Sozialhilfekosten auf. Im Visier haben die Kritiker die Leistungen für Hilfe zum Lebensunterhalt und deren Empfänger. Unerwähnt bleibt dabei häufig, dass auf diese Hilfe, die laufende Hilfe außerhalb von und in Einrichtungen sowie Einmalzahlungen einschließt, noch nicht einmal die Hälfte der gesamten Sozialhilfeausgaben entfällt. In dem hier betrachteten Zeitraum von 25 Jahren (1973 – 1998) haben sich die Ausgaben für die beiden Hilfearten laufende Hilfe zum Lebensunterhalt und Hilfe in besonderen Lebenslagen unterschiedlich entwickelt. Die Dynamik im Bereich der laufenden Hilfe zum Lebensunterhalt ist insbesondere auf die starke Ausweitung des Empfängerkreises zurückzuführen. Die Ausgaben je Hilfeempfänger haben sich im Vergleich zu den pro-Kopf-Ausgaben für Hilfe in besonderen Lebenslagen unterdurchschnittlich entwickelt. Von der allgemeinen Leistungsausweitung im Bereich der Sozialhilfe haben Empfänger laufender Hilfe zum Lebensunterhalt also am wenigsten zu spüren bekommen.

Vom Sozialhilferisiko sind nicht alle Bevölkerungsgruppen gleichermaßen betroffen. Die starke Zunahme der Empfänger laufender Hilfe zum Lebensunterhalt in den letzten 25 Jahren ging mit einer Veränderung in der Empfängerstruktur einher. Von allen Einwohnern im Rentenalter erhalten mittlerweile nur noch vergleichsweise wenige Sozialhilfe im engeren Sinne. Für Minderjährige hat das Sozialhilferisiko demgegenüber erheblich zugenommen. Besonders stark sind Kleinkinder betroffen. Je jünger die Kinder, desto höher das Risiko, auf laufende Hilfe zum Lebensunterhalt angewiesen zu sein. Auch für Männer wird eine gestiegene Sozialhilfebetroffenheit diagnostiziert. Die Position dieser Empfängergruppe hat sich aber nur in der relativen Betrachtung verschlechtert. Lag die Sozialhilfequote von Männern 1973 noch um 40% unter der von Frauen, so beträgt die relative Abweichung 1998 keine 20% mehr. Die absolute Differenz hat sich im Betrachtungszeitraum hingegen kaum geändert. Trotz der relativen Annäherung bleibt festzuhalten: Absolut haben in den vergangenen 25 Jahren mehr Frauen als Männer zum Anstieg in den Empfängerzahlen beigetragen, und nach wie vor haben Frauen eine höhere Sozialhilfequote als Männer. Ausländer sind eine weitere Bevölkerungsgruppe, deren Sozialhilfebetroffenheit seit Beginn der achtziger Jahre weit überdurchschnittlich zugenommen hat. Die Einführung des Asylbewerberleistungsgesetzes hat zwar zu einer Niveaukorrektur geführt, im Vergleich zu Deutschen erhalten Ausländer im Mittel aber immer noch dreimal so häufig laufende Hilfe zum Lebensunterhalt[116]. Im Unterschied zu Deutschen gibt es vergleichsweise viele ausländische Sozialhilfebezieher im Rentenalter. Sie haben ein ähnlich hohes Sozialhilferisiko wie ausländische Minderjährige.

---

[116] Werden auch die Empfänger von Leistungen nach dem Asylbewerberleistungsgesetz in die Betrachtung einbezogen, dann beläuft sich die „Hilfequote" der Ausländer (HLU und AsylbLG) sogar auf 15% ggü. 3% für Deutsche. Siehe auch Fußnote 111.

5 *Ausgewählte Empfängergruppen – Befunde auf Basis der 25%-Stichprobe*

Minderjährige, Männer und Ausländer sind als die Empfängergruppen identifiziert, deren Sozialhilfebetroffenheit in den letzten Jahren (mehr oder weniger stark) zugenommen hat. Die Unterscheidung nach Altersgruppen (Kinder), Geschlecht (Männer) und Nationalität (Ausländer) ist nicht trennscharf. Es gibt ebenso männliche wie auch ausländische Kinder oder männliche Ausländer. Zwischen den betrachteten Gruppen gibt es also Überschneidungen; sie sind nicht komplementär. Bei der Beschreibung der langfristig überdurchschnittlichen (relativen) Zunahme männlicher Hilfeempfänger wurde bereits darauf hingewiesen, dass diese Entwicklung durchaus mit dem gestiegenen Sozialhilferisiko ausländischer Hilfeempfänger zusammenhängen kann. Darüber hinaus gibt es einen weiteren Grund, weshalb die Empfängergruppen nicht gänzlich isoliert voneinander gesehen werden können: Es ist der Haushaltskontext. Zwar hat jede einzelne Person Anspruch auf laufende Hilfe zum Lebensunterhalt (Individualitätsprinzip), der Gesetzgeber betrachtet allerdings Eltern, die mit ihren leiblichen minderjährigen Kindern im Haushalt zusammenleben, als eine Bedarfsgemeinschaft (Einsatzgemeinschaft). Der Hilfebezug von Kindern geht daher häufig – wenn auch nicht zwingend - mit Bedürftigkeit ihrer Eltern einher. Dies können z.B. alleinerziehende Mütter sein, die keiner Erwerbstätigkeit nachgehen oder Ehepaare mit nur einem Niedrigeinkommen aus abhängiger Arbeit. Die gruppenspezifische Betrachtung weist also u.U. über die Gruppe hinaus, sobald der Haushaltskontext berücksichtigt wird. Hierauf stellen die folgenden Ausführungen ab.

5.1 *Zur hohen Sozialhilfebetroffenheit von Kindern: der Haushaltskontext*

Ein großer Teil der minderjährigen Hilfeempfänger lebt in Haushalten von Alleinerziehenden. Dies sind die Haushalte, die überdurchschnittlich häufig laufende Hilfe zum Lebensunterhalt erhalten. Aber nicht alle Kinder[117], die Sozialhilfe beziehen, sind Mitglied einer Ein-Eltern-Familie. In den folgenden Ausführungen wird den Fragen nachgegangen, in welchen Haushalten die Kinder leben, wie die Erwerbssituation des Haushaltsvorstandes ist, welche Haupteinkommen bezogen werden und wie hoch die Leistungsansprüche der Bedarfsgemeinschaft sind. Im Mittelpunkt der Betrachtungen stehen die minderjährigen Kinder. Von ihrem Standpunkt aus wird argumentiert. Die angegebenen Zahlen beziehen sich daher – abweichend von Haushaltsuntersuchungen, in denen die Anzahl der Personen im Haushalt ausgewiesen wird – auf die Anzahl der im jeweiligen Haushaltstyp lebenden Sozialhilfe beziehenden Kinder. Unterschiede zum ansonsten verwendeten Haushaltskonzept ergeben sich auch, wenn von deutschen

[117] Wenn im Folgenden von Kindern gesprochen wird, dann sind immer nur Minderjährige gemeint. Der Begriff „Kind“ bezieht sich einerseits auf den Familienstatus, andererseits auf die Altersgruppe der unter 18-Jährigen. Eine Differenzierung von Minderjährigen im Kindes- bzw. Jugendalter erfolgt nicht. Jugendliche werden also ebenfalls als Kinder bezeichnet.

und ausländischen Kindern gesprochen wird. Hier ist die Nationalität des Kindes entscheidend und nicht die des Haushaltsvorstandes, anhand derer die Haushalte i.d.R. in deutsche und ausländische eingeteilt werden.

Die Sozialhilfebedürftigkeit von Kindern liegt im zu geringen Einkommen der Eltern begründet. Der Erwerbsstatus des Haushaltsvorstandes in Bedarfsgemeinschaften mit Kindern gibt Aufschluss über die Relevanz von Erwerbsarbeit, Arbeitslosigkeit und Nichterwerbstätigkeit wegen häuslicher Bindung. Diese Betrachtungen werden im Folgenden ergänzt um eine Auswertung der relativen Häufigkeit verschiedener Einkommensarten für Haushalte mit Kindern, wobei neben Erwerbseinkommen und Lohnersatzleistungen natürlich auch staatliche Transfers und private Unterhaltszahlungen eine Rolle spielen. Schließlich wird die Bedeutung unterschiedlich hoher Sozialhilfeleistungen für Haushalte mit Kindern beleuchtet. Welchen Anteil haben bspw. Haushalte, deren Sozialhilfeanspruch das zu niedrige angerechnete Einkommen lediglich geringfügig aufstockt, und wie viele Haushalte leben überwiegend von der Sozialhilfe? In einem letzten Abschnitt geht es um die Frage, wie viele Personen – auch hier richtet sich das Augenmerk auf Minderjährige – durch eine bedarfsorientierte Ausgestaltung des Familienleistungsausgleichs[118] von der Sozialhilfe unabhängig werden könnten.

5.1.1 Kinder in Haushalten von Empfängern laufender Hilfe zum Lebensunterhalt

Die Suche nach den Gründen für den Sozialhilfebezug von minderjährigen Kindern verweist auf den Haushaltszusammenhang. Um darzustellen, wie sich die Kinder auf die verschiedenen Haushaltstypen verteilen, werden im Folgenden vorwiegend Minderjährige berücksichtigt, die in der Sozialhilfeempfängerstatistik als Kinder signiert sind[119]. Der Begriff des Kindes ist dort sehr weit gefasst. Er schließt neben den leiblichen Kindern des Haushaltsvorstandes auch die des Partners ein, sowie Stief-, Adoptiv- und Pflegekinder. Dies sind 96% aller Minderjähriger (Datenstand 1998)[120].

Knapp die Hälfte der Sozialhilfe beziehenden Kinder lebt in Haushalten von Alleinerziehenden und ca. 35% in Zwei-Eltern-Familien (Ehepaare und nichteheliche Lebens-

[118] In dieser Arbeit wird durchgängig der Begriff Familienleistungsausgleich (statt Familienlastenausgleich) gewählt, weil dies der Begriff ist, der auch in der Politik seit Ende der neunziger Jahre verwendet wird. Eine inhaltliche Differenz zum Begriff des Familienlastenausgleichs soll damit nicht ausgedrückt werden. Mögliche interpretatorische Unterschiede zwischen beiden Begriffen werden von Schmidt (2000) ausgeführt. Danach zielt der Familienleistungsausgleich auf Kompensation der durch die Familie erbrachten Leistungen, während es beim Familienlastenausgleich um Kompensation der Belastungen geht, die Familien zu tragen haben.

[119] Die Untersuchungen zum Kindergeldzuschlag beziehen sich auf alle Minderjährigen.

[120] Nicht berücksichtigt werden Minderjährige, die entweder Vorstand eines eigenen Haushaltes, dessen Partner oder eine andere Person sind (bspw. Mitglied einer Wohngemeinschaft). In diesen Fällen leben die jungen Menschen (Minderjährige) nicht mehr mit (ihren) Eltern zusammen, führen evtl. eigenständig einen Haushalt und haben u.U. bereits selbst Kinder, für die sie Verantwort tragen.

gemeinschaften). Das weitaus größte Gewicht haben in Zwei-Eltern-Familien die Ehepaare (vgl. Tabelle 5.1). In diesen traditionellen Familien leben 31% der Sozialhilfe beziehenden Kinder. Für 15% der Kinder kann nicht identifiziert werden, welchem Haushaltstyp sie angehören. Gut die Hälfte von ihnen (ca. 84.000) lebt in einer Bedarfsgemeinschaft, die für sich genommen ebenfalls einem der hier klassifizierten Haushaltstypen entspricht. Allerdings leben sie mit weiteren Personen im Haushalt zusammen, so dass sich eine Gleichsetzung von Bedarfsgemeinschaftstyp und Haushaltstyp verbietet (vgl. Kapitel 3.5 dieser Arbeit). Die verbleibenden ca. 74.000 minderjährigen Kinder leben in Bedarfsgemeinschaften, die nicht nach dem vorgegebenen Raster klassifiziert werden können. Hier finden sich unterschiedlichste Konstellationen wie bspw. Ehepartner mit minderjährigen Kindern (aber ohne Haushaltsvorstand) oder Paarhaushalte mit Kindern und einer sonstigen Person. Auch Bedarfsgemeinschaften, die ausschließlich aus einem (oder mehreren) Kind(ern) bestehen, kommen vor. Rückschlüsse auf den Haushaltskontext sind in all den Fällen nicht möglich.

Tabelle 5.1 Kinder nach Nationalität und Altersgruppe im Haushaltskontext (1998)
Empfänger laufender Hilfe zum Lebensunterhalt unter 18 Jahren

Haushaltstyp	Alle Kinder	Deutsche Kinder			Ausländische Kinder		
		Insges.	unter 7 J.	7 - 17 J.	Insges.	unter 7 J.	7 - 17 J.
	in % aller Kinder der jeweiligen Gruppe im Hilfebezug						
Alleinerziehende	49,1	56,5	59,8	53,8	24,5	25,2	24,0
männlich	1,2	1,3	0,7	1,7	1,1	0,7	1,4
weiblich mit 1 Kind	16,3	19,0	26,9	12,3	7,1	9,6	5,3
mit 2 Kindern	18,5	21,4	20,4	22,3	8,7	8,9	8,5
mit mehr als 2 K.	13,2	14,8	11,7	17,5	7,6	6,1	8,7
Ehepaar mit Kind(ern)	31,4	24,2	23,0	25,2	55,4	60,3	51,8
mit 1 Kind	5,4	4,8	5,9	3,8	7,6	10,2	5,7
mit 2 Kindern	10,6	9,0	8,7	9,3	15,6	20,2	12,3
mit mehr als 2 K.	15,4	10,4	8,3	12,1	32,2	29,9	33,9
NEL mit Kind(ern)	4,2	5,0	6,6	3,5	1,8	2,3	1,5
mit 1 Kind	1,4	1,7	2,6	0,8	0,4	0,6	0,3
mit 2 Kindern	1,3	1,6	2,3	1,0	0,5	0,8	0,3
mit mehr als 2 K.	1,5	1,7	1,7	1,7	0,9	0,9	0,9
Sonstige	15,2	14,3	10,6	17,4	18,2	12,2	22,7
Insgesamt	100,0	100,0	100,0	100,0	100,0	100,0	100,0
Nachrichtlich:	in % aller Kinder im Hilfebezug						
Anteil an allen Kindern	100,0	76,8	35,5	41,3	23,2	9,9	13,3

Abkürzung: NEL = Nichteheliche Lebensgemeinschaft
Quelle: 25%-Stichprobe der Sozialhilfeempfängerstatistik, eigene Berechnungen

Die Zugehörigkeit zu den spezifizierten Haushaltstypen unterscheidet sich stark zwischen deutschen und ausländischen Kindern. Deutsche Kinder mit HLU-Leistungen leben überwiegend in Haushalten von Alleinerziehenden. Für ausländische Kinder haben hingegen Haushalte von Ehepaaren eine vergleichbar große Bedeutung. Auffallend hoch ist bei Ausländern der Anteil von Ehepaaren mit drei und mehr Kindern. In solchen Konstellationen lebt fast ein Drittel der hier betrachteten ausländischen Kinder. Unterschiede lassen sich für deutsche minderjährige Kinder auch bei einer groben Altersdifferenzierung erkennen. Von den jüngeren unter ihnen (unter sieben Jahren) leben zwei Drittel (66%) in Haushalten von Alleinerziehenden und nichtehelichen Lebensgemeinschaften, von den älteren Kindern (ab sieben Jahre) leben nur 57% in diesen Haushaltstypen. Zusammenfassend lässt sich festhalten, dass – gemessen an ihrer Repräsentanz in der Gesamtbevölkerung – Kinder in Haushalten von Alleinerziehenden ein weit überdurchschnittliches Sozialhilferisiko tragen. Von der Gesamtheit der Kinder im Hilfebezug lebt aber ebenfalls ein großer Teil in Zwei-Eltern-Familien. Dies gilt insbesondere für ausländische Kinder.

Der Hauptgrund für die hohe Sozialhilfebetroffenheit von Kindern in Haushalten von Alleinerziehenden liegt auf der Hand: In vielen Fällen sind die familiären Pflichten (Kinderbetreuung) mit einer Vollerwerbstätigkeit als Voraussetzung für ein hinreichendes Einkommen unvereinbar (vgl. Wingen 1999). Die Unvereinbarkeit besteht insbesondere dann, wenn es an der notwendigen sozialen Infrastruktur zur Betreuung der Kinder fehlt oder wenn das Betreuungsangebot (Öffnungszeiten) nicht zum Bedarf passt (Arbeitszeiten). Aber auch der Wunsch, ihr Kleinkind weitgehend selbst zu versorgen, dürfte für etliche Mütter der Aufnahme einer Vollzeiterwerbstätigkeit entgegenstehen. In einigen Fällen wird auch ein unzureichendes Arbeitsplatzangebot – dies gilt in den neuen Bundesländern in stärkerem Maße als im früheren Bundesgebiet – der Grund dafür sein, dass Alleinerziehende nicht vollzeitbeschäftigt sind. Mit Teilzeiterwerbstätigkeit ist häufig nur ein Einkommen zu erzielen, das unterhalb der Armutsgrenze liegt[121]. Insbesondere reicht ein Einkommen aus Teilzeiterwerbstätigkeit selten aus, um eine mehrköpfige Familie zu ernähren. Neben dem Arbeitszeitfaktor spielt für die Einkommenshöhe auch der Stundenlohn eine Rolle. Nach wie vor handelt es sich bei Berufen mit niedrigen Tariflöhnen häufig um frauentypische Berufe. Schäfer (1997: 94) macht für dieses Phänomen offene (ungleiche Bezahlung für gleiche Arbeit) und versteckte Frauendiskriminierung (beschränkter Zugang zum Arbeitsmarkt und zu besser bezahlten Stellen) verantwortlich. Alleinerziehende – und dies sind überwiegend Frauen – tragen also ein Mehrfachrisiko auf Sozialhilfe angewiesen zu sein: Eingeschränkte Erwerbsmöglichkeit wegen Kinderbetreuungspflichten in Kombination mit häufig geringer Entlohnung und entsprechend niedrigen Lohnersatzleistungen[122].

[121] Ob und in welchem Ausmaß Teilzeiterwerbstätigkeit zu einem Niedrigeinkommen führt, hängt von der Höhe des Stundenlohns, den geleisteten Arbeitsstunden und der Ausgestaltung des Steuer-Transfersystems ab. Im Haushaltskontext spielt darüber hinaus noch das Einkommen anderer Haushaltsmitglieder eine Rolle. Nach einer Untersuchung von Eurostat (Marlier/Ponthieux 2000) sind über 40% der Niedriglöhne in der EU (13) ausschließlich auf Teilzeiterwerbstätigkeit zurückzuführen (weniger als 40% ausschließlich auf einen niedrigen Lohnsatz und 11% auf beide Faktoren gemeinsam).

[122] Alleinerziehende Männer haben zwar auch eine überdurchschnittliche Armutsquote (relative Einkommensarmut), sie ist aber niedriger als die alleinerziehender Frauen. Ein deutlicher Abstand ist

Erwerbseinkommen ist für Alleinerziehende natürlich nur eine (mögliche) Einkommenskomponente[123]. Zusätzlich haben Alleinerziehende i.d.R. „Versorgungsansprüche" zumindest für ihre Kinder. Hierzu zählen neben den staatlichen Transferleistungen in Form von Kindergeld der Unterhalt des zweiten Elternteils und in einigen Fällen Hinterbliebenenrente. Diese Ansprüche sind aber offensichtlich häufig entweder ihrer Höhe nach zu gering, um den Unterhaltsberechtigten ein Leben oberhalb des soziokulturellen Existenzminimums zu garantieren oder die Ansprüche können – im Fall des privaten Unterhaltes – nicht oder nicht in vollem Umfang realisiert werden (z.B. wegen unzureichendem Einkommen des Unterhaltspflichtigen).

Nicht alle Alleinerziehenden haben eine Ehe hinter sich, aus der sie Unterhaltsansprüche für sich geltend machen könnten. Die Entscheidung von Frauen für ein Kind muss nicht mit der Entscheidung für eine Ehe oder Partnerschaft, also dem Vorhandensein eines Ernährer(ehe)mannes, einhergehen. Um ledigen Frauen die Entscheidung für ein Kind leichter zu machen, hat der Gesetzgeber 1992 im Rahmen des Schwangeren- und Familienhilfegesetzes die Mehrbedarfszuschläge für Alleinerziehende erhöht. Vor diesem Hintergrund erscheinen Alleinerziehende als eine Art Zielgruppe der Sozialhilfe. Aufgrund der Mehrbedarfszuschläge liegt die Sozialhilfeschwelle von Alleinerziehenden nicht so weit unterhalb derjenigen von Ehepaaren mit Kindern, wie dies durch die ausschließliche Berücksichtigung der Anzahl der Hilfeempfänger in der Bedarfsgemeinschaft der Fall wäre. In prekären Einkommensverhältnissen lebende Alleinerziehende rutschen also vergleichsweise schnell unter die Sozialhilfeschwelle.

Alleinerziehende dürften ein überdurchschnittlich hohes Inanspruchnahmeverhalten haben. Die Kenntnisse über den Rechtsanspruch von Ein-Eltern-Familien auf laufende Hilfe zum Lebensunterhalt sind weit verbreitet, was durchaus mit der sozialpolitischen Zielsetzung korrespondiert, die sich in erhöhten Leistungen (Mehrbedarfszuschläge) für Alleinerziehende zeigt. In die gleiche Richtung, unverheirateten Müttern einen unbedingten Anspruch auf laufende Hilfe zum Lebensunterhalt zu gewähren, zielt der Verzicht auf Unterhaltsleistungen durch Verwandte ersten Grades von Müttern mit Kleinkindern. Die Einschränkung der Unterhaltsverpflichtung (für die Mutter) weitet natürlich auch den potenziellen Empfängerkreis aus. Es handelt sich hierbei um eine sozialpolitische Maßnahme, die der veränderten gesellschaftlichen Bedeutung der tra-

auch in den Fällen gewahrt, in denen der Haushaltsvorstand nicht vollzeiterwerbstätig ist (Strengmann-Kuhn 2000: 146,Tabelle 4).

[123] In der Sozialhilfe werden nicht sämtliche Einkunftsarten als Einkommen angerechnet (§§ 76-78 BSHG). Unberücksichtigt bleiben Leistungen nach dem BSHG, Grundrente nach des Bundesbesoldungsgesetz, Renten oder Beihilfen nach dem Bundesentschädigungsgesetz, Entschädigungen, Zuwendungen der freien Wohlfahrtspflege sowie Leistungen, die aufgrund öffentlich-rechtlicher Vorschriften zu einem anderen Zweck als der Hilfe zum Lebensunterhalt gewährt werden. Insbesondere werden auch das Erziehungsgeld oder vergleichbare Leistungen der Länder bis zur Höhe des Erziehungsgeldes nicht auf die laufende Hilfe zum Lebensunterhalt angerechnet. Eine detailliertere Liste der nicht-anzurechnenden Einkunftsarten findet sich in Brühl (2000: 101 ff.).

ditionellen Familie Rechnung trägt. Frauen haben durch die Sozialhilfe also durchaus die Option, sich für Kinder und gleichzeitig gegen die Ehe bzw. den Versorgerehemann zu entscheiden (Mädje/Neusüß 1994). Dabei sollte aber nicht übersehen werden, dass das Ausüben dieser Option gerade einmal eine Grundsicherung garantiert. Für Alleinerziehende ist der Sozialhilfebezug daher häufig nur eine Episode, die sich auf die Zeiten der Kinderbetreuung beschränkt[124]. Den besonderen Belastungen, denen Alleinerziehende ausgesetzt sind, soll durch die skizzierte Ausgestaltung des Sozialhilferechts für diese Empfängergruppe Rechnung getragen werden. Der Anspruch auf Unterstützung dieser Empfängergruppen durch die Sozialhilfe ist (nach wie vor) gesellschaftlich anerkannt[125]. Dies entspricht der großen Bedeutung, die der Kinderbetreuung - unabhängig vom Familienstand - beizumessen ist. Vor diesem Hintergrund wirft Sell (2000: 156) die Frage auf, warum die Alimentierung der gesellschaftlich wichtigen Erziehungsleistung nicht ohne die mit der Sozialhilfe verbundenen Stigmatisierungsprozesse erfolgt. Auf einen Reformvorschlag, der sich allerdings nicht auf Alleinerziehende beschränkt, wird in Kapitel 5.1.5 eingegangen.

5.1.2 Erwerbsstatus des Haushaltsvorstandes in Haushalten mit Kindern

Kinder, die Sozialhilfe beziehen, leben nicht nur in Haushalten von Alleinerziehenden. Auch in Zwei-Eltern-Familien lebt eine quantitativ bedeutende Anzahl von minderjährigen Hilfeempfängern. Welchen Erwerbsstatus hat der Haushaltsvorstand in Haushalten mit Kindern? Mit der Sozialhilfeempfängerstatistik lassen sich eindeutige Antworten nur für Hilfeempfänger in Ein- und Zwei-Eltern-Familien finden. Zu den sonstigen Bedarfsgemeinschaften mit Kindern gehören eventuell weitere unterhaltspflichtige Haushaltsmitglieder, über deren Erwerbsstatus aber keine Erkenntnisse vorliegen. Sie werden daher bei der Interpretation der Ergebnisse nicht berücksichtigt. In Ein-Eltern-Familien besteht häufig ein Unterhaltsanspruch gegenüber dem zweiten Elternteil, der nicht zum Haushalt gehört und über dessen Erwerbsstatus die Sozialhilfestatistik ebenfalls keine Informationen liefert. Auf Unterhalt als eine von mehreren Einkommensarten wird im nächsten Abschnitt (5.1.3) eingegangen, der die Einkommenssituation zum Gegenstand hat.

Im Allgemeinen wird von der nicht mehr ganz realitätsnahen Annahme ausgegangen, dass ein Einkommen aus einer Vollzeiterwerbstätigkeit ausreicht, um den Unterhalt einer Familie zu sichern. Für die Gültigkeit dieses Postulats ist das Lohnabstandsgebot

---

[124] Die Dauer dieser Episode kann allerdings durchaus lang sein. Auf die Bezugsdauer wird im folgenden Kapitel 6 eingegangen. Untersuchungen zur Einkommensarmut von Kindern kommen zu dem Befund, dass Kinder in Ein-Eltern-Familien die Armutslage weniger schnell verlassen als andere Kinder (Bradbury/Jenkins/Micklewright 2000: 36 f.).

[125] Dies ist ein wesentlicher Unterschied zu den USA, wo seit der Welfare Reform von 1996 für Alleinerziehende kein unbefristeter Anspruch auf staatliche Unterstützung mehr besteht. Vgl. Backhaus-Maul 1999: 9.

in das Sozialhilferecht aufgenommen. Es soll sicherstellen, dass die HLU-Leistungen unter dem durchschnittlichen Einkommen eines Mehrpersonenhaushaltes (Ehepaar mit drei Kindern) mit einem Alleinverdiener aus dem Niedriglohnbereich liegt. Dass die Bedingungen des Lohnabstandsgebotes nicht für jeden Einzelfall gelten, zeigt sich daran, dass es vollzeiterwerbstätige Empfänger laufender Hilfe zum Lebensunterhalt gibt. Aus diesem Umstand können verschiedene wirtschafts- und sozialpolitische Konsequenzen gezogen werden. Die eine Variante ist die, auf eine unangemessen hohe Alimentierung der Leistungsempfänger zu verweisen und im Interesse der Schaffung von Niedriglohnarbeitsplätzen auf eine Leistungskürzung zu dringen, um Anreize zur Arbeitsaufnahme zu geben. Die Alternative besteht darin, in dem Umstand, dass es Arbeitsverhältnisse gibt, deren Entlohnung nicht ausreicht, um für eine Familie ein Auskommen auf dem soziokulturellen Mindestniveau unserer Gesellschaft zu garantieren, die Wurzel des Übels zu sehen.

Mit Konzepten wie dem Kombilohn, der negativen Einkommenssteuer oder Varianten von Grundsicherungen ließe sich Vollzeiterwerbstätigkeit als hinreichende Bedingung für die Ernährung einer Familie garantieren[126]. In die gleiche Richtung wirkt eine bedarfsorientiertere Ausgestaltung des Familienleistungsausgleiches. So könnte mit einem einkommensabhängigen Kindergeldzuschlag, mit dem das Kindergeld auf die durchschnittliche Höhe des sozialhilferechtlichen Bedarfs von Kindern aufgestockt wird (Hauser/Becker 2001), der Bedarf von Kindern durch vorrangige Leistungen gedeckt werden. Würde ergänzend ein einkommensabhängiger Erziehungsgeldzuschlag bei gleichzeitiger Verlängerung der Leistungsdauer auf drei Jahre gewährt, dann ließe sich damit - was allerdings, abweichend vom Status quo, die Anrechnung des Erziehungsgeldes auf die laufende Hilfe zum Lebensunterhalt unterstellt - auch der Sozialhilfebezug vieler Elternteile, die sich der Kinderbetreuung widmen (müssen), reduzieren[127].

Erwerbstätigkeit ist kein garantierter Schutz davor, auf laufende Hilfe zum Lebensunterhalt angewiesen zu sein. Dennoch leben vergleichsweise wenig Sozialhilfe beziehende Kinder in Haushalten mit einem vollzeiterwerbstätigen Haushaltsvorstand (vgl. Tabelle 5.2). Die Haushaltsdifferenzierung zeigt, dass Vollzeiterwerbstätigkeit des Haushaltsvorstandes[128] für Kinder in Paarhaushalten eine größere Relevanz besitzt als

---

[126] Hierbei ist zu berücksichtigen, dass Familien nicht nur auf das Erwerbseinkommen angewiesen sind, sondern im Rahmen des Familienleistungsausgleichs zusätzliches (Transfer-)Einkommen beziehen.

[127] In Kapitel 5.1.5 wird dieser Reformvorschlag aufgegriffen und quantifiziert, wie viele Kinder und Hilfeempfänger insgesamt durch einen Kindergeldzuschlag und einem erhöhten Erziehungsgeld von der Sozialhilfe unabhängig würden.

[128] Diese Betrachtung beschränkt sich auf den Erwerbsstatus des Haushaltsvorstandes. In Paarhaushalten (Ehepaare und nichteheliche Lebensgemeinschaften) bleibt der Erwerbsstatus des Partners unberücksichtigt. Sollten ebenfalls in der Bedarfsgemeinschaft lebende minderjährige Kinder einer Vollzeiterwerbstätigkeit nachgehen, so wird auch dies nicht in die Betrachtung einbezogen.

für Kinder in Ein-Eltern-Familien. Bei den Alleinerziehenden spielt Teilzeiterwerbstätigkeit die größere Rolle. Insgesamt leben aber nur 13% aller Kinder in einem Haushalt mit einem erwerbstätigen Vorstand.

Von sehr viel größerer Bedeutung als Erwerbstätigkeit des Haushaltsvorstandes ist Arbeitslosigkeit. In Bedarfsgemeinschaften mit einem arbeitslosen Haushaltsvorstandes leben 37% aller Kinder, die laufende Hilfe zum Lebensunterhalt erhalten. Als arbeitslos sind Personen definiert, die arbeitslos gemeldet sind. Mehr als die Hälfte dieser Kinder lebt mit arbeitslosen Haushaltsvorständen zusammen, die Leistungen nach dem SGB III (vormals: Arbeitsförderungsgesetz) beziehen. Nur für diese Fälle kann der Schluss gezogen werden, dass die Lohnersatzleistungen für (diese) Familien zu gering bemessen sind, um vor dem Bezug von Sozialhilfe zu schützen. In den übrigen Fällen kommt zum Tragen, dass Arbeitslosigkeit nur unter bestimmten Bedingungen einen Leistungsanspruch generiert. Arbeitslosigkeit des Haushaltsvorstandes - also der Person, die die Generalkosten des Haushaltes trägt - spielt für Ehepaare die mit Abstand größte Rolle, für Alleinerziehende eine sehr viel geringere. Die relative Bedeutung von Arbeitslosigkeit steigt, wenn in Paarhaushalten mit minderjährigen Kindern der Erwerbsstatus beider Erwachsener berücksichtigt wird (Angaben in Tabelle 5.2 nicht enthalten). Dann sind fast 70% der Kinder in Paarhaushalten von Arbeitslosigkeit – zumindest eines Erwachsenen – betroffen.

Tabelle 5.2 Kinder in Haushalten nach Erwerbsstatus des Haushaltsvorstandes (1998)
HLU-Empfänger unter 18 Jahre in BG mit Haushaltsvorstand im erwerbsfähigen Alter

Nach Haushaltstyp	Erwerbstätig		Arbeitslos		Nicht erwerbstätig wegen:				Insgesamt
	Vollzeit	Teilzeit	mit SGB III	ohne SGB III	Ausbildung	häusl. Bindung	Krankh. Alter	Sonst	
	% der Kinder im gleichen Haushaltstyp								
Alleinerziehende	3,5	8,5	11,4	10,7	1,2	48,8	1,7	14,3	100,0
Ehepaar mit Kind(ern)	10,8	3,8	35,9	24,2	1,4	5,9	3,4	14,5	100,0
NEL mit Kind(ern)	10,4	4,0	26,6	15,0	1,7	28,8	2,2	11,3	100,0
Sonstige	6,7	5,6	21,7	17,9	1,0	26,1	4,2	16,8	100,0
Insgesamt	6,6	6,4	21,3	16,1	1,3	31,3	2,6	14,5	100,0
Nachrichtlich:	in Tsd.								
Anzahl der Kinder	64,7	63,1	209,3	158,7	12,4	307,6	25,2	142,3	983,4

Abkürzungen: HLU-Empfänger = Empfänger laufender Hilfe zum Lebensunterhalt (außerhalb von Einrichtungen),
BG = Bedarfsgemeinschaft, NEL = Nichteheliche Lebensgemeinschaft,
SGB III = Leistungen nach dem Sozialgesetzbuch III (früher: Arbeitsförderungsgesetz)
Quelle: 25%-Stichprobe der Sozialhilfeempfängerstatistik, eigene Berechnungen

Während Kinder in Zwei-Eltern-Familien überwiegend mit einem arbeitslosen Haushaltsvorstand zusammenleben, dominiert bei Alleinerziehenden die Nichterwerbstätigkeit wegen häuslicher Bindung. Hier spiegelt sich die Bedeutung des Betreuungsaufwandes wider, der in Ein-Eltern-Familien zu einer deutlichen Arbeitsmarktferne führt[129]. In Paarhaushalten verteilen sich die Belastungen für die Betreuung und Versorgung der Kinder auf mehr Schultern. Es scheint dabei aber deutliche Unterschiede zwischen Ehepaaren und nichtehelichen Lebensgemeinschaften zu geben. Für Kinder von Ehepaaren ist häusliche Bindung als Grund für Nichterwerbstätigkeit des Haushaltsvorstandes kaum relevant (knapp 6%). Demgegenüber trifft dieses Motiv auf ein gutes Viertel der Kinder unverheirateter Paare zu. Dies zeigt, dass sich nichteheliche Lebensgemeinschaften in Bezug auf die Kinderbetreuung deutlich von Ehepaaren unterscheiden und den Alleinerziehenden sehr viel ähnlicher sind. Die vom Gesetzgeber vorgegebene Gleichstellung von Ehepaaren und eheähnlichen Lebensgemeinschaften im BSHG trifft offenbar doch nicht vergleichbare Lebensverhältnisse. Ein Indiz für die Ungleichheit zwischen Ehepaaren und nichtehelichen Lebensgemeinschaften ist das Geschlecht des Haushaltsvorstandes: Von den Ehepaaren haben nur etwa 15% einen weiblichen Haushaltsvorstand, während in nichtehelichen Lebensgemeinschaften mehr als die Hälfte der Haushaltsvorstände weiblich sind. Die Nichterwerbstätigkeit wegen häuslicher Bindung von Frauen (i.d.R. Mütter) in Bedarfsgemeinschaften mit Kindern unterscheidet sich zwischen den verschiedenen Haushaltstypen nicht sehr stark. Wird die Betrachtung auf Bedarfsgemeinschaften mit weiblichen Haushaltsvorständen eingeschränkt, dann hat Nichterwerbstätigkeit wegen häuslicher Bindung in nichtehelichen Lebensgemeinschaften einen ebenso großen Stellenwert wie bei Alleinerziehenden. In der Auswertung nach dem Erwerbsstatus des Haushaltsvorstandes spielt das Geschlecht des Haushaltsvorstandes also eine nicht unwesentliche Rolle.

5.1.3 Relevanz der verschiedenen Einkommensquellen für Haushalte mit Kindern

Aus dem Erwerbsstatus des Haushaltsvorstandes kann kein unmittelbarer Rückschluss auf die Relevanz der verschiedenen Einkommensarten der Bedarfsgemeinschaften gezogen werden, denn in Haushalten mit Kindern fallen auch Einkommen an, die in keiner Beziehung zum Erwerbsstatus stehen. Staatliche Leistungen wie Kindergeld und Wohngeld sind von herausragender Bedeutung, privater Unterhalt und Unterhaltsvorschuss sind insbesondere für Alleinerziehende relevant, aber auch Erwerbseinkommen ist wichtiger als es die dargestellten Ergebnisse zum Erwerbsstatus des Haushaltsvorstandes vermuten ließen. Für diese Diskrepanz in der Statistik zwischen der relativen Häufigkeit eines erwerbstätigen Haushaltsvorstandes einerseits und Erwerbseinkommen als Haupteinkommen für die Bedarfsgemeinschaft andererseits können verschiedene Gründe angeführt werden. So ist bei der Auswertung nach dem Erwerbsstatus des Haushaltsvorstandes nur eine Person berücksichtigt. In Bedarfsgemeinschaften mit minderjährigen Kindern kann es aber durchaus weitere Personen geben, die Erwerbseinkommen erzielen (Partner oder nicht mehr schulpflichtige Kinder). Auch ist

[129] Auf die regionalen Unterschiede zwischen den neuen und alten Bundesländern wird in Kapitel 7.3.2 eingegangen.

nicht auszuschließen, dass es sich bei einigen Arbeitslosen mit Leistungen nach dem SGB III um Erwerbstätige (Förderung nach dem BSHG oder dem SGB III) handelt. Hierfür spricht, dass es Bedarfsgemeinschaften mit Hilfeempfängern gibt, die als arbeitslos mit SGB III-Leistungen deklariert sind, der Bedarfsgemeinschaft aber weder Arbeitslosengeld noch -hilfe als Einkommen angerechnet wird[130]. Zudem können Erwerbstätige in der Restgröße „nicht erwerbstätig aus sonstigen Gründen" nachgewiesen sein, in der auch die Fälle mit fehlenden Angaben zum Erwerbsstatus versteckt sind.

In der Sozialhilfestatistik werden insgesamt 15 verschiedene Einkommensarten erhoben. Im Einzelnen sind dies: (1) Einkünfte aus unselbständiger Arbeit, (2) aus selbständiger Arbeit, (3) Erwerbs- und Berufsunfähigkeitsrenten, (4) Altersrenten, (5) Hinterbliebenenrenten, (6) Versorgungsbezüge, (7) Renten aus betrieblicher Altersversorgung, (8) Leistungen der GKV, (9) Arbeitslosengeld, (10) Arbeitslosenhilfe, (11) Unterhaltsvorschuss oder -ausfallleistung nach dem Unterhaltsvorschussgesetz, (12) Kindergeld, (13) Wohngeld, (14) private Unterhaltsleistungen sowie (15) sonstige Einkünfte. Die meisten der spezifizierten Einkommensarten sind an Erwerbstätigkeit geknüpft. Entweder sind es direkte Erwerbseinkommen oder es handelt sich um Leistungen, die sich aus vorangegangener Erwerbstätigkeit begründen (Renten oder Arbeitslosenunterstützung). Darüber hinaus sind die staatlichen Transferleistungen Unterhaltsvorschuss oder -ausfallleistung, Kindergeld und Wohngeld berücksichtigt, sowie privater Unterhalt. Unterhaltsvorschuss oder -ausfallleistungen ist an die Familienform gebunden; er wird ausschließlich Alleinerziehenden gewährt. Anspruchsberechtigt sind in diesen Familien nur Kinder unter 12 Jahren, sofern sie nicht oder nur unregelmäßig Unterhalt von dem zweiten Elternteil erhalten. Für das Kindergeld gibt es vergleichbare Einschränkungen nicht. Es wird fast allen Familien mit minderjährigen Kindern gewährt[131]. Die Höhe der Leistung ist unabhängig vom Einkommen der Eltern, sie variiert allerdings in Abhängigkeit von der Anzahl der Kinder[132]. Im Unterschied zum Kindergeld ist Wohngeld an Bedürftigkeit geknüpft. Bezieher niedriger Einkommen erhalten Wohngeld (auf Antrag) als Miet- oder Lastenzuschuss zur Entlastung bei den Wohnkosten. Für Empfänger laufender Hilfe zum Lebensunterhalt existieren Sonderregelungen[133].

[130] Auf Inkonsistenzen zwischen den Angaben zum Einkommen und Erwerbsstatus in der Sozialhilfeempfängerstichprobe wird näher in Burmester (2003) eingegangen.

[131] In bestimmten Fällen haben auch Kinder direkt einen Leistungsanspruch.

[132] Zum Erhebungszeitpunkt (Ende 1998) wurden für die ersten beiden Kinder jeweils 220 DM gezahlt, für das dritte Kind 300 DM und für jedes weitere Kind 350 DM.

[133] Empfänger von Sozialhilfe im engeren Sinn hatten zum Zeitpunkt, auf den sich diese Auswertung bezieht (1998), Anspruch auf pauschaliertes Wohngeld, das – in Abhängigkeit vom Bundesland und evtl. von der Gemeindegröße – zwischen 41% und 50% der anerkannten laufenden Aufwendungen für die Unterkunft lag. (Dies die Situation im Jahr 1998. Nach dem neuen Wohngeldgesetz, das 2001 in Kraft getreten ist, gibt es einen besonderen Mietzuschuss, der jetzt den gleichen Begrenzungsregeln

Die Angaben zur Einkommensart beziehen sich ausschließlich darauf, ob Einkünfte der spezifizierten Art erzielt werden; die Einzelbeträge sind nicht angegeben. Um die Bedeutung verschiedener Einkommensarten für die Haushalte zu relativieren, wird ergänzend das Haupteinkommen erhoben. Es ist die dem Betrag nach höchste Einkommensart. Grundsätzlich sind nur Einkünfte berücksichtigt, die auf den sozialhilferechtlichen Bedarf anzurechnen sind. Das Erziehungsgeld, das für die hier betrachteten Familien mit Kindern bis zu zwei Jahren wichtig ist, gehört bspw. nicht dazu[134]. Auch wird die Sozialhilfeleistung selbst nicht als Einkommen angesehen. Entsprechend ist nicht festzustellen, für wie viele Haushalte laufende Hilfe zum Lebensunterhalt Haupteinkommen ist. Dies dürfte zwar für alle diejenigen gelten, deren angerechnetes Einkommen geringer ist als der Nettoanspruch, hiermit lässt sich aber nur die Untergrenze markieren. Da in Haushalten mit Kindern i.d.R. mehrere Einkommensarten anfallen, wird Sozialhilfe nicht erst bei Erreichen der 50%-Grenze (die Hälfte des Bruttobedarfs) Haupteinkommen sein.

Ausgehend vom Haupteinkommen lässt sich für die Gesamtheit der Sozialhilfe beziehenden Kinder - ohne Differenzierung nach dem Haushaltstyp - folgende Hierarchie aufstellen:

- Ca. 38% der Sozialhilfe beziehenden Kinder lebt in Bedarfsgemeinschaften, deren Haupteinkommen Kindergeld ist. Die Bedeutung des Kindergeldes als Haupteinkommen steigt mit der Kinderzahl.
- Erwerbseinkommen ist für 16% der Kinder die dem Betrag nach wichtigste Einkommensquelle der Bedarfsgemeinschaft. In Paarhaushalten ist Erwerbseinkommen relevanter als in Ein-Eltern-Familien.
- Wohngeld ist für ca. 15% der Kinder die bedeutendste Einkommensquelle der Bedarfsgemeinschaft. Besonders relevant ist es für Haushalte mit nur einem Kind. Mit zunehmender Kinderzahl sinkt die Bedeutung des Wohngeldes tendenziell.
- Arbeitslosenunterstützung ist für 13% der Kinder Haupteinkommen der Bedarfsgemeinschaft; 5% erhalten Arbeitslosengeld, 8% Arbeitslosenhilfe. Analog zum Erwerbseinkommen ist diese Einkommensart für Paarhaushalte relevanter als für Alleinerziehende.
- Knapp 10% der Kinder lebt in Bedarfsgemeinschaften, in denen Unterhalt in Form von privaten Leistungen oder Unterhaltsvorschuss das Haupteinkommen darstellt[135].

unterliegt wie das allgemeine Wohngeld; für Sozialhilfeempfänger wird dabei ein normiertes (vergleichsweise niedriges) Einkommen unterstellt.) Das pauschalierte Wohngeld bzw. der besondere Mietzuschuss wird ohne Antrag direkt vom Sozialhilfeträger gewährt. Keinen Anspruch hierauf haben insbesondere Hilfeempfänger, deren Nettobedarf geringer ist als der Betrag des pauschalierten Wohngeldes, Kurzzeitempfänger (unter einem Monat), Heimbewohner und Wohnungseigentümer.

[134] Zu weiteren nicht anrechenbaren Einkommen vgl. Fußnote 123.

[135] Beim privaten Unterhalt kann es sich auch um Leistungen an einen Elternteil von minderjährigen Kindern handeln.

Privater Unterhalt ist sehr viel wichtiger als Unterhaltsvorschuss. Beide Leistungen sind in Paarhaushalten als Haupteinkommen von untergeordneter Bedeutung.
- Rentenbezug und gänzlich fehlende Einkünfte spielen in Bedarfsgemeinschaften mit Kindern keine nennenswerte Rolle.

Die einzelnen Einkommensarten sind nicht für alle Haushaltstypen gleichrangig. Augenfällig wird dies bei Unterhaltszahlungen in Form von privatem Unterhalt und Unterhaltsvorschuss. Für die Gesamtheit der Sozialhilfe beziehenden Kinder ist Unterhalt als Haupteinkommen von untergeordneter Bedeutung. Anders sieht dies bei Alleinerziehenden aus. Für Kinder in Ein-Eltern-Familien besteht häufig ein Unterhaltsanspruch gegenüber dem getrennt lebenden zweiten Elternteil. Auch der alleinerziehende Elternteil hat in bestimmten Fällen (z.B. häufig nach einer Scheidung) eigene Unterhaltsansprüche. Wie wichtig private und staatliche Transfers für Haushalte von Alleinerziehenden sind, ist Tabelle 5.3 zu entnehmen. Hier wird neben dem Haupteinkommen auch die Bedeutung der jeweiligen Einkommensarten überhaupt – also unabhängig von der relativen Höhe – nachgewiesen. Zum Vergleich sind die wichtigen Einkommensarten Kinder- und Wohngeld ergänzt. Wie in den bisherigen Darstellungen erfolgt eine Gewichtung nach der Anzahl der Kinder in den Haushalten.

Tabelle 5.3 Kinder in Haushalten von Alleinerziehenden mit angerechnetem privaten Unterhalt und ausgewählten staatlichen Transfers (1998)

Nach Haushaltstyp	Angerechnete Einkommensarten				Haupteinkommensarten			
	Unterhalt		Kinder-	Wohn-	Unterhalt		Kinder-	Wohn-
	privat	Vorsch.	geld	geld	privat	Vorsch.	geld	geld
	% der Kinder im gleichen Haushaltstyp							
Alleinerziehende	32,2	44,9	96,6	84,3	11,5	5,4	39,1	18,2
männlich	8,2	32,5	92,4	78,8	2,7	5,2	32,1	18,8
weiblich 1 Kind	30,6	37,1	97,0	83,9	11,6	6,5	12,0	38,2
2 Kinder	35,5	44,6	97,1	84,4	15,0	5,9	40,4	10,2
mehr als 2 Kinder	31,9	56,1	95,9	85,2	7,5	3,6	71,3	4,7

Quelle: 25%-Stichprobe der Sozialhilfeempfängerstatistik, eigene Berechnungen

Ingesamt leben mehr Kinder in Haushalten von Alleinerziehenden, denen Leistungen nach dem Unterhaltsvorschussgesetz als Einkommen angerechnet werden, als in solchen mit privatem Unterhalt. Als Einkommensart hat also der Unterhaltsvorschuss für minderjährige Empfänger laufender Hilfe zum Lebensunterhalt eine größere Bedeutung als private Unterhaltszahlungen. Mit steigender Kinderzahl im Haushalt wird Unterhaltsvorschuss relevanter. Über 50% der Kinder in Ein-Eltern-Familien mit drei und mehr Kindern leben in Bedarfsgemeinschaften, die Leistungen nach dem Unterhaltsvorschussgesetz erhalten. Für die privaten Unterhaltsleistungen ist hingegen eine Abhängigkeit von der Anzahl der Kinder nicht zu erkennen. Die Rangfolge zwischen diesen beiden Einkommensarten ändert sich, wenn das Haupteinkommen, also die dem Betrag nach höchste Einkommensart, betrachtet wird. Als Haupteinkommen kann Unterhaltsvorschuss vernachlässigt werden. Im Vergleich zum Unterhaltsvorschuss ist der private Unterhalt doppelt so häufig Haupteinkommen. In dieser veränderten Rangfolge dürfte sich widerspiegeln, dass Unterhalt nicht nur für Kinder, sondern in vielen Fällen auch für die Alleinerziehende gezahlt wird. Hinzu kommt, dass Unterhaltsvorschuss - im Unterschied zum Unterhalt - nur bis zu einer bestimmten Altersgrenze der Kinder gewährt wird. Er ersetzt also nicht vollständig den Unterhalt. Aber auch der private Unterhalt hat als Haupteinkommen selbst für Alleinerziehende, für Haushalte also, die typischerweise Unterhaltsansprüche haben, keine große Bedeutung. Wichtiger sind Wohngeld und natürlich das Kindergeld, das mit zunehmender Kinderzahl erheblich an Relevanz gewinnt.

5.1.4 Höhe des Nettoanspruchs nach Größenklassen für Haushalte mit Kindern

Für die Ermittlung des Nettobedarfs, also die der Bedarfsgemeinschaft zustehende Leistung, werden die verschiedenen Einkommen der Bedarfsgemeinschaften zusammengefasst und dem (Brutto-)Bedarf gegenübergestellt. Der Bruttobedarf ist die Größe, die das soziokulturelle Existenzminimum definiert. Der Betrag setzt sich im Wesentlichen aus den Regelsätzen, eventuellen Mehrbedarfszuschlägen, den monatlichen Heizungskosten und der anerkannten Bruttokaltmiete zusammen. Zur Auszahlung an die Bedarfsgemeinschaft gelangt der (Netto-) Anspruch (Bruttobedarf abzüglich angerechnetes Einkommen). Der Anspruch der Bedarfsgemeinschaft, die Höhe also, in der die Hilfeempfänger Ausgaben für laufende Hilfe zum Lebensunterhalt verursachen, hängt von verschiedenen Faktoren ab. Hierzu zählen u.a. die Größe und Zusammensetzung der Bedarfsgemeinschaft sowie die Höhe des angerechneten Einkommens. In Bedarfsgemeinschaften mit einem erwerbstätigen Haushaltsvorstand ist das angerechnete Einkommen[136] wahrscheinlich höher als in einer ähnlich zusammengesetzten Bedarfsgemeinschaft mit einem arbeitslosen oder gar einem aus sonstigen Gründen nicht erwerbstätigen Haushaltsvorstand. Der Erwerbsstatus dürfte also auch dafür eine Rolle spielen, ob nur ein vergleichsweise geringer Betrag an ergänzender Sozialhilfe ausgezahlt wird. Bedarfsgemeinschaften mit Kindern, deren Haupteinkommen Kinder- oder Wohngeld ist, haben vermutlich keine nennenswerten Einkünfte aus Erwerbstätigkeit oder daraus abgeleiteten Sozialleistungen. In diesen Fällen dürften die Bedarfsgemeinschaften in der Summe nur über vergleichsweise geringe angerechnete Einkünfte verfügen. Immerhin leben über 50% der Sozialhilfe beziehenden Kinder in Haushalten, deren Haupteinkommen solche staatlichen Transfers sind.

Der durchschnittliche Nettobedarf von Paaren (Ehepaare und nichteheliche Lebensgemeinschaften) mit Kindern ist nur geringfügig höher als der von Alleinerziehenden. In diesen Durchschnittswerten kommt die unterschiedliche Schichtung der Zahlbeträge nicht adäquat zum Ausdruck, wie die Unterteilung des Nettoanspruchs nach Größen-

[136] Erwerbseinkommen wird nicht vollständig auf die Sozialhilfe angerechnet. Erwerbstätigen Hilfeempfängern wird ein „Freibetrag“ zugestanden.

klassen deutlich macht (vgl. Graphik 5.1). Während mehr als ein Viertel der Paare mit Kindern einen monatlichen Leistungsanspruch von weniger als 400 DM haben, trifft dies nur auf ca. 16% der Alleinerziehenden zu. Am anderen Ende der Skala sind Paare mit Kindern ebenfalls stärker vertreten als Alleinerziehende. Über ein Viertel der Zwei-Eltern-Familien erhalten mehr als 1600 DM monatlich, von den Alleinerziehenden sind es nur knapp 9%.

Graphik 5.1 Schichtung des Nettoanspruchs für Haushalte mit Kindern (1998)

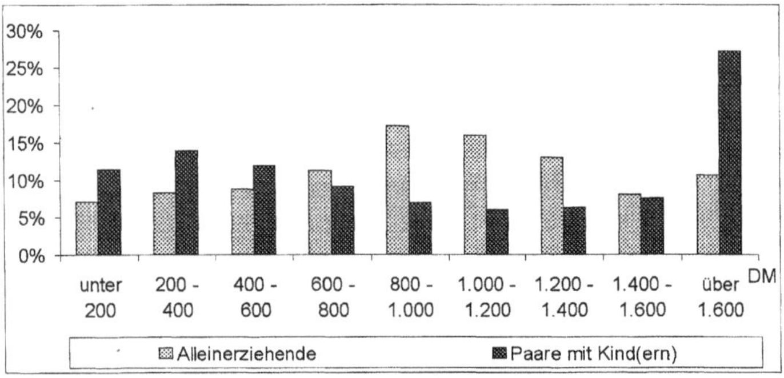

Erläuterung: %-Anteile addieren sich je Haushaltstyp auf 100%
Quelle: 25%-Stichprobe der Sozialhilfeempfängerstatistik, eigene Berechnungen

Die Verteilung des Nettoanspruchs von Paarhaushalten mit Kindern ist also deutlich ungleicher als die von Alleinerziehenden. Bei Sozialhilfe beziehenden Zwei-Eltern-Familien handelt es sich offenbar um eine sehr heterogene Gruppe. Wie bereits oben ausgeführt, ist der Anteil der Erwerbstätigen und Arbeitslosen in Zwei-Eltern-Familien besonders hoch. Diese Bedarfsgemeinschaften erhalten, im Unterschied zu denen mit einem aus anderen Gründen nicht erwerbstätigen Haushaltsvorstand, vergleichsweise niedrige ergänzende Leistungen[137]; über 70% aller hier betrachteten Bedarfsgemeinschaften mit einem Nettoanspruch bis zu 400 DM haben einen erwerbstätigen oder arbeitslosen Haushaltsvorstand. Am anderen Ende der Skala – bei dem besonders hohen Nettoanspruch – sind aus anderen Gründen Nichterwerbstätige stärker vertreten. Paarhaushalte ohne Erwerbseinkommen oder Arbeitslosenunterstützung haben bei gleicher Kinderzahl einen höheren Bruttobedarf als Alleinerziehende, da die Bedarfsgemeinschaft um einen Erwachsenen größer ist. Die größere Personenzahl[138] ist eine

[137] Dies bedeutet nicht, dass sie ausschließlich ergänzende Sozialhilfe in geringer Höhe erhalten. Wichtig ist hier die relative Betrachtung (im Vergleich zu den aus anderen Gründen Nichterwerbstätigen), denn auch die Bedarfsgemeinschaften mit erwerbstätigen und arbeitslosen Haushaltsvorständen (und Kindern) haben mehrheitlich höhere Nettoansprüche als 400 DM.

[138] Im Mittel leben in Paarhaushalten mit Kindern 4,1 Personen, in denen von Alleinerziehenden 2,6 Hilfeempfänger.

Erklärung für den höheren Anteil von Paarhaushalten mit vergleichsweise hohem Nettobedarf.

Wird die Differenzierung nach Ein- oder Zwei-Eltern-Bedarfsgemeinschaften um die nach der Kinderzahl ergänzt, so zeigt sich, dass mit zunehmender Kinderzahl der durchschnittliche Nettoanspruch erwartungsgemäß steigt. Der Anteil der Bedarfsgemeinschaften mit geringen Ansprüchen wird mit zunehmender Kinderzahl kleiner, der mit vergleichsweise hohen Ansprüchen nimmt entsprechend zu. Die Auswertung nach den Zahlbeträgen macht transparent, dass immerhin ein Viertel der Hilfeempfänger, die in Paarhaushalten mit minderjährigen Kindern leben, vergleichsweise geringe Leistungen von maximal 400 DM erhalten. Viele von ihnen dürften bei einer bedarfsorientierten Ausgestaltung anderer Transferleistungen wie z.B. des Kindergeldes von der Sozialhilfe unabhängig werden. Wie groß der Effekt eines bedarfsorientierten Familienleistungsausgleichs sein könnte, wird im Folgenden dargestellt.

5.1.5 Wirkung eines bedarfsorientierten Familienleistungsausgleichs

Die hohe Sozialhilfebetroffenheit von Kindern ist wesentlich darauf zurückzuführen, dass die Unterhaltskosten für ein Kind höher sind als die familienpolitischen Leistungen. Dies stellt insbesondere für Familien mit niedrigen Einkommen ein Problem dar. Reformvorschläge zielen daher auf eine bedarfsorientierte Ausgestaltung des Familienleistungsausgleichs. Auf den Vorschlag von Hauser/Becker (2001) wird im Folgenden näher eingegangen. Hauser/Becker plädieren einerseits für einen einkommensabhängigen Kindergeldzuschlag, andererseits für einen ebenfalls einkommensabhängigen Erziehungsgeldzuschlag bei gleichzeitiger Verlängerung der Bezugsdauer auf drei Jahre. Wie sich solch eine Maßnahme auf die Anzahl der Hilfeempfänger auswirkt und welche Einsparungen für laufende Hilfe zum Lebensunterhalt sich daraus ergeben würden, lässt sich mit der Sozialhilfeempfängerstichprobe näherungsweise ermitteln[139].

Da in der Statistik nur der Jahresendbestand erfasst ist, wird der Gesamteffekt insbesondere in Bezug auf die Anzahl der betroffenen Personen leicht unterschätzt. Auch lassen sich die Gesamtkosten dieser Maßnahmen nicht beziffern, da neben den Empfängern laufender Hilfe zum Lebensunterhalt auch andere Haushalte mit geringen Einkommen, zu denen etliche verdeckt Arme zählen dürften, in den Genuss solcher Leistungen kämen. Ein weiterer Aspekt kommt hinzu: Nach diesen Vorschlägen ist das

[139] Die präsentierte Berechnung wurde mit der anonymisierten Stichprobe durchgeführt. Dort sind die Zahlbeträge nicht exakt angegeben, sondern auf 10 DM Beträge gerundet. Eine leichte Überschätzung der „Begünstigten" ist daher nicht auszuschließen. Zudem geht aus dem Datensatz nicht hervor, ob alle Kinder der Bedarfsgemeinschaft kindergeldberechtigt sind und ob in der Bedarfsgemeinschaft auch alle kindergeldberechtigten Kinder der Familie nachgewiesen sind. Dies wurde hier vereinfachend angenommen. Falls nur ein Kind ausgewiesen ist, dann wird dies als das erste Kind der Familie angesehen, für das Kindergeld in entsprechender Höhe gezahlt wird usw.

Erziehungsgeld auf die Sozialhilfe anzurechnen, denn es ist in dieser Interpretation eine familienpolitische Leistung, die eine teilweise Kompensation für erziehungsbedingte Einschränkungen in der Erwerbstätigkeit und entsprechend in der Einkommenserzielung darstellt. Mit dem Erziehungsgeldzuschlag soll der Lebensunterhalt einer erwachsenen Person (Mutter oder Vater), die sich der Kindererziehung widmet, unabhängig von der Sozialhilfe gesichert werden (Hauser/Becker 2001: 304). Das Erziehungsgeld bekommt hier also bewusst die Funktion der Sicherung eines Mindesteinkommens für einen Elternteil von Kleinkindern. Entsprechend ist eine Anrechnung auf die Sozialhilfe angemessen. Zu dieser Logik passt auch, dass die Höhe des Erziehungsgeldes unabhängig von der Anzahl der Kinder unter drei Jahre ist. Es wird so lange gezahlt, bis das jüngste Kind die Altersgrenze überschritten hat.

Wie hätte sich ein Zuschlag auf das Kindergeld und das Erziehungsgeld Ende 1998 ausgewirkt? Der Kindergeldzuschlag wird so bemessen, dass für jedes Kind ein Gesamtbetrag von 600 DM ausgezahlt wird. Für die ersten beiden Kinder einer Bedarfsgemeinschaft bedeutet dies einen Zuschlag von jeweils 380 DM, für das dritte Kind von 300 DM und für jedes weitere Kind würden 250 DM gezahlt[140]. Aus der Sozialhilfeempfängerstatistik geht nicht hervor, welche Personen kindergeldberechtigt sind. Daher werden im Folgenden (vgl. Tabelle 5.4) die Ergebnisse von zwei alternativen Berechnungen präsentiert. Im ersten Fall sind alle minderjährigen Hilfeempfänger berücksichtigt[141], im zweiten nur diejenigen, die in Bedarfsgemeinschaften leben, denen Kindergeld als Einkommen angerechnet wird. Volljährige, die ebenfalls Einkünfte aus Kindergeld haben, werden nicht in die Kalkulation einbezogen.

In einem zweiten Schritt wird dann die Wirkung eines erhöhten Erziehungsgeldes (isoliert und zusätzlich zum Kindergeldzuschlag) ermittelt. Analog zu Hauser/Becker (2001: 306) wird ein Erziehungsgeld von 1000 DM für einen Partner in einem Paarhaushalt angenommen und von 1150 DM für einen Alleinerziehenden. Der Effekt eines Erziehungsgeldzuschlags kann mit den Daten der Sozialhilfestatistik nur näherungsweise ermittelt werden. Da Erziehungsgeld auf die Sozialhilfe nicht angerechnet wird, sind die Bedarfsgemeinschaften, die Erziehungsgeld erhalten, im Datensatz nicht spezifiziert. Für die Auswertung werden alle Bedarfsgemeinschaften mit Kindern (nicht alle Minderjährigen) unter 3 Jahren berücksichtigt, die mit einem Haushaltsvorstand und/oder dessen Partner zusammenleben. Das erhöhte Erziehungsgeld von 1150 DM erhalten nur Bedarfsgemeinschaften, die eindeutig als alleinerziehend zu identifi-

---

[140] Durch die Pauschalierung wird nicht in jedem Einzelfall der sozialhilferechtliche Bedarf von Kindern gedeckt, da die z.T. erheblichen Unterschiede in den Wohnkosten, die in die Berechnung der Sozialhilfe eingehen, unberücksichtigt bleiben.

[141] Die Berechnungen basieren auf der Überlegung, dass Empfänger laufender Hilfe zum Lebensunterhalt in jedem Fall Anspruch auf einen Kindergeldzuschlag in voller Höhe und auf das erhöhte Erziehungsgeld haben sollten.

zieren sind. Für alle übrigen Bedarfsgemeinschaften wird ein erhöhtes Erziehungsgeld von 1000 DM angenommen.

Die Ergebnisse sind in Tabelle 5.4 dargestellt. Es werden insgesamt vier Varianten unterschieden. Die erste Variante (Zahlenspalte 1) quantifiziert die Wirkung des Kindergeldzuschlages für alle Minderjährigen im Hilfebezug, in der zweiten Variante (Zahlenspalte 2) werden nur Minderjährige in Bedarfsgemeinschaften mit Kindergeld als angerechnetem Einkommen berücksichtigt. Es schließt sich in der dritten Zahlenspalte der isolierte Effekt eines angerechneten erhöhten Erziehungsgeldes an. In der letzten Spalte der Tabelle ist dann die Wirkung eines erhöhten Erziehungsgeldes nach Gewährung eines Kindergeldzuschlages quantifiziert. Bedarfsgemeinschaften, die durch den Kindergeldzuschlag den Hilfebezug bereits überwunden haben, fallen aus dieser Berechnung heraus. Entsprechend fällt der Rückgang der Empfängerzahlen deutlich niedriger als im zuvor betrachteten Fall.

Tabelle 5.4 Wirkungen eines Kindergeld- und Erziehungsgeldzuschlages (1998)

Hilfeempfänger/ Bedarfsgemeinschaften	BG mit Minderjährigen		BG mit Kindern unter 3 J.	
	Insgesamt	mit Kindergeld	Insgesamt	bei erhöht.KG
Bestand am 31.12.1998 (in Tsd.)				
Minderjährige	1.073	1.004	379	225
Hilfeempfänger insgesamt	1.870	1.752	665	414
Anzahl der Bedarfsgemeinschaften	612	577	207	145
	Kindergeldzuschlag		Erziehungsgeldzuschlag	
	für alle minderjährigen Hilfeempfänger	für Minderjährige in BG mit Kindergeld	für alle BG mit Kind(ern) unter 3 J.	im Fall von Kindergeldzuschlag
Rückgang der Empfängerzahlen (Tsd.)				
Minderjährige	438	424	220	86
Hilfeempfänger insgesamt	713	690	391	167
Anzahl der Bedarfsgemeinschaften	209	202	125	70
Verringerung der Ausgaben (Mio.DM)	3.794	3.525	1.935	1.616
darunter: für Personen, die				
den Hilfebezug verlassen	982	946	1.007	721
im Hilfebezug bleiben	2.812	2.579	929	895

Abkürzungen: BG = Bedarfsgemeinschaft, KG = Kindergeld

Quelle: 25%-Stichprobe der Sozialhilfeempfängerstatistik, eigene Berechnungen

Bei der Zahlung eines bedarfsgerechteren Kindergeldes (Zuschlag) würde die Anzahl Minderjähriger im Hilfebezug um 40% gesenkt (Datenstand: 1998). Hinzu kämen weitere Mitglieder der Bedarfsgemeinschaft, die bei solch einer pauschalierten Kindergrundsicherung ebenfalls den Hilfebezug verlassen könnten. Ingesamt würden hierdurch ca. 700.000 Menschen von der Sozialhilfe unabhängig. Die Ausgaben für laufende Hilfe zum Lebensunterhalt reduzierten sich in der zweiten Variante um ca. 3,5 Mrd. DM[142]. Der größere Teil dieses Betrages entfiele auf Minderausgaben für Perso-

142 Die Einsparungen sind auf Basis des monatlichen Nettoanspruchs in der anonymisierten 25%-Stichprobe berechnet. Die Summe dieser Zahlbeträge liegt weniger als 10% unter dem Wert, der für

nen, die im Hilfebezug bleiben. Bei den Einsparungen für diesen Personenkreis handelt es sich um eine reine Kostenverschiebung von den Trägern der Sozialhilfe zu denen des Kindergeldes. Knapp 1 Mrd. DM der gesamten Einsparungen würden dadurch erzielt, dass Personen durch den Kindergeldzuschlag die Sozialhilfe überwinden. Diesen Einsparungen stehen per saldo höhere Ausgaben für den Kindergeldzuschlag gegenüber. Bei isolierter Gewährung des Erziehungsgeldzuschlags (ohne Kindergeldzuschlag) und bei Anrechnung dieser Leistungen auf die Sozialhilfe ließen sich die Gesamtausgaben der Sozialhilfe um knapp 2 Mrd. DM senken. Im Fall des Erziehungsgeldzuschlages in Ergänzung zu einem erhöhten Kindergeld würde der Entlastungseffekt um ca. 300.000 DM geringer ausfallen.

Mit beiden Maßnahmen zusammen, dem Kinder- und dem Erziehungsgeldzuschlag, könnte die Anzahl der Empfänger laufender Hilfe zum Lebensunterhalt um 850.000 gesenkt werden. Die Anzahl der Minderjährigen, die auf laufende Hilfe zum Lebensunterhalt angewiesen sind, ließe sich annähernd halbieren[143]. Diese Maßnahmen wären also durchaus geeignet, das Sozialhilferisiko von Kindern merklich zu senken, wobei der Kindergeldzuschlag die größere Wirkung hätte.

5.2 *Zur gestiegenen Sozialhilfebetroffenheit von Männern: der Erwerbsstatus*

Kinder haben ebenso wie Alleinerziehende, bei denen es sich vorwiegend um Frauen handelt, eine weit überdurchschnittliche Sozialhilfebetroffenheit. Wie die Ausführungen zur längerfristigen Entwicklung gezeigt haben, ist aber auch der Anteil männlicher Hilfeempfänger in den letzten 25 Jahren gestiegen (vgl. Kapitel 4.2.3). Im Zentrum der folgenden Betrachtungen stehen die Hilfeempfänger im erwerbsfähigen Alter. Die Altersauswertung in Kombination mit dem Erwerbsstatus sollte Rückschlüsse auf die Gründe für den Sozialhilfebezug von Männern und Frauen dieser Altersgruppe zulassen (fehlende Arbeitsplätze bei Männern bzw. Kinderbetreuung bei Frauen). In diesem Zusammenhang wird eine Erwerbspotenzialschätzung vorgenommen, die auch den Haushaltskontext berücksichtigt. Hier wird u.a. mit der im Lohnabstandsgebot enthaltenden Unterstellung operiert, dass das Erwerbseinkommen einer Person ausreichen müsste, um die Sozialhilfeabhängigkeit einer Familie (mit maximal drei Kindern) zu überwinden. Als Grund für die Sozialhilfeabhängigkeit kommen neben einem eventuellen Arbeitsplatzverlust oder einem zu geringen Erwerbseinkommen auch soziale Ausnahmetatbestände in Frage, von denen einige in der Sozialhilfestatistik als "besondere soziale Situation" erhoben werden. Die in dieser Kategorie erfragten Merkmale

die Gesamtausgaben für laufende Hilfe zum Lebensunterhalt (ohne Leistungen für Hilfe zur Arbeit) im Jahr 1998 ausgewiesen wird. Der in der Tabelle angegebene Betrag dürfte das tatsächliche Einsparvolumen eher unterschätzen.

[143] Nach der Auswertung der Sozialhilfestatistik ist der begünstigte Personenkreis sehr viel umfangreicher als es die Simulationen von Hauser/Becker auf Grundlage der EVS 1998 erwarten ließen.

treffen männliche und weibliche Hilfeempfänger in unterschiedlichem Ausmaß. Eine Darstellung der sozialen Ausnahmetatbestände soll das Bild der Unterschiede zwischen weiblichen und männlichen Empfängern laufender Hilfe zum Lebensunterhalt abrunden.

5.2.1 Geschlechtsspezifische Unterschiede im Erwerbsstatus

Nach wie vor sind mehr Frauen unter den Hilfeempfängern vertreten als Männer. Ein Blick auf die Empfängerstruktur für verschiedene Altersgruppen im Jahr 1998 (Graphik 5.2) zeigt, in welchem Alter geschlechtsspezifische Unterschiede besonders stark zum Tragen kommen. Ein weit überdurchschnittlicher Frauenanteil ist einerseits für HLU-Empfänger im Rentenalter zu diagnostizieren. Hier spiegeln sich neben dem allgemein niedrigeren Versorgungsniveau weiblicher Rentner allerdings auch demographische Faktoren wider: Frauen haben eine längere Lebenserwartung als Männer und sind daher in der Gruppe der über 65-Jährigen überrepräsentiert. Andererseits ist der Frauenanteil bei den jüngeren Erwachsenen besonders hoch. Sie gehören zu der Gruppe, die im Zentrum der folgenden Betrachtungen steht: Hilfeempfänger im erwerbsfähigen Alter. Es sind Personen, die aufgrund ihres Alters - wird von allen sonstigen Faktoren abgesehen - eigentlich in der Lage sein müssten, für ihren Lebensunterhalt durch den Einsatz ihrer Arbeitskraft selbst sorgen zu können.

Graphik 5.2 Anteile männlicher und weiblicher HLU-Empfänger nach Altersgruppen (1998)

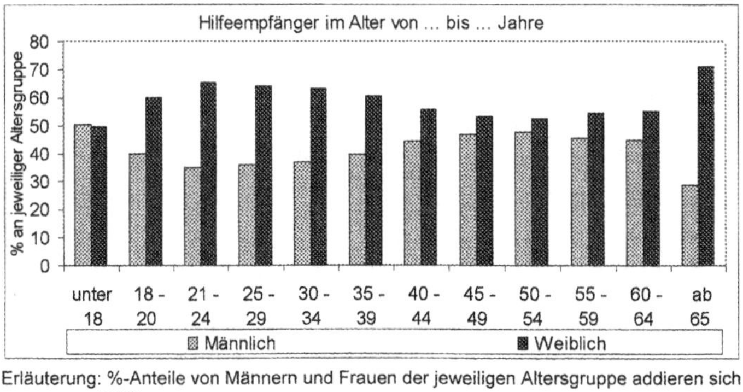

Erläuterung: %-Anteile von Männern und Frauen der jeweiligen Altersgruppe addieren sich zu 100%

Quelle: 25%-Stichprobe der Sozialhilfeempfängerstatistik, eigene Berechnungen

Mit dem Erreichen der Volljährigkeit steigt der Frauenanteil unter den Sozialhilfeempfängern im engeren Sinne deutlich an. In der Gruppe der 20- bis 35-jährigen Empfänger laufender Hilfe zum Lebensunterhalt gibt es fast doppelt soviel weibliche wie männliche Hilfeempfänger. Dies ist die Phase im Lebenszyklus, in der Familien gegründet werden, in der Ehepaare oder Alleinerziehende häufig Kleinkinder haben, um deren Betreuung sie sich kümmern müssen. Da Kinderbetreuung nach wie vor überwiegend von weiblichen Haushaltsmitgliedern geleistet wird, ist in dieser Altersgruppe der Anteil Sozialhilfe beziehender Frauen besonders hoch. Sie sind häufig wegen häuslicher Bindung nicht erwerbstätig. Häusliche Bindung ist nicht nur an die Existenz von Kindern geknüpft. Sie kann auch dann vorliegen, wenn z.B. ein naher Verwandter gepflegt werden muss. Bei solch einem Motiv für Nichterwerbstätigkeit ist die Sozialhilfebetroffenheit nicht unmittelbar auf die Arbeitsmarktsituation (Arbeitslosigkeit oder zu geringe Einkommen) zurückzuführen. Diese Aussage trifft für Paarhaushalte allerdings nicht unbedingt zu. Hier spielt auch der Erwerbsstatus des Partners eine Rolle. Der Sozialhilfebezug aller Bedarfsgemeinschaftsmitglieder kann in diesen Fällen auf fehlende oder unzureichende Erwerbsbeteiligung des Partners zurückzuführen sein. Überwindung der Sozialhilfeabhängigkeit durch Arbeitsmarktintegration betrifft also u.U. sehr viel mehr Hilfeempfänger als die, deren Erwerbsstatus mit „arbeitslos" angegeben ist. Wie viele Personen betroffen sind, darüber geben die Haushaltsangaben Auskunft. Hierauf wird an späterer Stelle näher eingegangen.

Einen Überblick über den Erwerbsstatus männlicher und weiblicher Empfänger laufender Hilfe zum Lebensunterhalt, differenziert nach Altersgruppen gibt Tabelle 5.5. Die Angaben beziehen sich auf alle Empfänger im erwerbsfähigen Alter (15 bis unter 65 Jahre).

Tabelle 5.5 Erwerbsstatus der HLU-Empfänger nach Altersgruppen und Geschlecht (1998)

Alter von ... bis unter ... Jahre	Erwerbstätig		Arbeitslos		Nicht erwerbstätig wegen:				Summe
	Vollzeit	Teilzeit	mit SGB III	ohne SGB III	Ausbild.	Häusl. Bind.	Krankh. Alter	Sonst.	
	%-Anteil an allen Hilfeempfänger der gleichenAltersgruppe								
Männer									
15 bis 21	2,3	0,9	4,3	13,5	36,6	0,3	1,1	40,8	100,0
21 bis 25	6,9	2,7	27,3	37,3	6,2	0,5	3,9	15,1	100,0
25 bis 45	7,5	3,4	27,8	37,0	1,4	0,8	7,3	14,8	100,0
45 bis 50	4,8	2,8	25,6	38,9	0,7	0,6	11,3	15,2	100,0
50 bis 55	3,2	2,0	26,3	35,7	0,3	0,4	16,0	16,1	100,0
55 bis 65	1,4	1,5	17,6	28,5	0,2	0,3	30,9	19,4	100,0
Insgesamt	5,3	2,6	22,4	32,3	7,0	0,6	10,3	19,6	100,0
Frauen									
15 bis 21	1,9	1,2	4,1	12,4	32,7	9,8	1,2	36,7	100,0
21 bis 25	3,7	3,1	14,7	19,5	4,8	36,5	2,4	15,4	100,0
25 bis 45	3,5	7,5	12,4	17,2	1,2	37,0	4,5	16,6	100,0
45 bis 50	3,4	8,0	15,6	27,9	0,6	12,7	11,1	20,7	100,0
50 bis 55	2,3	6,7	15,3	26,5	0,4	7,7	17,5	23,6	100,0
55 bis 65	1,0	3,8	9,6	19,3	0,2	3,5	35,7	27,0	100,0
Insgesamt	3,0	5,8	11,6	18,3	5,5	26,3	8,6	20,9	100,0

Abkürzungen: SGB III = Sozialgesetzbuch III
Quelle: 25%-Stichprobe der Sozialhilfeempfängerstatistik, eigene Berechnungen

Erwerbstätig ist nur ein vergleichsweise geringer Anteil dieser Gruppe. Bei Männern spielt Vollzeiterwerbstätigkeit eine etwas größere Rolle, bei den Frauen ist es Teilzeitbeschäftigung. Deutliche geschlechtsspezifische Unterschiede gibt es in der Bedeutung von Arbeitslosigkeit. Für Männer ist es der häufigste Erwerbsstatus, von den Frauen sind nur 30% arbeitslos. Die arbeitslos gemeldeten Hilfeempfänger erhalten mehrheitlich keine Leistungen nach dem SGB III. Mehr als ein Viertel der weiblichen Hilfeempfänger ist wegen häuslicher Bindung nicht erwerbstätig; für Männer ist dieser Erwerbsstatus unbedeutend.

Neben den geschlechtsspezifischen Unterschieden im Erwerbsstatus gibt es Differenzen in Abhängigkeit vom Alter der Hilfeempfänger. Nicht erwerbstätig wegen Ausbildung ist ein beachtlicher Teil der jungen Erwachsenen. Bei Personen, die sich dem Rentenalter nähern, nimmt die Nichterwerbstätigkeit wegen gesundheitlicher Beeinträchtigungen und aus Altersgründen zu. Die skizzierten Einflüsse des Lebensalters auf den Erwerbsstatus gelten für Männer und Frauen in der Tendenz gleichermaßen. Auch bei der Nichterwerbstätigkeit wegen häuslicher Bindung zeigt sich eine Altersabhängigkeit. Im Mittel ist jede dritte Hilfeempfängerin im Alter von 21 bis unter 45 Jahre wegen häuslicher Bindung nicht erwerbstätig.

5.2.2 Schätzung des Nettoarbeitskräftepotenzials

Sowohl in Abhängigkeit vom Alter als auch vom Geschlecht sind Unterschiede in der Erwerbssituation der Empfänger laufender Hilfe zum Lebensunterhalt im erwerbsfähigen Alter zu erkennen. Diese Betrachtungen machen deutlich, dass es nicht möglich und notwendig sein wird, allen diesen Personen zur Überwindung ihrer Sozialhilfeabhängigkeit ein ausreichendes Erwerbseinkommen zu verschaffen. Daher wird im Folgenden versucht, die Anzahl der HLU-Empfänger zu quantifizieren, die bei der Verfügbarkeit entsprechender Arbeitsplätze in den Arbeitsprozess integrierbar scheinen. Diese Größe wird als Nettoarbeitskräftepotenzial bezeichnet. Es umfasst alle Hilfeempfänger im erwerbsfähigen Alter, die einerseits keiner Erwerbsarbeit nachgehen und andererseits nicht aus anderen Gründen an der Aufnahme einer Erwerbstätigkeit gehindert sind[144]. Die vage Formulierung macht deutlich, dass die Abgrenzung des Nettoarbeitskräftepotenzials einen gewissen interpretatorischen Spielraum lässt. Wichtiger noch ist ein anderer Aspekt, denn bei der (statistischen) Ermittlung des Arbeitskräftepotenzials kann nur von allgemeinen Merkmalen des interessierenden Personenkreises ausgegangen werden. Inwieweit diese Personen besondere Arbeitsmarktrisiken tragen[145], ist anhand der Daten der Sozialhilfestatistik nicht zu beantworten. So fehlen im Datensatz eindeutige Hinweise bspw. auf Suchtprobleme, auf körperliche und/oder

---

[144] Bei Krug/Meckes (1997) schließt der Begriff des Nettoarbeitskräftepotenzials auch Erwerbstätige ein. Hier handelt es sich also um die Gesamtheit der Personen, die dem Arbeitsmarkt zur Verfügung stehen und nicht nur um diejenigen, die das zusätzliche (netto) Arbeitskräftepotenzial darstellen.

[145] Berlit (1999) spricht in diesem Zusammenhang von einer Kumulation vermittlungshemmender Merkmale.

seelische Beeinträchtigungen, auf außergewöhnliche familiäre Verpflichtungen usw. Das mit den Angaben in der Sozialhilfeempfängerstatistik ermittelte Nettoarbeitskräftepotenzial lässt also keineswegs einen Schluss darauf zu, wie viele Personen in den ersten Arbeitsmarkt integrierbar wären. Für etliche von ihnen kommen u.U. nur Arbeitsverhältnisse in Betracht, in denen auf ihre spezifischen Probleme Rücksicht genommen wird. Einige sind vielleicht gar nicht in der Lage, einer geregelten Arbeit nachzugehen. Von daher ist die ermittelte Größenordnung als Obergrenze des tatsächlichen Nettoarbeitskräftepotenzials zu interpretieren.

Die dieser Untersuchung zu Grunde gelegte Definition des Nettoarbeitskräftepotenzials orientiert sich weitgehend an der Berechnungsweise des Statistischen Bundesamtes. Sie wird um einzelne Elemente ergänzt, die Krug/Meckes (1997) für die von ihnen gewählte Abgrenzung des Arbeitskräftepotenzials verwendet haben. Die wichtigsten Unterschiede zwischen beiden Konzepten: Bei Krug/Meckes werden für alle Hilfeempfänger gleiche Kriterien für die häusliche Bindung (in Abhängigkeit vom Alter der Kinder und der Kinderzahl) herangezogen, während für die Standardauswertungen des Statistischen Bundesamt ausschließlich die Ausprägungen der Variable „Erwerbsstatus“ im Datensatz der Sozialhilfeempfängerstatistik herangezogen werden[146]. Darüber hinaus sind im Rahmen dieser Arbeit, analog zu Krug/Meckes, die Hilfeempfänger aus der Betrachtung ausgeklammert, die Anträge auf vorrangige Sozialleistungen gestellt haben und Sozialhilfe voraussichtlich nur bis zur Gewährung dieser Leistungen erhalten (Vorleistungsempfänger). Auf die Eliminierung der Bürgerkriegsflüchtlinge aus der Berechnung des Nettoarbeitskräftepotenzials wurde in diesem Bericht aus verschiedenen Gründen verzichtet. So sind im Datensatz von 1998 nur vergleichsweise wenig Bürgerkriegsflüchtlinge enthalten, da ein Großteil dieses Personenkreises Leistungen nach dem Asylbewerberleistungsgesetz erhält. Eine Auswertung nach dem Erwerbsstatus der in der Sozialhilfestatistik nachgewiesenen Bürgerkriegsflüchtlinge hat ergeben, dass sich in dieser Gruppe auch Erwerbstätige und Arbeitslose befinden. Die von Krug/Meckes getroffene Annahme einer fehlenden Arbeitserlaubnis erscheint daher zumindest nicht für die gesamte Ausländergruppe gerechtfertigt. Bellmann (1998) zählt eine andere Personengruppe nicht zum Arbeitskräftepotenzial: Hilfeempfänger in Bedarfsgemeinschaften mit besonderen sozialen Situationen. Hierzu zählen z.B. Suchtabhängige und Personen ohne eigenen Wohnraum (insbesondere wenn es sich um alleinstehende Wohnungslose handelt). Sie dürften in der Tat schwer zu vermitteln

[146] Die im Sozialhilfedatensatz verfügbaren Angaben zum Erwerbsstatus basieren häufig auf Angaben, die zu Beginn des Hilfebezugs gemacht werden. Eine Plausibilitätsprüfung mit den Einkommensangaben ist nicht in allen EDV-Programmen, die in der Sozialhilfeverwaltung eingesetzt werden, vorgesehen. Insbesondere scheint eine Korrektur bei sich änderndem Erwerbsstatus im Laufe des Hilfebezugs nicht immer gewährleistet zu sein. Brennecke/Knaup (2001) beurteilen die Angaben zum Erwerbsstatus in der amtlichen Statistik sehr kritisch. Für ihre Untersuchung der Empfängerstruktur in Wiesbaden haben sie daher weitgehend auf Zahlbarmachungsdaten zurückgegriffen.

sein. Von diesen Problemlagen wird in der hier vorgenommenen Nettoarbeitskräftepotenzialschätzung aus verschiedenen Gründen abgesehen. In der Statistik werden diese Problemlagen für die Bedarfsgemeinschaft insgesamt erfasst, was für die hier aufgeworfene Frage wenig tauglich ist; zumindest einige dieser vermittlungshemmenden Merkmale (wie z.B. Suchtabhängigkeit) können nicht zwangsläufig auf alle Mitglieder der Bedarfsgemeinschaft übertragen werden. Wichtiger aber ist, dass sich die tatsächliche Bedeutung von besonderen sozialen Problemlagen in dieser Variable wahrscheinlich völlig unzureichend widerspiegelt.

Zur Ermittlung der Anzahl der Empfänger laufender Hilfe zum Lebensunterhalt, die dem Nettoarbeitskräftepotenzial zuzurechnen sind, werden ausschließlich Hilfeempfänger im Alter von 18 bis unter 55 Jahren berücksichtigt. Jüngere Personen (zwischen 15 und 18 Jahren) dürften sich entweder in schulischer oder beruflicher Ausbildung befinden oder sie wären in ein Ausbildungsverhältnis zu vermitteln, um ihre Arbeitsmarktchancen langfristig zu verbessern. Hinsichtlich der älteren Hilfeempfänger ist realistischerweise zu konstatieren, dass sich der bundesdeutsche Arbeitsmarkt für Arbeitsanbieter dieser Altersgruppen wenig aufnahmebereit zeigt. Daher wird auch dieser Empfängerkreis aus der Betrachtung ausgeschlossen. Ebenso bleiben – analog zu Krug/Meckes – Hilfeempfänger unberücksichtigt, die auf die Gewährung vorrangiger Sozialleistungen warten (Vorleistungsempfänger). Im nächsten Schritt werden die Personen ausgeklammert, die wegen gesundheitlicher Beeinträchtigungen nicht erwerbstätig sind sowie die wegen häuslicher Bindung Nichterwerbstätigen. Hier sind ein Großteil von Personen im erwerbsfähigen Alter zugeordnet, die mit Kindern im Haushalt leben. Aber auch andere Fälle von häuslicher Bindung sind möglich, wenn z.B. Pflegeleistungen für Haushaltsmitglieder erbracht werden. Um auch diese Fälle einzubeziehen, werden die Angaben zum Erwerbsstatus übernommen. Ergänzend wurde versucht – wiederum in Anlehnung an Krug/Meckes – ein objektives Kriterium für die wegen Kinderbetreuung vermutlich schwer in den Arbeitsprozess zu integrierenden Personen zu finden. Die Festlegung objektiver Kriterien kann lediglich als Versuch interpretiert werden, den Betreuungsaufwand zu erfassen. Indikatoren wie das Alter und die Anzahl der Kinder liefern hierfür nur sehr vage Anhaltspunkte. Unklar bleibt das sonstige Umfeld wie z.B. das Angebot an öffentlichen Betreuungseinrichtungen, die Möglichkeiten der Erziehenden, in räumlicher Nähe zur Wohnung attraktive Arbeitsplätze zu erhalten oder ein erhöhter Betreuungsaufwand aufgrund der physischen oder psychischen Verfassung der Kinder.

Als objektive Kriterien für Nichterwerbstätigkeit wegen Kinderbetreuungspflichten wurden gewählt: entweder ein Kind unter 3 Jahre oder mindestens zwei Kinder unter 7 Jahre oder mindestens 3 Kinder unter 15 Jahre. In allen Fällen, in denen solch eine Konstellation in der Bedarfsgemeinschaft auftritt, hat ein Erwachsener im erwerbsfähigen Alter (mit Ausnahme der Kinder) Anspruch auf Kinderbetreuung. Die Bedingungen sind restriktiver gesetzt als bei Krug/Meckes, die einen weit größeren Kreis von „Anspruchsberechtigten" ermittelt haben. Dabei ist aber zu berücksichtigen, dass bei der hier vorgenommen Berechnung bereits eine erhebliche Anzahl von Kinder betreuenden Personen durch die Eliminierung der wegen häuslicher Bindung Nichterwerbstätigen aus der Betrachtung ausgeklammert ist. Zusätzlich werden die Erwerbstätigen, die wegen Ausbildung Nichterwerbstätigen und die Personen, die sich in schulischer oder beruflicher Ausbildung befinden[147], abgezogen. Bei der letzten Empfängergruppe ist unterstellt, dass die schulische oder berufliche Ausbildung mit einer Erwerbstätigkeit, die geeignet ist, die Sozialhilfeabhängigkeit dauerhaft zu überwinden, nicht vereinbar ist[148].

Auf Grundlage dieser Kalkulation lässt sich mit den Daten der Sozialhilfestichprobe ein Nettoarbeitskräftepotenzial von ca. 740.000 Hilfeempfängern ermitteln (Tabelle 5.6). Damit zählt höchstens die Hälfte der Empfänger laufender Hilfe zum Lebensunterhalt der betrachteten Altersgruppe (18 bis 54 Jahre) zum Potenzial für Maßnahmen im Rahmen der Hilfe zur Arbeit oder für andere Maßnahmen, die auf eine (Re-)Integration in den Arbeitsprozess zielen. Das Nettoarbeitskräftepotenzial umfasst arbeitslos gemeldete und aus sonstigen – nicht spezifizierten – Gründen Nichterwerbstätige. Hierin sind auch Personen mit sozialen, physischen und/oder psychischen Beeinträchtigungen enthalten, deren Arbeitsmarktchancen gering sein dürften. Die Angaben im Datensatz lassen eine Quantifizierung dieses Personenkreises nicht zu.

Tabelle 5.6 Berechnung des Arbeitskräftepotenzials (1998)
Anzahl der Personen in Tausend

Alle HLU-Empfänger im erwerbsfähigen Alter	Tausend
von 18 bis 54 Jahre	1.408
darunter:	
Vorleistungsempfänger*	49
NET aus gesundheitlichen und Altersgründen	87
NET wegen häuslicher Bindung	265
Sonstige Personen mit Anspruch auf Kinderbetreuung	88
Bruttoarbeitskräftepotenzial	919
darunter:	
Erwerbstätige	120
Personen in schulischer oder berufl. Ausbildung	56
Nettoarbeitskräftepotenzial	743

Erläuterungen: * Hilfeempfänger, die auf die Gewährung vorrangiger Leistungen warten
Abkürzungen: NET = nicht erwerbstätig
Quelle: 25%-Stichprobe der Sozialhilfeempfängerstatistik, eigene Berechnungen

Der Vergleich der demographischen Struktur des Nettoarbeitskräftepotenzials mit der aller Empfänger laufender Hilfe zum Lebensunterhalt der betrachteten Altersgruppe

[147] Angaben aus den Variablen zum schulischen und beruflichen Ausbildungsabschluss.
[148] Für zwei Drittel dieser Hilfeempfänger ist als Erwerbsstatus „nicht erwerbstätig aus sonstigen Gründen" signiert. Dieser Rubrik sind auch die „unbekannten" Fälle zugeordnet.

zeigt erwartungsgemäß ein Übergewicht männlicher Hilfeempfänger im Nettoarbeitskräftepotenzial. Dies ist darauf zurückzuführen, dass es sich bei den Personen im erwerbsfähigen Alter, die wegen häuslicher Bindung nicht erwerbstätig sind, vorwiegend um Frauen handelt, und sie wurden ohne jegliche Einschränkung aus der Berechnung des Nettoarbeitskräftepotenzials ausgeschlossen. Die Altersstruktur des nach Geschlecht differenzierten Nettoarbeitskräftepotenzials hebt die Bedeutung der wegen häuslicher Bindung nicht erwerbstätigen Frauen hervor.

Eingangs (vgl. Graphik 5.2) wurde darauf hingewiesen, dass Frauen in der Altersgruppe der 20- bis 35-Jährigen gegenüber Männern unter den Empfängern laufender Hilfe zum Lebensunterhalt deutlich überrepräsentiert sind. Beim Nettoarbeitskräftepotenzial hat sich das Verhältnis umgekehrt. In diesen Altersgruppen sind erheblich mehr männliche als weibliche Hilfeempfänger wegen nicht verfügbarer Arbeitsplätze auf Hilfe zum Lebensunterhalt angewiesen. Dieser Zusammenhang ist in Graphik 5.3 dargestellt, aus der zudem deutlich wird, welche Altersgruppen besonders stark im Nettoarbeitskräftepotenzial vertreten sind. Ein Vergleich der Ergebnisse von 1998 mit denen von Krug/Meckes für 1994 zeigt eine leichte Verschiebung in der Altersstruktur der (aufgrund der Angaben in der Statistik „uneingeschränkt") zur Ausübung einer Erwerbsarbeit fähigen Sozialhilfeempfänger: Während 1994 nach Angaben von Krug/Meckes noch über 50% dieses Personenkreises jünger als 35 Jahre war, lag der Anteil dieser Altersgruppe 1998 in der dargestellten Abgrenzung nur noch bei 46,2%[149].

Graphik 5.3 Nettoarbeitskräftepotenzial nach Altersgruppen und Geschlecht (1998)

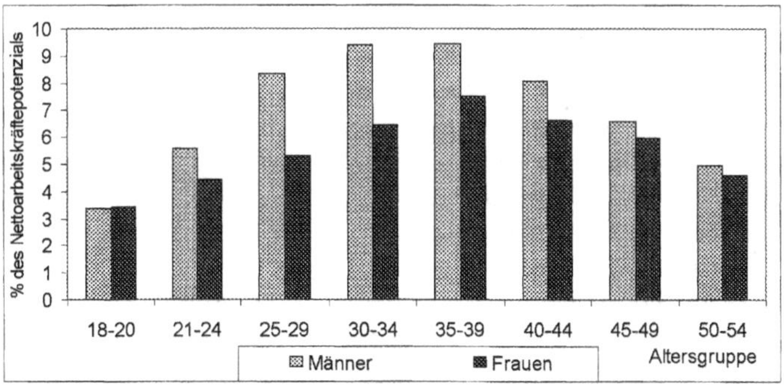

Quelle: 25%-Stichprobe der Sozialhilfeempfängerstatistik, eigene Berechnungen

[149] Bei Krug/Meckes ist das Nettoarbeitskräftepotenzial nicht um die Erwerbstätigen bereinigt. Die Berücksichtigung dieses Personenkreises führt zu keinem stark abweichenden Ergebnis. Dennoch ist die Vergleichbarkeit der Daten natürlich eingeschränkt, da das Nettoarbeitskräftepotenzial zu beiden Zeitpunkten nicht identisch abgegrenzt ist.

Als ergänzende Information zur Beurteilung der Arbeitsmarktchancen der Hilfeempfänger liefert die Sozialhilfestatistik Angaben zum höchsten schulischen und beruflichen Ausbildungsabschluss[150]. Diese Größen können lediglich als grobe Indikatoren für das individuelle Humankapital interpretiert werden, da die formale Ausbildung keinen Hinweis auf die sicherlich sehr viel wichtigeren berufsspezifischen Qualifikationen gibt und auch keinen Rückschluss auf vermittlungshemmende Merkmale einzelner Hilfeempfänger zulässt. Ein Vergleich der formalen Ausbildung beider Gruppen (des Nettoarbeitskräftepotenzials und der Gesamtheit der Hilfeempfänger im Alter von 18 bis 54 Jahren) führt im Ergebnis zu keinen sehr großen Unterschieden. Gering Qualifizierte – hiermit sind einerseits Personen ohne Schul- und Berufsausbildungsabschluss gemeint, andererseits solche, die höchsten einen Hauptschulabschluss aber keine Berufsausbildung nachweisen können – haben einen Anteil von 36% am Nettoarbeitskräftepotenzial und von 38% an allen Empfängern dieser Altersgruppe[151]. Deutlich mehr Hilfeempfänger verfügen über einen Schul- und/oder Berufsausbildungsabschluss. Das Verhältnis von den in dieser Abgrenzung gering Qualifizierten zu höher Qualifizierten unter den betrachteten Sozialhilfeempfängern ist beinahe 1:2. Auf einen gering qualifizierten Hilfeempfänger kommen also zwei Personen, die zumindest formale Qualifikationen nachweisen können. Damit sind gering Qualifizierte unter den Hilfeempfängern zwar weitaus stärker repräsentiert als in der Gesamtbevölkerung. Das Generalurteil, wonach es sich bei den Empfängern laufender Hilfe zum Lebensunterhalt überwiegend um Personen mit geringer Produktivität handelt, für die ein neues Arbeitsmarktsegment erschlossen werden muss (vgl. Kapitel 2.3 dieser Arbeit), lässt sich allerdings auf Grundlage der formalen Qualifikation nicht bestätigen. Bei der häufigen Betonung der Überrepräsentation der gering Qualifizierten unter den Hilfeempfängern gerät dieser Aspekt gelegentlich aus dem Blickfeld[152].

Das Nettoarbeitskräftepotenzial ist die Zielgruppe für die aktivierende Politik, die auf (Re-)Integration der Hilfeempfänger in den Arbeitsmarkt gerichtet ist. Auf die Erhöhung der Vermittlungschancen zielt das im Dezember 2000 in Kraft getretene Gesetz zur Verbesserung der Zusammenarbeit von Arbeitsämtern und Trägern der Sozialhilfe. Eine Zusammenarbeit beider Ämter soll u.a. dazu beitragen, die Kostenverschiebung von den Kommunen zur Bundesanstalt für Arbeit zu stoppen. Damit ist ein neues Beurteilungskriterium für die Effizienz der „Hilfe zur Arbeit“ aufgestellt, das sich kri-

[150] Die Informationen über die schulischen und beruflichen Abschlüsse sind allerdings sehr lückenhaft. Für ein Drittel aller Hilfeempfänger im erwerbsfähigen Alter fehlen die Angaben (Stand: 1998).

[151] Diese Anteilswerte ergeben sich bei Berücksichtigung ausschließlich der Hilfeempfänger, für die Angaben zum Schul- und/oder Berufsausbildungsabschluss vorliegen. Implizit ist unterstellt, dass die Personen, über deren Qualifikation vollständige Angaben fehlen, das gleiche Qualifikationsprofil haben wie sie.

[152] Besonders hoch ist der Anteil formal höher qualifizierter Hilfeempfänger in den neuen Bundesländern (vgl. hierzu Kapitel 7.3.3 dieser Arbeit), wo der Zugang zum Arbeitsmarkt offensichtlich durch Nachfragebeschränkungen blockiert ist.

tisch auf die bis dahin gängige Praxis bezieht. Beim Einsatz der Instrumente zur „Hilfe zur Arbeit“ lassen sich die Kommunen häufig vom fiskalischen Ergebnis leiten, also der Kostenverschiebung einerseits und der vermeintlichen Missbrauchskontrolle andererseits (Empter/Frick 1999: 11). Entsprechend sind die Maßnahmen zur Hilfe zur Arbeit, gemessen an dem Ziel der (Re-)Integration in den Arbeitsmarkt, nicht notwendigerweise ebenfalls effizient.

Untersuchungen zur Erfolgsmessung der Hilfe zur Arbeit liegen für etliche Kommunen vor[153]. Einen Überblick über verschiedene Projekte in Deutschland aber auch im Ausland geben Empter/Frick (1999). Die vorgestellten Projekte sind sehr heterogen, was die Vergleichbarkeit und die Beurteilung des Erfolgs der Maßnahmen erschwert. Schon in der Zielgruppenauswahl gibt es z.T. erhebliche Unterschiede zwischen den Kommunen. Der Maßnahmeerfolg - gemessen an der (Wieder-)Eingliederung der Hilfeempfänger in den Arbeitsmarkt - hängt u.a. davon ab, ob sämtliche erwerbsfähigen Hilfeempfänger berücksichtigt werden oder ob an den Maßnahmen vorwiegend bestimmte Altersgruppen (bspw. jüngere Alleinstehende) oder bestimmte Problemgruppen (bspw. Langzeitarbeitslose) teilnehmen. Einen strengeren Erfolgsmaßstab legen Schneider u.a. (2002) an: Nur wenn Maßnahmeteilnehmer besser in den Arbeitsmarkt integriert werden als Nichtteilnehmer, wurde mit den für die Maßnahme eingesetzten finanziellen Mitteln die gewünschte Wirkung erzielt.

Die Effizienz der Maßnahmen bemisst sich u.a. daran, ob die Eingliederung in den Arbeitsmarkt dauerhaft ist. Mit dieser Fragestellung hat sich Jacobs (2000) beschäftigt, der Verbleibstudien mit späterer Nachbefragung für die Stadtstaaten auswertet[154]. Danach haben die meisten (70-90%) Teilnehmer von Maßnahmen der Hilfe zur Arbeit (HzA) das Ziel, unabhängig von der Sozialhilfe zu werden, erreicht. Allerdings ist dieses Ziel nicht gleichbedeutend mit einem Beschäftigungsverhältnis im ersten Arbeitsmarkt. Erwerbstätig war zum Zeitpunkt der Nachbefragung nur etwa jeder dritte der ehemaligen HzA-Teilnehmer. Wichtiger war das Ausscheiden aus dem Hilfebezug durch den Zugang zu AfG-Leistungen (Jacobs 2000: 79). Eine Auswertung für Bremen präsentieren Lüsebrink/Pentzek/Sommer (2001). Sie betrachten die Wirkung von zwei unterschiedlichen Varianten der Hilfe zur Arbeit: erstens dem Lohnkostenzuschuss und zweitens der Beschäftigung im gemeinnützigen Bereich. Danach ist der Lohnkostenzuschuss von allen Maßnahmen am ehesten geeignet, die Teilnehmer dauerhaft in den Arbeitsprozess zu integrieren (Lüsebrink/Pentzek/Sommer 2001: 186).

[153] In diesem Zusammenhang ist auch die Förderung von 30 Modellvorhaben zur Verbesserung der Zusammenarbeit von Arbeitsämtern und Trägern der Sozialhilfe (MoZArT) durch das Bundesministerium für Arbeit und Sozialordnung zu nennen. Dieses Projekt ist bis 2004 befristet.

[154] Jacobs (2000: 81 f.) weist auf das methodische Problem hin, dass zur Beurteilung der Effizienz der Maßnahmen eigentlich der Vergleich mit einer Kontrollgruppe (HLU-Empfänger ohne Maßnahmen) vorgenommen werden müsste. Nur dann könnte beurteilt werden, ob der aktuelle Status eines Teilnehmers von Maßnahmen der Hilfe zur Arbeit auf die Teilnahme zurückzuführen ist.

Allerdings ist dieses Programm nur für einen vergleichsweise geringen Anteil von Hilfeempfängern zugänglich. Sie unterscheiden sich aufgrund ihrer sozialstrukturellen Merkmale zudem von den Teilnehmern der anderen Programmvariante (Verträge im gemeinnützigen Bereich)[155]. Positiv auf den Teilnahmeerfolg (Anteil der Personen, die die Maßnahme beenden an allen Teilnehmern) und auf die Integration in den ersten Arbeitsmarkt wirkt sich das Zusammenleben mit Kindern aus. Der Integrationserfolg direkt nach der Maßnahme war besonders günstig für Personen mit Berufsausbildung und für Ehepaare mit Kindern (Lüsebrink/Pentzek/Sommer 2001: 186).

Einen Eindruck davon, wie wenig Hilfeempfänger durch eine intensive Beratung und Betreuung in den Arbeitsprozess integriert werden können, liefern Jerger/Pohnke/Spermann (2001). Sie haben den Erfolg der Mannheimer Vermittlungsagentur (MAVA) beurteilt. Bei diesem Projekt, das von Mitte 1998 bis Mitte 2000 lief, ging es um die Zusammenarbeit von Sozial- und Arbeitsamt zur besseren Vermittlung erwerbsfähiger Hilfeempfänger. Die Vermittlungsagenturen waren insbesondere durch eine hohe Beratungs- und Betreuungsintensität gekennzeichnet. Gerade einmal jeder fünfte aller grundsätzlich in Frage kommenden Hilfeempfänger wurde in dem Projekt betreut. Die Vermittlungserfolge der Projektteilnehmer waren zwar deutlich höher als die von Nichtteilnehmern, insgesamt wurden aber nur knapp 18% der Projektteilnehmer (im Vergleich zu lediglich 2% bei den Nichtteilnehmern) vermittelt. In Bezug auf die Nachhaltigkeit der Erwerbstätigkeit war kein Unterschied zwischen den beiden Gruppen festzustellen.

Welche quantitative Bedeutung die Hilfe zur Arbeit für die Gesamtheit der Hilfeempfänger hat, lässt sich aus der Sozialhilfestatistik nicht entnehmen. Es fehlt jeglicher Nachweis über die Anzahl der Personen, die an den verschiedenen Maßnahmen im Rahmen der Hilfe zur Arbeit teilnehmen oder teilgenommen haben. Lediglich die Gesamtausgaben für Hilfe zur Arbeit sind quantifiziert. Sie beliefen sich 1998 auf knapp 11% der gesamten Ausgaben für laufende Hilfe zum Lebensunterhalt (ohne Einmalleistungen). Auffällig sind die großen regionalen Unterschiede: Gemessen an den Ausgaben hat die Hilfe zur Arbeit in den neuen Bundesländern eine sehr viel größere Bedeutung (der Ausgabenanteil liegt bei 15%) als im früheren Bundesgebiet. Für beide Regionen gilt, dass die Ausgaben für Hilfe zur Arbeit seit dem ersten Erhebungsjahr 1994 weit überproportional gestiegen sind. Einen weiteren Hinweis auf die Bedeutung der Maßnahmen zur Hilfe zur Arbeit für die Reintegration in den Arbeitsmarkt gibt die Quartalsstatistik, deren erste bundesweite Ergebnisse für 1999 vorliegen. Im nächsten Kapitel (6.4) wird detaillierter darauf eingegangen, wie relevant die Hilfe zur Arbeit für die Überwindung des Hilfebezugs nach dieser Statistik ist. Einige interessante Be-

[155] Jacobs (2000: 80) vermutet eine positive Auslese (creaming-Effekt) der Teilnehmer von HzA-Maßnahmen in Bezug auf ihr Sozialverhalten und ihr Durchhaltevermögen, nicht unbedingt aufgrund der formalen Qualifikation.

funde dieser Auswertung sind: Der weit überwiegende Anteil der Bedarfsgemeinschaften, die den Hilfebezug durch Erst- oder Wiederaufnahme einer Erwerbstätigkeit verlassen, erreichen dies ohne Leistungen nach dem BSHG oder dem SGB III, also mehr oder weniger aus eigener Initiative. Dies gilt in stärkerem Maße für Bedarfsgemeinschaften mit minderjährigen Kindern als für kinderlose Bedarfsgemeinschaften. Von allen Bedarfsgemeinschaften mit Kindern, die 1999 den Hilfebezug durch Aufnahme einer Erwerbstätigkeit überwunden haben, erhielten über 50% keine Förderung nach BSHG oder SGB III. Bedarfsgemeinschaften mit Minderjährigen überwinden den Hilfebezug etwas häufiger durch Aufnahme einer Erwerbstätigkeit als kinderlose Bedarfsgemeinschaften[156].

5.2.3 Nettoarbeitskräftepotenzial im Haushaltskontext

Personen, die zum Nettoarbeitskräftepotenzial zählen, bilden eine 1-Personen-Bedarfsgemeinschaft, oder sie sind mit Familienangehörigen zu einer Mehrpersonenbedarfsgemeinschaft zusammengefasst. Es gibt etliche Fälle, in denen mehrere potenziell erwerbsfähige Hilfeempfänger einer Bedarfsgemeinschaft angehören. In einem Haushalt können also durchaus mehrere Personen leben, die zum Nettoarbeitskräftepotenzial zählen. Nicht für alle diese Personen ist eine Vollerwerbstätigkeit zwingend, um - zumindest theoretisch - die Sozialhilfeabhängigkeit zu überwinden. Mit dem Lohnabstandsgebot ist unterstellt, dass das Einkommen eines Arbeitnehmers im Niedriglohnbereich (im Durchschnitt) ausreichend hoch ist, um damit einer Familie mit bis zu drei Kindern ein über der Sozialhilfeschwelle liegendes Haushaltseinkommen zu sichern. Im Umkehrschluss bedeutet dies, dass eine hinreichende Bedingung für die Überwindung der Sozialhilfeabhängigkeit die Verfügbarkeit eines Vollzeitarbeitsplatzes für ein erwachsenes Haushaltsmitglied ist. Welche Konsequenzen hat diese Bedingung für den Bedarf an zusätzlichen Arbeitsplätzen?

Die ca. 740.000 Hilfeempfänger, die in der hier gewählten Abgrenzung zum Nettoarbeitskräftepotenzial zählen, leben in knapp 660.000 Bedarfsgemeinschaften. Unterstellt, dass nur für einen Hilfeempfänger in der Bedarfsgemeinschaft ein Vollzeitarbeitsplatz benötigt wird, reduziert sich der Bedarf an Arbeitsplätzen also um etwa 80.000. Ein Viertel dieser zusätzlichen Arbeitsplätze wird für alleinstehende Männer benötigt, ein nur geringfügig niedrigerer Anteil für Ehepaare mit und ohne Kinder. Werden sämtliche Hilfeempfänger berücksichtigt, die zum Nettoarbeitskräftepotenzial zählen, dann ist der Arbeitsplatzbedarf für Ehepaare höher, da es etliche Haushalte gibt, in denen zwei Personen zum Nettoarbeitskräftepotenzial zählen. Für Alleinerzie-

---

[156] Zu einem ähnlichen Befund kamen schon Jacobs/Ringbeck (1994: 156) auf der Grundlage von Betroffenenbefragungen. Die Ergebnisse der Interviews unterschieden sich erheblich von den Abgangsgründen nach Aktenlage. Daher wird auf diese Ergebnisse in dieser Arbeit nicht weiter Bezug genommen.

hende sind erwartungsgemäß vergleichsweise wenig Arbeitsplätze erforderlich, da dieser Haushaltstyp im Nettoarbeitskräftepotenzial aufgrund der Betreuungspflichten unterrepräsentiert ist. Alleinstehende Frauen gehören seltener zum Nettoarbeitskräftepotenzial als männliche Alleinstehende.

Fast die Hälfte der Empfänger laufender Hilfe zum Lebensunterhalt lebt in Bedarfsgemeinschaften, die zum Nettoarbeitskräftepotenzial zählen. Graphik 5.4 veranschaulicht Unterschiede in der Haushaltsstruktur. In beiden Fällen sind jeweils nur Bedarfsgemeinschaften mit Personen der betrachteten Altersgruppe (18 bis unter 55 Jahre) berücksichtigt. Der erste Fall bezieht sich auf alle Personen, die mit einem potenziell arbeitsfähigen Hilfeempfänger (Nettoarbeitskräftepotenzial) zusammenleben, der zweite Fall auf alle Personen in Bedarfsgemeinschaften mit Hilfeempfängern im Alter von 18 bis 54 Jahre, unabhängig von deren „potenzieller Erwerbsfähigkeit". Auffallend ist der Bedeutungsverlust von Alleinerziehenden im Erwerbspersonenpotenzial. Von allen Hilfeempfängern in Bedarfsgemeinschaften mit mindestens einem „potenziell Erwerbsfähigen" leben nur 14% in Ein-Eltern-Familien, von allen Hilfeempfängern in Bedarfsgemeinschaften mit mindestens einer Person im Alter der „potenziell Erwerbsfähigen" sind es immerhin 33%. Die Gegenposition nehmen Personen in Paarhaushalten mit Kindern ein (41% bzw. 30%). Sie sind deutlich stärker in Haushalten repräsentiert, die zum Nettoarbeitskräftepotenzial zählen.

Graphik 5.4 Nettoarbeitskräftepotenzial und alle Hilfeempfänger im Alter von 18 bis 54 Jahre nach Haushaltsstruktur(1998)

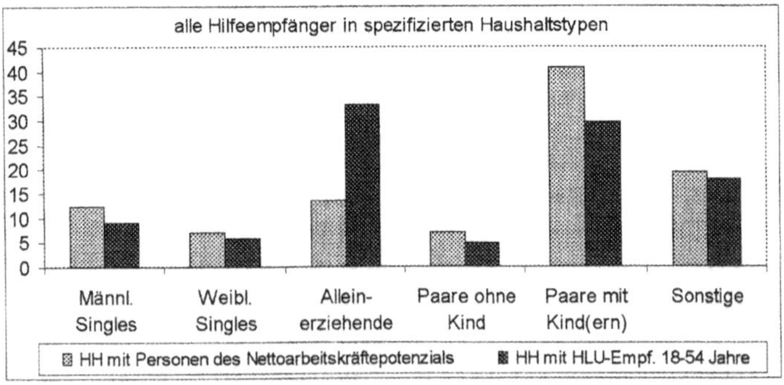

Abkürzungen: HH = Haushalt, HLU = laufende Hilfe zum Lebensunterhalt
Quelle: 25%-Stichprobe der Sozialhilfeempfängerstatistik, eigene Berechnungen

In der Altersgruppe der 18- bis 54-Jährigen gibt es relativ mehr alleinstehende Männer als Frauen. Dies gilt auch für Hilfeempfänger, die hier dem Erwerbspersonenpotenzial zugeordnet sind. Gerade diese Haushalte müssten aus der Sicht des erzielbaren Einkommens einen hohen Anreiz zur Arbeitsaufnahme haben. Dass sie dennoch unter den Hilfeempfängern zu finden sind, legt die Vermutung nahe, dass es bei diesem Personenkreis zu einer Kumulation von Problemlagen kommt, die eine Arbeitsaufnahme behindern. Einen Anhaltspunkt für solche Problemlagen geben die in der Statistik erhobenen Angaben zur besonderen sozialen Situation. Auf die Bedeutung dieser sozialen Ausnahmesituationen für die Gesamtheit der Hilfeempfänger wird im folgenden Abschnitt eingegangen.

5.2.4 Besondere soziale Situation von Haushalten mit männlichen und weiblichen Haushaltsvorständen

Die Frage nach der besonderen sozialen Situation richtet sich an die Bedarfsgemeinschaft. Hiermit sollen spezifische soziale Problemlagen erfasst werden, die zum Sozialhilfebezug geführt haben. Der Erwerbsstatus (z.B. Arbeitslosigkeit) oder der Eintritt eines Versicherungsfalls (z.B. Rentenbezug) ist im Unterschied zur alten Statistik (vor 1994) nicht mehr im Fragenkatalog enthalten. Dies verweist darauf, dass die Angaben zur besonderen sozialen Situation nicht die einzige Quelle der Gründe für den Sozialhilfebezug sind. Hierbei handelt es sich vielmehr um Faktoren, die ursächlich sein können, u.U. aber auch nur ergänzend zu Veränderungen in der Erwerbssituation wirken. Um verschiedene Aspekte – wie z.B. den Erwerbsstatus als Indikator für die Ressourcen der Bedarfsgemeinschaft und die sozialen Ausnahmetatbestände als Indikator für die Lebenslage – analytisch zu trennen, werden die beiden möglichen Ursachen in unterschiedlichen Variablen erfasst. Mit der reformierten Sozialhilfestatistik wird also nicht mehr eine einzelne Hauptursache für den Hilfebezug ermittelt. Stattdessen kann ein Ursachenbündel aus einer Reihe von Informationen zusammengestellt werden, zu denen neben dem Alter und dem Erwerbsstatus auch die besondere soziale Situation gehört.

In der Statistik werden die sozialen Ausnahmetatbestände „Tod eines Familienmitglieds“, „Trennung oder Scheidung“, „Geburt eines Kindes“, „Freiheitsentzug oder Haftentlassung“, „stationäre Unterbringung eines Familienangehörigen“, „Suchtabhängigkeit“, „Überschuldung“, „ohne eigene Wohnung“ und schließlich die am häufigsten signierte Angabe „keine dieser sozialen Situationen“ erhoben. Die Angaben zur besonderen sozialen Situation werden für die gesamte Bedarfsgemeinschaft ermittelt. Um die Haushaltsangaben mit der Frage zu verknüpfen, ob und inwieweit Männer von diesen sozialen Ausnahmetatbeständen anders betroffen sind als Frauen, wurde hier der Weg über das Geschlecht des Haushaltsvorstandes gewählt. Diese Zuordnung erlaubt Haushaltsauswertungen, die mit dem Geschlecht des Haushaltsvorstandes verbunden sind. Bei einer reinen Individualisierung der Haushaltsangaben, wie sie sich u.a. in den Publikationen der amtlichen Statistik findet, ist solch eine geschlechtsspezifische Betrachtung nicht möglich.

Für die Gesamtheit der Hilfeempfänger sind soziale Ausnahmesituationen als Grund für den Hilfebezug von untergeordneter Bedeutung. Für 78% ist keine der spezifizierten sozialen Situationen angegeben. Der mit Abstand wichtigste soziale Ausnahmetatbestand ist „Trennung oder Scheidung", gefolgt von „Geburt eines Kindes". An dritter Stelle rangiert das Merkmal „ohne eigene Wohnung". Dieser Umstand ist aber gerade einmal für 2% aller Hilfeempfänger signiert. Die übrigen Umstände sind für die Gesamtheit der Hilfeempfänger von noch geringerer Bedeutung. Auf Haushaltsebene sieht das Bild gänzlich anders aus. Ein-Eltern-Familien sind am häufigsten von sozialen Ausnahmesituationen betroffen. Einen herausragenden Stellenwert hat „Trennung oder Scheidung" (29% aller Hilfeempfänger in Ein-Eltern-Familien). „Geburt eines Kindes" als Grund für den Sozialhilfebezug ist für Empfänger in Haushalten von Alleinerziehenden fast ebenso relevant wie für solche in Haushalten von unverheirateten Paaren mit Kindern (12% bzw. 13%). Bei den weniger häufig vorkommenden sozialen Ausnahmetatbeständen fällt die vergleichsweise hohe Bedeutung auf, die Wohnungslosigkeit („ohne eigene Wohnung") für männliche Alleinstehende hat (knapp 6% der alleinstehenden Männer). Auch Suchtabhängigkeit ist für diesen Haushaltstyp vergleichsweise häufig angegeben (gut 3%).

Die Unterscheidung von Bedarfsgemeinschaften mit weiblichen gegenüber männlichen Haushaltsvorständen führt zu folgenden Ergebnissen:

- Soziale Ausnahmetatbestände sind für Hilfeempfänger in Bedarfsgemeinschaften mit weiblichem Haushaltsvorstand deutlich häufiger signiert als für männliche.
- Die sozialen Problemlagen „Trennung oder Scheidung", „Geburt eines Kindes" sowie „Tod eines Familienmitgliedes" treffen Bedarfsgemeinschaften mit einem weiblichen Haushaltsvorstand sehr viel häufiger als Bedarfsgemeinschaften mit einem männlichen Haushaltsvorstand.
- Bei den übrigen, quantitativ aber insgesamt kaum relevanten sozialen Problemlagen „ohne eigene Wohnung", „Sucht", „Überschuldung" und „Freiheitsentzug oder Haftentlassung" ist ein relatives Übergewicht von Empfängern in Bedarfsgemeinschaften mit männlichen Vorständen zu verzeichnen.

Bei den eher „frauentypischen" sozialen Situationen handelt es sich um solche, die mit Änderungen in der Familienzusammensetzung in Verbindung stehen. Hieraus entstehen z.T. Verpflichtungen in Form von Kinderbetreuungsaufwand, die einer Erwerbsarbeit im Wege stehen. Die eher „männertypischen" sozialen Ausnahmetatbestände behindern die Teilnahme am Erwerbsleben, weil sie entweder als Stigma angesehen werden wie z.B. bei Haftentlassung, Wohnungslosigkeit oder Überschuldung (sofern dies dem Arbeitgeber wegen Lohnpfändungen bekannt wird) oder aber die Leistungsfähigkeit des Hilfeempfängers beeinträchtigen, was bspw. bei Suchtkrankheit häufiger der Fall sein dürfte.

Zur Erklärung der im Vergleich zu Frauen größeren Anzahl männlicher Alleinstehender im Nettoarbeitskräftepotenzial (wie im Übrigen auch in der gesamten Altersgruppe der 18- bis 54-Jährigen) sind die nachgewiesenen Fälle mit „männertypischen" sozialen Situationen allerdings nicht geeignet, da sie quantitativ ein zu geringes Gewicht haben. Nach der Statistik trifft auf über 80% der alleinstehenden Hilfeempfänger, die zum Nettoarbeitskräftepotenzial zählen, keine der angegebenen besonderen sozialen Situationen zu. Von den zahlenmäßig bedeutenderen alleinstehenden Männern steht der Hilfebezug für knapp 7% in Zusammenhang mit dem Fehlen einer eigenen Wohnung und für 3,5% mit Suchtabhängigkeit. Es folgen Trennung/Scheidung (2,6%) und Freiheitsentzug oder Haftentlassung (2,5%). Für alleinstehende Frauen, die zum Nettoarbeitskräftepotenzial gehören, steht der Sozialhilfebezug vergleichsweise häufig in Zusammenhang mit Trennung/Scheidung (9,9%), für deutlich weniger von ihnen ist Wohnungslosigkeit (3,1%) angegeben. Diese Ergebnisse zeigen, dass sich mit den Angaben zur besonderen sozialen Situation kaum Problemlagen identifizieren lassen, die einer Arbeitsaufnahme grundsätzlich entgegenstehen.

5.3 Zur hohen Sozialhilfequote von Ausländern: Haushaltstyp und Qualifikation[157]

Bei in Deutschland lebenden Ausländern handelt es sich um eine sehr heterogene Gruppe. Sie oder ihre Eltern oder Großeltern sind zu unterschiedlichen Zeiten aus verschiedenen Regionen aus unterschiedlichen Gründen (z.B. Anwerbung oder Zuzug von Familienangehörigen) nach Deutschland gekommen. Etliche - die Ausländer der zweiten Generation - sind hier geboren, haben eine Schul- und/oder Berufsausbildung absolviert und stehen mittlerweile im Berufsleben. Sie haben unter Umständen bereits selbst wieder in Deutschland geborene Kinder (Ausländer der dritten Generation) gemeinsam mit einem Partner mit oder ohne deutsche Staatsangehörigkeit. Bei der Subsumtion unter den Begriff Ausländer wird von der Fülle der Unterscheidungsmerkmale abgesehen. Es sind nicht nur Personen, die zum Zweck der Arbeitsaufnahme oder aus anderen Gründen eingereist sind, sondern auch hier Geborene und Aufgewachsene. Zuwanderung ist also nicht das ausschlaggebende Kennzeichen für die Charakterisierung als Ausländer, sondern die Staatsangehörigkeit. Umgekehrt sind als Deutsche alle Einwohner mit deutscher Staatsangehörigkeit ausgewiesen, also auch Personen, die im Ausland geboren und aufgewachsen sind und u.U. erst seit vergleichsweise kurzer Zeit in Deutschland leben. Dies gilt insbesondere für Aussiedler. Sie sind in der Sozialhilfestatistik ebenso wenig zu isolieren wie Ausländer nach Herkunftsländern oder nach der Dauer des Aufenthalts in Deutschland oder Deutsche ausländischer Herkunft.

In der Sozialhilfeempfängerstatistik sind nur Ausländer erfasst, die Anspruch auf laufende Hilfe zum Lebensunterhalt haben. Seit 1994 gilt dies nicht mehr für Asylbewerber und die meisten Bürgerkriegsflüchtlinge, die nur noch die im Vergleich zur Sozi-

[157] Die den folgenden Ausführungen zu Grunde liegenden Daten sind weitgehend in Burmester 2001a veröffentlicht.

alhilfe niedrigeren Leistungen nach dem Asylbewerberleistungsgesetz erhalten[158]. Nachgewiesen wird dieser Leistungsbezug in der Asylbewerberleistungsstatistik. Auf deren Ergebnisse wird im Rahmen dieser Arbeit nicht eingegangen. Es werden also nur die in der Sozialhilfeempfängerstatistik ausgewiesenen Ausländer berücksichtigt, da verschiedene Auswertungen auf Basis der Asylbewerberleistungsstatistik nicht reproduzierbar sind.

Ein Identifikationsproblem ergibt sich in der haushaltsbezogenen Betrachtung. In Haushalten oder Bedarfsgemeinschaften können durchaus Personen unterschiedlicher Nationalität und eben auch Deutsche und Ausländer zusammen leben. In dieser Arbeit erfolgt die Zuordnung der im Haushalt lebenden Personen nach der Nationalität des Haushaltsvorstandes. Haushalte von gemischten Paaren (Deutsche und Nichtdeutsche) werden folglich der Gruppe zugeordnet, die der Nationalität des Haushaltsvorstandes entspricht. Damit werden gewisse „Unschärfen" in Kauf genommen, denn nach anderen Untersuchungsergebnissen unterscheiden sich Haushalte von gemischten Paaren in der Struktur und im Verhalten weit weniger von deutschen (ansässigen) Paaren als von solchen mit zwei ausländischen Partnern (Bird u.a. 1999: FN 15). Der Migrationsgesichtspunkt lässt sich mit den Angaben in der Sozialhilfeempfängerstatistik nicht differenziert abbilden. Generell dürfte die Migrationserfahrung mit ihren sozioökonomischen Folgen bei Ausländern ausgeprägter sein als in der Gruppe der gesamten deutschen Empfänger laufender Hilfe zum Lebensunterhalt.

In Untersuchungen, die die sozioökonomische Lage von in Deutschland lebenden Ausländern zum Gegenstand haben[159], finden sich eine Reihe von Gründen für deren vergleichsweise hohe Betroffenheit von Einkommensarmut und Sozialhilfebezug. So ist zunächst davon auszugehen, dass die ökonomische Situation von Ausländern, die i.d.R. als Arbeitsmigranten nach Deutschland gekommen sind, in stärkerem Maße von der Erwerbsbeteiligung abhängt als dies für ansässige Deutsche der Fall ist. Als alternative Revenue für Deutsche ist z.B. an Vermögen oder daraus erzielbares Einkommen zu denken (Büchel/Frick/Voges 1997: 276). Wie sieht es nun mit der Arbeitsmarktintegration von Ausländern aus? Sie sind in sehr viel höherem Maße von Ar-

[158] Das Asylbewerberleistungsgesetz bezieht sich auf: Asylbewerber, Ausländer, die über den Flughafen einreisen wollen und denen die Einreise nicht oder noch nicht gestattet wurde, Kriegsflüchtlinge mit einer Aufenthaltsbefugnis nach §§ 32 oder 32a des Ausländergesetzes sowie vollziehbar ausreisepflichtige Ausländer.

[159] In solchen Untersuchungen wird häufig zwischen ansässigen Deutschen und deutschen Migranten unterschieden, da sich die sozioökonomische Struktur von deutschen und ausländischen Migranten ähnelt. In Bezug auf die rechtliche Stellung gibt es aber erhebliche Unterschiede (vgl. Hanesch/ Krause/ Bäcker 2000: 401 ff.), die sich auch auf die Arbeitsmarktintegration auswirken dürften. Auswertungen zum Sozialhilfebezug deutscher und ausländischer Migranten auf Basis der Daten des SOEP finden sich in Frick/Büchel/Voges (1996) und Büchel/Frick/Voges (1997). Aufgrund ihrer Untersuchungsergebnisse charakterisieren sie den Sozialhilfebezug für deutsche Zuwanderer als transitorische Eingliederungshilfe.

beitslosigkeit betroffen als Deutsche, sie haben eine schlechtere Stellung im Beruf (ungelernte oder angelernte Arbeiter), sind stärker im konjunkturreagiblen produzierenden Gewerbe beschäftigt und haben eine geringere formale Qualifikation als deutsche Erwerbstätige[160]. Diese ungünstige Struktur der arbeitsmarktnahen Faktoren lässt ein erhöhtes Risiko von Armut bei Ausländern vermuten[161]. Hinzu kommt eine im Vergleich zu Deutschen „ungünstigere" Haushaltsstruktur: Mehrpersonenhaushalte mit einer größeren Anzahl von Abhängigen sind bei Ausländern relativ häufiger. Mit ökonometrischen Modellen, in denen für bestimmte sozioökonomische Merkmale kontrolliert wird, lässt sich zeigen, dass die bestehenden Strukturunterschiede durchaus geeignet sind, die höhere Sozialhilfebetroffenheit von Ausländern zu erklären (Büchel/Frick/Voges 1997, Riphahn 1998, Bird u.a. 1999). Einige dieser Strukturunterschiede lassen sich selbst beim Vergleich der Empfänger laufender Hilfe zum Lebensunterhalt der beiden Personengruppen erkennen, obwohl es sich bei den Hilfeempfängern bereits um eine „gefilterte" Gruppe handelt.

5.3.1 Deutsche und ausländische Hilfeempfänger und deren Haushalte im Vergleich

Bereits in den vorangegangenen Ausführungen wurde auf einige Strukturunterschiede zwischen deutschen und ausländischen Hilfeempfängern bzw. deren Haushalte eingegangen. Für das Erhebungsjahr 1998 lassen sich folgende Ergebnisse festhalten:

- In allen Altersgruppen haben Ausländer eine höhere Sozialhilfequote als Deutsche.
- Sowohl für Deutsche als auch für Ausländer gilt, dass Frauen relativ häufiger Sozialhilfe beziehen als Männer. Die Sozialhilfequote von Frauen ist bei Deutschen und bei Ausländern höher als die von Männern. Von allen deutschen Hilfeempfängern sind 58% weiblich, von den ausländischen sind es hingegen nur 52%.
- Bei nicht deutschen HLU-Empfängern sind die geschlechtsspezifischen Unterschiede in der Altersgruppe der 20- bis 40-Jährigen (Familienbildungsphase) sehr viel weniger ausgeprägt als bei Deutschen.
- Die Haushaltsstruktur von deutschen und ausländischen Hilfeempfängern unterscheidet sich erheblich. Über 50% der Hilfeempfänger in Haushalten mit einem nicht deutschen Vorstand leben in Haushalten von Ehepaaren, allein ca. 20% (gegenüber nur 6% der deutschen HLU-Empfänger) in Haushalten von Ehepaaren mit mindestens drei Kindern.

---

[160] Ausführlicher hierzu mit einem Datenvergleich von 1980 und 1999 sowie einer Disaggregation nach Herkunftsländern Bender u.a. (2000).

[161] Es wäre allerdings verfehlt, die Sozialstruktur der ausländischen Wohnbevölkerung generell als randständig zu charakterisieren. Zwar hatte die Zuwanderung nach Deutschland den Charakter von Unterschichtprozessen, die Zuwanderer waren auf die schlechteren Arbeitsplätze mit den höheren Risiken verwiesen. In der Folge hat es aber durchaus Aufstiegsprozesse gegeben. Bei der Zuwanderergeneration war dies i.d.R. Resultat extensiver Erwerbstätigkeit, in der zweiten Generation dann Folge der höheren formalen Qualifikation (BMFSFJ 2000: 15).

In Deutschland lebende Ausländer haben im Prinzip Anspruch auf laufende Hilfe zum Lebensunterhalt. Allerdings wird dieser in § 120 (1) BSHG formulierte grundsätzliche Rechtsanspruch in den folgenden Abschnitten (2) bis (5) eingeschränkt. Insbesondere sind Ausländer, die Leistungen nach dem Asylbewerberleistungsgesetz beziehen, von der Sozialhilfe ausgeschlossen. Während Asylbewerber und Kriegsflüchtlinge mit einer Aufenthaltsbefugnis nach §§ 32 oder 32a des Ausländergesetzes Leistungen nach dem Asylbewerberleistungsgesetz erhalten, haben bspw. anerkannte Kriegsflüchtlinge, Asylberechtigte sowie Flüchtlinge, die im Rahmen einer humanitären Hilfsaktion aufgenommen wurden (Kontingentflüchtlinge) oder nach der Genfer Konvention anerkannte Flüchtlinge Anspruch auf Leistungen nach dem BSHG.

In der Sozialhilfeempfängerstatistik werden seit 1994 vier Gruppen von Nichtdeutschen nachgewiesen: EU-Ausländer, Asylberechtigte, Bürgerkriegsflüchtlinge und sonstige Ausländer. Der weit überwiegende Teil (vgl. Tabelle 5.7) entfällt auf sonstige Ausländer, zu denen u.a. Hilfeempfänger türkischer Nationalität zählen. EU-Ausländer sind ca. 10% der nicht deutschen Hilfeempfänger und Asylberechtigte ca. 13%. Der Anteil der Bürgerkriegsflüchtlinge ist seit Mitte der neunziger Jahre stark zurückgegangen. Dieser Personenkreis erhält größtenteils Leistungen nach dem Asylbewerberleistungsgesetz und ist entsprechend in der Asylbewerberleistungsstatistik nachgewiesen. Bei ausländischen Empfängern laufender Hilfe zum Lebensunterhalt dürfte es sich also zum weit überwiegenden Teil um Personen handeln, die während der Anwerbung ausländischer Arbeitskräfte nach Deutschland gekommen sind oder um deren Familienangehörige.

Tabelle 5.7 Ausländische HLU-Empfänger

Jahr	Alle Ausländer	davon: EU-Ausländer	Asylberechtigte	Bürgerkriegsflüchtl.	Sonstige
	%-Anteil an Insgesamt				
1994	100,0	9,6	11,0	6,0	73,5
1995	100,0	9,7	13,7	5,8	70,7
1996	100,0	9,3	12,7	4,0	74,0
1997	100,0	10,0	13,3	2,0	74,8
1998	100,0	10,2	13,0	1,6	75,2

Anmerkungen: Ergebnisse für 1994 hochgerechnet, für 1995 liegt eine geringe Untererfassung vor

Quelle: Statistisches Bundesamt, Arbeitsunterlagen verschiedene Jahrgänge

5.3.2 Gründe für den Hilfebezug von Deutschen und Ausländern

Für Sozialhilfe beziehende Ausländer spielen soziale Ausnahmetatbestände als Grund für den Hilfebezug eine noch geringere Rolle als für Deutsche. Dies liegt an der unterschiedlichen Haushaltszusammensetzung beider Bevölkerungsgruppen. Oben wurde gezeigt, dass die am häufigsten genannten Problemlagen („Trennung/Scheidung" und

„Geburt eines Kindes“) vornehmlich Alleinerziehende und eheähnliche Lebensgemeinschaften treffen. Beide Haushaltstypen sind für ausländische Hilfeempfänger weniger relevant. Für die Gesamtheit der Hilfebezieher in Bedarfsgemeinschaften mit einem ausländischen Haushaltsvorstand ist „Trennung/Scheidung“ (6%) der am häufigsten signierte Grund, gefolgt von „Geburt eines Kindes“ (4%). Eine etwas größere Bedeutung als für Deutsche hat „Tod eines Angehörigen“ (3%). „Unterbringung in einer stationären Einrichtung“ (2%) kann sogar als „ausländertypische“ Problemlage angesehen werden, denn der weit überwiegende Teil der Nennungen dieser Problemlage bezieht sich auf Bedarfsgemeinschaften mit einem ausländischem Haushaltsvorstand[162]. Insgesamt – und dies zeigen auch die aufgeführten niedrigen Anteilswerte – sind soziale Ausnahmetatbestände als Grund für den Hilfebezug nur für einen geringen Anteil der Hilfeempfänger in ausländischen Bedarfsgemeinschaften von Bedeutung. Für 83% der Bedarfsgemeinschaften mit einem ausländischen Haushaltsvorstand ist keine der erhobenen Problemlagen zutreffend. Dies verweist auf die Erwerbssituation als dominierenden Grund für den Hilfebezug.

Die personenbezogene Auswertung nach dem Erwerbsstatus der Hilfeempfänger im erwerbsfähigen Alter (15 bis unter 65 Jahre) zeigt, dass der Anteil der erwerbstätigen Ausländer vergleichbar mit dem der Deutschen ist. Arbeitslos gemeldet sind relativ weniger Ausländer als Deutsche. Das Gleiche gilt für Nichterwerbstätigkeit wegen häuslicher Bindung und wegen gesundheitlicher Beeinträchtigungen. Auffallend groß ist der Unterschied in den nicht spezifizierten Angaben. 29% der ausländischen Hilfeempfänger im erwerbsfähigen Alter sind der unspezifischen Größe „nicht erwerbstätig aus sonstigen Gründen“ zugeordnet. Dies gilt nur für ca. 18% der deutschen Hilfeempfänger. Der besonders hohe Anteil fehlender Spezifizierungen für ausländische Hilfeempfänger legt die Vermutung nahe, dass sich hierin z.T. Beschränkungen bei der Arbeitsaufnahme für Ausländer widerspiegeln (fehlende oder eingeschränkte Arbeitserlaubnis).

Unterschiede im Erwerbsstatus deutscher und ausländischer Empfänger laufender Hilfe zum Lebensunterhalt können verschiedene Ursachen haben. Zunächst ist an eine abweichende Zusammensetzung der Personen im erwerbsfähigen Alter hinsichtlich des Geschlechts und der Altersgruppen zu denken. Aber auch die Haushaltsstruktur dürfte eine Rolle spielen. Es wurde bereits darauf hingewiesen, dass z.B. Erwerbstätigkeit häufiger in Paarhaushalten mit Kindern vorkommt als in anderen Haushaltsformen. Nicht erwerbstätig wegen häuslicher Bindung sind insbesondere Alleinerziehende. Mit steigender Kinderzahl gewinnt das Motiv häuslicher Bindung an Bedeutung. Diese für die Gesamtheit der Hilfeempfänger bereits dargestellten Ergebnisse

[162] Die besondere Häufung der „Unterbringung in einer stationären Einrichtung“ (u.a. Krankenhäuser, Rehabilitationseinrichtungen oder Pflegeheime) für ausländische Bedarfsgemeinschaften ist seit 1996 in der Statistik nachzuweisen.

haben auch für ausländische Bedarfsgemeinschaften Gültigkeit. Unter Berücksichtigung des Haushaltskontextes und bei einer entsprechenden Personengewichtung, sind die auf Individualebene ermittelten Relationen zu relativieren. Der Grund liegt in den Unterschieden in der Haushaltsstruktur deutscher und ausländischer Empfänger. Die Haushaltsauswertung, in der nach dem Erwerbsstatus des Haushaltsvorstandes[163] unter Berücksichtigung der Personenzahl in der Bedarfsgemeinschaft differenziert wird, liefert folgenden Befund (vgl. Graphik 5.5):

- Die Erwerbstätigkeit des Haushaltsvorstandes hat für ausländische Hilfeempfänger einen größeren Stellenwert als für Deutsche.
- Ausländer leben relativ häufiger als Deutsche in Bedarfsgemeinschaften mit einem arbeitslosen Haushaltsvorstand.
- Ein gegenüber Deutschen nur beinahe halb so hoher Anteil von Ausländern lebt in Bedarfsgemeinschaften mit einem wegen häuslicher Bindung nicht erwerbstätigen Haushaltsvorstand.

Graphik 5.5 Empfänger laufender Hilfe zum Lebensunterhalt nach Nationalität und Erwerbsstatus des Haushaltsvorstandes (1998)

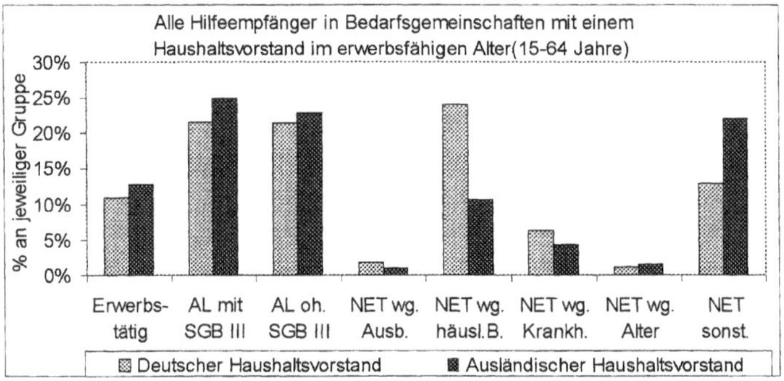

Abkürzungen: AL = arbeitslos, SGB = Sozialgesetzbuch, NET (wg.) = nicht erwerbstätig (wegen), Ausb. = Ausbildung, häusl.B. = häusliche Bindung
Quelle: 25%-Stichprobe der Sozialhilfeempfängerstatistik, eigene Berechnungen

Ebenso wie von den deutschen sind auch von den ausländischen Hilfeempfängern im erwerbsfähigen Alter nicht alle zum Nettoarbeitskräftepotenzial zu zählen. Wird die oben beschriebene Abgrenzung gewählt, dann benötigen von den ausländischen Hilfeempfängern der betrachteten Altersgruppe (18 bis unter 55 Jahre) relativ mehr einen Arbeitsplatz (57%) als Voraussetzung zur Überwindung der Sozialhilfeabhängigkeit

[163] Hier sind nur Bedarfsgemeinschaften mit Haushaltsvorstand berücksichtigt. Mit ausländischen Hilfeempfängern sind in diesem Zusammenhang alle in Bedarfsgemeinschaften eines ausländischen Haushaltsvorstandes lebenden Empfänger laufender Hilfe zum Lebensunterhalt gemeint, unabhängig von der individuellen Staatsangehörigkeit.

als dies für Deutsche (51%) gilt. Die Unterschiede sind vorwiegend auf den geringeren Anteil der wegen häuslicher Bindung nicht erwerbstätigen Ausländer zurückzuführen. Auf ein Problem bei der Ermittlung des Arbeitskräftepotenzials sollte allerdings hingewiesen werden. Es entsteht durch die fehlende Information über die Gruppe der aus sonstigen Gründen Nichterwerbstätigen. Durch die Eliminierung aller Personen mit Anspruch auf Kinderbetreuung und der in schulischer und beruflicher Ausbildung wurde diese „Restgröße" etwas reduziert. Es zeigt sich aber, dass dieser Erwerbsstatus für Ausländer besonders häufig signiert ist, was die Vermutung nahe legt, dass sich hierin auch ausländerspezifische Gründe wie z.B. fehlende Arbeitserlaubnis niederschlagen (siehe oben). Von daher ist die Anzahl der Ausländer, die dem Nettoarbeitskräftepotenzial zugeordnet sind, vermutlich zu hoch.

Insbesondere für Personen des Nettoarbeitskräftepotenzials, deren Sozialhilfeabhängigkeit durch die Vermittlung in ein Arbeitsverhältnis überwunden werden könnte, sind die individuellen Arbeitsmarktchancen von Interesse. Die formale Qualifikation ist die einzige Größe in der Sozialhilfeempfängerstatistik, die am ehesten noch als Indikator für das individuelle Humankapital herangezogen werden kann[164]. Die Unterschiede in den Qualifikationsprofilen deutscher und ausländischer Hilfeempfänger, die zum Nettoarbeitskräftepotenzial zählen, sind in Graphik 5.6 dargestellt. Unberücksichtigt bleiben die Fälle, für die keine oder unvollständige Angaben vorliegen. Dies gilt für die Hälfte der Ausländer und ein Drittel der Deutschen.

Graphik 5.6 Nettoarbeitskräftepotenzial nach Nationalität und Qualifikation (1998)

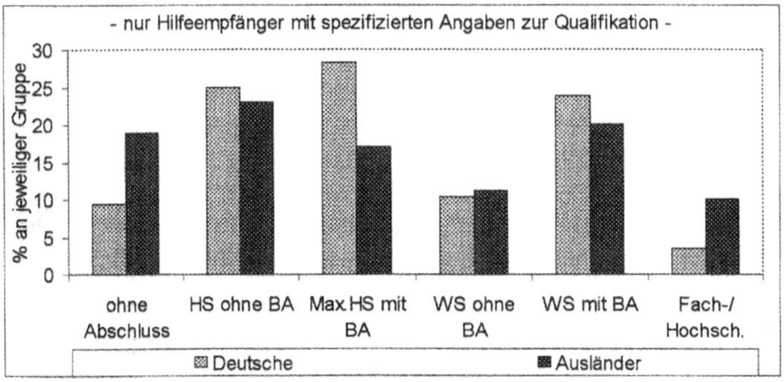

Abkürzungen: HS = Hauptschule, BA = Berufsausbildung, WS = weiterführende Schule
Quelle: 25%-Stichprobe der Sozialhilfeempfängerstatistik, eigene Berechnungen

[164] Allerdings verliert dieser Indikator beim Vergleich von Arbeitsanbietern, die unterschiedliche Ausbildungssysteme durchlaufen haben, an Aussagekraft. Berufliche Qualifikation findet nicht in allen Ländern durch den Erwerb eines formalen Berufsausbildungsabschlusses statt, wie er in Deutschland üblich ist.

In Bezug auf die formale Qualifikation lassen sich folgende Unterschiede zwischen deutschen und ausländischen Hilfeempfängern, die zum Nettoarbeitskräftepotenzial gehören, feststellen:

- Der Anteil der Personen ohne Schul- und Berufsausbildungsabschluss (BA) ist bei ausländischen Hilfeempfängern fast doppelt so hoch wie bei deutschen.
- Der Anteil der Hilfeempfänger mit Schulabschluss (Hauptschule = HS oder weiterführende Schule = WS) aber ohne Berufsausbildungsabschluss ist in beiden Gruppen ähnlich hoch (ca. 1/3).
- Einen Schul- und Berufsausbildungsabschluss haben anteilig deutlich mehr Deutsche als Ausländer. Dies dürfte zum Teil auf die Besonderheit des deutschen Berufsausbildungssystems zurückzuführen sein.
- Der Anteil von Hilfeempfängern mit einem Fach- oder Hochschulabschluss ist bei Ausländern sehr viel höher als bei Deutschen. Insgesamt hat diese Qualifikation aber nur einen geringen Stellenwert.

In Abschnitt 5.2.3 wurde eine grobe Differenzierung in gering Qualifizierte (höchstens Hauptschulabschluss und keine Berufsausbildung) und höher Qualifizierte (alle übrigen Qualifikationen) vorgenommen. Nach diesem Kriterium ist der Anteil von gering Qualifizierten unter den ausländischen Hilfeempfängern höher als unter den deutschen. Dies gilt nicht nur für ältere Hilfeempfänger, die mit ihrer im Heimatland erworbenen (oder nicht erworbenen) formalen Qualifikation i.d.R. als Arbeitsmigranten nach Deutschland gekommen sind. Auch junge ausländische Hilfeempfänger sind im Vergleich zu Deutschen der gleichen Altersgruppe häufiger der Gruppe der gering Qualifizierten zuzuordnen. Dies dürfte ein Handicap bei der Integration in den Arbeitsprozess darstellen[165].

5.3.3 Bedarf und Einkommen deutscher und ausländischer Bedarfsgemeinschaften

Im Mittel haben ausländische Bedarfsgemeinschaften einen um gut 25% höheren Nettoanspruch als Deutsche. Entsprechend entfällt ein größerer Teil der Gesamtausgaben für laufende Hilfe zum Unterhalt auf diese Gruppe als es ihrem quantitativen Anteil an allen Bedarfsgemeinschaften entspricht. Für diese Unterschiede in dem durchschnittlichen Anspruch zwischen deutschen und ausländischen Bedarfsgemeinschaften sind verschiedene Einflüsse verantwortlich zu machen. Hierzu zählt neben der Haushaltsstruktur auch das regionale Mietgefälle und die Höhe der angerechneten Einkommen.

Der Nettoanspruch ergibt sich als Differenz aus dem Bedarf und dem angerechneten Einkommen. Jedem Mitglied der Bedarfsgemeinschaft wird – in Abhängigkeit von der

[165] Riphahn (1999) weist auf diesen Aspekt hin und sieht in einer Qualifizierungsoffensive für ausländische Mitbürger eine adäquate politische Antwort auf deren hohe Sozialhilfeabhängigkeit. Dass die Diskrepanz in der Bildungsbeteiligung zwischen Deutschen und Ausländern nicht nur für Empfänger laufender Hilfe zum Lebensunterhalt groß ist, zeigt Jeschek (2001).

Stellung im Haushalt und bei Kindern unter Berücksichtigung des Alters – ein eigener Bedarf zur Deckung der Kosten der Lebenshaltung zugestanden, dessen Höhe in den Regelsätzen festgelegt ist. Zudem gehen insbesondere die laufenden Heizungskosten sowie die anerkannte Bruttokaltmiete[166] in die Berechnung des Bruttobedarfs ein. Mit steigender Personenzahl im Haushalt nimmt der Bedarf an Wohnraum zu und entsprechend steigt, wenngleich nur unterproportional, die Bruttokaltmiete. Die Heterogenität dieser Größe spiegelt einerseits Unterschiede im Haushaltstyp und in der Personenzahl wider, andererseits aber auch regionale Differenzen. Das Mietniveau ist in Ballungsgebieten höher als im ländlichen Raum, im früheren Bundesgebiet im Mittel höher als in den neuen Ländern und Berlin-Ost. Dies wirkt sich auf die Höhe der anerkannten Bruttokaltmiete aus, die z.B. in den Stadtstaaten – für gleiche Haushaltstypen – höher ist als in den westdeutschen Flächenstaaten, wo sie nochmals höher ist als in den ostdeutschen Flächenstaaten[167]. Nun leben Ausländer – und dies gilt auch für die Empfänger von Sozialhilfe im engeren Sinne – relativ häufiger als Deutsche in Großstädten. Nicht deutsche Empfänger laufender Hilfe zum Lebensunterhalt außerhalb von Einrichtungen leben zu 64% in kreisfreien Städten, von den deutschen Hilfeempfängern sind es noch nicht einmal die Hälfte (49%). Zudem sind ausländische HLU-Empfänger in den neuen Bundesländern mit den geringeren Mieten unterrepräsentiert. Bedarfsgemeinschaften mit einem ausländischen Haushaltsvorstand wird im Mittel eine erheblich höhere Miete angerechnet als Deutschen. Eine positive Mietdifferenz zwischen Ausländern und Deutschen lässt sich für die meisten Haushaltstypen erkennen. Allerdings sind die Unterschiede auf der Ebene der einzelnen Haushaltstypen weniger gravierend als für die Summe der Bedarfsgemeinschaften mit ausländischem oder deutschen Haushaltsvorstand. Hier wirkt sich wiederum aus, dass Ausländer relativ häufiger in größeren Mehrpersonenhaushalten leben, was zu höherem Bruttobedarf und zu höherer Miete führt.

Die Bedeutung der Haushaltsstruktur wird offensichtlich, wenn der um die Miete bereinigte Bruttobedarf betrachtet wird. Die Werte liegen bei vergleichbaren Haushaltstypen und bei gleicher Personenzahl erwartungsgemäß sehr viel näher beieinander. Dennoch verbleiben Unterschiede zwischen deutschen und ausländischen Bedarfsgemeinschaften auch bei gleichen Haushaltsformen und -größen. Hierfür sind eventuelle Unterschiede in dem Alter der Kinder, Abweichungen im Mehrbedarf, in den Heizungskosten oder regionale Unterschiede (leichte Abweichung der Regelsätze zwischen den Bundesländern) verantwortlich zu machen. Für die Gesamtheit der Haushal-

[166] Dies sind nicht immer die gesamten kalten Wohnkosten. Aus der Wohngeldstatistik geht hervor, dass 1998 im früheren Bundesgebiet 22% der Empfänger von pauschaliertem Wohngeld keine vollständige Kostenkompensation erhielten. 1991 lag der Anteil noch bei 15%.

[167] Dieses Ergebnis beruht auf der Auswertung der Angaben in der 25%-Stichprobe der Soziahilfeempfängerstatistik.

te ist die Differenz auf Unterschiede in der Haushaltsstruktur (Haushaltstyp und Personenzahl) zurückzuführen.

Für die eigentlich interessierende Größe – den Nettoanspruch – spielt auch die Höhe des durchschnittlich angerechneten Einkommens eine Rolle. Hier kommen die Unterschiede in der Haushaltsstruktur ebenfalls zum Tragen. Generell gilt, dass mit der Anzahl der Personen in der Bedarfsgemeinschaft das durchschnittlich angerechnete Einkommen zunimmt. Hierzu trägt u.a. bei, dass die Höhe staatlicher Transfers wie Wohn- und Kindergeld, die für Sozialhilfeempfänger die mit Abstand häufigsten Haupteinkommen sind, mit zunehmender Personenzahl steigen. Eine Gegenüberstellung der Beträge der angerechneten Einkommen von ausländischen und deutschen Haushalten gleichen Typs zeigt, dass Bedarfsgemeinschaften mit einem deutschen Haushaltsvorstand im Mittel höhere angerechnete Einkommen haben als ausländische Bedarfsgemeinschaften. Für die Gesamtheit der Haushalte ergibt sich aber für Ausländer ein höherer Wert, weil hier Bedarfsgemeinschaften mit mehreren Personen und folglich dem Betrag nach höheren Einkommen stärker gewichtet sind.

Während sich in den Zahlbeträgen, also dem Bruttobedarf, der anerkannten Bruttokaltmiete, dem angerechneten Einkommen und dem Nettoanspruch beachtliche Unterschiede zwischen deutschen und ausländischen Bedarfsgemeinschaften zeigen, fallen bei der Betrachtung der Haupteinkommensarten die Differenzen zwischen Bedarfsgemeinschaften mit deutschem und ausländischem Haushaltsvorstand wenig spektakulär aus. Die mit weitem Abstand wichtigsten Haupteinkommen sind sowohl für Deutsche als auch für Ausländer das Wohngeld, gefolgt vom Kindergeld. Erwerbseinkommen sind für Ausländer etwas wichtiger als für Deutsche. Dafür spielen Unterhaltsleistungen und Renteneinkommen für Ausländer eine geringere Rolle als für Deutsche.

5.4 Zusammenfassung: Sozialhilferisiko ungleich verteilt

Das Sozialhilferisiko – gemessen an der Empfängerdichte – schwankt zwischen verschiedenen Bevölkerungsgruppen erheblich. Wird die Altersstruktur als Kategorisierungsgröße zu Grunde gelegt, dann springt die hohe Sozialhilfebetroffenheit von Minderjährigen ins Auge. Kleinkinder erhalten besonders häufig laufende Hilfe zum Lebensunterhalt. Mit zunehmendem Alter der Kinder sinkt die Häufigkeit des Hilfebezugs. Die Gründe für die hohe Betroffenheit liegen einerseits in der Familienform: Mehr als die Hälfte der deutschen Sozialhilfe beziehenden Kinder lebt in Haushalten von Alleinerziehenden. Andererseits spielt Arbeitslosigkeit zumindest eines Elternteils eine große Rolle. Dies gilt insbesondere für Kinder aus Paarhaushalten. In solchen Haushalten lebt der überwiegende Teil der ausländischen Kinder, die laufende Hilfe zum Lebensunterhalt beziehen.

Kinder leben mehrheitlich in Bedarfsgemeinschaften, für die die staatlichen Transfers Kindergeld und Wohngeld die wichtigsten Einkommensquellen sind. Wenn aus solchen Transfers das dem Betrag nach höchste Einzeleinkommen bezogen wird, dann dürfte das gesamte angerechnete Einkommen der Bedarfsgemeinschaft deutlich unter dem sozialhilferechtlichen Bedarf liegen, denn beide Transfers sind lediglich als Zuschuss gedacht und decken nicht annähernd die Kosten, die durch Kinder entstehen bzw. die auf das Wohnen entfallen. Etliche Kinder leben aber auch in Bedarfsgemeinschaften mit Erwerbseinkommen oder Arbeitslosenunterstützung als Haupteinkommensquelle. In diesen Fällen wird im Mittel ein höheres Einkommen angerechnet und der Anspruch ist geringer. Anspruch auf vergleichsweise geringe Leistungen von höchstens 400 DM haben mehr als ein Viertel aller Paarhaushalte mit Kindern, während dies für einen deutlich geringeren Anteil von Alleinerziehenden gilt.

Die Sozialhilfebetroffenheit von Kindern ließe sich durch eine Grundsicherung für bedürftige Minderjährige in Form eines einkommensabhängigen Kindergeldzuschlages merklich reduzieren. Allein durch die Aufstockung des Kindergeldes auf einen Mindestsicherungsbetrag von 600 DM pro Monat, könnten ca. 40% der Minderjährigen von der Sozialhilfe unabhängig werden. Auch die Sicherung der Erziehungsleistung für Kleinkinder außerhalb der Sozialhilfe ließe sich durch einen Erziehungsgeldzuschlag in angemessener Höhe für einen Elternteil regeln. In solch einem Fall könnten - bei Anrechnung des Erziehungsgeldes auf die Sozialhilfe - weitere 90.000 Minderjährige den Hilfebezug verlassen.

Die familiären Verpflichtungen insbesondere von Alleinerziehenden sind wesentlich für den höheren Anteil weiblicher Hilfeempfänger verantwortlich. Anders sieht es aus, wenn nur die potenziell zusätzlich dem Arbeitsmarkt zur Verfügung stehenden Empfänger laufender Hilfe zum Lebensunterhalt betrachtet werden. In dem mit den Daten der Sozialhilfestatistik berechneten Nettoarbeitskräftepotenzial, das wahrscheinlich durch einen hohen Anteil von Menschen mit besonderen sozialen Problem das „tatsächliche“ Arbeitsangebot erheblich überzeichnet, dominieren Männer. Geringe formale Qualifikation (höchstens Hauptschulabschluss und keine Berufsausbildung) ist bei Hilfeempfängern, die zum Nettoarbeitskräftepotenzial zählen, zwar vergleichsweise häufiger als in der Gesamtheit der Bevölkerung, dennoch gibt es auch etliche Leistungsbezieher, deren formale Qualifikationen nicht als niedrig einzustufen sind. Das Verhältnis von gering zu höher Qualifizierten beträgt ungefähr 1:2.

Die Haushaltsstruktur der zum Nettoarbeitskräftepotenzial zählenden Personen unterscheidet sich deutlich von der aller Hilfeempfänger der betrachteten Altersgruppe (18 bis 54 Jahre). Alleinerziehende verlieren an Bedeutung, Paarhaushalte und männliche Alleinlebende gewinnen am stärksten hinzu. Unter Anreizgesichtspunkten (potenzielles Einkommen) ist die vergleichsweise hohe Zahl alleinstehender Hilfeempfänger wenig plausibel oder zumindest erklärungsbedürftig. Die Vermutung, dass sich bei diesen Personen vermittlungshemmende Merkmale kumulieren, lässt sich mit den Daten der Sozialhilfeempfängerstatistik nicht belegen. Zwar treten Problemlagen wie

Wohnungslosigkeit, Sucht, Freiheitsentzug bzw. Haftentlassung bei Alleinstehenden, die zum Nettoarbeitskräftepotenzial zählen, verstärkt auf. Die Häufigkeit dieser Fälle steht aber in keinem Verhältnis zu der hohen Anzahl alleinstehender Hilfeempfänger. Selbst der beachtliche Unterschied zwischen männlichen und weiblichen Singles lässt sich mit den Angaben im Datensatz zu diesen eher männertypischen Problemlagen nicht erklären.

Ausländer tragen ein deutlich höheres Sozialhilferisiko als Deutsche. Dies lässt sich – wie aus anderen Untersuchungen bekannt – auf eine ungünstigere Haushaltstruktur und auf Defizite bei arbeitsmarktrelevanten Faktoren wie der Ausbildung zurückführen. Die Haushaltsstruktur von Bedarfsgemeinschaften mit ausländischen und deutschen Haushaltsvorständen unterscheidet sich. Ehepaare mit Kindern haben bei Ausländern ein deutlich höheres Gewicht. Dies wirkt sich auch auf den Erwerbsstatus aus: Nichterwerbstätigkeit wegen häuslicher Bindung hat für ausländische Hilfeempfänger nicht annähernd den Stellenwert wie für Deutsche. Für Ausländer ist Erwerbstätigkeit, Arbeitslosigkeit, aber auch Nichterwerbstätigkeit aus sonstigen Gründen relevanter. In der zuletzt genannten Kategorie dürften sich auch ausländertypische Beschränkungen in Bezug auf die Partizipation am Erwerbsleben (z.B. fehlende Arbeitserlaubnis) widerspiegeln. Der Anteil gering qualifizierter Hilfeempfänger ist bei Ausländern höher als bei Deutschen. Hier liegt ein Ansatzpunkt zur Verbesserung der Integrationschancen.

Die Betrachtungen sollten einen Eindruck von der Disparität der Empfängerstruktur liefern. Empfänger laufender Hilfe zum Lebensunterhalt sind nicht ausschließlich mit Standardkategorien wie: Alleinerziehend oder erwerbsfähig, aber nicht erwerbstätig zu beschreiben. Zwar wiederholen sich – nicht zuletzt durch die hier gesetzten Schwerpunkte Haushaltskontext und Erwerbsstatus – einzelne Aspekte für die disparaten Empfängergruppen immer wieder. Insgesamt zeigt sich aber ein durchaus differenziertes Bild. So auch in Bezug auf das Arbeitskräftepotenzial. Hier wird in der öffentlichen Debatte i.d.R. der männliche Alleinstehende unterstellt. Für diese Gruppe lässt sich leicht eine Senkung der Leistungen für arbeitsfähige Hilfeempfänger fordern: Da diese Empfänger wegen des erzielbaren Einkommens einen hohen Anreiz zur Arbeitsaufnahme haben, liegt der Verdacht des Missbrauchs nahe, dem - nach der gängigen Logik - durch Sanktionen in Form von Leistungskürzungen zu begegnen ist. Die Auswertungen haben aber gezeigt, dass dies nur eine kleine Teilmenge aller Hilfeempfänger ist, die in Bedarfsgemeinschaften von Personen leben, die zum Nettoarbeitskräftepotenzial zählen. Eine undifferenzierte Leistungskürzung würde auch die nicht leistungsfähigen Mitglieder der Bedarfsgemeinschaft treffen.

6 *Dauer des Hilfebezugs und Gründe für das Ende*[168]

Handelt es sich bei den Empfängern laufender Hilfe zum Lebensunterhalt vorwiegend um Menschen, die nur kurzfristig auf finanzielle staatliche Unterstützung angewiesen sind oder bildet sich eine Gruppe von dauerhaft Bedürftigen heraus, die letztendlich Gefahr laufen, ausgegrenzt zu werden? Fragen dieser Art stellen einerseits auf die zeitliche Dynamik ab, andererseits tangieren sie die Frage nach den Gründen für das Ende des Hilfebezugs. Zu beiden Aspekten, die tatsächliche Bezugsdauer und die Gründe für die Überwindung der Sozialhilfeabhängigkeit, liegen erstmals für das Erhebungsjahr 1999 bundesweit Daten der Zu- und Abgangsstatistik (Quartalstatistik) vor. Deren Ergebnisse werden im Folgenden ergänzt um Auswertungen der Bestandsstatistik zur noch laufenden Bezugsdauer, da mit diesem Datensatz Langzeitbezug besser abgebildet werden kann. Langzeitbezug wird hier mit einer Bezugsdauer von fünf Jahren und mehr gleichgesetzt. Als Langzeitbezieher sind alle Bedarfsgemeinschaften kategorisiert, für die mindestens ein Mitglied zum Stichtag 31.12.1998 seit fünf Jahren oder länger laufende Hilfe zum Lebensunterhalt erhalten hat.

Auf die zeitliche Dimension von Sozialhilfebetroffenheit stellt insbesondere die dynamische Armutsforschung ab. Die zentralen Ergebnisse der Bremer Untersuchungen waren: eine hohe Dynamik im Hilfebezug, kurze Bezugsperioden sind ausgesprochen häufig, eine große Anzahl von Hilfeempfänger, die lediglich auf die Gewährung vorrangiger Leistungen warten[169] und eine vergleichsweise geringe Bedeutung von Erwerbsarbeit als Grund für die Überwindung des Hilfebezugs. Im Folgenden geht es auch um die Frage, ob sich diese Befunde mit den Daten der Sozialhilfeempfängerstatistik bestätigen lassen. Dabei ist zu berücksichtigen, dass nicht sämtliche Ergebnisse der Bremer Untersuchungen mit der amtlichen Statistik reproduzierbar sind. Insbesondere liegen keine Angaben über einen eventuellen Mehrfachbezug vor. Daher markieren die erfassten Langzeitempfänger eher das untere Ende der tatsächlich über einen sehr langen Zeitraum auf laufende Hilfe zum Lebensunterhalt angewiesenen Personen bzw. Haushalte.

Einige methodische Anmerkungen sind zu ergänzen. Da die Ergebnisse der Quartalsstatistik nur in Form von Standardtabellen vorliegen, können die Bedarfsgemeinschaften nicht in der Art und Weise den verschiedenen Haushaltstypen zugeordnet werden, wie dies mit den Datensätzen der 25%-Stichprobe möglich ist. Um die Abgrenzungsunterschiede deutlich zu machen, wird im Folgenden der Begriff „Haushaltstyp" aus-

[168] Wesentliche Teile dieses Kapitels basieren auf Burmester 2001b.

[169] In der Terminologie der amtlichen Statistik sind dies Vorleistungsempfänger. Damit sind Personen bezeichnet, die laufende Hilfe zum Lebensunterhalt voraussichtlich nur als Vorleistung erhalten. Sie haben einen Antrag auf Gewährung vorrangiger Sozialleistungen wie bspw. Arbeitslosengeld oder Altersrente gestellt. Zur Überbrückung der Frist zwischen Antragstellung und Bewilligung der Leistungen sind sie auf laufende Hilfe zum Lebensunterhalt angewiesen.

schließlich für die in dieser Arbeit übliche Kategorisierung verwendet, in der nur die Bedarfsgemeinschaften den spezifizierten Typen zugeordnet sind, deren Personenzahl mit der Anzahl der Haushaltsmitglieder übereinstimmt. Demgegenüber berücksichtigt das Statistische Bundesamt bei seiner Kategorisierung ausschließlich die Angaben zur Bedarfsgemeinschaft. Der Haushaltsaspekt wird ignoriert. Diese Typologie wird im Folgenden als „Bedarfsgemeinschaftstyp" bezeichnet.

6.1 Dynamik im Hilfebezug: Unterjährige Fluktuation

Ende 1998 erhielten 1,49 Mio. Bedarfsgemeinschaften laufende Hilfe zum Lebensunterhalt außerhalb von Einrichtungen. Im Verlauf von 1999 endete für knapp 700.000 Bedarfsgemeinschaften der Hilfebezug. Gemessen an dem Jahresendbestand ist dies ein sehr hoher Anteil. Bei dieser Betrachtung bleibt aber unberücksichtigt, dass für eine ähnlich große Anzahl von Bedarfsgemeinschaften[170] der Hilfebezug neu begonnen hat. Werden sämtliche Bedarfsgemeinschaften in die Betrachtung einbezogen, die während des Jahres jemals laufende Hilfe zum Lebensunterhalt bezogen haben, dann ergibt sich eine Abgangsrate (Abgänge während des Jahres in % des Bestandes am Jahresanfang plus der Zugänge während des Jahres) von ca. 30%. Von allen Bedarfsgemeinschaften, die im Verlauf von 1999 jemals laufende Hilfe zum Lebensunterhalt bezogen haben, war also ein knappes Drittel am Jahresende nicht mehr im Hilfebezug[171]. Die Quoten weichen in Abhängigkeit vom Bedarfsgemeinschaftstyp stärker voneinander ab. Alleinstehende Männer (einzeln nachgewiesene männliche Haushaltsvorstände) und Ehepaare mit Kindern bilden die Gruppe mit der größten Fluktuation. Das andere Extrem, Haushalte mit unterdurchschnittlicher Fluktuation, sind alleinstehende Frauen (einzeln nachgewiesene weibliche Haushaltsvorstände) und alleinerziehende Frauen. Auffallend sind die Unterschiede zwischen alleinstehenden Männern und Frauen. Während für jeden dritten einzeln nachgewiesenen männlichen Haushaltsvorstand der Hilfebezug im Jahr 1999 endete, galt dies nur für jeden vierten einzeln nachgewiesenen weiblichen Haushaltsvorstand.

Insgesamt zeigt sich an diesen Daten, die nur die „echten" Zu- und Abgänge berücksichtigen, dass eine erhebliche Dynamik im Hilfebezug enthalten ist. Dies lässt sich an den Bestandsdaten nicht erkennen; die am Jahresende erfasste Anzahl an Hilfeempfängern bzw. Bedarfsgemeinschaften ändert sich von Jahr zu Jahr i.d.R. nur geringfügig. Unsichtbar bleibt, dass sich hinter den aggregierten Bestandsangaben offensichtlich unterschiedliche Fälle verbergen. Im Umkehrschluss bedeutet dies: Die Anzahl

[170] In der Statistik ist ein höherer Anteil von Zugängen ausgewiesen, was aber aufgrund der Jahresenderhebung (rückläufige Bestandszahlen) nicht möglich sein kann. Dies ist nur ein Beispiel für bestehende Schwachstellen der Quartalsstatistik, deren Ergebnisse daher auch nicht zu punktgenau interpretiert werden sollten.

[171] Eine Bereinigung um eventuelle Mehrfachbezüge ist nicht möglich.

der Personen, die während des Jahres auf laufende Hilfe zum Lebensunterhalt angewiesen sind, ist sehr viel größer, als dies durch die punktuelle Erfassung des Bestandes nahegelegt wird. Da Einzelne durchaus mehrfach im Jahr HLU-Leistungen in Anspruch nehmen können, ist die Anzahl der unterjährigen Hilfeempfänger nicht exakt zu ermitteln. Lässt man die auf diese Fälle zurückzuführende Überschätzung der Fluktuation unberücksichtigt, dann ergibt sich der Befund, dass die Anzahl der Bedarfsgemeinschaften, die während des Gesamtjahres 1999 jemals laufende Hilfe zum Lebensunterhalt erhalten haben, um fast 50% höher ist, als der ausgewiesene Jahresendbestand. In den neuen Bundesländern ist die Dynamik höher als im früheren Bundesgebiet. Bei Männern ist sie höher als bei Frauen. In den neuen Bundesländern ist sie zudem bei Deutschen höher als bei Ausländern. Für das frühere Bundesgebiet lässt sich dies nicht bestätigen. Hier hatten 1999 Ausländer sogar eine leicht höhere Abgangsrate als Deutsche.

6.2 Bezugsdauer: vorübergehende Notlage oder dauerhafter Hilfebezug?

Von den Abgangsraten kann kein direkter Schluss auf die Bezugsdauer gezogen werden. Es liegt die Vermutung nahe, dass Haushaltsformen mit einer hohen Abgangsrate eine geringe Bezugsperiode haben. Dieser Zusammenhang lässt sich aber nur in der Tendenz und nicht für alle Haushaltstypen nachweisen. Augenfällig wird dies bei „einzeln nachgewiesenen männlichen Haushaltsvorständen". Alleinstehende Männer haben die höchste Abgangsrate aus dem Hilfebezug; ein großer Teil von ihnen verlässt den Hilfebezug sehr schnell wieder. Im Vergleich zu anderen Bedarfsgemeinschaftstypen, für die der Hilfebezug endet, haben sie aber keineswegs die im Mittel kürzeste Bezugsdauer. In der quantitativ sehr bedeutenden Gruppe der einzeln nachgewiesenen männlichen Haushaltsvorstände sind offensichtlich etliche Fälle mit sehr langem Hilfebezug enthalten und dies drückt die mittlere Bezugsdauer dieser Gruppe nach oben. Ganz anders sieht es bei alleinstehenden Frauen aus. Deren Abgangsrate ist unterdurchschnittlich bei einer überdurchschnittlich langen Bezugsdauer. Bei den Bedarfsgemeinschaften mit und ohne Minderjährigen stellen sich die vermuteten Beziehungen auf den Kopf. Hier korrespondieren unterdurchschnittliche Abgangsraten mit unterdurchschnittlichen Bezugsdauern (Bedarfsgemeinschaften mit Personen unter 18 Jahren) und umgekehrt. Diese Ergebnisse machen deutlich, dass Angaben zur Bezugsdauer durchaus weitergehende Erkenntnisse liefern als die zur Dynamik des Hilfebezugs.

Angaben über die Bezugsdauer liegen nicht nur in der Quartalsstatistik vor (abgeschlossene Bezugsperioden), sondern ebenfalls in der Bestandsstatistik (anhaltende Bezugsperioden). Unabhängig von der Quelle des Nachweises handelt es sich immer ausschließlich um die Dauer der aktuellen Bezugsperiode. Frühere Zeiten des Hilfebezugs, die u.U. nur kurz zurückliegen, sind nicht berücksichtigt. Langzeitbezug, sofern er von eventuell nur kurzen Perioden z.B. der Erwerbstätigkeit unterbrochen ist, wird damit in der amtlichen Statistik unterschätzt. Aber nicht nur Unterbrechungen des Hilfebezugs führen zu dem Beginn einer neuen Bezugsperiode. Auch jede Änderung in der Zusammensetzung der Bedarfsgemeinschaft (z.B. Volljährigkeit eines Kindes, Ehe usw.) konstituiert eine neue Bedarfsgemeinschaft, und damit beginnt die Bezugsdauer von vorn. In solchen Fällen unterschätzt die ausgewiesene bisherige Dauer des Hilfebezugs für die Bedarfsgemeinschaft in der aktuellen Zusammensetzung die „tatsächliche" Bezugsdauer (mindestens eines Teils) der Hilfeempfänger. Um diese „Unterschätzung" zu korrigieren, wird in der Bestandsstatistik ergänzend die längste bisherige Dauer der ununterbrochenen Hilfegewährung für mindestens ein Mitglied der Bedarfsgemeinschaft angegeben[172]. Die Angaben in der Quartalsstatistik beziehen sich ausschließlich auf die kürzere Periode.

6.2.1 Bezugsdauer von HLU-Empfänger-Haushalten und Bedarfsgemeinschaften

Die beiden in der Bestandsstatistik - und entsprechend in der 25%-Stichprobe - nachgewiesenen Bezugsdauern weichen nur voneinander ab, wenn sich die Zusammensetzung der Bedarfsgemeinschaft geändert hat. Die Wahrscheinlichkeit für Änderungen in der Zusammensetzung sind nicht für alle Haushaltstypen identisch. Zudem dürfte die Änderungswahrscheinlichkeit mit zunehmender Dauer des Hilfebezugs steigen. Für die weit überwiegende Mehrheit der Bedarfsgemeinschaften, die zum Jahresende 1998 laufende Hilfe zum Lebensunterhalt erhalten haben, stimmt die bisherige mit der längsten Bezugsdauer überein. Anders ausgedrückt: Nur 22% der Bedarfsgemeinschaften, für die der Hilfebezug noch anhält, haben sich in der Zusammensetzung und damit auch in ihrer Haushaltsform geändert. Die Unterscheidung nach Haushaltstypen liefert stärkere Abweichungen von diesem Durchschnittswert. Am seltensten (in der relativen Betrachtung) leben alleinstehende männliche Hilfeempfänger in einer veränderten Bedarfsgemeinschaft (11% aller männlichen alleinstehenden Hilfeempfänger), gefolgt von alleinstehenden Frauen (15%) und kinderlosen Paaren (18%). Für Alleinstehende ab 65 Jahre trifft die Bedingung relativ häufiger zu. Hierbei dürfte es sich vorwiegend um Haushalte handeln, die zuvor mit einem Partner zusammengelebt haben, wobei sie schon zum damaligen Zeitpunkt laufende Hilfe zum Lebensunterhalt erhalten haben müssen[173]. Am höchsten ist der Anteil von Bedarfsgemeinschaften mit veränderter Zusammensetzung in Familien mit Kindern. Für 31% der Alleinerziehenden trifft dies zu und für 35% der Paare mit Kindern. Mit zunehmender Kinderzahl steigt der Anteil der Haushalte, deren Zusammensetzung sich geändert hat. Hier schla-

[172] Diese Frist auf alle Mitglieder der Bedarfsgemeinschaft übertragen, führt tendenziell zu einer Überschätzung der Bezugsdauer. Dies gilt z.B. in den Fällen, in denen eine neue Bedarfsgemeinschaft durch Heirat zustande gekommen ist, nicht aber, wenn sich die Bedarfsgemeinschaft durch Volljährigkeit eines Kindes geändert hat.

[173] Hinweise darauf, wie die Bedarfsgemeinschaften zuvor zusammengesetzt waren, welche Haushaltstypen sich also in welche verändert haben, gibt die Statistik nicht, da hier nur der Bestand zum Erhebungszeitpunkt nachgewiesen ist.

gen sich vermutlich insbesondere Änderungen in der Anzahl der minderjährigen Kinder (Volljährigkeit oder Geburt eines Kindes) nieder.

Trotz dieser haushaltsspezifischen Unterschiede bleibt als Urteil festzuhalten, dass sich für die weit überwiegende Zahl der in der Bestandsstatistik nachgewiesenen Bedarfsgemeinschaften die Zusammensetzung nicht geändert hat. 40% dieser Bedarfsgemeinschaften haben eine bisherige Bezugsdauer von weniger als einem Jahr. Bei der anderen Gruppe, also den Bedarfsgemeinschaften mit geänderter Zusammensetzung, dominiert als bisherige Dauer der ununterbrochenen Hilfegewährung erwartungsgemäß die längere Frist. 55% dieser Bedarfsgemeinschaften hatten 1998 eine längste Bezugsdauer von mindestens drei Jahren. Auch in der durchschnittlichen (noch anhaltenden) Bezugsdauer[174] unterscheiden sich beide Gruppen sehr viel stärker als dies in der üblichen Betrachtung zum Ausdruck kommt, in der die zwei Gruppen gemischt werden. Für die 78% aller Bedarfsgemeinschaften mit unveränderter Zusammensetzung liegt diese Bezugsdauer im Mittel bei 30 Monaten, die sehr viel kleinere Gruppe von Bedarfsgemeinschaften mit veränderter Zusammensetzung kommt hingegen auf fast 57 Monate.

Die abgeschlossenen Bezugsperioden (Quartalsstatistik) sind deutlich kürzer als die in der Bestandsstatistik ausgewiesenen Bezugsdauern der Bedarfsgemeinschaften, die sich nach wie vor im Hilfebezug befinden. Tabelle 6.1 gibt einen Überblick über die unterschiedliche Länge der Perioden, wie sie in den Tabellen des Statistischen Bundesamtes zu finden sind (Abgrenzung: Typ der Bedarfsgemeinschaft). In der ersten Spalte sind die Ergebnisse der Quartalsstatistik dargestellt. Die Angaben beziehen sich folglich nur auf die Bedarfsgemeinschaften, die den Hilfebezug im Jahr 1999 verlassen haben. Sofern es im Laufe des Jahres für einzelne Bedarfsgemeinschaften einen wiederholten Hilfebezug gab, sind diese Fälle mehrfach berücksichtigt. Die Angaben in den beiden folgenden Spalten beziehen sich auf eine andere Grundgesamtheit: alle Bedarfsgemeinschaften, für die der Hilfebezug am Jahresende 1998 noch anhielt. Zunächst ist die bisherige Dauer der Hilfegewährung für die Bedarfsgemeinschaften in der aktuellen Zusammensetzung ausgewiesen, anschließend die Werte für die längste bisherige Dauer der ununterbrochenen Hilfegewährung an mindestens ein Mitglied der Bedarfsgemeinschaft. Um die Vergleichbarkeit mit der Quartalsstatistik zu gewährleisten, wurde für diese Tabelle die vom Statistischen Bundesamt gewählte Kategorisierung nach Bedarfsgemeinschaftstypen übernommen. Die durchschnittliche Dauer des Hilfebezugs unterscheidet sich in Abhängigkeit von der verwendeten Statistik erheblich. So lag die mittlere anhaltende Bezugsdauer für alle Bedarfsgemeinschaften im

[174] Die durchschnittliche Bezugsdauer wird – analog zu den Darstellungen des Statistischen Bundesamtes – als arithmetisches Mittel berechnet. In den Längsschnittuntersuchungen zum Sozialhilfebezug ist als mittlere Bezugsdauer hingegen der Median angegeben (Andreß 1994: 89, Buhr/Weber 1996: 16), die Bezugsdauer also, bis zu der 50% der Empfänger im Hilfebezug bleiben.

Hilfebezug am Jahresende 1998 bei 28 Monaten. Die Bedarfsgemeinschaften, die 1999 den Hilfebezug überwunden haben, erhielten im Durchschnitt hingegen nur gut 15 Monate laufende Hilfe zum Lebensunterhalt. Bei den Abgängen fallen also erwartungsgemäß kurze Bezugsperioden sehr viel stärker ins Gewicht als in der Bestandserhebung.

Tabelle 6.1 Dauer des Bezugs laufender Hilfe zum Lebensunterhalt nach Typ der Bedarfsgemeinschaft (1999 bzw. 1998)

Typ der Bedarfsgemeinschaft	Beendeter Hilfebezug	Anhaltender Hilfebezug	
		Bisherige Dauer	Längste bish. Dauer
	1999	1998	
	Monate		
Einzeln nachgew.Haushaltsvorstände			
männlich	14,3	27,8	32,0
weiblich	19,9	40,9	50,2
Haushaltsvorstände mit Kind			
männlich	12,6	20,3	28,4
weiblich	16,8	22,1	31,3
Ehepaare ohne Kind	15,8	29,0	36,1
Ehepaare mit Kind(ern)	11,9	17,8	27,2
Nichtehel.Lebensgem.ohne Kind	12,1	27,7	34,7
Nichtehel.Lebensgem.mit Kind(ern)	11,4	17,1	26,1
Bedarfsg. ohne HH-Vorstand	14,1	28,2	33,4
Sonstige	16,2	21,6	30,4
Insgesamt	15,4	28,0	35,7

Erläuterungen: Beendeter Hilfebezug bezieht sich auf die Ergebnisse der Quartalsstatistik, anhaltender Hilfebezug auf die der Bestandstatistik. Hier ist für alle Bedarfsgemeinschaften zunächst die bisherige Dauer der Hilfegewährung, dann die bisherige Dauer der ununterbrochenen Hilfegewährung für mindestens ein Mitglied der Bedarfsgemeinschaft ausgewiesen (längste bisherige Dauer).

Quelle: Statistisches Bundesamt, Fachserie 13 Reihe 2 Sozialhilfe und Tabellen der Zu- und Abgangsstatistik der Empfänger laufender Hilfe zum Lebensunterhalt

Das Risiko, längere Zeit auf den Hilfebezug angewiesen zu sein[175], schwankt in Abhängigkeit vom Bedarfsgemeinschaftstyp (vgl. Graphik 6.1). Im Mittel die kürzeste Bezugsdauer haben Bedarfsgemeinschaften von Paaren mit Kindern. Am längsten erhalten alleinstehende Frauen Sozialhilfe im engeren Sinne. Der Mittelwert dieser Gruppe wird durch den vergleichsweise hohen Anteil älterer Frauen im Hilfebezug nach oben gezogen, die i.d.R. geringe Renten über einen sehr langen Zeitraum aufgestockt bekommen. Sie fallen in den Bestandsdaten stärker ins Gewicht als in der Quartalsstatistik, die durch die vielen alleinstehenden Hilfeempfängerinnen dominiert ist, die bereits nach kurzer Zeit wieder von der Sozialhilfe unabhängig werden und in der Bestandsstatistik häufig gar nicht auftauchen. Entsprechend stark unterscheiden sich

[175] Andreß (1994) spricht in diesem Zusammenhang vom Verbleibrisiko (im Unterschied zum Zugangsrisiko). Er betrachtet eine Reihe von Determinanten für die Dauer des Hilfebezugs (Andreß 1994: 87), zu denen neben der Haushaltsstruktur der Arbeitsmarkt und das soziale Sicherungssystem zählen.

die in den beiden Statistiken ausgewiesenen mittleren Bezugsdauern. Bemerkenswert eng liegen die Durchschnittswerte aus beiden Statistiken hingegen für alleinerziehende Frauen beieinander. Der Quartalstatistik ist zu entnehmen, dass von diesen Bedarfsgemeinschaften nur vergleichsweise wenige eine ausgesprochen kurze Bezugsperiode haben. Dies unterscheidet sie von Zwei-Eltern-Familien, von denen ein größerer Teil den Hilfebezug bereits wieder nach kurzer Zeit verlässt.

Graphik 6.1 Bezugsdauer nach Haushaltstyp (1998)

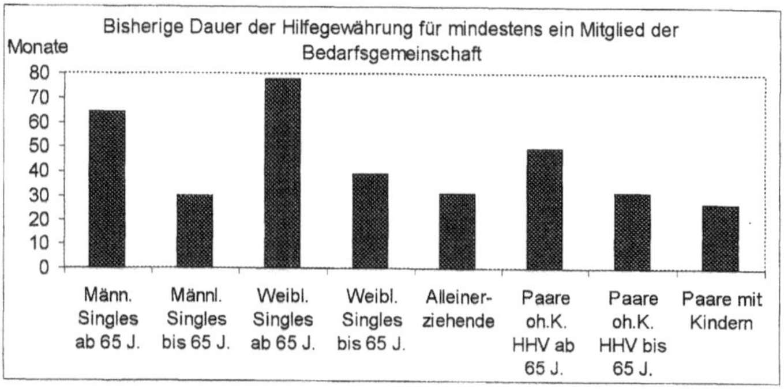

Erläuterungen: Single = Alleinstehende, oh.K. = ohne Kind, HHV = Haushaltsvorstand
Quelle: 25%-Stichprobe der Sozialhilfeempfängerstatistik, eigene Berechnungen

Die personenbezogene Auswertung der Dauer des Hilfebezugs liefert den Befund, dass Frauen im Durchschnitt eine längere Bezugsdauer haben als Männer, junge Erwachsene (18 bis 30 Jahre) vergleichsweise kurze Bezugsperioden aufweisen, während ältere Menschen im Mittel überdurchschnittlich lange laufende Hilfe zum Lebensunterhalt erhalten. Im Haushaltskontext verwischen diese personenspezifischen Besonderheiten. Um den Effekt der besonders langen Bezugsdauer von Personen im Rentenalter in der Haushaltsauswertung zu berücksichtigen, können mit Hilfe der Daten der 25%-Stichprobe die Haushaltstypen weiter differenziert werden. Wird für Alleinstehende und kinderlose Paare nach dem Alter des Haushaltsvorstandes (unter 65 Jahre und 65 Jahre und älter) unterschieden, dann führt dies zu dem Ergebnis, dass Haushalte mit Vorständen im Rentenalter eine besonders lange Bezugsdauer haben. Haushalte mit minderjährigen Kindern sind hingegen am anderen Ende der Skala angesiedelt. Sie beziehen vergleichsweise kurze Zeit laufende Hilfe zum Lebensunterhalt. Dies gilt in stärkerem Maße für Zwei- als für Ein-Eltern-Familien.

6.2.2 Kurzzeitbezug häufig, aber nicht die dominierende Frist

Die durchschnittliche Bezugsdauer lässt keinen direkten Schluss darauf zu, von welcher Bedeutung ein nur kurzzeitiger oder ein sehr lange anhaltender Hilfebezug ist. In den Bremer Studien wurde ein Kurzzeitempfängeranteil von über 70% ermittelt. Hierbei handelt es sich um Bedarfsgemeinschaften mit einer Bezugsperiode von weniger als einem Jahr. Der ausgewiesene Anteil bezieht sich auf die einzelnen Episoden (keine Netto- oder Bruttobezugsdauer), denn nur diese Größe ist mit den Daten der Sozialhilfestatistik vergleichbar. Bei der Identifizierung der Kurzzeitempfänger in der Sozialhilfestatistik tauchen einige Probleme auf. In der Bestandsstatistik lässt sich Kurzzeitbezug nicht adäquat abbilden. Hilfeempfänger, die während des Jahres und nur für eine kurze Zeit laufende Hilfe zum Lebensunterhalt bezogen haben, sind in der Stichtagsbetrachtung nicht zwingend nachgewiesen. Für diese Empfängergruppe erscheinen daher die Informationen aus der Zu- und Abgangsstatistik sehr viel aussagefähiger.

Die Quartalsstatistik (Abgangsstatistik) liefert den Befund, dass von den 694.000 Bedarfsgemeinschaften, für die 1999 – vorrübergehend oder dauerhaft – der Hilfebezug endete, weit mehr als die Hälfte (63,5%) weniger als ein Jahr laufende Hilfe zum Lebensunterhalt erhielten. In welchem Verhältnis aber steht die Anzahl der Kurzzeitempfänger zur Gesamtheit der Bedarfsgemeinschaften, die während des Jahres laufende Hilfe zum Lebensunterhalt erhalten haben? Diese Größe, die als Kurzzeitempfängerquote bezeichnet werden kann, ist nur näherungsweise zu ermitteln. Die Information über die beendeten Bezugsperioden liegen in der Abgangsstatistik vor. Es fehlt aber der Bestand an Kurzzeitempfängern am Jahresende (1999). Sie sind nicht zu identifizieren, da sich erst nach Beendigung des Bezugs herausstellt, wie lange er gedauert hat. Bei den Bedarfsgemeinschaften, die zum Beispiel in der zweiten Jahreshälfte erstmals Sozialhilfe beziehen und die am Jahresende immer noch Leistungen erhalten, ist ungewiss, ob sie Kurzzeitempfänger sind. Für sie ist die hier angesetzte Ein-Jahres-Frist als Kriterium für den Kurzzeitbezug noch nicht abgelaufen.

In Tabelle 6.2 sind drei verschiedene Varianten von Kurzzeitempfängerquoten angegeben, die sich mit der Sozialhilfestatistik ermitteln lassen. Bei der ersten Quote handelt es sich um den Anteil der Bedarfsgemeinschaften, die im Verlauf von 1999 den Hilfebezug nach einer Dauer von weniger als einem Jahr verlassen haben an allen Bedarfsgemeinschaften, die im Verlauf von 1999 jemals laufende Hilfe zum Lebensunterhalt erhielten (Jahresfallzahlen = Summe aus Jahresendbestand 1998 plus der „echten" Zugänge 1999). Die so abgegrenzte Kurzzeitempfängerquote beläuft sich auf gerade einmal 20%. Sie schwankt zwischen 14% für Bedarfsgemeinschaften von weiblichen Haushaltsvorständen mit Kind und 25% für Ehepaare mit Kindern. Einzeln nachgewiesene männliche Haushaltsvorstände haben mit 24% eine vergleichbar hohe Kurzzeitempfängerquote. Höher sind die Werte, wenn die Abgänge ausschließlich auf den Bestand am Jahresende 1998 bezogen werden, die Zugänge im Verlauf von 1999 also unberücksichtigt bleiben. Die so berechnete Quote weist einen Kurzzeitempfängeranteil von 30% aus. Auch nach dieser Berechnung haben weibliche Haushaltsvorstände mit Kind den geringsten Kurzzeitempfängeranteil. Den Gegenpol bilden einzeln nachgewiesene männliche Haushaltsvorstände. Ehepaare mit Kindern sind gemessen am Vorjahresendbestand hingegen etwas weniger häufig Kurzzeitempfänger. Diese

Verschiebung in der Rangordnung veranschaulicht nochmals, dass sich die einzelnen Haushaltstypen auch in der unterjährigen Fluktuation unterscheiden (siehe oben). Die höchsten Anteile für vermeintliche Kurzzeitempfänger ergeben sich, wenn die Daten der Bestandsstatistik zu Grunde gelegt werden. Hierbei handelt es sich allerdings um den am wenigsten aussagefähigen Indikator.

Tabelle 6.2 Kurzzeitempfängerquoten in verschiedenen Abgrenzungen nach Typ der Bedarfsgemeinschaft (1999 bzw. 1998)

Typ der Bedarfsgemeinschaft	BG mit Dauer des Hilfebezugs von weniger als 12 Monaten		
	Abgänge aus Hilfebezug		Anhaltender Hilfebezug
	in % der Jahresfallzahl 1999	in % des Bestandes JE 1998	Bestand JE 1998
	%-Anteil an allen BG des jeweiligen Typs		
Einzeln nachgew.Haushaltsvorstände			
männlich	24,4	39,9	34,2
weiblich	14,9	20,9	26,8
Haushaltsvorstände mit Kind			
männlich	23,9	39,0	41,6
weiblich	13,9	19,6	35,0
Ehepaare ohne Kind	17,3	25,1	31,1
Ehepaare mit Kind(ern)	24,5	37,5	42,0
Nichtehel.Lebensgem.ohne Kind	21,8	35,1	36,1
Nichtehel.Lebensgem.mit Kind(ern)	21,1	31,3	44,8
Sonstige	24,5	40,4	38,7
Insgesamt	19,7	29,7	34,3

Erläuterungen: In den ersten beiden Spalten sind die Kurzzeitempfängerquoten auf Basis der abgeschlossenen Bezugsperioden (Abgangsstatistik) berechnet. In der dritten Spalte ist der Bestand an Hilfeempfängern mit bis zum Erhebungszeitpunkt kurzer Dauer des Hilfebezugs (unter einem Jahr) berücksichtigt.

Quelle: Statistisches Bundesamt, Fachserie 13 Reihe 2 Sozialhilfe und Tabellen der Zu- und Abgangsstatistik der Empfänger laufender Hilfe zum Lebensunterhalt

Aufgrund der oben skizzierten Probleme bei der Identifizierung der Kurzzeitempfänger geben die in Tabelle 6.2 dargestellten Ergebnisse nur einen groben Anhaltspunkt über das tatsächliche Ausmaß des Kurzzeitbezuges. Einerseits gehen die Kurzzeitempfänger im Bestand nicht in die Berechnung ein, andererseits kann eine gewisse Untererfassung der Zu- und Abgänge nicht ausgeschlossen werden. Abweichungen sind zudem bei den einzelnen Bedarfsgemeinschaftstypen zu vermuten, denn hier lässt sich der Bestand nicht adäquat fortschreiben. Dennoch lässt sich als Fazit festhalten, dass sich ein ähnlich hoher Anteil von Kurzzeitempfängern, wie er in den Bremer Studien ermittelt wurde, in der Sozialhilfestatistik nicht feststellen lässt. Dieser Teil der Ergebnisse der dynamischen Armutsforschung ist nach aktueller Datenlage zu relativieren. Die Gründe für die Unterschiede dürften insbesondere in der gesunkenen Bedeutung der „Wartefälle“ zu suchen sein. Eine raschere Bearbeitung von Anträgen auf vorrangige Sozialleistungen bewirkt, dass weniger Menschen zur Überbrückung der Wartezeit auf laufende Hilfe zum Lebensunterhalt angewiesen sind.

6.2.3 Langzeitbezug und Erwerbsstatus

Im Unterschied zum Kurzzeitbezug wird eine mehrjährige Periode des Hilfebezugs als besonders brisant angesehen, wenngleich es sich auch in solchen Fällen um temporäre finanzielle Notlagen handeln kann. Als Beispiel ist hier an Alleinerziehende zu denken. Wie lange deren Hilfebezug dauert, hängt u.a. vom Alter der Kinder und dem Betreuungsaufwand ab. In diesen Fällen kann selbst ein mehrjähriger Hilfebezug vorübergehend sein. Dies ist aber nicht die eigentliche Problemgruppe. Bedenklich ist Langzeitbezug insbesondere dann, wenn dadurch die Chancen geringer werden, ein Leben unabhängig von dieser Form staatlicher Unterstützung führen zu können, sei es durch Stigmatisierung, durch Verhaltensänderungen, durch den Verlust sozialer Kompetenz, durch Dequalifizierung oder andere Formen psychischer oder sozialer Beeinträchtigungen, die mit einem länger andauernden Hilfebezug einhergehen können. Im Extremfall kann langanhaltender Hilfebezug zu dauerhafter Ausgrenzung führen[176].

Langzeitempfänger, die mindestens fünf Jahre laufende Hilfe zum Lebensunterhalt beziehen, lassen sich in der Sozialhilfestatistik nur unzureichend identifizieren. Dies hängt einerseits daran, dass ein eventueller Mehrfachbezug nicht erfasst wird. Andererseits ist in der Bestandsstatistik nicht zu erkennen, wie viele der Bedarfsgemeinschaften mit einer kürzeren Bezugsdauer letztendlich zu Langzeitempfängern werden, denn der Hilfebezug ist ja noch nicht abgeschlossen. Beide Effekte führen zu einer „Untererfassung" der Langzeitbezieher in der amtlichen Statistik. Wenig hilfreich ist es, die Zu- und Abgangsstatistik zur Quantifizierung des Langzeitbezugs heranzuziehen. Hier dominieren die Kurzzeitbezieher, und alle Langzeitfälle, die sich noch im Hilfebezug befinden, blieben bei Verwendung der Quartalsstatistik unberücksichtigt. Daher wird Langzeitbezug im Folgenden auf Basis der Bestandsstatistik betrachtet: Als Langzeitempfänger sind alle Bedarfsgemeinschaften spezifiziert, die sich im Hilfebezug befinden (Bestandsstatistik) und deren bisherige Bezugsdauer die gesetzte Grenze von fünf Jahren überschritten hat.

Besonders häufig sind Alleinstehende im Rentenalter und Paare mit einem Haushaltsvorstand von 65 Jahren und älter unter den Langzeitempfängern zu finden. Für die Menschen im Rentenalter ist die Wahrscheinlichkeit, die Sozialhilfeabhängigkeit zu überwinden, nahezu aussichtslos. Was aber ist mit den Bedarfsgemeinschaften mit einem Haushaltsvorstand im erwerbsfähigen Alter (15 bis 64 Jahre)? Knapp 360.000 Empfänger laufender Hilfe zum Lebensunterhalt lebten 1998 in solchen Bedarfsgemeinschaften mit einem Haushaltsvorstand im erwerbsfähigen Alter und einer längsten bisherigen Bezugsdauer für mindestens ein Mitglied der Bedarfsgemeinschaft von fünf

[176] Zur Charakterisierung von Ausgrenzung ist nicht allein die Einkommenssituation bzw. der Sozialhilfebezug und auch nicht ausschließlich die Dauer solcher Unterversorgungslagen maßgeblich. Die Dauer von Hilfebedürftigkeit kann aber als eines von mehreren Kriterien zur Identifizierung von Marginalisierung herangezogen werden (vgl. Hauser 2000).

Jahren oder länger. Tabelle 6.3 gibt für diese Hilfeempfänger einen Überblick über die Verteilung nach Haushaltstyp und Erwerbsstatus des Haushaltsvorstandes. Ergänzend ist dort angegeben, wie sich alle Empfänger (unabhängig von der Dauer des Hilfebezugs) in Bedarfsgemeinschaften mit einem Haushaltsvorstand im erwerbsfähigen Alter nach Haushaltstyp und Erwerbsstatus zuordnen lassen. Der Vergleich mit allen Empfängern in Bedarfsgemeinschaften mit einem Haushaltsvorstand im erwerbsfähigen Alter zeigt keine sehr großen Unterschiede in der Haushaltsstruktur beider Gruppen von Hilfeempfängern. Alleinstehende Frauen sind – im Unterschied zu männlichen Singles – unter den Langfristempfängern leicht überrepräsentiert. Auch Hilfeempfänger in Ein-Eltern-Familien befinden sich überdurchschnittlich häufig im Langzeitbezug. Die Gegenposition nehmen Mitglieder von Paarhaushalten ein, die unter den Langfristempfängern deutlicher unterrepräsentiert sind.

Tabelle 6.3 Hilfeempfänger in Haushalten mit einer längsten Bezugsdauer von mindestens 5 Jahren und einem Haushaltsvorstand im erwerbsfähigen Alter (15-64 Jahre) nach dem Erwerbsstatus des Haushaltsvorstandes (1998)

Haushaltstyp	Erwerbs-tätig	Arbeits-los	Sonst. NET	darunter: Häusl.B.	darunter: Gesundh.	Insge-samt	Nachrichtl. alle BG
	%-Anteil an allen Hilfeempfängern mit Langzeitbezug						% aller HLUE
Alleinstehende Männer	0,5	4,1	4,9	0,0	2,5	9,5	10,6
Alleinstehende Frauen	0,9	2,7	7,8	0,3	3,6	11,4	8,4
Alleinerziehende Männer	0,1	0,3	0,4	0,2	0,1	0,8	0,8
Alleinerziehende Frauen	4,7	4,6	23,8	15,9	0,8	33,1	32,3
Ehepaare ohne Kind	0,3	1,8	2,8	0,0	1,3	4,9	5,5
Ehepaare mit Kind(ern)	3,5	9,6	6,5	1,3	1,3	19,6	25,5
NEL ohne Kind	0,2	0,4	0,7	0,1	0,2	1,2	1,2
NEL mit Kind(ern)	0,4	0,8	1,5	0,9	0,1	2,7	3,8
Sonstige	2,0	4,8	9,9	3,8	1,7	16,7	12,0
Insgesamt	12,5	29,2	58,3	22,6	11,6	100,0	100,0
Nachrichtlich:	% aller HLU-Empfängern in BG mit HH-Vorstand im erwerbsfähigen Alter						
Alle HLU-Empfänger in BG mit HH-Vorstand 15-64 Jahre	11,4	44,1	44,5	20,8	5,8	100,0	

Erläuterung: Berücksichtigt sind alle Hilfeempfänger in Bedarfsgemeinschaften mit einer längsten Dauer der Hilfegewährung für mindestens ein Mitglied der Bedarfsgemeinschaft von fünf Jahren und mehr. Nachrichtlich sind die Anteile für alle Hilfeempfänger (HLUE) in Bedarfsgemeinschaften mit einem Haushaltsvorstand im erwerbsfähigen Alter unabhängig von der Bezugsdauer angegeben.

Abkürzungen: NET = nicht erwerbstätig, Häusl.B. = nicht erwerbstätig wegen häuslicher Bindung, Gesundh. = nicht erwerbstätig wegen gesundheitlicher Beeinträchtigungen, BG = Bedarfsgemeinschaft, HLUE = Empfänger laufender Hilfe zum Lebensunterhalt, HH = Haushalt

Quelle: 25%-Stichprobe der Sozialhilfeempfängerstatistik, eigene Berechnungen

Während sich die Haushaltszusammensetzung von Langzeitbeziehern nicht übermäßig von der aller Hilfeempfänger unterscheidet, fallen in Bezug auf den Erwerbsstatus zwischen den beiden Gruppen Unterschiede ins Auge. So gibt es unter den Langzeitbeziehern in der relativen Betrachtung weit weniger Arbeitslose als in der Gesamtheit der Hilfeempfänger in Bedarfsgemeinschaften mit einem Haushaltsvorstand im erwerbsfähigen Alter. Demgegenüber ist der Anteil der aus gesundheitlichen Gründen

Nichterwerbstätigen unter den Langzeitempfängern sehr viel höher. Diese Problemlage trifft insbesondere alleinstehende Langzeitbezieher. Für 30% der alleinlebenden Frauen und für 26% der alleinstehenden Männer im erwerbsfähigen Alter mit Langzeitbezug sind gesundheitliche Beeinträchtigungen als Grund für die Nichterwerbstätigkeit angegeben. Hier zeigt sich, dass fehlender Arbeitsanreiz nicht für alle Hilfeempfänger im erwerbsfähigen Alter die zutreffende Diagnose ist.

Unter den Langzeitempfängern befinden sich neben den skizzierten Problemfällen, deren Integration in den Arbeitsmarkt als Voraussetzung zur Überwindung des Sozialhilfebezugs sich schwierig gestalten dürfte, auch Personen, die mit erwerbstätigen Haushaltsvorständen zusammenleben, mit arbeitslosen oder mit wegen häuslicher Bindung Nichterwerbstätigen. In etlichen dieser Bedarfsgemeinschaften leben Kinder. Wie würde sich der in Kapitel 5.1.5 skizzierte Vorschlag zur Grundsicherung für Kinder und eines Elternteils von Kleinkindern auf den Langzeitbezug auswirken? Durch eine solche Reform könnten gut 20% der Langzeitbezieher in Bedarfsgemeinschaften mit einem Haushaltsvorstand im erwerbsfähigen Alter von der laufenden Hilfe zum Lebensunterhalt unabhängig werden. Von den Langzeitempfängern in Bedarfsgemeinschaften mit einem erwerbstätigen Haushaltsvorstand könnten sogar gut 30% die Sozialhilfe überwinden, von denen in Bedarfsgemeinschaften mit arbeitslosen Vorständen wären es knapp 30%. Die Anteile sind erwartungsgemäß bei Vollzeiterwerbstätigen höher als bei Teilzeitbeschäftigten, bei Arbeitslosen mit Leistungen nach SGB III höher als bei denen ohne Leistungsbezug.

Die Auswertungen nach dem Erwerbsstatus des Haushaltsvorstandes lassen den Schluss zu, dass es sich bei Langzeitempfängern im erwerbsfähigen Alter nicht ausschließlich um Problemfälle handelt, die dauerhaft auf laufende Hilfe zum Lebensunterhalt angewiesen sein dürften. In der heterogenen Gruppe der Langzeitbezieher sind durchaus „normale“ Fälle vertreten, bei denen z.B. zu niedriges Erwerbseinkommen oder im Fall der Arbeitslosigkeit zu geringe Lohnersatzleistungen durch ergänzende Hilfe zum Lebensunterhalt aufgestockt werden müssen. Aber auch eine Häufung von „Problemfällen“ wie Personen mit gesundheitlichen Beeinträchtigungen[177] ist für die Langzeitempfänger zu diagnostizieren. Welche Chancen der Überwindung der Sozialhilfeabhängigkeit bestehen, dürfte auch für die Mehrzahl der Langzeitempfänger insbesondere von der Aufnahmefähigkeit des Arbeitsmarktes sowie von der speziellen

[177] Eine weitere Problemgruppe ist vermutlich den aus sonstigen Gründen Nichterwerbstätigen zugeordnet. Dieser „Erwerbsstatus“ des Haushaltsvorstandes ist für über 20% der Bedarfsgemeinschaften von Langzeitempfängern signiert. Inwieweit arbeitslos gemeldete Langzeitempfänger besonders häufig Merkmale aufweisen, die einer Vermittlung im Wege stehen, ist den Sozialhilfedaten nicht zu entnehmen.

Haushaltskonstellation (zu betreuende Kinder) und von eventuellen vermittlungshemmenden Merkmalen der prinzipiell Erwerbsfähigen abhängen[178].

6.3 Vorleistungsempfänger: eine quantitativ wenig bedeutende Gruppe

Die Bremer Längsschnittanalysen zum Sozialhilfebezug haben den Blick auf die „Wartenden" gelenkt. Für die Zugangskohorte 1983 wurde ein Anteil von 36% Warte-Fälle ermittelt (Leibfried u.a. 1995: 85), in der 89er Kohorte waren es sogar 44% (Leisering/Leibfried 1999: 71). Die Hilfebedürftigkeit dieser Personen ist in erster Linie auf ein Versagen der Sozialbürokratie zurückzuführen: Anträge auf vorrangige Sozialleistungen werden nicht zügig genug bearbeitet. Dieser Personenkreis ist auf laufende Hilfe zum Lebensunterhalt angewiesen, weil die Zeit bis zur Auszahlung anderer Sozialleistungen (z.B. Arbeitslosengeld und Rente) überbrückt werden muss. Mit der Neustrukturierung der amtlichen Statistik wurde die Empfängerstatistik um die Frage nach dem voraussichtlichen Vorleistungsbezug ergänzt. Damit lässt sich quantifizieren, für wie viele Personen sich der Hilfebezug aller Voraussicht nach auf das „Warten" auf die Gewährung vorrangiger Leistungen begründet[179]. Sie sind in der Terminologie der amtlichen Statistik als Vorleistungsempfänger bezeichnet.

Die Befunde der Bremer Studien zum Vorleistungsbezug (dort: „Warten") lassen sich mit den amtlichen Sozialhilfedaten nicht bestätigen. Dies ist unter anderem darauf zurückzuführen, dass sich die beiden Auswertungen auf unterschiedliche Betrachtungszeiträume beziehen. Die aktuelle Empfängerstruktur, wie sie in der Sozialhilfestatistik nachgewiesen ist, weicht von der Struktur der Zugangskohorten der Jahre 1983 und 1989 ab, auf der die Bremer Studien basieren. Die sich z.B. aus Zuwanderung begründende Position des „Wartens" auf vorrangige Leistungen oder auf eine Arbeitserlaubnis spielte in der zweiten Hälfte der 80er Jahren eine große Rolle. Heute ist dieses Phänomen für den Sozialhilfebezug offensichtlich quantitativ von untergeordneter Bedeutung (u.a. wegen des Asylbewerberleistungsgesetzes). Zudem dürfte es Fortschritte in der Beseitigung der angemahnten bürokratischen Hemmnisse gegeben haben. Aber auch ein „statistischer" Aspekt ist bei dem Vergleich der Zahlen zu berücksichtigen: Im Regelfall sind Vorleistungsempfänger nur vergleichsweise kurze Zeit auf Hilfe zum Lebensunterhalt angewiesen. In der Tat sind die durchschnittlichen bisherigen noch andauernden Bezugsdauern dieser Empfängergruppe gerade einmal halb so lang wie die Dauer der Hilfegewährung für die Gesamtheit der Bedarfsgemeinschaften. Entsprechend dürften die Vorleistungsempfänger in der stichtagsbezogenen Bestands-

---

[178] Gangl (1998) hat den Übergang aus der Sozialhilfe in den Arbeitsmarkt mit der Bremer Längsschnitt-Stichprobe untersucht. Danach gibt es „keine Hinweise auf im Zeitablauf sinkende Arbeitsmarktchancen für Sozialhilfeempfänger". Langzeitempfänger haben danach also nicht per se eine geringere Chance der Reintegration in den Arbeitsprozess (Gangl 1998: 221).

[179] Bei Gewährung vorrangiger Sozialleistungen sind die bezogenen HLU-Leistungen aus den Nachzahlungen zu erstatten.

erhebung untererfasst sein. Zum Jahresende 1998 sind in der Sozialhilfebestandsstatistik nur ca. 3% der Empfänger laufender Hilfe zum Lebensunterhalt als Vorleistungsempfänger signiert.

Tabelle 6.4 Vorleistungsempfänger

	Vorleistungsempfänger		darunter:			
	Anzahl	% aller HLU-Empf.	Empfänger 15-64 Jahre		Arbeitslose	
			Anzahl	% Vorl.Empf.	Anzahl	% Vorl.Empf.
1994	88.707	4,0	57.677	65,0	30.350	34,2
1995	97.277	3,9	64.817	66,6	35.787	36,8
1996	86.860	3,2	59.150	68,1	33.889	39,0
1997	87.612	3,0	60.060	68,6	34.904	39,8
1998	84.903	2,9	58.015	68,3	32.941	38,8

Quelle: Statistisches Bundesamt, Standardtabellen E15 und E6

Einen besseren Eindruck von der Relevanz der Vorleistungsempfänger liefert die Berücksichtigung des unterjährigen Bestandes. Dies ist mit den Daten der Quartalsstatistik möglich. Im Verlauf von 1999 wurden bundesweit 1,3 Mio. Personen von laufender Hilfe zum Lebensunterhalt unabhängig. Davon waren knapp 7% oder ca. 90.000 Vorleistungsempfänger. Damit haben Vorleistungsempfänger an den Abgängern einen mehr als doppelt so hohen Anteil als am Bestand. Dies bestätigt die Vermutung, dass Vorleistungsempfänger im Bestand unterrepräsentiert sind. Sie haben eine sehr hohe Fluktuation. Aber auch ein anderer Befund ist zu erkennen: Bei einem Anteil von nur knapp 7% an den Neuzugängen zum Hilfebezug wird deutlich, dass diese Empfängergruppe die Sozialhilfezahlen nicht sehr stark aufbläht.

Dieses Ergebnis gilt für Gesamtdeutschland. Daneben gibt es bemerkenswerte regionale Unterschiede. So ist der Anteil der Vorleistungsempfänger in den neuen Bundesländern sehr viel höher als im früheren Bundesgebiet. Dies scheint nicht zufällig zu sein, sondern einen systematischen Unterschied zwischen den alten und den neuen Bundesländern widerzuspiegeln. Auf Länderebene schwankt der Anteil der Vorleistungsempfänger erheblich. In allen ostdeutschen Flächenstaaten liegt der Anteil der Vorleistungsempfänger über zehn Prozent, während er in den meisten westdeutschen Flächenstaaten noch nicht einmal halb so hoch ist. Zwar ist eine gewisse Unterschätzung der Vorleistungsempfänger im früheren Bundesgebiet nicht auszuschließen, es ist aber auch denkbar, dass die unterschiedlichen Quoten tatsächliche regionale Disparitäten reflektieren. So ist vorstellbar, dass die Gewährung vorrangiger Leistungen in den neuen Bundesländern länger dauert oder/und dass ein größerer Anteil der Haushalte im Niedrigeinkommensbereich in den neuen Bundesländern nicht über ausreichende finanzielle Polster verfügt, um die Wartezeit bis zur Gewährung vorrangiger Sozialleistungen zu überbrücken.

Insgesamt bleibt festzuhalten, dass nach Auswertung der Sozialhilfestatistik Vorleistungsempfänger keine annähernd so große Rolle spielen, wie sie ihnen in den Untersuchungen der Sozialhilfeverläufe auf Grundlage der Bremer Sozialhilfekohorten der 80er Jahre zugeschrieben wurde.

6.4 Gründe für das Ende des Hilfebezugs

Die Bezugsdauer steht in einer gewissen Beziehung zu den Gründen der Überwindung des Hilfebezugs. Bei der Hilfegewährung wird zunehmend auf ihren Charakter als Hilfe zur Überwindung der Notlage abgestellt. Ausstiegsberatung ist zum Schlüsselwort geworden. Organisatorische Änderungen in den Sozialämtern, so z.B. eine stärkere Ausrichtung an betriebswirtschaftlichen Kriterien (Stichwort: Controlling) und eine Steigerung der Beratungskompetenz der Mitarbeiter sollen bewirken, dass die Dauer des Hilfebezugs minimiert wird. Es laufen verschiedenste Modellversuche, die sich nicht nur auf die Hilfe zur Arbeit richten[180]. Sie alle zielen darauf, Wege aus der Sozialhilfe zu erschließen.

Mit den Quartalsdaten der Sozialhilfeempfängerstatistik sind erstmals bundesweit Informationen über die Gründe für das Ende des Sozialhilfebezugs verfügbar. Bisher lagen Ergebnisse hierüber nur für vergleichsweise kleine Stichproben vor[181]. Den größten Bekanntheitsgrad haben die Bremer Längsschnittuntersuchungen erlangt, die hier als Referenzgröße herangezogen werden. Um die Vergleichbarkeit mit den Ergebnissen der Quartalsstatistik zu gewährleisten, werden nur Fälle mit beendetem Hilfebezug berücksichtigt[182]. Bei Zugrundelegung dieser (korrigierten) Anteilswerte sind 26% der Fälle von beendetem Hilfebezug der Zugangkohorte 1983 nicht zu spezifizieren (mehrheitlich: „ohne weitere Vorsprache"), in der Zugangskohorte 1989 waren es 22%. Der mit Abstand wichtigste Grund war in beiden Kohorten „Gewährung vorrangiger Leistungen" (ca. 38%) gefolgt von „Arbeitsaufnahme" (ca. 20%). In 11% der Fälle, in denen der Hilfebezug der Zugangskohorte 1989 beendet wurde, war dies auf „Umzug bzw. Rückkehr in die Heimat" zurückzuführen. In der davor liegenden Kohorte (1983) galt dies nur für 4,5% der abgeschlossenen Hilfebezüge. Alle anderen Gründe, wie „Ausbildungsbeginn", „Heirat oder Rückkehr zum Ehepartner", „höheres

[180] Vgl. Burmann/Sellin/Trube (2000) für eine vergleichende Analyse verschiedener Modellansätze in einem nordrhein-westfälischen Landkreis.

[181] Auf die Ergebnisse von Jacobs/Ringbeck (1994: 153 ff.) wird hier nicht näher eingegangen. Zum einen werden in der Untersuchung nicht sämtliche Hilfeempfänger berücksichtigt (keine Vorleistungsempfänger und keine Personen im Rentenalter). Zum anderen erschweren die großen Unterschiede in den Ergebnissen nach Aktenlage und nach Interview die Darstellung. Schließlich sind in dieser Untersuchung - im Unterschied zu den übrigen in dieser Arbeit berücksichtigten Auswertungen - Mehrfachnennungen möglich.

[182] Die Prozentangaben in den publizierten Ergebnissen der Bremer Untersuchungen (Schaubilder und Tabellen von Leibfried u.a. 1995: 88, Leisering/Leibfried 1999: 73, Buhr 1995: 124) beziehen sich auf sämtliche Bezugsepisoden und schließen die Empfänger im laufenden Bezug ein. Die folgenden Angaben sind um die Empfänger im Bestand korrigiert.

Erwerbseinkommen" oder „höheres Transfereinkommen" spielten quantitativ keine große Rolle .

Die Gründe für das Ende des Hilfebezugs sind in den Bremer Studien und in der Quartalsstatistik nicht deckungsgleich. Dies schränkt die Vergleichbarkeit der Ergebnisse ein. Aber auch andere Aspekte sind zu berücksichtigen: Die Bremer Untersuchungen basierten auf vergleichsweise kleinen Fallzahlen, und sie beziehen sich auf andere Erhebungsperioden. Die Sozialhilfepopulation hat sich ebenso geändert wie die Sozialhilfepraxis, so dass sich die Gründe für die Überwindung der Hilfebedürftigkeit gegenüber der Situation in der zweiten Hälfte der achtziger und in der ersten Hälfte der neunziger Jahre verschoben haben dürften. Werden analog zur Darstellung der Ergebnisse der Quartalsstatistik nur die spezifizierten Gründe für das Ende des Hilfebezugs in die Betrachtung einbezogen, dann lesen sich die Bremer Ergebnisse folgendermaßen: „Gewährung vorrangiger Leistungen" begründete für die Hälfte aller Sozialhilfeepisoden deren Ende, für ein gutes Viertel war es eine „Arbeitsaufnahme". „Umzug und Rückkehr in die Heimat" war in der 1989er Kohorte, die einen großen Anteil von Zuwanderern (ausländische und deutsche) enthielt, ebenfalls von Bedeutung.

Bevor auf die Ergebnisse der Quartalsstatistik eingegangen wird, sind noch einige Anmerkungen zur Datenqualität zu machen. Die Angaben über die Gründe des Endes des Hilfebezugs sind im ersten Erhebungsjahr, in dem bundesweit Ergebnisse vorliegen, erwartungsgemäß lückenhaft. Für über 50% der Bedarfsgemeinschaften ist kein Grund für das Ende des Hilfebezugs spezifiziert. Dies weist auf einen größeren Anteil fehlender Angaben hin[183]. Besonders hoch ist der Anteil nicht spezifizierter Gründe für das Ende des Hilfebezugs in den alten Bundesländern. Der Anteilswert in den neuen Bundesländern liegt hingegen schon etwas näher am Ergebnis der Bremer Studien, die für immerhin ein Viertel der Abgänge aus dem Hilfebezug keinen Grund angeben konnten. Von den „sonstigen Gründen" wird bei der folgenden Interpretation der Daten (Tabelle 6.5) abgesehen. Die angegebenen Anteilswerte beziehen sich auf die Bedarfsgemeinschaften, für die spezifizierte Angaben vorliegen. Damit ist unterstellt, dass es bei den „sonstigen Gründen" keine systematische Verzerrung gibt. Vielmehr handelt es sich gemäß der Annahme zu einem großen Teil um fehlende Angaben, deren Auftreten ebenso verteilt ist wie die deklarierten Gründe für das Ende des Hilfebezugs.

Vergleichsweise selten wird der Hilfebezug durch „Tod eines Mitglieds der Bedarfsgemeinschaft" beendet. Dies trifft auf gut 3% aller betrachteten Bedarfsgemeinschaften (mit spezifizierten Gründen für das Ende des Hilfebezugs) zu. Bei alleinstehenden Frauen ist der Anteil mehr als doppelt so hoch. Ebenfalls überdurchschnittlich betrof-

[183] Zwar ist das Spektrum der möglichen Gründe weit gefasst, so dass sich die überwiegende Mehrheit der Abgänge darin wiederfinden sollte. Dies galt aber auch für die Bremer Untersuchungen, wo immerhin ein Anteil von 25% nicht zuzuordnender Gründe für das Ende des Hilfebezugs ermittelt wurde.

fen sind einzeln nachgewiesene männliche Haushaltsvorstände. Für alle anderen Haushaltstypen ist „Tod eines Mitglieds der Bedarfsgemeinschaft“ von untergeordneter Bedeutung.

Die größte Rolle bei der Überwindung der Hilfebedürftigkeit spielt erwartungsgemäß ein höheres Einkommen. Dies ist eine „Sammelkategorie“ für verschiedene Gründe, von denen sechs in der Quartalsstatistik erhoben werden (Eheschließung, Erst-, Wiederaufnahme einer Erwerbstätigkeit, höhere Erwerbseinkommen, Gewährung oder Erhöhung staatlicher Leistungen und erstmaliger Erhalt oder Erhöhung privater Unterstützung). Ein höheres Einkommen aufgrund von „Eheschließung“ ist quantitativ bedeutungslos. Dieser Grund war gerade einmal für 1% aller Bedarfsgemeinschaften ausschlaggebend, die 1999 den Sozialhilfebezug überwunden haben. Einzig alleinerziehende weibliche Hilfeempfänger werden etwas häufiger (3%) wegen Eheschließung vom Sozialhilfebezug unabhängig. Aber selbst für diese Bedarfsgemeinschaftstypen ist der Anteil so gering, dass Eheschließung nicht als relevante Option zur Überwindung der Sozialhilfebedürftigkeit angesehen werden kann.

Tabelle 6.5 Gründe für die Einstellung der Hilfegewährung (1999)
Ergebnisse der Quartalsstatistik

Einstellung der Hilfegewährung an die Bedarfsgem. wegen:	Bedarfsgem. in Tsd.	%-Anteil aller Abgänge	%-Anteil aller bekannt.Gründe
Tod	11,0	1,6	3,2
Eheschließung	3,8	0,5	1,1
Erstaufnahme Erwerbstätigkeit	38,8	5,6	11,4
Wiederaufnahme Erwerbstätigkeit	96,4	13,9	28,4
Höhere Erwerbseinkommen	28,6	4,1	8,4
Höhere oder erstmalige staatl.Leistungen	96,7	13,9	28,5
Private Unterstützung	10,3	1,5	3,1
Wohnortswechsel ins Ausland[1]	53,3	7,7	15,7
Sonstige Gründe	355,1	51,2	104,8
Insgesamt	694,0	100,0	

Erläuterung: [1] Ergebnis verzerrt durch ein Länderergebnis.
Quelle: Statistisches Bundesamt, Tabellen der Zu- und Abgangsstatistik der Empfänger laufender Hilfe zum Lebensunterhalt

Quantitativ bedeutender ist die „Aufnahme einer Erwerbstätigkeit“. Die Statistik unterscheidet nach Erst- und Wiederaufnahme. Werden beide Größen zusammengefasst, dann waren 1999 bundesweit ca. 40% der auf eindeutige Gründe zurückzuführenden Abgänge aus dem Hilfebezug der „Aufnahme einer Erwerbstätigkeit“ zuzuordnen (weit mehr als in den Bremer Untersuchungen). Für die Bedarfsgemeinschaften, die wegen „Aufnahme einer Erwerbstätigkeit“ die Sozialhilfe verlassen, wird zusätzlich erhoben, ob sie durch Maßnahmen des BSHG oder des SGB III oder ob sie gar nicht gefördert wurden (bzw. werden). In den neuen Bundesländern spielt die Förderung eine größere Rolle als im früheren Bundesgebiet. 40% der Bedarfsgemeinschaften, die aufgrund einer Erwerbstätigkeit die Sozialhilfe verlassen, wurden in den neuen Ländern und Berlin-Ost 1999 mit Maßnahmen des BSHG gefördert. Im früheren Bundesgebiet lag der Anteil bei einem guten Viertel. Von deutlich geringerer quantitativer Bedeutung sind Förderungen nach dem SGB III. Diese Maßnahmen fallen erwartungsgemäß in den neuen Ländern stärker ins Gewicht (14%) als im früheren Bundesgebiet, wo sie nur für 5% der Bedarfsgemeinschaften mit einem beendeten Hilfebezug wegen Erwerbstätigkeit relevant sind. Das Gros der Hilfeempfänger nimmt eine Erwerbstätigkeit auf, ohne gefördert worden zu sein. Förderungen im Rahmen der Hilfe zur Arbeit sollen die Leistungsempfänger von der Sozialhilfe unabhängig machen. Wird dieses Kriterium zu Grunde gelegt, dann ist die Förderung bei einzeln nachgewiesenen männlichen Haushaltsvorständen am erfolgreichsten. Ob sich die Förderung auch stärker an diesen Haushaltstyp richtet, darüber gibt es keine Angaben in der Statistik. Von daher bezieht sich das Erfolgskriterium nur auf die Zielerreichung, nicht aber auf die Beurteilung eines effizienten Mitteleinsatzes.

Von Interesse dürfte die Absolutzahl der Bedarfsgemeinschaften sein, die durch Erwerbsaufnahme von der Sozialhilfe unabhängig geworden sind. Im Jahr 1999 waren dies bundesweit 135.000. Unter der Annahme, dass in den „sonstigen Gründen" noch etliche Fälle versteckt sind, für die dieser Grund für das Ende der Sozialhilfebedürftigkeit gilt, könnte die tatsächliche Zahl durchaus bei 200.000 Bedarfsgemeinschaften liegen. Dieser Wert entspricht ungefähr einem Drittel des Arbeitskräftepotenzials (im Haushaltskontext), das sich auf Basis der Angaben in der Bestandsstatistik ermitteln lässt.

Im Unterschied zu populistischen Vorstellungen über mangelnde Arbeitsbereitschaft von Empfängern laufender Hilfe zum Lebensunterhalt (fehlende Anreize wegen zu hoher Transferleistungen) zeigen die Ergebnisse der Quartalsstatistik, dass ein vergleichsweise großer Teil der Hilfeempfänger (bzw. Bedarfsgemeinschaften) durch Aufnahme einer Erwerbstätigkeit von der Sozialhilfe unabhängig wird[184]. Mehrheitlich handelt es sich dabei um Bedarfsgemeinschaften, die ohne Förderungen die Sozialhilfe im engeren Sinne verlassen. Allerdings kommen auch immer wieder neue (nicht aber immer andere) Hilfeempfänger in einem vergleichbaren Umfang hinzu. Der Arbeitsmarkt saugt also nicht nur potenzielle Arbeitskräfte auf, sondern setzt gleichzeitig etliche frei. Im Idealfall findet eine Job-Rotation statt: Hilfeempfänger werden beschäftigt und dadurch qualifiziert, ehemals Beschäftigte fallen aus dem Markt heraus, erhalten kurzfristig Leistungen nach dem BSHG, um dann erneut in den Arbeitsmarkt integriert

[184] Gebauer/Petschauer/Vobruba (2002) diagnostizieren in ihrer Untersuchung zur Armutsfalle, die sie mit den Daten des SOEP für Haushalte vornehmen, die Sozialhilfe beziehen oder bezogen haben, ebenfalls eine hohe Relevanz von Erwerbsarbeit für die in der Analyse berücksichtigten Haushalte. Allerdings kommt in diesem Datensatz der unmittelbare Übergang von Sozialhilfe in Erwerbsarbeit eher selten vor. Häufig sind demgegenüber „ungeordnete Übergänge", zu denen einerseits der Parallelbezug von Erwerbseinkommen und laufende Hilfe zum Lebensunterhalt gezählt wird, andererseits die Aufnahme einer Erwerbstätigkeit erst eine geraume Zeit nach Beendigung des Sozialhilfebezuges.

zu werden. Eine solche Art von Job-Rotation bewahrt die neuen Arbeitsplatzbesitzer vor einem nachhaltigen Qualifikationsverlust, ändert aber nichts an der prinzipiellen Unterversorgung mit Arbeitsplätzen.

Die Beendigung des Hilfebezugs durch Arbeitsaufnahme garantiert keineswegs die dauerhafte Überwindung der Sozialhilfeabhängigkeit. Es kann durchaus die gleichen Personen treffen, die im Laufe eines Jahres durch Aufnahme einer Erwerbstätigkeit von der Sozialhilfe unabhängig werden und zu einem späteren Zeitpunkt – eventuell nach Arbeitsplatzverlust – erneut auf laufende Hilfe zum Lebensunterhalt angewiesen sind. Welche Relevanz der wiederholte Hilfebezug hat, lässt sich mit den Sozialhilfedaten nicht nachzeichnen.

Ebenfalls mit dem Arbeitsmarkt verbunden ist ein „höheres Erwerbseinkommen" als Grund für die Beendigung des Hilfebezuges. Dies trifft für knapp 9% der Bedarfsgemeinschaften zu, für die der Hilfebezug wegen eines spezifizierten Grundes endet. Hier sind erhebliche Unterschiede zwischen den alten und den neuen Bundesländern festzustellen. Im früheren Bundesgebiet sind diese Fälle in der relativen Betrachtung fast doppelt so häufig wie in den neuen Ländern und Berlin-Ost.

In der Quartalsstatistik ist nicht danach unterschieden, ob es sich bei staatlichen Leistungen als Grund für die Überwindung der Sozialhilfeabhängigkeit um die Gewährung vorrangiger Leistungen oder um höhere Leistungen handelt. Werden die oben skizzierten Bremer Ergebnisse zu Grunde gelegt, dann müsste die weit überwiegende Anzahl von Fällen auf die Gewährung vorrangiger Leistungen zurückzuführen sein. Allerdings – und auf diesen Unterschied zu den Bremer Untersuchungen wurde bereits in den Ausführungen zu den Vorleistungsempfängern hingewiesen – hat dieser Grund im Erhebungsjahr 1999 offensichtlich nicht mehr die herausragende Bedeutung, die ihm noch bis in die Mitte der neunziger Jahre hinein zukam. Daher ist auch eine gewisse Gewichtsverschiebung zu Gunsten höherer staatlicher Transferleistungen nicht auszuschließen[185]. „Private Unterstützungen", also „der erstmalige Erhalt oder die Erhöhung privater Unterhaltsleistungen", begründen nur in vergleichsweise wenigen Fällen das Ende des Hilfebezugs. Es zeigt sich erwartungsgemäß eine unterschiedlich starke Betroffenheit bestimmter Haushalte. Von den spezifizierten Haushaltstypen beenden Alleinerziehende und alleinstehende Frauen besonders häufig den Hilfebezug durch „pri-

[185] Zum Jahresbeginn 1999 wurde das Kindergeld für das erste und zweite Kind um jeweils 30 DM erhöht. Mit der 25%-Stichprobe lässt sich näherungsweise die Anzahl der Bedarfsgemeinschaften bestimmen, die durch diese erhöhten Transferzahlung aus dem Hilfebezug herausgefallen sein dürften. Wie jede Schätzung so ist auch diese mit einer gewissen Unsicherheit behaftet. Von besonderer Bedeutung dürfte sein, dass der Statistik nicht zu entnehmen ist, ob alle Kinder, für die Anspruch auf eine Kindergelderhöhung besteht (im konkreten Fall: das erste und zweite Kind) der jeweiligen Bedarfsgemeinschaft angehören. Unter der Annahme, dass in allen Bedarfsgemeinschaften die „ersten und zweiten Kinder" enthalten sind (vgl. auch Fußnote 139), dürften durch die Kindergelderhöhung ca. 8.000 bis 10.000 Bedarfsgemeinschaften von der Sozialhilfe unabhängig geworden sein.

vate Unterhaltsleistungen". Für alleinstehende Männer und Paare mit und ohne Kinder führen Änderungen in der privaten Unterstützung seltener aus dem Hilfebezug.

Nach der Datenlage scheint „Umzug ins Ausland" einen vergleichsweise hohen Stellenwert für das Ende des Hilfebezugs im früheren Bundesgebiet zu haben. Irritierend ist allerdings, dass es sich mehrheitlich um Bedarfsgemeinschaften mit einem deutschen Haushaltsvorstand handelt, die aufgrund eines „Wechsel des Wohnortes außerhalb des Bundesgebietes" den Sozialhilfebezug verlassen. Ein Blick auf die Ländererergebnisse zeigt, dass dieses Resultat auf die Meldungen eines einzelnen Bundeslandes zurückzuführen ist. Dieses Beispiel macht deutlich, dass bei der Interpretation der Ergebnisse der Quartalsstatistik nach wie vor Vorsicht geboten ist. Selbst ein gesamtdeutsches Ergebnis kann durch untypische Verläufe in einzelnen Bundesländern massiv beeinflusst werden. Der Grund „Umzug ins Ausland" entzieht sich wegen der beschriebenen Verzerrung der Daten einer Interpretation.

6.5 Zusammenfassung: Beendigung des Hilfebezugs – wann und weshalb

Im Laufe eines Jahres erhalten sehr viel mehr Personen laufende Hilfe zum Lebensunterhalt, als dies in den Bestandsdaten zum Ausdruck kommt. Eine große Anzahl von Hilfeempfängern kommt während des Jahres hinzu, parallel dazu verlässt aber eine vergleichbar große Anzahl den Hilfebezug. Die Abgangsrate, die den Anteil der Abgänge am Gesamtbestand des Jahres misst, beläuft sich auf ca. 30%. Gemessen an dieser Quote haben einzeln nachgewiesene männliche Haushaltsvorstände (in der Haushaltsterminologie: alleinstehende Männer) und Ehepaare mit Kindern eine überdurchschnittliche Dynamik, weibliche Haushaltsvorstände mit und ohne Kind (alleinerziehende oder alleinstehende Frauen) eine unterdurchschnittliche. Dies sind aber nicht zwingend die Bedarfsgemeinschaften mit den im Mittel kürzesten Bezugsdauern. So haben männliche Alleinstehende zwar die höchste Abgangsrate, nicht aber die niedrigste Bezugsdauer aller betrachteten Bedarfsgemeinschaftstypen. Ein großer Teil dieser Empfängergruppe verlässt den Hilfebezug sehr rasch (hohe Abgangsrate und hohe Kurzzeitempfängerquote), es gibt aber auch etliche männliche Alleinstehende mit ausgesprochen langen Bezugsperioden, und sie drücken die durchschnittliche Bezugsdauer nach oben.

Die drei in der Sozialhilfeempfängerstatistik verfügbaren Werte für die mittlere Bezugsdauer - in der Quartalsstatistik zur abgeschlossenen Periode, in der Bestandsstatistik zur noch anhaltenden Bezugsdauer einerseits für die Bedarfsgemeinschaft in der aktuellen Zusammensetzung und andererseits für mindestens ein Mitglied der Bedarfsgemeinschaft - unterscheiden sich erheblich. In der Bestandsstatistik sind Kurzzeitempfänger unterrepräsentiert. Entsprechend sind die hier ausgewiesenen noch nicht abgeschlossenen Bezugsdauern sehr viel länger als die Perioden für den abgeschlossenen Hilfebezug. Paare mit Kindern sind im Mittel die kürzeste Zeit auf laufende Hilfe zum Lebensunterhalt angewiesen. Deutlich länger währt der Hilfebezug alleinerziehender Frauen. Die längsten Bezugsdauern haben alleinstehende Frauen.

Kurzzeitbezug von weniger als einem Jahr ist zwar häufig, aber bei weitem nicht so relevant, wie von den Bremer Längsschnittuntersuchungen nahegelegt. Langzeitbezug – hiermit ist eine Bezugsdauer von mindestens fünf Jahren gemeint – trifft auf 17% aller Bedarfsgemeinschaften (ca. 455.000 Empfänger) zu, die Ende 1998 laufende Hilfe erhalten haben. Die meisten von ihnen leben in Bedarfsgemeinschaften mit einem Haushaltsvorstand im erwerbsfähigen Alter. Von den alleinstehenden Langzeitempfängern ist ein beachtlicher Teil nicht erwerbstätig wegen gesundheitlicher Beeinträchtigungen, von den Ehepaaren mit Kindern sind etliche vollzeiterwerbstätig. Bei Langzeitempfängern handelt es sich also nicht nur um besondere Problemgruppen, die dauerhaft aus dem Arbeitsprozess gefallen sind.

Im Vergleich zu den Bremer Ergebnissen lassen sich mit der Sozialhilfeempfängerstatistik weit weniger Kurzzeitempfänger ermitteln. Dies dürfte wesentlich auf die geringere Bedeutung der Hilfeempfänger zurückzuführen sein, die auf die Gewährung vorrangiger Sozialleistungen warten (Vorleistungsempfänger). Deren gesunkene Relevanz führt auch zu abweichenden Ergebnissen hinsichtlich der Gründe für das Ende des Hilfebezugs. Nach der Quartalsstatistik war die Aufnahme einer Erwerbstätigkeit der mit Abstand wichtigste Grund. Erst danach rangierten höhere oder erstmalige staatliche Leistungen. Die Aufnahme einer Erwerbstätigkeit erfolgte in der weit überwiegenden Anzahl der Fälle ohne Leistungen nach dem BSHG oder SGB III. Dies zeigt, dass sich Empfänger laufender Hilfe zum Lebensunterhalt keineswegs im Leistungsbezug einrichten, sondern eben auch ohne Förderung, also aus eigener Initiative, ihre Situation verändern[186]. Gleichzeitig dokumentieren die Auswertungen zur Zeitdimension des Hilfebezugs, dass sich die Bedingungen gegenüber den vielbeachteten Bremer Situations- bzw. Verlaufsbeschreibungen geändert hat: Der Kurzzeitempfänger ist keineswegs der typische Hilfeempfänger.

[186] Zu ähnlichen Ergebnissen kommen Brennecke/Knaup (2001) in ihrer Untersuchung zum Sozialhilfebezug in Wiesbaden. Sie plädieren dafür, das Selbsthilfepotenzial der Hilfeempfänger beim Mitteleinsatz mit zu berücksichtigen und Interventionen (bspw. in Form von Ausstiegsberatung oder Hilfe zur Arbeit) auf diejenigen zu konzentrieren, bei denen sich Sozialhilfeabhängigkeit zu verfestigen droht.

Teil III: Regionale Disparitäten im Bezug laufender Hilfe zum Lebensunterhalt

7 West-Ost: Mehr als ein Regionalgefälle[187]

Im Ausmaß des Sozialhilfebezugs gibt es größere regionale Unterschiede. Auf kleinräumiger Ebene ist das Problem unterschiedlich belasteter Stadtteile bekannt. Ebenso existiert eine Stadt-Land-Gefälle. Hiermit ist der Umstand beschrieben, dass in Städten i.d.R. ein größerer Anteil der Bevölkerung laufende Hilfe zum Lebensunterhalt erhält als in ländlichen Regionen. Für größere Regionaleinheiten, wie z.B. die Bundesländer, lässt sich ebenfalls eine Heterogenität der Sozialhilfequoten feststellen. Eine sehr großräumige Differenzierung ist die zwischen den alten und den neuen Bundesländern. Das folgende Kapitel hat die regionalen Disparitäten im Sozialhilfebezug zwischen den neuen und den alten Bundesländern zum Inhalt.

In Ostdeutschland leben - gemessen an der Gesamtbevölkerung - weniger Empfänger laufender Hilfe zum Lebensunterhalt als im früheren Bundesgebiet, obwohl die armutsrelevanten gesamtwirtschaftlichen Rahmenbedingungen (Arbeitsmarkt und Einkommenshöhe) in den neuen Bundesländern ungünstiger sind als in den alten Ländern. Dies lässt vermuten, dass die Sozialstruktur in beiden Teilen Deutschlands noch immer so verschieden ist, dass letztendlich eine getrennte Analyse beider Gebiete angebracht ist. Den West-Ost-Unterschied lediglich als Regionalgefälle zu charakterisieren, würde den strukturellen Diskrepanzen nicht die ihnen zustehende Bedeutung zukommen lassen. Die Strukturunterschiede zwischen beiden Regionen führen dazu, dass sich die Disparitäten in den Sozialhilfequoten Ost und West nicht auf eine unterschiedlich starke Wirkung gleicher Einflüsse (insbesondere Arbeitslosigkeit) zurückführen lassen. Vielmehr herrschen in beiden Teilen Deutschlands nach wie vor unterschiedliche Verhaltensmuster z.B. in Bezug auf das Erwerbsverhalten von Frauen vor[188]. Dies hat Auswirkungen auf die Haushaltseinkommen und möglicherweise auch auf die Haushaltsform.

Im Folgenden wird auf Basis der Sozialhilfedaten die Struktur der Sozialhilfeempfänger und deren Haushalte für die beiden Teile Deutschlands verglichen. Damit soll Material für die oben formulierte Hypothese größerer struktureller Unterschiede zwischen den neuen und den alten Bundesländern geliefert werden. Der Schwerpunkt der Untersuchung liegt auf dem Haushaltszusammenhang. In der Regionalabgrenzung ist Ostberlin den neuen Bundesländern und Westberlin dem früheren Bundesgebiet zugeordnet.

---

[187] Wesentliche Teile dieses Kapitels basieren auf Burmester 2001a.

[188] Riphahn sieht in der stärkeren Erwerbsorientierung ostdeutscher Frauen einen Grund für die geringere Sozialhilfequote in den neuen Bundesländern (vgl. Riphahn 1999: 248 ff.). Zu dem gleichen Ergebnis kommt Eggen, der die Situation der Familien am Beispiel von Baden-Württemberg und Thüringen untersucht. Auch seine Diagnose zielt auf Unterschiede in der Sozialstruktur und in der kulturellen Selbstbeschreibungen der Frauen in Ost und West (vgl. Eggen 2000c).

7.1 Hohe Empfängerquote im Westen - niedrige im Osten

Ungeachtet der Unterversorgung mit Arbeitsplätzen[189] und dem niedrigeren Einkommensniveau[190] sind in den neuen Bundesländern relativ weniger Menschen auf Hilfe zum Lebensunterhalt angewiesen als im früheren Bundesgebiet. Auf 100 Einwohner kamen 1998 in Ostdeutschland 2,7 Empfänger laufender Hilfe zum Lebensunterhalt außerhalb von Einrichtungen; in Westdeutschland lag die Quote bei 3, 7%.

Graphik 7.1 Sozialhilfequoten West- und Ostdeutschland 1991-1998

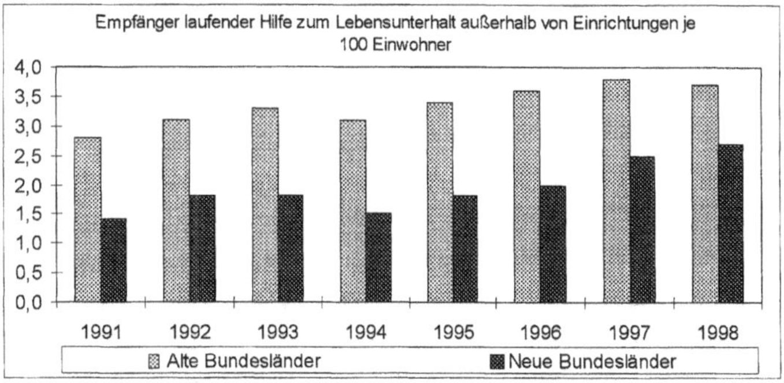

Quelle: Statistisches Bundesamt, Statistik der Empfänger/-innen laufender Hilfe zum Lebensunterhalt, Arbeitsunterlage

Seit Einführung der neuen Sozialhilfestatistik im Jahr 1994 sind die Empfängerzahlen in Ostdeutschland stärker gestiegen als im früheren Bundesgebiet. Trotz dieses beschleunigten Anstiegs ist das Sozialhilferisiko in den neuen Bundesländern noch immer niedriger als in den alten, ein Phänomen, das mit den Analysen zum unteren Rand der Einkommensverteilung nicht kompatibel ist. Die Einkommensunterschiede zwischen West und Ost sind auf der Ebene der Individualeinkommen nach wie vor beachtlich. So erreichte das Bruttoeinkommen aus unselbständiger Arbeit der ostdeutschen Arbeitnehmer 1998 gerade einmal 74% des Westniveaus. Demgegenüber beliefen sich die Nettolöhne und Gehälter Ost bereits auf 86% der entsprechenden Westeinkommen (Bedau 1999)[191]. Hierin zeigt sich, dass das progressiv gestaltete Steuer-

[189] Dass von Arbeitslosigkeit nicht direkt auf Einkommensarmut und Sozialhilfebezug geschlossen werden kann, haben z.B. Müller/Frick/Hauser (1997) für die erste Hälfte der neunziger Jahre belegt. Unter Berücksichtigung des Haushaltszusammenhangs wurde gezeigt, dass Arbeitslose in den alten Bundesländern gegenüber dem Durchschnitt ein rund dreimal so hohes Armutsrisiko haben. Unter ostdeutschen Arbeitslosen war das Risiko nur doppelt so hoch. Diese West-Ost-Unterschiede in dem Armutsrisiko von Arbeitslosen lassen sich mit der stärkeren Erwerbsorientierung ostdeutscher Frauen erklären.

[190] Vgl. u.a.: Bedau 1999, Hanesch 2000: 54 ff., Krause/Habich 1999: 584 f.

[191] Aktuelle Ergebnisse zu den Lohnunterschieden finden sich bei Brenke (2001). Danach liegen die Effektivlöhne ostdeutscher Arbeitnehmer 25% unter denen westdeutscher Beschäftigter. Der Flächen-

system zu einer deutlich geringeren Belastung der ostdeutschen Arbeitnehmer und entsprechend zu einer Verbesserung ihrer relativen Einkommensposition führt. Diese Betrachtungen zu den individuellen Arbeitseinkommen sind nicht unmittelbar auf Haushalte zu übertragen. In Haushalten gibt es u.U. mehrere Erwerbspersonen, wird Teilzeiterwerbstätigkeit häufig mit Vollzeitarbeit kombiniert[192] und es existieren ggf. weitere Markteinkommen (Einkommen aus selbständiger Arbeit und Vermögen). Unterschiede im Markt- oder Faktoreinkommen wiederum werden durch die Steuer- und Abgabenlast modifiziert. Hinzu kommen die Umverteilungswirkungen durch das Transfersystem. Insbesondere im unteren Einkommensbereich wirken staatliche Transfers wie Kinder- und Wohngeld nivellierend.

Ein prinzipielles Problem bei Verteilungsaussagen auf der Basis von Haushaltseinkommen ist die unterschiedliche Haushaltsstruktur. Da das gemeinsame Wirtschaften im Haushalt zu „economies of scale“ führt (Kostenvorteile größerer Haushalte gegenüber kleineren), benötigen Mehrpersonenhaushalte ein geringeres pro-Kopf-Einkommen als Ein-Personen-Haushalte um den gleichen „Nutzen“ aus dem Einkommen zu ziehen. Daher erfolgt bei dem Vergleich von Haushaltseinkommen i.d.R. eine Bereinigung um diesen Effekt durch die Ermittlung von Äquivalenzeinkommen. Bei der Berechnung dieser fiktiven Einkommen werden die Mitglieder in Mehrpersonenhaushalten mit unterschiedlichen Gewichtungsfaktoren berücksichtigt. In Abhängigkeit von der Wahl der Personengewichte ergeben sich unterschiedliche Resultate. Grabka/Otto (2001: 52 FN 5) verwenden für ihren Ost-West-Vergleich (nur Markteinkommen privater Haushalte) als Bedarfsgewichte die Quadratwurzel aus der Haushaltsgröße, Krause/Habich (1999: 582), Hanesch/Krause/Bäcker (2000:48) und Hauser (1997:67) die alte OECD-Skala, die unterschiedliche Gewichte für Haushaltsmitglieder nach Altersgruppen vorsieht.

Neben der Wahl der „richtigen“ Gewichtungsfaktoren taucht beim Ost-West-Vergleich noch ein weiteres Problem auf: Welches Durchschnittseinkommen ist die adäquate Bezugsgröße? Sofern für West- und Ostdeutschland getrennte Durchschnittseinkommen (immer Nettoäquivalenzeinkommen) zu Grunde gelegt werden, ist das Armutsrisiko in den neuen Bundesländern deutlich niedriger als in den alten. Geht man hingegen davon aus, dass die Lebensbedingungen im früheren Bundesgebiet Maßstab für das subjektive Armutsempfinden der Bevölkerung in den neuen Ländern sind und die sozialpolitischen Zielsetzungen ebenfalls auf eine Übertragung der Weststandards zielen, dann ist das westdeutsche Einkommen als Referenzgröße zu wählen. Nach solchen Berechnungen lebt in den neuen Ländern ein größerer Anteil der Bevölkerung in

tarifvertrag ist für viele Unternehmen nicht mehr maßgeblich. Die geringste Differenz gibt es im öffentlichen Sektor und bei Banken und Versicherungen.

[192] Nach Krause/Hanesch/Bäcker (2000: 136 f.) treten „untypische“ Arbeitsverhältnisse im Haushalt häufig in Kombination mit Normalarbeitsverhältnissen auf. Sie werden als ergänzende Einkommensquelle herangezogen.

relativer Einkommensarmut als im früheren Bundesgebiet (vgl. Hanesch/ Krause/ Bäcker 2000: 89 und 94). Da die Unterschiede in den für den Sozialhilfeanspruch maßgeblichen Regelsätzen zwischen den neuen und alten Ländern nicht sehr groß sind, spricht einiges für einen „Vergleich" der Sozialhilfequoten mit den so berechneten Armutsquoten.

Aus dem Vergleich von Armuts- mit Sozialhilfequoten lassen sich natürlich nur gewisse Analogien ziehen: Die Differenzierung in den Regelsätzen und unterschiedliche Mehrbedarfe, die in die Berechnung des Sozialhilfeanspruchs eingehen, finden in der Ermittlung des Nettoäquivalenzeinkommens keine oder keine entsprechende Berücksichtigung. Hierdurch kann es zu Abweichungen in der Ost-West-Relation kommen. Nach der Analyse zur Dunkelziffer der Armut von Neumann (1999b) ist der Anteil nicht realisierter Ansprüche an Sozialhilfeleistungen in Ostdeutschland deutlich höher als im Westen. In den neuen Bundesländern erhielten danach (Datenstand: 1995) 4,2% der Bevölkerung, die aufgrund ihrer Einkommenssituation eigentlich anspruchsberechtigt gewesen wären, keine laufende Hilfe zum Lebensunterhalt; in den alten Bundesländern lag die entsprechende Quote bei 3,2%. Diese Schätzwerte weisen die verdeckt Armen aus, Personen also, deren Einkommen unter der Sozialhilfeschwelle liegt.

7.2 Unterschiede in der Haushaltsstruktur

Die Haushaltsstruktur weicht in beiden Teilen Deutschlands voneinander ab. Dieses Urteil gilt ebenso für die Gesamtbevölkerung[193] wie auch für die Empfänger laufender Hilfe zum Lebensunterhalt. Tabelle 7.1 macht die unterschiedliche Bedeutung der einzelnen Haushaltstypen in den beiden Teilen Deutschlands transparent.

Tabelle 7.1 Haushaltsstruktur in West- und Ostdeutschland
Gesamtbevölkerung, HLU-Empfänger und Empfängerquoten (1997)

Haushaltstyp	Alte Bundesländer			Neue Bundesländer		
	Bev.insg.	HLU-Empf.	HLU-Quote	Bev.insg.	HLU-Empf.	HLU-Quote
	% von insgesamt		% der Bev.	% von insgesamt		% der Bev.
Alleinstehende	16,6	19,8	4,5	13,9	18,8	3,4
Alleinerziehende	3,1	26,9	33,1	4,3	31,0	17,9
Ehepaare	51,2	30,7	2,3	48,7	26,1	1,3
ohne Kind	22,0	6,7	1,1	22,3	4,4	0,5
mit Kind(ern)	29,2	24,1	3,1	26,4	21,7	2,0
Nichteheliche Lebensg.	4,5	3,0	2,5	6,0	9,3	3,9
ohne Kind	3,7	1,0	1,0	3,3	1,9	1,4
mit Kind(ern)	0,8	2,1	9,5	2,7	7,4	6,8
Sonstige	24,6	19,5	3,0	27,2	14,9	1,4
Insgesamt	100,0	100,0	3,8	100,0	100,0	2,5

Quelle: 25%-Stichprobe der Sozialhilfeempfängerstatistik und Mikrozensus, eigene Berechnungen

[193] Die Haushaltsstruktur der Gesamtbevölkerung wurde mit der 70%-Stichprobe des Mikrozensus ermittelt. Der Datensatz war zum Zeitpunkt der Auswertung nur für 1997 verfügbar. Daher beziehen sich die Angaben in Tabelle 7.1 auf 1997.

Im früheren Bundesgebiet lebt im Vergleich zu den neuen Ländern ein größerer Anteil der Bevölkerung in Ein-Personen-Haushalten. Ehepaare mit minderjährigen Kindern haben ebenfalls ein höheres Gewicht als in den neuen Bundesländern. Dort leben relativ mehr Menschen in Ein-Eltern-Familien und in Haushalten von unverheirateten Paaren. Diese Aussagen zu den West-Ost-Differenzen in der Haushaltsstruktur der Gesamtbevölkerung gelten analog für die Empfänger laufender Hilfe zum Lebensunterhalt.

Bekanntlich tragen bestimmte Haushaltsformen ein größeres Sozialhilferisiko als andere. Auch dieses Phänomen lässt sich sowohl für die alten als auch für die neuen Bundesländer erkennen. Alleinerziehende sind weit überdurchschnittlich häufig unter den Sozialhilfeempfängern zu finden. Ebenfalls überrepräsentiert, wenngleich weniger stark, sind nichteheliche Lebensgemeinschaften mit Kindern und Alleinstehende. Die insgesamt niedrigere Sozialhilfequote in den neuen Bundesländern zeigt sich auch auf der Ebene der einzelnen Haushaltstypen. Besonders groß fällt der Ost-West-Unterschied in den Quoten der Ein-Eltern-Familien aus. Zwar leben in den neuen Bundesländern über 30% der Hilfeempfänger - also relativ mehr als im Westen - in solchen Haushalten, aber auch für die Gesamtbevölkerung der neuen Bundesländer haben Haushalte von Alleinerziehenden ein größeres Gewicht als im Westen. Dies führt dazu, dass die ostdeutsche Sozialhilfequote von Ein-Eltern-Familien mit knapp 18% deutlich niedriger ist als die westdeutsche Quote von 33%. Eine höhere Sozialhilfequote als im früheren Bundesgebiet haben in den neuen Bundesländern lediglich nichteheliche Lebensgemeinschaften mit Kindern, ein Haushaltstyp, der im Westen quantitativ unbedeutend ist.

7.2.1 Stadt-Land-Gefälle im Westen und Osten

Die Sozialhilfequoten unterscheiden sich nicht nur zwischen West- und Ostdeutschland. Innerhalb dieser Regionen existiert ein Stadt-Land-Gefälle. Bekanntlich haben Städte eine höhere Sozialhilfeempfängerquote als ländliche Regionen. Auch das Siedlungsverhalten der Bevölkerung unterscheidet sich: Der Anteil von Ein-Personen-Haushalten ist in Städten deutlich höher als in ländlichen Gebieten, während Familien mit Kindern bevorzugt im Umland leben. Dies wirft die Frage auf, ob sich die Siedlungsstruktur auf die unterschiedliche Höhe der durchschnittlichen Sozialhilfequote in den neuen und den alten Bundesländern auswirkt. Zur Klärung dieser Frage erfolgt eine Differenzierung nach Gemeindegrößenklassen (Tabelle 7.2). Auf Basis dieser kleinräumigen Regionalstruktur lassen sich die Empfängerdichten in den alten und den neuen Bundesländern für jeweils gleiche Größenklassen vergleichen. Ergänzend wird der Frage nachgegangen, ob für Haushalte von Sozialhilfeempfängern auf Basis der Gemeindegrößenklassen ein Stadt-Land-Gefälle erkennbar ist und ob ein solches Regionalgefälle in beiden Teilen Deutschlands ähnlich ausgeprägt ist. Hierzu wurden fünf Gemeindegrößenklassen gebildet: Kleingemeinden mit weniger als 5.000 Einwohnern, Gemeinden mit 5-20.000 Einwohnern, mit 20-100.000 Einwohnern und schließlich Städte mit 100-500.000 Einwohnern und Großstädte mit über 500 Tsd. Einwohnern.

Tabelle 7.2 Empfänger laufender Hilfe zum Lebensunterhalt nach Haushaltstyp in regionaler Gliederung in West- und Ostdeutschland (1998)

	Alte Bundesländer					Neue Bundesländer				
	Gemeinden mit ... Tausend Einwohnern									
Haushaltstyp	< 5	5 - 20	20-100	100-500	> 500	< 5	5 - 20	20-100	100-500	> 500
	%-Anteil an allen Hilfeempfängern im jeweiligen Haushaltstyp									
Alleinstehende	3,5	11,3	22,3	23,6	39,2	13,6	13,1	25,0	21,9	26,4
Alleinerziehende	6,3	18,0	27,3	22,4	26,1	15,2	16,8	27,7	23,1	17,1
Ehepaare oh.Kind	4,1	15,4	26,1	23,5	31,0	15,8	18,2	27,4	23,3	15,2
Ehepaare mit Kind	4,8	16,6	26,3	22,1	30,2	17,9	20,7	27,0	18,7	15,7
NEL ohne Kind	7,9	20,6	39,0	20,1	12,3	18,5	17,4	32,3	18,9	13,0
NEL mit Kind	8,0	23,5	37,0	17,9	13,7	21,5	19,5	30,5	17,7	10,8
Sonstige	6,5	17,7	28,6	21,3	26,0	19,8	16,9	28,6	19,5	15,1
Insgesamt	5,3	16,3	26,6	22,3	29,5	16,7	17,2	27,5	21,0	17,6
nachrichtlich:	%-Anteil der einzelnen Gemeindegrößenklasse an allen Gemeinden									
Gemeinden	72,6	20,8	5,8	0,7	0,2	92,5	5,7	1,7	0,2	0,0
	%-Anteil der Bevölkerung in Gemeindegrößenklasse an der Gesamtbevölkerung									
Bevölkerung	13,9	26,4	27,6	16,2	15,8	33,5	19,5	22,2	16,5	8,3
	HLU-Empfänger je 100 Einwohner									
Sozialhilfequote	1,4	2,3	3,6	5,1	6,9	1,3	2,4	3,3	3,4	5,7

Anmerkung: Die Anteile über alle Gemeindegrößenklassen addieren sich für jeden Haushaltstyp auf 100%.
Abkürzungen: NEL = Nichteheliche Lebensgemeinschaften
Quelle: 25%-Stichprobe der Sozialhilfeempfängerstatistik und Gemeindeschlüsselverzeichnis, eigene Berechnungen

Zunächst einmal ist zu erkennen, dass sich die Siedlungsstruktur in beiden Teilen Deutschland deutlich unterscheidet. In den neuen Bundesländern lebt fast ein Drittel der Bevölkerung in Kleingemeinden mit weniger als 5.000 Einwohnern; über 90% aller ostdeutschen Gemeinden gehört in diese Gruppe, im Westen sind es hingegen „nur" gut 70%[194]. Ein wesentlich geringerer Anteil als von der westdeutschen Bevölkerung lebt im Osten in Großstädten. Die Empfänger laufender Hilfe zum Lebensunterhalt verteilen sich ungleicher auf die verschieden großen Gemeinden als die Gesamtbevölkerung. Besonders groß sind die Unterschiede in den Randbereichen. In Gemeinden mit weniger als 5.000 Einwohnern leben - gemessen an der Gesamtbevölkerung - relativ wenig Sozialhilfeempfänger, in den Großstädten mit mehr als 500.000 Einwohnern sind sie hingegen weit überrepräsentiert. Dies zeigt sich in der Sozialhilfedichte, also in der Anzahl der HLU-Empfänger je 100 Einwohner, die in bevölkerungsarmen Gemeinden sehr viel niedriger ist als in Großstädten. In der Tendenz gilt dieses Ergebnis, das als Beleg für ein Stadt-Land-Gefälle in der Sozialhilfedichte in-

194 In Westdeutschland gibt es in Abhängigkeit vom Bundesland ebenfalls erhebliche siedlungsstrukturelle Unterschiede, die ihrerseits mit der Grenzziehung für die administrativen Regionaleinheiten (hier: Gemeinde) zusammenhängen. Auf solche Unterschiede in ausgewählten westdeutschen Bundesländern wird in Kapitel 8.2.1 eingegangen.

terpretiert wird, für beide Teile Deutschlands. Allerdings gibt es Unterschiede im Ausmaß der regionalen Disparitäten. Während die Sozialhilfeempfängerquoten in Gemeinden mit weniger als 20.000 Einwohnern in West- und Ostdeutschland eng beieinander liegen, ist der Anstieg der Empfängerquoten in den Gemeinden mit mehr als 100.000 Einwohnern in Ostdeutschland nicht annähernd so ausgeprägt wie im Westen. In den neuen Bundesländern gibt es danach in den größeren Städten (noch) keine so starke Konzentration von Risikogruppen wie im Westen.

Die siedlungsstrukturellen Betrachtungen führen zu dem Ergebnis, dass sich in beiden Teilen Deutschlands ein Stadt-Land-Gefälle in der Sozialhilfedichte feststellen lässt. Das Gefälle ist im früheren Bundesgebiet ausgeprägter als in den neuen Ländern. Die Unterschiede zwischen Ost und West kommen allerdings erst im Vergleich der größeren Städte zum Tragen, in Gemeinden mit weniger als 100.000 Einwohnern unterscheiden sich die Sozialhilfequoten Ost-West im Mittel kaum. Das größere Gewicht kleinerer Gemeinden in den neuen Bundesländern dürfte sich dämpfend auf die Höhe der durchschnittlichen Sozialhilfequote auswirken.

Gibt es darüber hinaus erkennbare Regionalmuster in der Verteilung der Haushalte von Sozialhilfeempfängern nach Gemeindegrößenklassen? Alleinstehende sind in beiden Teilen der Bundesrepublik in kleineren Gemeinden mit weniger als 20.000 Einwohnern unter- und in Großstädten (über 500.000 Einwohner) deutlich übergewichtet. Dies ist der Haushaltstyp, für den sowohl in den neuen als auch in den alten Bundesländern ein vergleichbares und ausgeprägtes Regionalgefälle zu erkennen ist. Für die anderen Haushaltstypen sind die Ergebnisse weniger eindeutig. Alleinerziehende sind in ähnlicher Weise auf die verschiedenen Gemeindegrößenklassen verteilt wie die Gesamtheit der Hilfeempfänger; in Westdeutschland sind Ein-Eltern-Familien in den kleinen Gemeinden leicht überrepräsentiert, in Ostdeutschland hingegen leicht unterrepräsentiert. Während sich für Ehepaare in den alten Bundesländern in der Tendenz eine allen Hilfeempfängern vergleichbare Regionalverteilung nachzeichnen lässt, leben Ehepaare in den neuen Bundesländern etwas häufiger in kleinen Gemeinden mit weniger als 20.000 Einwohnern. Eine stärkere Übergewichtung als Ehepaare haben in diesen kleineren Gemeinden ostdeutsche unverheiratete Paare. In Großstädten haben sie von allen betrachteten Haushaltstypen das geringste Gewicht. Dieses Regionalmuster ist bei den westdeutschen nichtehelichen Lebensgemeinschaften noch stärker akzentuiert: Sie sind in Großgemeinden deutlich unter- und in kleinen Gemeinden stark überrepräsentiert. In der Regionalverteilung unterscheiden sich verheiratete und unverheiratete Paare von Empfängern laufender Hilfe zum Lebensunterhalt erheblich[195].

[195] Dies ist u.U. darauf zurückzuführen, dass diese Lebensform in Großstädten weniger gut zu identifizieren ist. Da nichteheliche Lebensgemeinschaften in der Sozialhilfe den Ehepaaren gleichgestellt sind, ergeben sich unterhaltsrechtliche Konsequenzen, die sich leistungsmindernd auswirken können.

7.2.2 Abweichende Haushaltsstruktur nicht nur bei Ausländern

Nicht nur in der Siedlungsstruktur gibt es größere Differenzen zwischen den alten und neuen Bundesländern. Auch in der Zusammensetzung der Bevölkerung sind Abweichungen offensichtlich. In Ostdeutschland wohnen im Vergleich zum früheren Bundesgebiet deutlich weniger Ausländer. Dies findet eine Entsprechung in der Sozialhilfeempfängerstatistik: Während in den alten Bundesländern ein Viertel der HLU-Empfänger Nichtdeutsche sind, liegt der Anteil in den neuen Bundesländern bei knapp 6%. Gemessen an der Wohnbevölkerung beziehen in Westdeutschland von hundert Ausländern neun laufende Hilfe zum Lebensunterhalt, in Ostdeutschland sind es sieben. In beiden Landesteilen haben Ausländer also ein deutlich höheres Sozialhilferisiko als Deutsche.

In der Haushaltsstruktur unterscheiden sich Bedarfsgemeinschaften mit deutschem oder ausländischem Haushaltsvorstand auffallend (vgl. Kapitel 5.3.1). Sowohl in West- als auch in Ostdeutschland leben mehr als die Hälfte aller HLU-Empfänger in Bedarfsgemeinschaften mit einem ausländischen Vorstand in Haushalten von Ehepaaren mit und ohne Kind (vgl. Tabelle 7.3). Dies gilt nur für ein knappes Viertel der HLU-Empfänger in Bedarfsgemeinschaften mit deutschem Haushaltsvorstand. In Haushalten von Ehepaaren mit mindestens drei Kindern leben in Westdeutschland sogar absolut mehr ausländische Hilfeempfänger (122.000) als deutsche (99.000).

Tabelle 7.3 HLU-Empfänger nach Haushaltstyp und Nationalität des Haushaltsvorstandes in West- und Ostdeutschland (1998)

- Nur HLU-Empfänger in Bedarfsgemeinschaften mit Haushaltsvorstand -

Haushaltstyp	Alte Bundesländer			Neue Bundesländer		
	Insg.	Dt.HH-V.	Ausl.HH-V.	Insg.	Dt.HH-V.	Ausl.HH-V.
	%-Anteil an insgesamt					
Alleinstehende	21,9	25,5	12,3	20,3	20,5	18,0
Alleinerziehende	30,3	35,1	17,2	34,8	36,1	12,3
Ehepaare oh.Kind	7,4	6,5	9,7	4,5	4,1	12,3
Ehepaare mit Kind(ern)	24,4	17,6	43,0	20,8	19,4	44,4
Nichtehel.LG oh.Kind	1,1	1,3	0,5	2,1	2,2	0,9
Nichtehel.LG mit Kind(ern)	2,6	2,9	1,9	9,3	9,6	3,4
Sonstige	12,3	11,1	15,4	8,2	8,2	8,6
Insgesamt	100,0	100,0	100,0	100,0	100,0	100,0

Abkürzungen: Dt.HH-V. = Deutscher Haushaltsvorstand, Ausl.HH-V. = Ausländischer Haushaltsvorstand
Nichtehel.LG = Nichteheliche Lebensgemeinschaften
Quelle: 25%-Stichprobe der Sozialhilfeempfängerstatistik, eigene Berechnungen

Aber nicht nur die Struktur der Bedarfsgemeinschaften mit deutschem und ausländischem Haushaltsvorstand weicht voneinander ab. Der Ost-West-Vergleich zeigt auch Unterschiede in der Zusammensetzung der HLU-Empfänger, die in Bedarfsgemeinschaften mit deutschem Haushaltsvorstand leben. Während in den beiden Teilen der Bundesrepublik ungefähr jeder vierte Hilfeempfänger im Haushalt eines Ehepaares mit deutschem Vorstand wohnt, gibt es bei Alleinstehenden und nichtehelichen Lebensgemeinschaften stärkere Diskrepanzen. In Westdeutschland leben relativ mehr deutsche alleinstehende Hilfeempfänger, in Ostdeutschland demgegenüber relativ mehr deutsche HLU-Empfänger in Bedarfsgemeinschaften von unverheirateten Paaren.

Aufgrund des geringen Anteils ausländischer Bedarfsgemeinschaften in den neuen Bundesländern unterscheidet sich dort die Haushaltsstruktur aller Hilfeempfänger nicht gravierend von der der Bedarfsgemeinschaften mit deutschem Haushaltsvorstand. In den alten Bundesländern ist dies anders. Hier wirkt sich die abweichende Haushaltsstruktur der Bedarfsgemeinschaften mit ausländischem Haushaltsvorstand dahingehend aus, dass Ehepaare ein insgesamt höheres Gewicht bekommen zu Lasten der Personen in den übrigen Haushaltstypen. Der unterschiedliche Ausländeranteil in den alten und den neuen Bundesländern „erklärt" also einen weiteren Teil der Unterschiede in der Sozialhilfequote und in der Haushaltsstruktur. Der Vergleich der Haushaltsstruktur der deutschen Bevölkerung räumt aber nicht alle Differenzen aus. Es bleibt die größere Bedeutung nichtehelicher Lebensgemeinschaften für die Hilfeempfänger in den neuen Bundesländern.

7.2.3 Sozialhilfebezug minderjähriger Kinder

Von den 2,9 Mio. Empfängern laufender Hilfe zum Lebensunterhalt außerhalb von Einrichtungen sind 37% jünger als 18 Jahre. Damit sind Minderjährige unter den Sozialhilfeempfängern weit stärker repräsentiert als in der Gesamtbevölkerung. Dies spiegelt sich auch in der Sozialhilfequote wider, die für Minderjährige annähernd doppelt so hoch ist wie für die Gesamtheit der Hilfeempfänger, ein Befund, der sowohl für West- als auch für Ostdeutschland gilt (vgl. Tabelle 7.4).

Tabelle 7.4 Sozialhilfeempfängerquoten Minderjähriger in West- und Ostdeutschland (1998)

	Alte Bundesländer			Neue Bundesländer		
Alter von ... bis	Insges.	Deutsche	Ausländ.	Insges.	Deutsche	Ausländ.
unter ... Jahre	HLU-Empfänger je 100 Einwohner					
unter 6	8,1	7,0	14,9	13,4	13,4	11,3
6 - 10	7,3	6,2	14,6	5,3	5,1	10,7
10 - 15	6,6	5,5	14,2	3,5	3,4	9,6
15 - 18	5,5	4,5	12,3	2,9	2,9	8,0
Alle Minderjährigen	7,1	6,0	14,2	5,7	5,6	10,1
Nachrichtlich:						
Alle Altersgruppen	3,7	3,1	9,2	2,7	2,6	7,1

Quelle: 25%-Stichprobe der Sozialhilfeempfängerstatistik und Statistik Regional, eigene Berechnungen

Bemerkenswert ist der Unterschied zwischen den verschiedenen Altersgruppen. Jüngere Kinder haben ein höheres Sozialhilferisiko als ältere oder anders ausgedrückt: mit zunehmendem Alter nimmt das Sozialhilferisiko ab. Auch dies lässt sich sowohl für West- als auch für Ostdeutschland beobachten. Die altersgruppenspezifischen Unterschiede in der Sozialhilfequote sind bei deutschen Kindern ausgeprägter als bei ausländischen, bei den ostdeutschen Kindern erheblich größer als bei den westdeutschen In der Altersgruppe der unter 6-Jährigen erhalten von 100 Kindern im Osten 13 laufende Hilfe zum Lebensunterhalt, im Westen sind es „nur" 7. In allen anderen Altersgruppen haben Minderjährige in den alten Bundesländern eine höhere Sozialhilfequote als Bewohner der neuen Bundesländer.

Der größte Teil der Sozialhilfe beziehenden Kinder lebt in Haushalten von Alleinerziehenden. Im früheren Bundesgebiet sind es 48%, in den neuen Bundesländern sind es mehr als die Hälfte. Der geringere Anteil von Kindern in Ein-Eltern-Familien in Westdeutschland ist auf die bereits beschriebene abweichende Haushaltsstruktur der Ausländer zurückzuführen. Die deutschen Kinder, die laufende Hilfe zum Lebensunterhalt erhalten, leben auch in Westdeutschland mehrheitlich in Ein-Eltern-Familien. Bei deutschen Kindern unter 7 Jahren, die in den alten Bundesländern wohnen, liegt der Anteil sogar bei 60%.

Tabelle 7.5 HLU beziehende Kinder nach Nationalität und Haushaltstyp in West- und Ostdeutschland (1998)

- Nur Minderjährige, die als Kinder klassifiziert sind -

Haushaltstyp	Alte Bundesländer			Neue Bundesländer		
	Alle Kind.	Deutsche	Ausländ.	Alle Kind.	Deutsche	Ausländ.
	%-Anteil an insgesamt					
Alleinerziehende	48,4	57,0	24,6	53,2	54,4	21,9
Ehepaare mit Kind(ern)	32,5	24,2	55,2	25,5	24,0	65,9
mit 1 Kind	5,5	4,8	7,4	5,2	4,7	16,5
mit 2 Kindern	10,7	9,0	15,4	9,7	9,1	24,5
mit mehr als 2 K.	16,3	10,4	32,4	10,7	10,1	24,9
Nichtehel.LG mit Kind(ern)	3,1	3,6	1,8	10,6	11,0	2,0
Sonstige	16,0	15,1	18,4	10,6	10,6	10,2
Insgesamt	100,0	100,0	100,0	100,0	100,0	100,0

Abkürzungen: Nichtehel.LG = Nichteheliche Lebensgemeinschaften
Quelle: 25%-Stichprobe der Sozialhilfeempfängerstatistik, eigene Berechnungen

In Haushalten von Ehepaaren leben in beiden Teilen der Bundesrepublik ein knappes Viertel aller Sozialhilfe beziehenden deutschen Kinder. Von den nicht deutschen Kindern sind es weit mehr als die Hälfte. Auffallend hoch ist - insbesondere in Westdeutschland - der Anteil ausländischer minderjähriger Hilfeempfänger in Haushalten von Ehepaaren mit mindestens drei Kindern. In solchen kinderreichen Familien leben in Westdeutschland fast ein Drittel der ausländischen minderjährigen Kinder, in Ostdeutschland sind es ein Viertel. Demgegenüber ist diese Haushaltsform nur für 10% der hier betrachteten deutschen Kinder relevant.

Nichteheliche Lebensgemeinschaften sind in den alten Bundesländern relativ unbedeutend. In den neuen Ländern leben immerhin 10% der Sozialhilfe beziehenden Kinder in solchen Paarhaushalten, die zumindest für die Empfänger laufender Hilfe zum Lebensunterhalt mit der klassischen Zwei-Eltern-Familie gleichgesetzt werden[196]. Werden die Haushalte von verheirateten und unverheirateten Paaren zusammengefasst, so führt dies zu dem Befund, dass in den neuen Bundesländern anteilig ebenso viele Kinder in Paarhaushalten leben wie in den alten Bundesländern. Vergleicht man nur die deutschen Kinder, so leben in Ostdeutschland relativ mehr in Paarhaushalten als in den alten Bundesländern.

7.3 Gründe für den Sozialhilfebezug West - Ost

Wie sieht es nun mit den Gründen für den Sozialhilfebezug aus? Hinweise hierauf liefert einerseits die Angabe zur „besonderen sozialen Situation", andererseits der „Erwerbsstatus". Mit der besonderen sozialen Situation werden bestimmte soziale Problemlagen erfasst, die im Zusammenhang mit der Sozialhilfeabhängigkeit stehen können wie „Tod eines Familienmitgliedes", „Scheidung", „Sucht", „Verlust der Wohnung" usw. Aus dem Erwerbsstatus wiederum kann implizit auf Gründe geschlossen werden, die in unzureichendem Einkommen aus Erwerbstätigkeit oder daraus abgeleiteten Ansprüchen liegen. Im Anschluss an die folgende Darstellung der Ursachen für den Beginn des Hilfebezugs wird auf die Gründe für die Überwindung der Sozialhilfe eingegangen. Hierbei handelt es sich um Auswertungen der Tabellen zur Quartalsstatistik 1999. Die in diesen Tabellen verwendete Haushaltstypisierung weicht von der ab, die für die Auswertung der 25%-Stichprobe verwendet wurde (vgl. Kapitel 6).

7.3.1 Besondere soziale Situation: Trennung versus Geburt eines Kindes

Soziale Ausnahmetatbestände, wie sie in der „besonderen sozialen Situation" erfasst werden, stehen für die weit überwiegende Mehrheit der Empfänger laufender Hilfe zum Lebensunterhalt nicht im Zusammenhang mit dem Sozialhilfebezug. Für fast 80% aller Hilfeempfänger - in Westdeutschland sind es etwas weniger, in Ostdeutschland etwas mehr - ist keiner der erfassten Gründe signiert. Von den insgesamt erfragten acht Gründen treten nur zwei häufiger auf: „Trennung oder Scheidung" und „Geburt eines Kindes". Diese besonderen sozialen Ausnahmetatbestände sind nicht nur für die einzelnen Haushaltstypen von unterschiedlicher Relevanz, sondern auch im Ost-West-Vergleich. Während 13% der westdeutschen HLU-Empfänger von „Trennung oder Scheidung" betroffen sind, spielt dieser Grund nur für 5% der ostdeutschen Hilfeempfänger eine Rolle. In den neuen Bundesländern ist hingegen die „Geburt eines Kindes" häufig ursächlich für den Sozialhilfebezug (10% der Hilfeempfänger). Dieses Urteil korrespondiert mit der hohen Sozialhilfequote der Kleinkinder in den neuen Bundes-

---

[196] Der Gesetzgeber setzt im BSHG (§22) eheähnliche Gemeinschaften Ehepartnern gleich (Brühl 2000: 262 ff.). In den Sozialwissenschaften werden unverheiratete Paare als nichteheliche Lebensgemeinschaften bezeichnet. Dieser Terminus wird auch hier verwendet, wenngleich er weiter gefasst ist als der der eheähnlichen Gemeinschaft. Zur Vielschichtigkeit dieses Haushaltstyps vgl. Glatzer 1998.

ländern. Kleinkinder stellen offensichtlich in Ostdeutschland ein noch höheres Sozialhilferisiko dar als im Westen.

Tabelle 7.6 Besondere soziale Situation nach Haushaltstyp in Ost- und Westdeutschland (1998)

Haushaltstyp	Alte Bundesländer			Neue Bundesländer		
	Trennung/ Scheidung	Geburt	keine der spez.soz.Sit.	Trennung/ Scheidung	Geburt	keine der spez.soz.Sit.
	%-Anteil an allen Hilfeempfängern, die in gleichem Haushaltstyp leben					
Alleinstehende	6,9	0,5	82,2	2,9	0,2	87,9
Alleinerziehende	32,3	11,1	54,6	12,1	17,2	70,4
Ehepaare	0,0	2,7	92,5	0,0	6,0	90,4
Nichtehel.LG	13,1	6,2	76,3	2,4	16,7	78,4
Sonstige	9,7	3,1	82,3	3,9	7,2	83,6
Insgesamt	12,7	4,8	77,3	5,3	9,9	81,2

Abkürzungen: Nichtehel.LG = Nichteheliche Lebensgemeinschaften,
keine der spez.soz.Sit. = keine der spezifizierten sozialen Situationen
Quelle: 25%-Stichprobe der Sozialhilfeempfängerstatistik, eigene Berechnungen

Alleinerziehende und nichteheliche Lebensgemeinschaften sind die Haushalte, die in besonders starkem Maße von „Trennung oder Scheidung" betroffen sind. In Westdeutschland liegt für mehr als 30% der in Ein-Eltern-Familien Lebenden ein Grund für den Sozialhilfebezug in der Trennung vom Partner. In den neuen Bundesländern gilt dies hingegen gerade einmal für 13% der vergleichbaren Gruppe. Die Problemlage „Trennung oder Scheidung" trifft weibliche Haushaltsvorstände in stärkerem Umfang als männliche. Die regionale Disparität zwischen West- und Ostdeutschland ist ein Hinweis darauf, dass die ökonomische Abhängigkeit der Frauen von ihren (ehemaligen) Partnern in Ostdeutschland deutlich geringer ist als im Westen. Dies korrespondiert mit der höheren Erwerbsorientierung der Frauen in den neuen Bundesländern.

Auch bei dem für ostdeutsche HLU-Empfänger wichtigen Grund für den Sozialhilfebezug „Geburt eines Kindes" handelt es sich um eine „frauentypische" Problemlage[197]. Für Alleinerziehende und nichteheliche Lebensgemeinschaften in den neuen Bundesländern ist dieser Grund ähnlich relevant. Auffallend ist der große Unterschied zwischen unverheirateten und verheirateten Paaren. Die Geburt eines Kindes scheint nichteheliche Lebensgemeinschaften finanzielle härter zu treffen als Ehepaare. Dies gilt nicht nur für die neuen Bundesländer, sondern auch für Westdeutschland, wenngleich hier ein geringerer Anteil der in Haushalten von unverheirateten Paaren lebenden HLU-Empfänger den Sozialhilfebezug mit der Geburt eines Kindes begründet als in den neuen Ländern.

[197] Beide Problemlagen können natürlich prinzipiell auch zur Sozialhilfeabhängigkeit von Männern führen. Sie sind faktisch aber sehr viel seltener betroffen als Frauen.

7.3.2 Erwerbsstatus: Stärkere Arbeitsmarktorientierung im Osten

Besondere soziale Situationen generieren nur in Verbindung mit unzureichendem Einkommen und Vermögen Sozialhilfeabhängigkeit. Eine soziale Problemlage wie z.B. Scheidung kann dazu führen, dass ein vormals für eine Familie hinreichendes Einkommen, nicht mehr für zwei getrennte Haushalte mit zwei Wohnungen ausreicht. Der Auslöser für die Sozialhilfeabhängigkeit kann eine Trennung vom Partner sein, der Grund ist aber i.d.R. in einer vorausgegangenen prekären Einkommenslage oder in ausbleibenden Unterhaltszahlungen oder in fehlenden Möglichkeiten der/des Alleinerziehenden, eine angemessene Eigenversorgung zu erzielen, zu suchen. Aufschluss über die Partizipation am Berufsleben und die Gründe der Nichterwerbstätigkeit gibt der Erwerbsstatus (vgl. Graphik 7.2).

Graphik 7.2 Erwerbsstatus der Hilfeempfänger in West- und Ostdeutschland (1998)

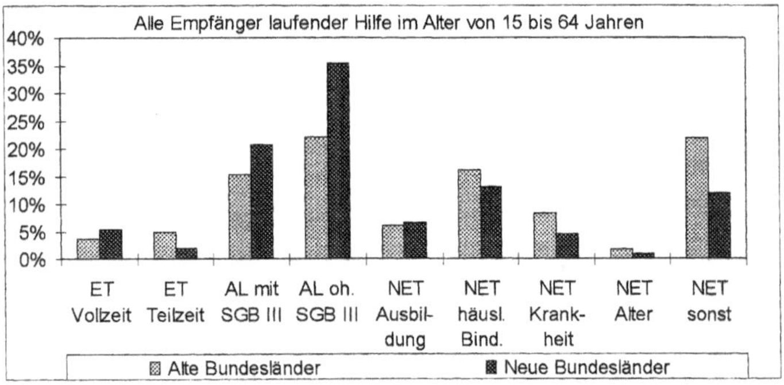

Abkürzungen: ET = erwerbstätig, AL = arbeitslos, SGB III = Leistungen nach Sozialgesetzbuch III, NET = aus anderen Gründen nicht erwerbstätig
Quelle: 25%-Stichprobe der Sozialhilfeempfängerstatistik, eigene Berechnungen

Arbeitslosigkeit ist für Empfänger laufender Hilfe zum Lebensunterhalt im erwerbsfähigen Alter (15-64 Jahre) von herausragender Bedeutung. Bei diesem Erwerbsstatus sind die größten Unterschiede zwischen den alten und den neuen Bundesländern festzustellen. Arbeitslos gemeldet (AL) sind mehr als ein Drittel der westdeutschen Hilfeempfänger im erwerbsfähigen Alter und weit über die Hälfte der ostdeutschen. Bemerkenswert ist der zwischen beiden Regionen abweichende Anteil von arbeitslosen Empfängern laufender Hilfe zum Lebensunterhalt ohne Ansprüche nach dem Arbeitsförderungs-Reformgesetz (SGB III). 35% aller ostdeutschen Hilfeempfänger der betrachteten Altersgruppe ist arbeitslos gemeldet, obwohl keine Ansprüche an die Bundesanstalt für Arbeit bestehen. In Westdeutschland ist der Anteil mit 22% deutlich niedriger. Dies könnte ein Indiz für eine rigidere Praxis bei der Gewährung von Sozialhilfe an potenziell Erwerbsfähige in den neuen Bundesländern sein (z.B. Forderung nach aktiver Arbeitsuche durch die Hilfeberechtigten). Aber auch eine abweichende Motivation der Hilfeempfänger ist nicht auszuschließen.

Die auf Individualebene identifizierbare Hierarchie im Erwerbsstatus von Sozialhilfeempfängern zeigt sich auch im Haushaltszusammenhang (Tabelle 7.7). Allerdings verändern sich durch die Berücksichtigung der Anzahl der Haushaltsmitglieder die Relationen etwas. Eine weitere Modifikation kommt dadurch zustande, dass ausschließlich der Erwerbsstatus des Haushaltsvorstandes für die Zuordnung maßgeblich ist. In Haushalten eines arbeitslosen Vorstandes leben in Westdeutschland 42%, in den neuen Bundesländern 56% aller hier betrachteten Hilfeempfänger (nur Empfänger in Bedarfsgemeinschaften mit einem Haushaltsvorstand im erwerbsfähigen Alter). Die Bedeutung von Arbeitslosigkeit steigt in Paarhaushalten, wenn der Erwerbsstatus beider Partner berücksichtigt wird. Arbeitslosigkeit trifft die in diesen Haushalten lebenden Personen entweder, wenn beide – Haushaltsvorstand und Partner – oder nur einer von beiden arbeitslos ist. Solche Konstellationen treffen auf 79% der Hilfeempfänger in ostdeutschen Paarhaushalten zu. Der Anteil für westdeutsche Hilfeempfänger ist mit 67% deutlich niedriger. Hier hat die Nichterwerbstätigkeit (aus anderen Gründen) beider Partner einen höheren Stellenwert. Die größte Bedeutung hat dieser Erwerbsstatus (aus anderen Gründen nicht erwerbstätig) allerdings für Alleinerziehende.

Tabelle 7.7 HLU-Empfänger in BG mit einem Haushaltsvorstand im erwerbsfähigen Alter nach Erwerbsstatus des Haushaltsvorstandes und Haushaltstyp in West- und Ostdeutschland (1998)

Haushaltstyp	Alte Bundesländer				Neue Bundesländer			
	ET	AL	NET	häusl.B.	ET	AL	NET	häusl.B.
	%-Anteil an allen Hilfeempfängern der jeweiligen Region, die in gleichem Haushaltstyp leben							
Alleinstehende	6,8	53,1	40,1	0,9	3,7	73,6	22,7	0,2
Alleinerziehende	12,8	19,3	67,9	49,5	9,0	41,7	49,3	38,3
Ehepaare oh.Kind	6,6	52,8	40,6	0,6	7,7	68,7	23,6	0,0
Ehepaare mit .K.	14,3	59,9	25,8	5,4	14,7	63,9	21,4	9,1
NEL ohne Kind	12,1	51,8	36,1	4,3	11,5	71,1	17,4	0,3
NEL mit Kind(ern)	14,7	38,2	47,0	28,4	15,7	50,3	34,0	24,5
Sonstige	11,6	41,4	47,0	19,5	11,5	56,9	31,6	16,0
Insgesamt	11,6	41,9	46,5	21,1	10,0	56,3	33,6	19,3

Abkürzungen: BG = Bedarfsgemeinschaft, ET=erwerbstätig, AL=arbeitslos gemeldet, NET=aus anderen Gründen nicht erwerbstätig, häusl.B.=nicht erwerbstätig wegen häuslicher Bindung, NEL= nichteheliche Lebensgemeinschafter
Quelle: 25%-Stichprobe der Sozialhilfeempfängerstatistik, eigene Berechnungen

Auf der Haushaltsebene zeigen sich im Ost-West-Vergleich größere Unterschiede für Haushalte von Alleinerziehenden und nichtehelichen Lebensgemeinschaften. Im Osten hat auch für Hilfeempfänger in diesen Haushalten Arbeitslosigkeit des Haushaltsvorstandes einen sehr viel größeren Stellenwert als im Westen. In den alten Bundesländern dominiert für diesen Haushaltstyp Nichterwerbstätigkeit wegen häuslicher Bindung. Fast die Hälfte der Personen in Ein-Eltern-Familien leben in Bedarfsgemeinschaften mit einem wegen häuslicher Bindung nicht erwerbstätigen Haushaltsvorstand;

in den neuen Bundesländern ist nur ein gutes Drittel dieses Personenkreises betroffen. Neben Alleinerziehenden haben auch Haushalte von unverheirateten Paaren mit Kindern - im Unterschied zu Ehepaaren - häufig einen Vorstand, der wegen häuslicher Bindung nicht erwerbstätig ist. In allen Haushaltstypen gewinnt dieses Motiv mit zunehmender Kinderzahl an Bedeutung.

Die Versorgung der Kinder lastet ungeachtet des in den letzten Jahren modifizierten Rollenverständnisses vorwiegend auf weiblichen Schultern. Entsprechend sind es vornehmlich Frauen, die wegen häuslicher Bindung nicht erwerbstätig sind. Der bewusste Verzicht auf die Ausübung einer Erwerbstätigkeit oder sachliche Beschränkungen (fehlende Kindertagesstätten[198], Mangel an Arbeitsplätzen in akzeptabler Nähe usw.), die die Betreuung jüngerer Kinder und Erwerbstätigkeit erschweren oder gar unmöglich machen, sind die Grundlage für die Abhängigkeit vieler Frauen von der Sozialhilfe. Im Alter von 21 bis 40 Jahren - also in der Familienphase - sind Frauen annähernd doppelt so häufig unter den Sozialhilfeempfängern vertreten wie Männer. Dies gilt für westdeutsche Frauen in stärkerem Maße als für ostdeutsche.

Die Frauen in den neuen Bundesländern sind trotz der dort bestehenden Arbeitsmarktrestriktionen stärker erwerbsorientiert (erwerbstätig oder arbeitslos) als westdeutsche Frauen. Hierzu gibt es etliche empirische Befunde. Zahn (1999) belegt eine höhere Erwerbsbeteiligung ostdeutscher Frauen mit den Daten des Mikrozensus 1997. Eggen (2000c) kommt zu vergleichbaren Resultaten für Frauen mit Kindern. Hirschenauer (1997) weist in einer Regionalanalyse nach, dass die Erwerbsbeteiligung ostdeutscher Frauen unabhängig von der Arbeitsmarktlage ist, während sie für westdeutsche Frauen endogen bestimmt ist, also von den Erwerbsmöglichkeiten abhängt. Mit einem mikroökonomischen Simulationsmodell zeigt Kempe (1998), dass das Arbeitsangebot ostdeutscher Frauen unabhängig vom Lohn ist und auch erst bei mindestens drei Kindern durch die Existenz der Kinder beeinflusst ist. Andreß/Strengmann-Kuhn (1997) sowie Strengmann-Kuhn (1996) haben mit einer mikroökonomischen Simulation ein unterschiedliches Arbeitsangebotsverhalten von ost- und westdeutschen Frauen auch für den unteren Einkommensbereich nachgewiesen.

Für ostdeutsche Sozialhilfeempfängerinnen ist eine höhere Erwerbsorientierung ebenfalls zu vermuten. Genau abklären lässt sich dies mit den Daten der Sozialhilfeempfängerstatistik allerdings nicht. Aufgrund der Knappheit an Arbeitsplätzen in den neuen Bundesländern spiegelt sich die Erwerbsorientierung nicht in der Erwerbstätigkeit allein wider, sondern auch in der Arbeitslosigkeit. Dies ist die kritische Größe: Vorraussetzung für den Bezug laufender Hilfe zum Lebensunterhalt ist, dass die Empfänger ihre eigene Arbeitskraft einsetzen. Hierzu gehört die Arbeitslosmeldung. Wenn

[198] In den neuen Bundesländern ist die Versorgung mit Kinderbetreuungsplätzen insbesondere für Kinder unter 3 Jahre und für schulpflichtige Kinder sehr viel besser als in Westdeutschland (vgl. Beher 2001: 63 Tabelle 8).

einzelne Sozialhilfeträger diese Anforderung restriktiver auslegen als andere, dann ist eine höhere Arbeitslosigkeit eben Indiz für eine restriktivere Verwaltungspraxis, nicht aber unbedingt für eine höhere Präferenz zur Aufnahme einer Erwerbstätigkeit. Aufgrund der möglicherweise unterschiedlich rigiden Handhabung des Meldegebots bei den Arbeitsämtern in Ost- und Westdeutschland insbesondere für Frauen mit Kindern, ist der Erwerbsstatus „Arbeitslosigkeit" kein geeigneter Indikator zur Erklärung der Erwerbsorientierung von weiblichen Hilfeempfängern. Dennoch gibt es Anhaltspunkte dafür, dass die Erwerbsorientierung ostdeutscher Hilfeempfänginnen höher ist als die westdeutscher. So ist zwar der Anteil der erwerbstätigen HLU-Empfängerinnen in den neuen Bundesländern etwas geringer als in den alten, dafür sind sie aber häufiger vollzeiterwerbstätig. Von allen weiblichen Hilfeempfängern im erwerbsfähigen Alter sind in den neuen Bundesländern ca. 5% vollzeiterwerbsfähig. Eine ähnlicher Prozentsatz ergibt sich, wenn nur die Frauen mit mindestens einem Kind unter 7 Jahren betrachtet werden. In den alten Bundesländern ist für alle Frauen das Niveau niedriger (knapp 3%), und es sinkt weiter für Frauen mit jüngeren Kindern (ca. 2%). Der Anteil der teilzeitbeschäftigten Frauen steigt mit zunehmendem Alter des jüngsten Kindes im Westen stärker als im Osten. Hierin können sich Unterschiede im Angebot von Teilzeitarbeitsplätzen und/oder im Angebot an Kinderbetreuungsplätzen widerspiegeln, aber ebenso abweichende Arbeitszeitpräferenzen der Hilfeempfängerinnen[199]. Weibliche HLU-Empfänger im erwerbsfähigen Alter sind in den neuen Ländern sehr viel häufiger arbeitslos gemeldet (über 50%) als im früheren Bundesgebiet (unter 30%). Für eine höhere Erwerbsorientierung ostdeutscher Hilfeempfängerinnen spricht, dass für einen größerer Anteil von ihnen die Sozialhilfe nur ergänzend zu Leistungen nach dem SGB III gewährt wird. Diese Frauen haben zumindest Ansprüche an die Bundesanstalt für Arbeit erworben.

Die Anzahl der Kinder im Haushalt hat ebenso einen Einfluss darauf, ob HLU-Empfängerinnen wegen häuslicher Bindung nicht erwerbstätig sind, wie das Alter des oder der Kinder. Frauen mit Kleinkindern (unter 4 Jahre) sind sowohl in den alten als auch in den neuen Bundesländern zum überwiegenden Teil (ca. 60%) wegen häuslicher Bindung nicht erwerbstätig. Ein Heraufsetzen der Altersgrenze der zu versorgenden Kinder (unter 7 Jahre) bewirkt, dass - in Ostdeutschland stärker als in den alten Bundesländern - der Anteil der weiblichen HLU-Empfänger, die wegen häuslicher Bindung nicht erwerbstätig sind, sinkt. In beiden Teilen Deutschlands ist die häusliche Bindung für Frauen mit einem Ehepartner weniger relevant als für Alleinerziehende und Frauen, die in einer nichtehelichen Gemeinschaft leben. Bei mehr als zwei Kindern in der Bedarfsgemeinschaft sind auch über die Hälfte (57%) der westdeutschen

[199] Nach Eggen begründet die Hälfte der ostdeutschen alleinerziehenden Frauen (gesamte Bevölkerung) die Ausübung einer Teilzeitbeschäftigung damit, dass sie keinen Vollzeitarbeitsplatz finden. Westdeutsche Alleinerziehende präferieren demgegenüber vornehmlich eine kürzere Arbeitszeit wegen privater Bindung und seltener wegen der Arbeitsmarktsituation (Eggen 2000a: 420).

Ehefrauen wegen häuslicher Bindung nicht erwerbstätig; in Ostdeutschland sind es lediglich ein gutes Drittel (38%) der Frauen in Haushalten von verheirateten Paaren.

7.3.3 Unterschiedliche Qualifikationsprofile

Die formale Qualifikation der west- und ostdeutschen Sozialhilfeempfänger im erwerbsfähigen Alter, für die Angaben vorliegen[200], unterscheidet sich erheblich (vgl. Graphik 7.3). Die HLU-Empfänger im früheren Bundesgebiet sind formal geringer qualifiziert als die ostdeutschen. Fast 40% der westdeutschen Sozialhilfeempfänger im Alter von 15 bis 64 Jahre haben entweder keinen Schul- und Berufsausbildungsabschluss (keinen Abschluss) oder lediglich einen Hauptschulabschluss (HS) aber keine Berufsausbildung (BA). Dies gilt nur für 14% der ostdeutschen Hilfeempfänger. Sie haben zum großen Teil eine weiterführende Schule erfolgreich absolviert und verfügen über eine Berufsausbildung.

Graphik 7.3 Hilfeempfänger nach Ausbildungsabschluss in West- und Ostdeutschland (1998)

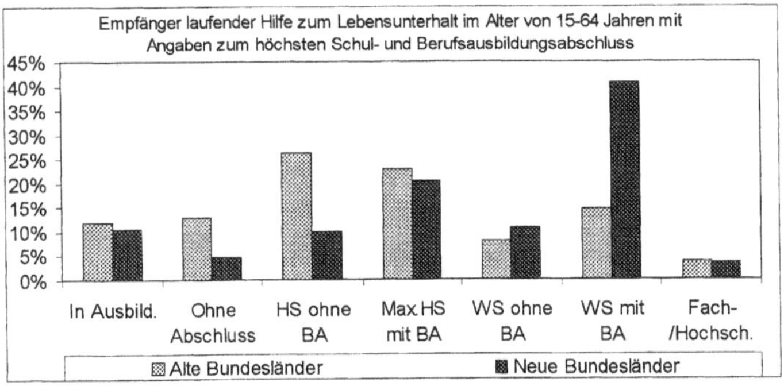

Abkürzungen: HS = Hauptschule, BA = Berufsausbildung, WS = weiterführende Schule
Quelle: 25%-Stichprobe der Sozialhilfeempfängerstatistik, eigene Berechnungen

Der Ost-West-Vergleich in Bezug auf die Ausbildung der Sozialhilfeempfänger macht deutlich, dass die formale Qualifikation in den neuen Bundesländern kein taugliches Kriterium zur Beurteilung der individuellen Arbeitsmarktchancen ist[201]. Eine mögliche

[200] Die Darstellung berücksichtigt nur Fälle, für die Angaben zur Schul- und Berufsausbildung verfügbar sind. Aufgrund der großen Datenlücken insbesondere in Westdeutschland ist nicht auszuschließen, dass die Anteile leicht verzerrt sind. Allerdings hat der Vergleich mit den Erhebungsjahren 1995 bis 1997 eine ähnliche Struktur ergeben, was gegen starke Verzerrungen spricht.

[201] Pfeiffer (1997) stellt in ihrer Analyse der Verbleibchancen und des Arbeitslosigkeitsrisikos geschlechtsspezifische Unterschiede fest. Danach haben nur Frauen mit Hochschulabschluss eine höhere Chance, in Erwerbstätigkeit zu verbleiben. Unerwartet ist eine höhere Verbleibchance zudem für Frauen, die keinen oder einen anderen als den ausgeübten Beruf gelernt haben. Sonstige formale Qua-

Erklärung hierfür könnte sein, dass formale Ausbildungsabschlüsse wenig über die am Markt verwertbare Qualifikation aussagen. Dieser Einwand richtet sich gegen die Indikatorfunktion von formaler Qualifikation für individuelles Humankapital: Die als Reaktion auf ständige Produktivitätssteigerungen notwendige Fähigkeit, sich an verändernde Arbeitsbedingungen anzupassen und sich beständig weiterzubilden, spiegelt sich in formalen Qualifikationen nicht unmittelbar wider. Gegen diese Sicht ist einzuwenden, dass Ausbildungsabschlüsse als Hinweis auf Leistungsfähigkeit und Leistungsbereitschaft interpretiert werden können und insofern in der Tat als Indikator für das vorhandene Humankapital heranzuziehen sind[202]. Der hohe Anteil qualifizierter Hilfeempfänger in den neuen Bundesländern dürfte eher auf das eklatante Unterangebot an Arbeitsplätzen zurückzuführen sein als auf eine unzureichende Qualifikation der Arbeitssuchenden.

7.3.4 Gründe für das Ende des Hilfebezuges West - Ost

Von den Ursachen für den Hilfebezug kann nicht unmittelbar auf die Gründe geschlossen werden, aufgrund derer der Bezug endet. So können z.B. arbeitslose Hilfeempfänger, bei denen Arbeitslosigkeit als Einstiegsgrund in die Sozialhilfe angenommen wird, neben der Aufnahme einer Erwerbstätigkeit ebenso durch die Gewährung vorrangiger Leistungen oder durch die Erhöhung staatlicher Leistungen oder durch private Unterstützung usw. den Hilfebezug beenden. Welche Ausstiegsvarianten quantitativ relevant sind, darüber gibt die Quartalsstatistik der Empfänger laufender Hilfe zum Lebensunterhalt Auskunft. Auf dieser Datenbasis (Erhebungsjahr 1999) ist ein Vergleich zwischen den neuen und den alten Bundesländern möglich. Die Angaben zu den Gründen für das Ende des Hilfebezugs beziehen sich auf die Bedarfsgemeinschaften. Im Unterschied zu der in dieser Arbeit üblicherweise gewählten Darstellung erfolgt hier keine Gewichtung mit der Anzahl der Mitglieder der Bedarfsgemeinschaft. Es werden lediglich Fälle (Bedarfsgemeinschaften) gezählt. Wie viele Hilfeempfänger von den verschiedenen Wegen aus dem Hilfebezug jeweils betroffen sind, lässt sich nicht exakt ermitteln. Diese Unterschiede in den Auswertungseinheiten (Anzahl der Bedarfsgemeinschaften statt Anzahl der darin lebenden Personen) sollte bei der Interpretation der Ergebnisse ebenso berücksichtigt werden wie die Abweichungen in der Haushaltsklassifizierung.

In beiden Regionen fehlt für eine große Anzahl von Bedarfsgemeinschaften ein spezifizierter Grund für das Ende des Hilfebezugs. In den neuen Bundesländern gilt dies für ein gutes Drittel der Fälle, in den alten Ländern sogar für mehr als die Hälfte. Da die

lifikationen sind in dem multivariaten Modell nicht signifikant. Für Männer lässt sich kein statistisch signifikanter Einfluss formaler Qualifikationsindikatoren finden.

[202] Behringer (1995) hat gezeigt, dass die Weiterbildungsbereitschaft mit der formalen Qualifikation steigt, ein Ergebnis, das für die neuen Bundesländer ebenso gilt wie für die alten.

Angaben zu den „Sonstigen Gründen“ zwischen den Bundesländern erheblich schwanken, wird hier mit der Unterstellung operiert, dass es sich bei diesen Unterschieden in den Anteilen nicht um begründete Differenzen handelt, sondern zu einem großen Teil um Erhebungsdefizite in einzelnen Ländern. Um den Vergleich zwischen den neuen und den alten Bundesländern nicht durch die unterschiedliche Bedeutung der Restposition „Sonstige“ zu verzerren, werden nur die Fälle miteinander verglichen, die aufgrund von ausreichendem Einkommen den Hilfebezug verlassen. Die weiteren spezifizierten Gründe „Tod“ und „Umzug ins Ausland“ fallen quantitativ nicht ins Gewicht. Die im Folgenden angegebenen Quoten (Graphik 7.4) beziehen sich auf ein gutes Drittel der westdeutschen Abgänge aus der Sozialhilfe und auf über 60% der ostdeutschen Fälle oder in absoluten Zahlen ca. 195.000 Bedarfsgemeinschaften in den alten Bundesländern und ca. 90.000 in den neuen Ländern.

Von den insgesamt sechs erhobenen Gründen sind „Eheschließung“ und „privater Unterhalt“ von geringer Bedeutung. Beide kommen im früheren Bundesgebiet häufiger vor als in den neuen Ländern. In Ostdeutschland ist der mit Abstand wichtigste Grund „Erhöhung oder erstmaliger Bezug staatlicher Leistungen“. Hiervon sind u.a. Vorleistungsempfänger betroffen, sofern die ihnen gewährten vorrangigen Leistungen hoch genug sind, von der Sozialhilfe unabhängig zu werden. Da bei den staatlichen Leistungen nicht zwischen dem erstmaligen Bezug staatlicher Leistungen und Leistungserhöhungen unterschieden wird, gibt es keinen Hinweis darauf, wie häufig Sozialhilfe ausschließlich gewährt wird, um die Zeit bis zum Bezug vorrangiger Leistungen zu überbrücken. In den neuen Bundesländern dürfte diese Überbrückungsfunktion der Sozialhilfe größer sein als im Westen[203]. Von den Personen, die 1999 die Sozialhilfe (eventuell nur vorrübergehend) verlassen haben, waren in den neuen Bundesländern 15% als Vorleistungsempfänger signiert, in den alten Ländern nur 5%.

Staatliche Leistungen spielen in der öffentlichen Diskussion um Maßnahmen zur Überwindung der Sozialhilfeabhängigkeit ebenso wenig eine Rolle wie der Grund „höhere Erwerbseinkommen“. Für immerhin 12,5% der Bedarfsgemeinschaften aus dem früheren Bundesgebiet, die 1999 wegen ausreichenden Einkommens den Hilfebezug verlassen haben, ist dies auf ein höheres Erwerbseinkommen zurückzuführen. In den neuen Bundesländern trifft dieser Ausstiegsgrund nur für 5,4% der betrachteten Bedarfsgemeinschaften zu. Die Maßnahmen zur Überwindung der Sozialhilfeabhängigkeit richten sich auf die (Re-)Integration der Hilfeempfänger in den Arbeitsprozess. Durch Arbeitsaufnahme beenden in den alten Bundesländern 50%, in den neuen Län-

[203] Ein Vergleich der Längsschnittdaten von Bremen und Halle, in dem nur ansässige deutsche und ausländische Hilfeempfänger berücksichtigt sind (also ohne Zuwanderer) kommt zu dem Ergebnis, dass ein sehr viel höherer Anteil von Ost- als von Westdeutschen den Hilfebezug aufgrund von vorrangigen Leistungen beenden. Im Übrigen ist auf dieser Datenbasis auch der Anteil derjenigen, für die der Leistungsbezug wegen fehlender weiterer Vorsprache endet, im Osten höher als im Westen (Rentzsch/Buhr 1996).

dern 45% der hier berücksichtigten Bedarfsgemeinschaften den Hilfebezug. In den alten Bundesländern spielt die Erstaufnahme einer Erwerbstätigkeit eine größerer Rolle als in Ostdeutschland.

Graphik 7.4 Beendeter Hilfebezug wegen ausreichendem Einkommen nach Gründen in West- und Ostdeutschland (1999)
- in % der auswertbaren Fälle -

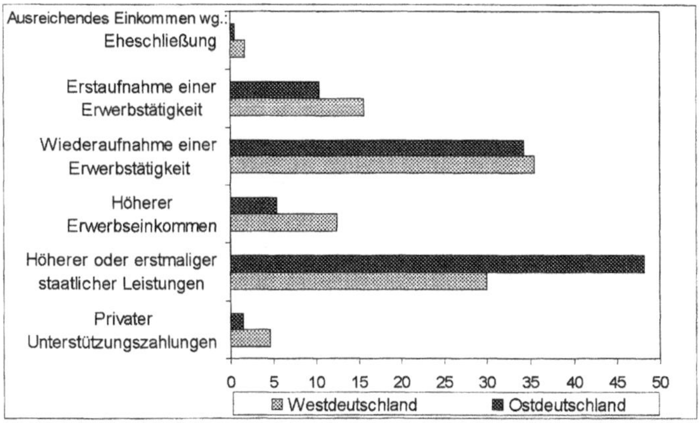

Quelle: Statistisches Bundesamt, Zu- und Abgangsstatistik der Empfänger lfd. Hilfe zum Lebensunterhalt

Für die Bedarfsgemeinschaften, bei denen die Einstellung der Hilfegewährung wegen Aufnahme einer Erwerbstätigkeit erfolgt, sind eventuelle Förderungen nachgewiesen. Allerdings ist nicht erhoben, in welchem Umfang die Aufnahme einer Erwerbstätigkeit tatsächlich mit einem (erwünschten) Abgang in den ersten Arbeitsmarkt gleichgesetzt werden kann. Bei einem Teil dieser Übergänge in Erwerbstätigkeit kann es sich durchaus um den Eintritt in geförderte Maßnahmen handeln. Nach Untersuchungen für Bremen ist die Beschäftigung bei gemeinnützigen Beschäftigungsträgern sehr viel häufiger als bei Privatunternehmen (Lüsebrink/Pentzek/Sommer 2001: 183 f.). Da in den letzten Jahren die „Vertragsvariante" bei der Hilfe zur Arbeit an Attraktivität gewonnen hat, dürften einige Teilnehmer durch die Maßnahme selbst von laufender Hilfe zum Lebensunterhalt unabhängig geworden sein. Der beschriebene Effekt der Überwindung der Sozialhilfeabhängigkeit durch Eintritt in eine Maßnahme zur Hilfe zur Arbeit ist mit der amtlichen Statistik nicht zu quantifizieren. Hier wird nur die Förderung überhaupt nachgewiesen. Es sind alle Fälle erfasst, in denen eine Bedarfsgemeinschaft durch Unterstützungsmaßnahmen von der laufenden Hilfe zum Lebensunterhalt unabhängig wird. Dies kann im Anschluss an eine Maßnahme (in Form der „Mehraufwandsvariante" oder der „Vertragsvariante") geschehen oder durch die Maßnahme selbst.

Gemessen an den Fällen des durch Arbeitsaufnahme beendeten Hilfebezugs hat die Förderung in den neuen Ländern einen größeren Stellenwert als in Westdeutschland. Fast 70% der betrachteten Bedarfsgemeinschaften im früheren Bundesgebiet erhielten keine Förderung. In den neuen Bundesländern gilt dies nur für 45%. Unterstützungen nach dem SGB III sind selbst für Sozialhilfeempfänger in den neuen Bundesländern relativ unbedeutend (14% der hier betrachteten Bedarfsgemeinschaften). Wichtiger ist die Förderung nach dem BSHG. In den neuen Bundesländern erhielten gut 40%, im früheren Bundesgebiet noch nicht einmal 30% der Bedarfsgemeinschaften, die durch Aufnahme einer Erwerbstätigkeit den Hilfebezug verlassen haben, eine Förderung nach dem BSHG[204].

Ebenso wie es bei den Ursachen für den Hilfebezug Unterschiede zwischen den neuen und den alten Bundesländern gibt, zeigen sich Differenzen bei den Gründen für die Überwindung der Sozialhilfeabhängigkeit. Erstaunlich hoch ist in den neuen Ländern der Anteil der Bedarfsgemeinschaften, die durch die Gewährung oder Erhöhung staatlicher Leistungen den Hilfebezug verlassen. Ebenfalls bemerkenswert ist der hohe Anteil der Hilfeempfänger, die ohne Fördermaßnahmen die Sozialhilfe durch Aufnahme einer Erwerbstätigkeit überwinden. Dass in den neuen Ländern aufgrund der schlechteren Arbeitsmarktsituation relativ mehr Hilfeempfänger gefördert werden, war zu erwarten. Dass diese Unterstützung aber im Wesentlichen nach dem BSHG erfolgt und nicht nach dem SGB III, war a priori nicht klar.

7.4 Einkommensaspekte

Unzureichendes oder fehlendes Erwerbseinkommen ist bei Sozialhilfeabhängigkeit vorausgesetzt. Inwieweit Arbeitseinkommen zur Deckung des notwendigen Bedarfs ausreicht, hängt von verschiedenen Determinanten ab: der Einkommenshöhe, die wiederum von der Arbeitszeit beeinflusst ist, der Anzahl der Personen, die von dem Einkommen leben müssen usw. Natürlich spielen auch Transfereinkommen eine Rolle. Im Folgenden wird zunächst auf Unterschiede in der Bedeutung der Haupteinkommensarten für die Hilfeempfänger in West und Ost eingegangen. Anschließend geht es um die Frage, ein wie großer Anteil des Bruttobedarfs durch eigene Einkünfte gedeckt ist. Da für die Ermittlung des Bedarfs der Hilfeempfänger auch die Wohnkosten berücksichtigt werden und sich das Mietniveau zwischen den neuen und den alten Bundesländern nach wie vor stark unterscheidet, wird auch dieser Aspekt untersucht: Wie unterschei-

---

[204] Gangl (2000) untersucht den Übergang in Erwerbstätigkeit mit den Längsschnittdaten aus Bremen und Halle. Er vermutet einen Einfluss der unterschiedlichen Ausgestaltung der Hilfe zur Arbeit – „Mehraufwandsvariante" in Halle und „Vertragsvariante" in Bremen – auf die höhere Abgangsrate in Bremen (Gangl 2000: 192). In seinem mikroanalytischen Übergangsratenmodell findet die Arbeitsmarktverfassung keinerlei Berücksichtigung. Die allgemeine Nachfrageschwäche dürfte - in den neuen Bundesländern mehr noch als im Westen - die eigentliche Restriktion für die (Re-)Integration arbeitsloser Hilfeempfänger in den Arbeitsmarkt sein.

det sich die Wohnkostenbelastung (Bruttokaltmiete) der Hilfeempfänger in beiden Teilen Deutschlands?

7.4.1 Haupteinkommen der Bedarfsgemeinschaften

Der Erwerbsstatus hat keinen unwesentlichen Einfluss darauf, ob ein Sozialhilfeanspruch entsteht. Allerdings garantiert selbst Vollzeiterwerbstätigkeit nicht immer, dass das daraus bezogene Einkommen oberhalb des soziokulturellen Existenzminimums liegt. Vollzeiterwerbstätige Alleinstehende fallen selten unter die Sozialhilfeschwelle. Bei Familien mit Kindern und nur einem Verdiener im Niedriglohnbereich ist das Risiko, auf ergänzende Hilfe zum Lebensunterhalt angewiesen zu sein, schon etwas höher. Es steigt weiter, wenn kein Haushaltsmitglied ein Vollzeiterwerbseinkommen erzielt, also bei Teilzeitbeschäftigten, Arbeitslosen und bei aus anderen Gründen Nichterwerbstätigen. Die Sozialhilfe als unterstes Netz der sozialen Sicherung wird zum weit überwiegenden Teil von Haushalten in Anspruch genommen, die über kein Erwerbseinkommen aus einer Vollzeitbeschäftigung verfügen (vgl. Graphik 7.5).

Graphik 7.5 Bedeutung der Haupteinkommensarten in West- und Ostdeutschland (1998)

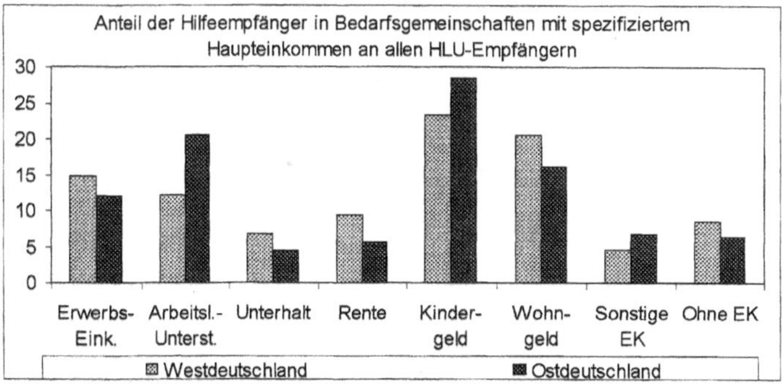

Quelle: 25%-Stichprobe der Sozialhilfeempfängerstatistik, eigene Berechnungen

Für die Gesamtheit der Hilfeempfänger ist das Kindergeld die wichtigste Haupteinkommensart, gefolgt vom Wohngeld. Es schließen sich mit größerem Abstand Einkommen aus selbständiger und unselbständiger Arbeit (Erwerbseinkommen) an, gefolgt von Arbeitslosenunterstützung, also Arbeitslosengeld und -hilfe. Noch nicht einmal jeder zehnte Hilfeempfänger lebt in Bedarfsgemeinschaften mit Rente als Haupteinkommen oder in solchen ohne jegliche Einkünfte. Unterhalt (private Transfers und Unterhaltsvorschuss) ist für noch weniger Hilfeempfänger die dominierende Einkommensquelle, gefolgt von sonstigen Einkünften. Diese Rangordnung der wichtigsten Einkommensarten stimmt weitgehend mit der Hierarchie für die westdeutschen Hilfeempfänger überein.

Für die ostdeutschen HLU-Empfänger hat die Arbeitslosenunterstützung einen deutlich höheren Stellenwert als für westdeutsche Leistungsbezieher. Dies korrespondiert mit den Befunden zum Erwerbsstatus. Demgegenüber fällt Wohngeld als wichtigstes Einkommen in den neuen Bundesländern stärker zurück. Hierin dürfte sich das in den neuen Bundesländern niedrigere Mietniveau widerspiegeln. Auch Rente und Unterhalt sind in den neuen Bundesländern für die Hilfeempfänger als dominierende Einkommensquelle weniger relevant. Zu der geringeren Bedeutung von Rente trägt der niedrigere Anteil von HLU-Empfängern im Rentenalter - vornehmlich Frauen - in den neuen Bundesländern bei[205]. Aufgrund der starken Erwerbsbeteiligung von Frauen in der ehemaligen DDR erhalten Rentnerinnen in den neuen Bundesländern im Durchschnitt höhere Bezüge als Frauen im früheren Bundesgebiet[206]. Das Risiko, durch unzureichende eigene Versorgungsansprüche unter die Sozialhilfeschwelle zu rutschen, trifft in den neuen Bundesländern vergleichsweise wenig Frauen der aktuellen Rentnergeneration.

Tabelle 7.8 Ausgewählte Haupteinkommesarten nach Haushaltstyp in West- und Ostdeutschland (1998)

Haushaltstyp	Erwerbs-einkommen		Arbeitslosen-unterstützung		Rente		Kinder-geld		Wohn-geld	
	ABL	NBL	ABL	NBL	ABL	NBL	ABL	NBL	ABL	NBL
	%-Anteil an allen Hilfeempfängern der jeweiligen Region, die in gleichem Haushaltstyp leben									
Alleinstehende	7,8	4,5	10,9	18,3	22,0	13,5	2,0	4,4	32,3	35,3
männlich	7,5	3,5	13,1	14,2	9,5	6,0	1,9	3,7	38,7	44,5
weiblich	8,1	6,0	9,0	24,3	33,0	24,2	2,1	5,4	26,7	22,1
Alleinerziehende	14,0	7,6	4,8	17,1	1,4	1,9	33,6	42,6	22,0	14,2
Ehepaare ohne Kind	10,8	11,6	15,2	21,5	34,8	20,4	0,6	0,8	21,4	26,4
Ehepaare mit Kind.	23,0	23,1	23,5	24,6	2,8	1,9	27,8	30,3	14,2	8,2
NEL ohne Kind	22,0	17,3	21,8	40,1	16,6	11,4	5,0	5,1	20,3	14,2
NEL mit Kind(ern)	27,9	24,8	21,7	36,6	1,8	1,2	28,0	24,6	11,0	3,8
Sonstige	13,2	8,4	8,4	13,2	6,5	5,5	33,6	39,2	14,4	10,1
Insgesamt	14,8	12,0	12,2	20,5	9,3	5,5	23,3	28,4	20,6	16,0

Abkürzungen: ABL = alte Bundesländer, NBL = neue Bundesländer, NEL = nichteheliche Lebensgemeinschaften
Anmerkungen: Sämtliche Haupteinkommensarten (inkl. der hier nicht aufgeführten) addieren sich zu 100%.
Quelle: 25%-Stichprobe der Sozialhilfeempfängerstatistik, eigene Berechnungen

Die unterschiedliche Bedeutung der einzelnen Haupteinkommensarten in beiden Teilen Deutschland ist noch deutlicher in der Haushaltsdifferenzierung zu erkennen (Ta-

[205] Bei Rentenzahlungen handelt es sich nicht nur um Altersrenten, sondern auch um Hinterbliebenen- und Erwerbsunfähigkeitsrenten. Renten erhalten also nicht nur Personen, die die Grenze für die Altersrente überschritten haben. Während in den alten Bundesländern über die Hälfte der in der Sozialhilfestatistik als Haupteinkommen ausgewiesenen Renten auf Altersrenten entfallen, sind es in den neuen Bundesländern nur 40%.

[206] Durchschnittliche monatliche Rentenzahlbeträge für Renten wegen verminderter Erwerbsfähigkeit und wegen Alters in der Rentenversicherung der Arbeiter bzw. Angestellten (1998): westdeutsche Frauen 682 DM bzw. 1080 DM, ostdeutsche Frauen 1080 DM bzw. 1213 DM. Quelle: Statistisches Bundesamt, Statistisches Jahrbuch 2000, Tabelle 19.4.5

belle 7.8). Für alle Haushaltstypen ist festzustellen, dass Arbeitslosenunterstützung als Haupteinkommen in den neuen Bundesländern relevanter ist als für vergleichbare Haushalte im früheren Bundesgebiet. Besonders groß sind die Differenzen zu Westdeutschland in Haushalten mit einem hohen Anteil weiblicher Haushaltsvorstände (alleinstehende Frauen, Alleinerziehende und nichteheliche Lebensgemeinschaften). Dies ist ein weiterer Beleg für eine größere „Arbeitsmarktnähe“ weiblicher Hilfeempfänger in den neuen Bundesländern.

7.4.2 Relative Einkommenslücke

Die Klassifizierung einer Haupteinkommensart lässt nur vage Schlüsse auf die Höhe der originären[207] Einkünfte der Bedarfsgemeinschaften zu. Diese schwanken in Abhängigkeit von der Haushaltsgröße sowie von der Höhe und dem Umfang aller Einkommensarten, die der Bedarfsgemeinschaft angerechnet werden. Die Höhe des durchschnittlichen angerechneten Einkommens aller ostdeutschen Bedarfsgemeinschaften ist nur geringfügig niedriger als der westdeutsche Wert. Größere Abweichungen gibt es bei den Alleinstehenden und hier insbesondere bei Männern. Deren angerechnetes Einkommen beläuft sich im Osten nur auf 74% des Westniveaus. Während Alleinerziehende in Ost und West im Durchschnitt ähnlich hohe anzurechnende Einkünfte haben, verfügen nichteheliche Lebensgemeinschaften im Mittel in den neuen Bundesländern sogar über höhere originäre Einkommen als vergleichbare Bedarfsgemeinschaften in Westdeutschland. Im Unterschied zum früheren Bundesgebiet sind die Einkünfte der nichtehelichen Lebensgemeinschaften – bei gleicher Personenzahl – in den neuen Ländern durchschnittlich sogar deutlich höher als die von Ehepaaren. Hier bestätigt sich nochmals, dass es in den neuen Ländern größere Unterschiede zwischen unverheirateten und verheirateten Paaren gibt.

Das originäre Einkommen der Empfänger laufender Hilfe zum Lebensunterhalt liegt unter dem zugestandenen soziokulturellen Existenzminimum. Dessen Höhe (Bruttobedarf) variiert in Abhängigkeit von der Größe und Zusammensetzung der Bedarfsgemeinschaft und von den anerkannten Wohnkosten. Die Regelsätze werden auf Bundeslandebene festgesetzt. Sie unterscheiden sich in Westdeutschland nur geringfügig. In Ostdeutschland liegen sie, aufgrund der niedrigeren Einkommen, unter dem Niveau in den westdeutschen Bundesländern. 1998 lag der Eckregelsatz für den Haushaltsvorstand im Durchschnitt der ostdeutschen Bundsländer (inklusive Ostberlin) ca. 3,4%

[207] Mit originären Einkünften sind die Einkommen gemeint, die der Bedarfsgemeinschaft ohne die Aufstockung durch die Sozialhilfe zur Verfügung stehen. In der Statistik sind nur die angerechneten Einkommen nachgewiesen, die die tatsächlichen verfügbaren finanziellen Mittel der Bedarfsgemeinschaften u.U. unterschätzen. Bestimmte Einkunftsarten, zu denen auch das Erziehungsgeld gehört, werden nicht angerechnet. Erwerbstätige Hilfeempfänger erhalten eine Art Freibetrag, so dass in diesen Fällen ebenfalls das angerechnete Einkommen etwas niedriger ist als die Summe der Einkünfte der Bedarfsgemeinschaft vor Gewährung ergänzender Hilfe zum Lebensunterhalt.

unter dem westdeutschen Mittelwert. Etwas größer fällt der Abstand aus (4,1%), wenn Ostberlin, wo der gleiche Regelsatz gezahlt wird wie im Westteil der Stadt, aus der Betrachtung ausgeklammert wird. Wegen der Unterschiede in den Regelsätzen ist der Bruttobedarf für vergleichbare Haushalte in den neuen Bundesländern geringer als in den alten. Das ebenfalls niedrigere Mietniveau verstärkt diesen Effekt noch.

Zur Auszahlung (Nettoanspruch) gelangt der Differenzbetrag zwischen dem Bruttobedarf und dem angerechneten Einkommen. Der Nettoanspruch kann auch als Einkommenslücke interpretiert werden. Es ist der Teil des anerkannten soziokulturellen Existenzminimums, für den das originäre Einkommen der Hilfeempfänger nicht ausreicht. Ebenso wie der Bruttobedarf mit der Anzahl der Personen in der Bedarfsgemeinschaft ansteigt, nimmt auch der Nettoanspruch mit der Haushaltsgröße zu. Allerdings steigt er nicht in gleichem Umfang wie der Bruttobedarf: Bei Mehrpersonenbedarfsgemeinschaften wird im Durchschnitt ein relativ höherer Einkommensanteil angerechnet. Die relative Einkommenslücke, der Anteil des Nettoanspruchs am Bruttobedarf, bringt die Diskrepanz zwischen dem anerkannten soziokulturellen Existenzminimum und dem originären Einkommen der Haushalte zum Ausdruck (Graphik 7.6).

Graphik 7.6 Relative Einkommenslücke nach Haushaltstyp in West- und Ostdeutschland (1998)

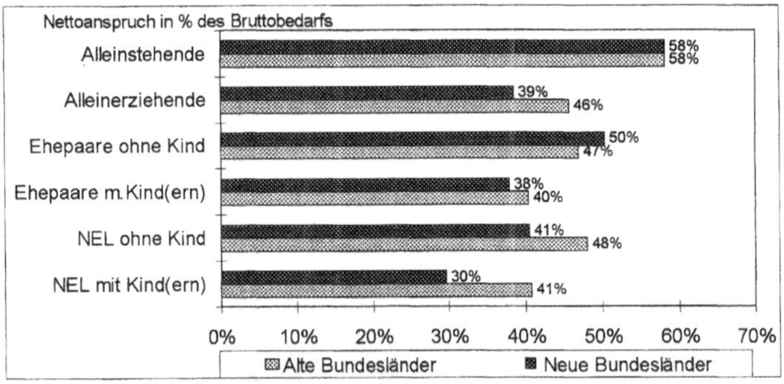

Abkürzungen: NEL = Nichteheliche Lebensgemeinschaften
Quelle: 25%-Stichprobe der Sozialhilfeempfängerstatistik, eigene Berechnungen

In der relativen Betrachtung haben Alleinstehende die größten Defizite. Die relative Einkommenslücke von kinderlosen Paaren ist höher als die von Paarhaushalten mit Kindern. Mit zunehmender Kinderzahl wird der Anteil des Nettoanspruchs am anerkannten soziokulturellen Existenzminimum der Bedarfsgemeinschaften kleiner, oder umgekehrt ausgedrückt: Mit zunehmender Kinderzahl wird ein höherer Einkommensanteil angerechnet. Diese Hierarchie beschreibt die relative Einkommenslücke. Die Absolutbeträge sind genau spiegelbildlich dazu: Alleinstehende haben im Durchschnitt den geringsten Nettoanspruch, gefolgt von Paarhaushalten ohne Kind und solchen mit

Kindern. Im Ost-West-Vergleich zeigen sich die größten Unterschiede bei den nichtehelichen Lebensgemeinschaften (NEL). Es wurde bereits darauf hingewiesen, dass diese Bedarfsgemeinschaften in den neuen Ländern bei niedrigerem Bruttobedarf absolut höhere angerechnete Einkommen haben als im früheren Bundesgebiet. Auch bei den Alleinerziehenden gibt es eine bemerkenswerte Diskrepanz in der relativen Einkommenslücke zwischen Ost und West. Ein-Eltern-Familien in den neuen Ländern wird im Mittel ein um 12% niedrigerer Bedarf zugestanden als im früheren Bundesgebiet. Ihr angerechnetes Einkommen liegt aber nur geringfügig unter dem Westniveau.

7.4.3 Mietbelastung West- Ost

Ein erheblicher Teil des Unterschiedes in der Höhe des Bruttobedarfs und des Nettoanspruchs in beiden Teilen Deutschlands resultiert aus dem abweichenden Mietniveau. Die Bruttokaltmiete, also üblicherweise die Mietzahlung[208] inklusive Nebenkosten aber ohne Heizung, wird i.d.R. in voller Höhe auf den Bruttobedarf angerechnet. Dabei ist allerdings das Kriterium der Angemessenheit zu berücksichtigen. Einerseits darf die Wohnung nicht zu groß sein, andererseits muss der Mietwert im unteren Bereich des ortsüblichen Mietniveaus liegen (vgl. Buchsbaum 1996). Als Orientierung dienen die in den Wohngeldtabellen festgesetzten Mieten für die jeweilige Region. Aufgrund des Angemessenheitskriteriums erhalten nicht alle Hilfeempfänger eine vollständige Kompensation ihrer Mietkosten[209]. Die Wohngeldstatistik weist eine solche Unterschreitung für 22% der Empfängerhaushalte von pauschaliertem Wohngeld im früheren Bundesgebiet und für 7% derjenigen in den neuen Ländern aus (Datenstand 1998); das Ausmaß der Unterschreitung wird nicht angegeben. Da in der Sozialhilfeempfängerstatistik nur die Informationen zur anerkannten Bruttokaltmiete zur Verfügung stehen, werden diese Werte im Folgenden mit der tatsächlichen Miethöhe gleichgesetzt. Wenn also im Zusammenhang mit den Sozialhilfeempfängerhaushalten von Miete gesprochen wird, dann ist immer die in der Statistik nachgewiesene anerkannte Bruttokaltmiete gemeint.

Nach einer Auswertung der Mikrozensus-Ergänzungserhebung für die gesamte Wohnbevölkerung lag die durchschnittliche Miethöhe für alle Haushalte in den neuen Bundesländern 1998 bei ca. 73% des westdeutschen Niveaus (Winter 1999: 859, Tabelle 1). Für Haushalte mit niedrigem Einkommen ist der Unterschied kleiner, bei solchen mit vergleichsweise hohem Einkommen entsprechend größer. Empfänger laufender Hilfe zum Lebensunterhalt bewegen sich im Niedrigeinkommensbereich. Entsprechend ist eine geringere Diskrepanz zwischen den Ost- und Westmieten zu erwarten.

[208] Bei Eigenheimbesitzern werden z.B. die Fremdfinanzierungskosten übernommen.
[209] Spindler (1999: 307) weist darauf hin, dass ein Baustein im Kostensenkungswettlauf einiger Sozialämter darin besteht, die zu betreuende Klientel selbst bei geringfügigem Überschreiten der Mietgrenzen zum Umzug aufzufordern.

In der Tat liegt das ostdeutsche Niveau der anerkannten Bruttokaltmiete - in Abhängigkeit von der Haushaltsform - zwischen 76 und 80% des westdeutschen Niveaus. Bei diesen Quoten sind nur Bedarfsgemeinschaften berücksichtigt, denen auch tatsächlich Miete erstattet wird.

Einigen Bedarfsgemeinschaften wird überhaupt keine Miete anerkannt. In den alten Bundesländern trifft dies auf 9% aller Bedarfsgemeinschaften bzw. 6% aller HLU-Empfänger zu. In den neuen Ländern ist der Anteil mit 14% aller Bedarfsgemeinschaften bzw. 9% aller Hilfeempfänger deutlich höher. Ein weiterer Unterschied zwischen Ost- und Westdeutschland: In den alten Bundesländern sind weit mehr als die Hälfte dieser Bedarfsgemeinschaften und Hilfeempfänger (ohne anerkannte Bruttokaltmiete) den sonstigen Bedarfsgemeinschaften zuzurechnen. Hierunter sind auch Personen subsumiert, die nur Teil eines Haushaltes sind und u.U. gar keinen Anspruch auf Mieterstattung haben. Auf diese Gruppe entfallen in den neuen Bundesländern gerade einmal die Hälfte der Bedarfsgemeinschaften und 43% der Hilfeempfänger ohne anerkannte Miete. In welchem Umfang sich hinter den Fällen ohne Mietzahlungen Wohnungslosigkeit verbirgt, kann anhand der Sozialhilfeempfängerstatistik nicht definitiv beurteilt werden. Die als „besondere soziale Situation“ erhobene Kategorie „ohne eigene Wohnung“ weist einen vergleichsweise kleinen Anteil von Betroffenen aus, allerdings sind es auch hier relativ mehr Personen im Osten als im Westen. Auffallend ist zudem, dass männliche Alleinstehende unter den Personen ohne anerkannte Wohnkosten (und „ohne eigene Wohnung“) überrepräsentiert sind. Dies ist der „Haushaltstyp“, der besonders häufig von Wohnungslosigkeit betroffen ist[210].

Im Durchschnitt haben ostdeutsche Hilfeempfänger niedrigere Wohnkostenbelastungen (Anteil der anerkannten Bruttokaltmiete am gesamten Bedarf) als westdeutsche (vgl. Tabelle 7.9). Abgesehen von der größeren Bedeutung von Empfängern ohne anerkannte Bruttokaltmiete lebt ein knappes Viertel der Sozialhilfebezieher in den neuen Ländern in Bedarfsgemeinschaften mit einem vergleichsweise niedrigen Wohnkostenanteil von weniger als 25%. Dies gilt nur für 14% der westdeutschen Hilfeempfänger. Im früheren Bundesgebiet fallen hohe Wohnkosten von 35% und mehr des Bruttobedarfs stärker ins Gewicht. In beiden Regionen gelten die bekannten Zusammenhänge: Kleine Haushalte haben eine sehr viel größere Wohnkostenbelastung als Mehrpersonenbedarfsgemeinschaften, und mit zunehmender Personenzahl im Haushalt sinkt die Mietbelastung tendenziell. Alleinstehende Hilfeempfänger haben, gemessen an ihrem Gesamtbedarf, die höchsten Wohnkosten zu tragen. Zudem zeigt sich, dass Alleinerziehende anteilig etwas mehr für das Wohnen ausgeben als Paare mit Kindern; Perso-

---

[210] Wohnungsnotfälle sind z.T. auf Defizite in der öffentlichen Verwaltung in den neuen Bundesländern zurückzuführen. Auslöser sind häufig zu hohe Mietrückstände, die dann über Räumungsklagen und Zwangsräumungen zum Wohnungsverlust führen. Ausführlicher hierzu: Busch-Geertsema/ Ruhstrat 1997, Werner 1998.

nen aus Ein-Eltern-Familien leben häufiger als jene aus Zwei-Eltern-Familien in Bedarfsgemeinschaften mit einer Wohnkostenbelastung von mindestens 35% des Bruttobedarfs. Die Unterschiede in der Wohnkostenbelastung zwischen diesen beiden Haushaltstypen sind im Osten etwas stärker ausgeprägt als im Westen.

Tabelle 7.9 Wohnkostenbelastung nach Haushaltstyp in West- und Ostdeutschland (1998) - anerkannte Bruttokaltmiete in % des Bruttobedarfs nach Größenklassen -

Haushaltstyp	Westdeutschland					Ostdeutschland				
	Anerkannte Bruttokaltmiete von ... % bis unter ...% des Bruttobedarfs									
	ohne WK	unter 25%	25% - 35%	35% - 45%	mind. 45%	ohne WK	unter 25%	25% - 35%	35% - 45%	mind. 45%
	%-Anteil an allen HLU-Empfängern im jeweiligen Gebiet, die im gleichen Haushaltstyp leben									
Alleinstehende	6,8	5,3	16,4	34,4	37,0	13,4	8,9	24,3	32,5	20,8
männlich	9,1	5,9	16,3	32,1	36,7	16,2	10,1	25,6	30,5	17,6
weiblich	4,8	4,9	16,6	36,4	37,3	9,4	7,3	22,4	35,4	25,5
Alleinerziehende	2,0	13,0	50,1	29,5	5,4	2,8	24,8	54,5	16,0	1,8
mit 1 Kind	2,3	7,0	41,6	39,6	9,5	3,7	13,8	52,9	26,4	3,3
mit 2 Kindern	1,9	13,4	55,2	26,3	3,1	2,3	25,0	60,9	10,8	1,0
mit mind. 3 K.	1,6	24,0	57,9	15,3	1,3	1,8	44,9	48,2	4,6	0,5
Paare ohne Kind	3,0	10,0	37,5	39,8	9,8	8,1	17,9	47,0	23,8	3,2
Paare mit Kind	2,4	16,2	51,9	26,4	3,0	4,9	33,4	51,1	9,5	1,1
mit 1 Kind	2,9	10,9	43,7	36,7	5,8	5,3	21,9	55,6	15,6	1,5
mit 2 Kindern	2,7	14,2	52,3	27,9	2,8	4,7	31,8	54,2	8,1	1,1
mit mind. 3 K.	1,9	21,7	57,6	17,7	1,2	4,6	48,2	42,5	4,3	0,5
Sonstige	17,4	20,8	34,1	17,5	10,3	28,3	29,1	29,7	9,3	3,6
Insgesamt	6,1	13,5	39,7	28,2	12,5	9,4	24,4	43,8	16,8	5,6

Erläuterungen: "ohne WK" = ohne Wohnkosten.
Alle Kategorien (Spalten) der jeweiligen Region addieren sich zu 100%.
Quelle: 25%-Stichprobe der Sozialhilfeempfängerstatistik, eigene Berechnungen

7.5 Dauer des Hilfebezuges

Ein erheblicher Unterschied zwischen Ost- und Westdeutschland besteht in der Dauer des Hilfebezugs. Sie ist in den alten Bundesländern im Mittel annähernd doppelt so lang wie in den neuen. Dies gilt nicht nur für die in der Bestandsstatistik ausgewiesene anhaltende Bezugsdauer, sondern auch für abgeschlossene Bezugsperioden, die der Quartalsstatistik zu entnehmen sind.

In der Sozialhilfestatistik sind bekanntlich nur Informationen über eine Bezugsperiode erfasst: die laufende Periode (anhaltende Dauer) in der Bestandsstatistik, die abgeschlossene Periode in der Quartalsstatistik. Eventuelle vorherige Bezugsperioden bleiben unberücksichtigt. Informationen über den Mehrfachbezug von Sozialhilfe können nur Längsschnittuntersuchungen liefern. Eine solche Untersuchung für die ostdeutsche Stadt Halle, die allerdings auf einer Untersuchungskohorte basiert, deren Sozialhilfebezug 1991 begonnen hat, kommt zu dem Ergebnis, dass noch nicht einmal 30% der betrachteten Gruppe von Sozialhilfebeziehern wiederholt Sozialhilfeleistungen in Anspruch nehmen musste (Olk/Rentzsch 1997). Der Mehrfachbezug ist demnach auch für Ostdeutsche[211] keineswegs typisch. Hübinger/Neuman kommen in ihrer Befragung der ostdeutschen Caritas- und Diakonie-Klientel ebenfalls zu dem Ergebnis, dass die Sozialhilfe nur für eine Minderheit eine Überbrückungsfunktion für kurzfristige und wiederkehrende Notlagen darstellt (Hübinger/Neumann 1998: 122).

Welche Erkenntnisse über die Bezugsdauer lassen sich nun aus der Sozialhilfestatistik ziehen? Die Bestandsstatistik liefert Angaben über den noch anhaltenden Hilfebezug. Ausgewiesen wird die bisherige Bezugsdauer der Bedarfsgemeinschaft in der aktuellen Zusammensetzung und die längste Bezugsdauer für mindestens ein Mitglied der Bedarfsgemeinschaft. Die Länge dieser zweiten Größe weicht nur von der ersten ab, wenn sich die Zusammensetzung der Bedarfsgemeinschaft geändert hat. Der weit überwiegende Teil der HLU-Empfänger, die sich noch im Hilfebezug befinden, lebt in Bedarfsgemeinschaften, in denen die beiden unterschiedenen Bezugsperioden übereinstimmen. Dies sind alle die Fälle, in denen die Zusammensetzung der Bedarfsgemeinschaft seit Beginn des Hilfebezugs unverändert geblieben ist. In den alten Bundesländern trifft dies auf 77% der Bedarfsgemeinschaften zu, in den neuen Ländern sogar auf 84% (vgl. Tabelle 7.10 Nachrichtlich). Änderungen in der Zusammensetzung der Bedarfsgemeinschaft sind also quantitativ nicht übermäßig relevant.

Tabelle 7.10 Anhaltende Bezugsdauer nach Haushaltstyp in West- und Ostdeutschland (1998)

- durchschnittliche bisherige Bezugsdauer der Bedarfsgemeinschaft -

Haushaltstyp	Längste bisherige Bezugsdauer für BG mit unveränderter Zusammensetzung		BG mit veränderter Zusammensetzung	
	ABL	NBL	ABL	NBL
	in Monaten			
Alleinstehende	40,1	16,7	76,5	31,2
Männer 65 Jahre und älter	60,4	24,9	93,6	31,4
Frauen 65 Jahre und älter	74,3	24,6	109,7	30,0
Alleinerziehende	24,2	14,3	53,4	27,3
Paare ohne Kinder	33,0	15,1	60,8	27,0
HH-V 65 Jahre und älter	46,0	16,3	75,2	22,1
Paare mit Kindern	19,1	12,6	45,2	25,7
Sonstige	32,3	13,2	62,8	25,4
Insgesamt	33,0	15,0	60,0	27,1
Nachrichtlich:	%			
Anteil an allen BG der Region	77,4	83,7	22,6	16,3

Abkürzungen: ABL = Alte Bundesländer, NBL = Neue Bundesländer,
BG = Bedarfsgemeinschaft, HH-V = Haushaltsvorstand
Quelle: 25%-Stichprobe der Sozialhilfeempfängerstatistik, eigene Berechnungen

[211] Entsprechende Untersuchungen für die alten Bundesländer basieren auf den Bremer Längsschnittdaten. Danach lag der Mehrfachbezug in der 1989er Kohorte bei 31% (Leisering/Leibfried 1999:64), in der 1984er Kohorte bei 40% (Leibfried u.a. 1995: 80).

Hinsichtlich der Dauer des Hilfebezugs unterscheiden sich beide Gruppen erheblich: Bedarfsgemeinschaften mit veränderter Zusammensetzung erhalten im Mittel fast doppelt so lange laufende Hilfe zum Lebensunterhalt wie in ihrer Zusammensetzung konstant gebliebene Bedarfsgemeinschaften. Diese Relation gilt sowohl für West- als auch für Ostdeutschland, allerdings bei sehr großen Unterschieden in der anhaltenden Bezugsdauer in beiden Regionen. In Tabelle 7.10 ist zudem zu erkennen, dass sich die großen Unterschiede in der Bezugsdauer zwischen West und Ost nicht nur auf die Haushalte mit Vorständen im Rentenalter (Alleinstehende und kinderlose Paare ab 65 Jahre) beschränken.

Die Unterschiede in der Empfängerstruktur zwischen den alten und den neuen Bundesländern - ein höherer Anteil von Hilfeempfängern im Rentenalter mit weit überdurchschnittlichen Bezugsdauern im Westen und ein höherer Anteil von Hilfeempfängern mit unterdurchschnittlichen Bezugsdauern im Osten (Vorleistungsempfänger, die auf die Gewährung vorrangiger Leistungen warten) - können nur einen Teil der Diskrepanz in der Bezugsdauer erklären. Die für alle Haushaltstypen in den neuen Ländern deutlich kürzeren Bezugsdauern lassen systematische Einflüsse vermuten. Zu denken ist dabei an eine stärkere Erwerbsorientierung der ostdeutschen Sozialhilfeempfänger im engeren Sinne, an Impulse für zumindest temporäre Beschäftigung durch Maßnahmen der Bundesanstalt für Arbeit in den neuen Ländern, aber auch in einer anderen Akzentsetzung auf kommunaler Ebene[212]. Was von diesen Erklärungsvarianten zu halten ist, lässt sich mit den Ergebnissen der Quartalsstatistik für 1999 veranschaulichen. Von den 127.000 ostdeutschen Bedarfsgemeinschaften, für die 1999 der Hilfebezug endete, wurden nachweislich nur 14.500 durch Maßnahmen nach dem BSHG gefördert. Leistungen nach dem SGB III fallen noch weniger ins Gewicht (5.000 Bedarfsgemeinschaften). Eine größere Anzahl (16.000) hat die Hilfe durch Aufnahme einer Erwerbstätigkeit ohne Förderung verlassen. In den neuen Bundesländern sind vor allem – hierauf wurde bereits hingewiesen – höhere oder erstmalige staatliche Leistungen ein häufigerer Grund für das Ende des Hilfebezugs als die Aufnahme einer Erwerbstätigkeit. Die einseitige Fixierung auf einen erfolgreicheren Mitteleinsatz bei der Hilfe zur Arbeit sollte den Blick nicht dafür verschließen, dass dies gerade in den neuen Bundesländern nur einer von mehreren Wegen aus der Sozialhilfeabhängigkeit ist und bislang offenbar quantitativ noch nicht einmal der wichtigste. Ein weiterer Aspekt sollte ebenfalls nicht unberücksichtigt bleiben: Das Ende des Hilfebezugs sagt wenig darüber aus, ob damit auch die Sozialhilfegefährdung oder die prekäre Armutslage überwunden ist. In der Mehrzahl der Fälle dürfte es zumindest für die Einkommenssituation der ehemaligen Hilfeempfänger keine Entwarnung geben. Hierfür liefern Mobilitätsanalysen Anhaltspunkte: Wenngleich das Armutsrisiko höherer Einkommens-

[212] In den neuen Bundesländern fließt seit jeher ein größerer Anteil der HLU-Ausgaben in Hilfe zur Arbeit als im Westen.

gruppen gestiegen ist, so ist die „Armutserfahrung“ von Einkommensarmen nach wie vor erheblich (vgl. Hanesch /Krause/Bäcker 2000: 109 ff.).

7.6 Zusammenfassung: Strukturunterschiede West-Ost dominieren

Gemessen an der Gesamtbevölkerung erhalten in den neuen Bundesländern und Berlin-Ost nach wie vor weniger Menschen laufende Hilfe zum Lebensunterhalt als im früheren Bundesgebiet. Dieses Ergebnis ist auf den ersten Blick erstaunlich, da die hohe Arbeitslosigkeit und geringere Individualeinkommen eine umgekehrte Relation erwarten ließen. In Bezug auf die Empfänger laufender Hilfe zum Lebensunterhalt lassen sich eine Reihe von Unterschieden zwischen den neuen und den alten Bundesländern aufzeigen, die dafür sprechen, beide Regionen einer eigenständigen Analyse zu unterziehen. Eine gesamtdeutsche Betrachtung, die dominiert ist von den Strukturen in den alten Bundesländern, trübt den Blick für die spezifische Situation in den neuen Ländern.

Für den Sozialhilfebezug ist ebenso wie für alle Fragen von Einkommensarmut der Haushaltskontext entscheidend. Die Haushaltsstruktur der Empfänger laufender Hilfe zum Lebensunterhalt weicht in beiden Teilen Deutschlands voneinander ab. Dies ist zu einem gewissen Grad auf den höheren Ausländeranteil im Westen zurückzuführen; bei nicht deutschen Hilfeempfängern dominieren Ehepaare mit Kindern. Im Osten fällt das vergleichsweise hohe Gewicht unverheirateter Paare auf. In solchen Haushalten leben 9% der ostdeutschen Kinder, die Sozialhilfe erhalten. Kinder unter sechs Jahre beziehen in den neuen Ländern – gemessen an ihrer Repräsentanz in der Gesamtbevölkerung – sehr viel häufiger laufende Hilfe zum Lebensunterhalt als Kinder der gleichen Altersgruppe im Westen. Hierzu „passt“, dass die „Geburt eines Kindes“ für relativ mehr ostdeutsche Hilfeempfänger im Zusammenhang mit dem Hilfebezug steht als für westdeutsche. Der im Westen dominierende Grund „Trennung/Scheidung“ ist im Osten weniger wichtig. Dies kann als Indiz für eine geringere ökonomische Abhängigkeit ostdeutscher Frauen von ihren Partnern angesehen werden. Anhaltspunkte für eine stärkere Erwerbsorientierung ostdeutscher Frauen als Ausdruck ihrer ökonomischen Eigenständigkeit lassen sich beim Vergleich des Erwerbsstatus erkennen. In den neuen Bundesländern ist ein größerer Anteil der Hilfeempfänger arbeitslos (auch und insbesondere ohne Leistungsanspruch). Dies gilt ebenfalls für alleinerziehende Hilfeempfängerinnen mit Kindern, der Empfängergruppe, für die Nichterwerbstätigkeit wegen häuslicher Bindung eine große Rolle spielt. Für die Teilhabe am Erwerbsleben als einer möglichen Voraussetzung für die Überwindung der Sozialhilfebezugs ist neben familiärer Freiräume die Qualifikation relevant. Der Anteil höher qualifizierter Sozialhilfeempfänger, worunter hier Personen mit dem Abschluss einer weiterführenden Schule und mit einer Berufsausbildung gefasst sind, ist in den neuen Ländern sehr viel größer als im früheren Bundesgebiet. Die formale Qualifikation scheint in diesem Teil Deutschlands kein tauglicher Indikator zur Beurteilung der individuellen Arbeitsmarktchancen zu sein. Bei den Gründen für die Überwindung der Sozialhilfeabhängigkeit spielt in den neuen Ländern der erstmalige Bezug oder die Erhöhung staatlicher Leistungen eine größere Rolle als die Aufnahme einer Erwerbstätigkeit. Trotz vergleichsweise hoher Ausgaben für Hilfe zur Arbeit verlassen auch in den neuen Ländern relativ mehr Hilfeempfänger den Bezug durch Aufnahme einer Erwerbstätigkeit ohne Förderung nach dem BSHG als mit entsprechender Unterstützung.

Die unterschiedliche Zusammensetzung der Hilfeempfänger in den neuen und den alten Bundesländern spiegelt sich auch in den für die Haushalte wichtigsten Einkommensarten wider. Arbeitslosenunterstützung hat in den neuen Ländern einen deutlich höheren Stellenwert als im früheren Bundesgebiet, Wohngeld spielt – wegen des niedrigeren Mietniveaus – hingegen eine geringere Rolle. Die durchschnittlichen angerechneten Einkommen sind in den neuen Bundesländern niedriger als im Westen. In Relation zum ebenfalls geringeren zuerkannten Bedarf wird allerdings ein höherer Einkommensanteil angerechnet als im Westen. Im Ost-West-Vergleich nach Haushaltstypen sind die größten Unterschiede bei nichtehelichen Lebensgemeinschaften mit Kindern zu erkennen. Ein wesentlicher Grund für den niedrigeren Bruttobedarf ist das geringere Mietniveau in den neuen Bundesländern. Dennoch entfallen auch hier über 30% des als soziokulturelles Existenzminimum zugestandenen Einkommens auf die Kosten für das Wohnen (ohne Heizung). Ein höherer Anteil der ost- als der westdeutschen Hilfeempfänger erhält überhaupt keine Wohnkosten anerkannt.

Hilfeempfänger in den neuen Bundesländern beziehen im Durchschnitt kürzere Zeit Leistungen als Westdeutsche. Dies gilt für alle Haushaltstypen in der hier gewählten Spezifikation und ist nicht nur darauf zurückzuführen, dass Haushalte mit typischerweise sehr langen Bezugsdauern (Personen im Rentenalter) in den neuen Ländern kaum ins Gewicht fallen. Die Gründe für die kürzere Verweildauer ostdeutscher Hilfeempfänger könnten in einer stärkeren Erwerbsorientierung der ostdeutschen Sozialhilfeempfänger im engeren Sinne, in den Impulsen für zumindest temporäre Beschäftigung durch Maßnahmen der Bundesanstalt für Arbeit in den neuen Ländern, aber auch in einer anderen Akzentsetzung auf kommunaler Ebene liegen.

8 Ein Nord-Süd-Gefälle in den alten Bundesländern

Die Sozialhilfequote betrug 1998 im früheren Bundesgebiet 3,7%[213]. Ein Vergleich der Werte auf Bundesländerebene ergibt eine Spannweite von 8,2%-Punkten. Bayern und Baden-Württemberg haben „traditionell" niedrige Sozialhilfequoten, während die Stadtstaaten die mit Abstand höchsten haben. Die geographische Lage der Bundesländer mit einem vergleichsweise hohen bzw. niedrigen Anteil von Empfängern laufender Hilfe zum Lebensunterhalt an den Einwohnern der jeweiligen Region hat zur Diagnose des Nord-Süd-Gefälles in der Sozialhilfedichte geführt (ausführlich hierzu Krug/Rehm 1986, Schmolling 1994). Ebenso wie für den Anteil der Sozialhilfeempfänger an der Bevölkerung wird auch für den Arbeitsmarkt und für die allgemeine wirtschaftliche Entwicklung ein Nord-Süd- respektive ein Süd-Nord-Gefälle diagnostiziert.

Im Folgenden wird zunächst dargestellt, wie ein solches großräumiges Regionalgefälle für den Untersuchungsgegenstand, die Sozialhilfequote, operationalisiert werden kann. Es schließt sich ein Vergleich der drei Bundesländer Hessen, Rheinland-Pfalz und Baden-Württemberg mit Blick auf Unterschiede und Gemeinsamkeiten in Bezug auf die Sozialhilfeempfängerstruktur an. Hierbei geht es um die Frage, ob sich für die Zuordnung von Rheinland-Pfalz zum Nord- oder Südblock substanzielle Gründe finden lassen oder ob die Zuordnung nur formal anhand der Sozialhilfequoten erfolgen kann. Im Anschluss an diese Betrachtungen wird mittels Komponentenzerlegung analysiert, inwieweit die Abweichungen der Sozialhilfequoten jedes dieser drei Bundesländer vom westdeutschen Durchschnitt auf Unterschiede in der Bevölkerungs- und Haushaltsstruktur und/oder auf Differenzen in den gruppenspezifischen Empfängerquoten zurückzuführen sind. Es folgt die Darstellung der längerfristigen Entwicklung des Nord-Süd-Gefälles in der Sozialhilfequote. Im letzten Abschnitt dieses Kapitels werden die Ergebnisse einer Regressionsschätzung präsentiert. Dabei geht es um die Frage, ob es einen statistisch signifikanten Regionaleinfluss gibt. Die Untersuchung des Nord-Süd-Gefälles bezieht sich ausschließlich auf die Länder des früheren Bundesgebietes.

8.1 Operationalisierung des Nord-Süd-Gefälles

Mit Gefälle ist begrifflich ein stetiger Verlauf gemeint. Ein Nord-Süd-Gefälle müsste daher eigentlich bedeuten, dass die Sozialhilfedichte von der nördlichsten Region (in Schleswig-Holstein) bis zur südlichsten (in Bayern) mehr oder weniger kontinuierlich sinkt. Eine Möglichkeit, solch einen Zusammenhang statistisch zu erfassen, besteht

[213] Die im Text genannten Zahlen beziehen sich auf Tabelle A3 der Fachserie 13, Reihe 2 des Statistischen Bundesamtes. Tabelle 8.1 dieses Kapitels basiert auf den von den Statistischen Landesämtern in der Standardtabelle E18 veröffentlichten Daten. In Tabelle E18 sind ergänzend die Empfängerquoten für die kreisfreien Städte und Landkreise ausgewiesen. Die dort publizierten Sozialhilfequoten sind unter Einschluss der Hilfeempfänger innerhalb von Einrichtungen berechnet. Geringfügige Abweichungen zwischen den Angaben beider Quellen sind daher nicht auszuschließen.

darin, die regionalen Untersuchungseinheiten entsprechend ihrer geographischen Lage (z.B. Zuordnung zu Breitengraden) zu sortieren. Diese Lagekennziffern können auf die Sozialhilfeempfängerdichte regressiert werden, um die Signifikanz eines stetigen Nord-Süd-Gefälles zu überprüfen. Schmolling (1994) hat dies mit Kreisdaten der Sozialhilfeempfängerquoten des Jahres 1987 versucht und ist zu keinen befriedigenden Ergebnissen gekommen[214].

Normalerweise wird unter dem Nord-Süd-Gefälle kein stetiges Gefälle verstanden, sondern der Unterschied zwischen zu Blöcken zusammengefassten Regionaleinheiten. Krug/Rehm (1986) gingen bei ihrer Analyse der regionalen Disparitäten der Sozialhilfedichte von einer Zweiteilung der alten Bundesländer in eine Nord- und eine Süd-Region aus. Andere Untersuchungen zur Regionalstruktur wie sie z.B. Jakoby (1990) für die Lohnstruktur oder Gornig/Häußermann (1998) für die gesamtwirtschaftliche Entwicklung vorgenommen haben, basieren auf einer Dreiteilung der alten Bundesländer in die Regionen Nord, Mitte und Süd. Ebenfalls mit einer Dreiteilung arbeitet Geppert (1999) in seiner Analyse der regionalen Wirtschaftsentwicklung. Allerdings ist die Zuordnung zu den unterschiedenen Regionen (Nord, West, Süd) bei den erwähnten Autoren keineswegs einheitlich. Hinter dem Begriff des Nord-Süd-Gefälles verbergen sich also durchaus verschiedene Klassifizierungen.

Einen ersten Eindruck von den Unterschieden in der Sozialhilfequote liefert Tabelle 8.1. Hier sind die westdeutschen Bundesländer[215] absteigend nach ihren Empfängerquoten für das Erhebungsjahr 1998 angeordnet. Diese Rangfolge soll die Identifizierung einer Nord-Süd-Achse erleichtern. Zusätzlich sind die Sozialhilfequoten des Erhebungsjahres 1996 angegeben. Die ergänzende Angabe der Daten von 1996 dient einerseits dazu, eine eventuelle Zufälligkeit in der Rangfolge bei nur einem Beobachtungszeitpunkt zu relativen. Andererseits lässt sich an den Quoten für 1996 eher das Problem der adäquaten Zuordnung von Rheinland-Pfalz erkennen, auf das im Folgenden näher eingegangen wird.

In der Hierarchie der Bundesländer nehmen die drei Stadtstaaten die Spitzenpositionen ein. Es folgt das Saarland, ein Bundesland, das aufgrund seiner geographischen Lage nicht unbedingt als nördlich zu identifizieren ist. Schleswig-Holstein und Niedersachsen sind demgegenüber geographisch „richtig" positioniert. Nordrhein-Westfalen, geographisch nördlicher gelegen als Hessen, hat niedrigere Empfängerquoten. Beide Bundesländer sind wegen ihres Anteils von Sozialhilfeempfängern an der Bevölkerung den Ländern Schleswig-Holstein und Niedersachen (ebenso wie auch dem Saarland), also der Nord-Region, zuzuordnen.

---

[214] Die Bundesrepublik wurde von Nord nach Süd in sechs Streifen von ca. 145 km Breite unterteilt. Die Zuordnung der Kreise erfolgte nach ihrer überwiegenden Flächenzugehörigkeit. Vgl. Schmolling 1994: 78 ff..

[215] Die Daten für Berlin beziehen sich auf den West- und Ostteil der Stadt.

Ein etwas anderes Bild entsteht, wenn statt der Länderwerte für die Flächenstaaten die mittleren Sozialhilfequoten einerseits der kreisfreien Städte und andererseits der Landkreise betrachtet werden[216]. Ein solcher Vergleich hat den Vorteil, dass der Effekt der unterschiedlichen Verstädterung der einzelnen Bundesländer ansatzweise aus der Betrachtung eliminiert wird, denn Städte haben im Mittel eine höhere Sozialhilfedichte als Landkreise. Mit dem Nord-Süd-Gefälle soll aber nicht ein verstecktes Stadt-Land-Gefälle abgebildet werden, etwa durch eine höhere Repräsentanz von Städten in der Nordregion, sondern ein hiervon unabhängiges eigenes Gefälle.

Tabelle 8.1 Sozialhilfeempfängerquoten der westdeutschen Bundesländer (1998 und 1996) Hierarchie der Empfängerquoten der Bundesländer sowie nach kreisfreien Städten und Landkreisen

Empfängerquoten Bundesland			Empfängerquoten kreisfr. Städte			Empfängerquoten Landkreise		
	1998	1996		1998	1996		1998	1996
Empfänger laufender Hilfe zum Lebensunterhalt je 100 Einwohner der jeweiligen Region								
Bremen	10,1	9,8	Bremen	10,1	9,8	Bremen		
Hamburg	8,3	8,1	Hamburg	8,3	8,1	Hamburg		
Berlin	8,3	6,7	Berlin	8,3	6,7	Berlin		
Saarland	4,8	4,9	Schleswig-Holstein	7,9	7,5	Saarland	3,8	3,7
Schleswig-Holstein	4,6	4,3	Hessen	7,3	7,7	Niedersachsen	3,8	3,8
Niedersachsen	4,3	4,2	Saarland	7,3	7,3	Schleswig-Holstein	3,6	3,3
Hessen	4,2	4,4	Niedersachsen	6,1	6,0	Hessen	3,3	3,4
Nordrhein-Westfalen	3,9	3,7	Nordrhein-Westfalen	5,0	4,6	Nordrhein-Westfalen	3,1	3,1
Rheinland-Pfalz	2,9	3,1	Rheinland-Pfalz	4,5	4,8	Rheinland-Pfalz	2,3	2,5
Baden-Württemberg	2,3	2,3	Baden-Württemberg	4,2	4,0	Baden-Württemberg	1,9	2,0
Bayern	2,0	2,0	Bayern	3,9	3,6	Bayern	1,3	1,3

Anmerkung: Der Stadtverband Saarbrücken wurde den kreisfreien Städten zugeordnet. Die Sozialhilfequoten der Stadtstaaten Bremen, Hambung und Berlin sind zu Vergleichszwecken nochmals bei den kreisfreien Städten aufgeführt. Die Angaben für Berlin beziehen sich auf den West- und Ostteil der Stadt.
Quelle: Tabelle E18 der Statistischen Landesämter

Auf Basis der Sozialhilfequoten der kreisfreien Städte, mit ihren im allgemeinen gegenüber den Landkreisen deutlich erhöhten Empfängerquoten, verändert sich die Rangfolge der Bundesländer etwas. Auch die Wahl des Erhebungsjahres wirkt sich aus. Noch 1996 hatten z.B. die kreisfreien Städte in Rheinland-Pfalz im Mittel eine höhere Sozialhilfedichte als die kreisfreien Städte in Nordrhein-Westfalen. Der Nord-Süd-Klassifizierung haftet also eine gewisse Willkürlichkeit an. Sowohl der für die Analyse ausgewählte Zeitpunkt kann das Ergebnis beeinflussen, als auch die als Auswahlkriterium herangezogene Regionaleinheit. Je kleiner die gewählte Regionaleinheit, desto größere Unterschiede treten hervor.

Eine Dreiteilung der westdeutschen Flächenstaaten zur Beschreibung des Nord-Süd-Gefälles, wie sie für andere Regionalanalysen vorgenommen wurde, erscheint für den Untersuchungsgegenstand Sozialhilfequote nicht geeignet. Unter geographischem Ge-

[216] Für die folgende Untersuchung ist der Stadtverband Saarbrücken als kreisfreie Stadt kategorisiert.

sichtspunkt und bei eindeutiger Zuordnung des Saarlandes und Hessens zu dem Länderblock mit hohen Empfängerquoten, muss auch Nordrhein-Westfalen dem Nordblock zugerechnet werden. Fraglich bleibt die Positionierung von Rheinland-Pfalz. Hier ist die Zuordnung nicht eindeutig. In den Analysen von Krug/Rehm wurde Rheinland-Pfalz dem Südblock zugerechnet. Auch das Statistische Bundesamt (2000b) arbeitet - wenngleich nicht explizit - mit dieser Kategorisierung, wobei hier die Grenzziehung durch die Abweichung vom westdeutschen Durchschnitt (über- oder unterdurchschnittliche Sozialhilfequote) festgelegt ist.

Um die Positionierung von Rheinland-Pfalz im Nord-Süd-Gefälle, das hier aus zwei Blöcken besteht, zu klären, erfolgt eine vergleichende Analyse der Sozialhilfedaten der drei benachbarten Bundesländer Hessen, Rheinland-Pfalz und Baden-Württemberg. Die folgenden Angaben zur Struktur der Hilfeempfänger und deren Haushalte basieren auf Auswertungen der Sozialhilfeempfängerstichprobe. Datenstand ist 1998.

8.2 Hessen, Rheinland-Pfalz und Baden-Württemberg - die ungleichen Nachbarn

Die drei westdeutschen Flächenstaaten Hessen, Rheinland-Pfalz und Baden-Württemberg grenzen aneinander. Mit den Ballungsgebieten Rhein-Main und Rhein-Neckar existieren grenzüberschreitende gemeinsame Wirtschaftsräume im ersten Fall von Rheinland-Pfalz und Hessen, im zweiten von Rheinland-Pfalz und Baden-Württemberg. Für Berufspendler spielen Bundesländergrenzen keine Rolle. Die Entscheidung für einen Arbeitsort hängt eher von der räumlichen Distanz zwischen Wohn- und Arbeitsort in Verbindung mit der Erreichbarkeit des Arbeitsplatzes in angemessener Zeit (Verkehrsinfrastruktur) ab. Einen Eindruck von der Verflechtung liefert der Pendler-Atlas Hessen (Landesarbeitsamt Hessen 1999: 20). 1998 waren 74.802 Personen mit Wohnsitz in Rheinland-Pfalz in Hessen sozialversicherungspflichtig beschäftigt. Aus Rheinland-Pfalz kamen damit 30,9% aller Einpendler nach Hessen. Baden-Württemberg ist für die hessischen Auspendler das wichtigste Bundesland (28,2% der hessischen Auspendler)[217].

In den folgenden Ausführungen wird zunächst auf die Siedlungsstruktur sowie auf einige demographische Faktoren und Arbeitsmarktindikatoren der betrachteten drei Bundesländer eingegangen. Anschließend werden die Sozialhilfeempfängerquoten für kleinere Raumeinheiten (Kreise und zu Größenklassen zusammengefasste Gemeinden) ausgewiesen. In diesem Teil geht es insbesondere um die Klärung der Frage, ob die vergleichsweise niedrige Sozialhilfeempfängerdichte in Rheinland-Pfalz auf die Siedlungsstruktur in diesem Bundesland (geringe Bevölkerungsdichte und fehlende Bal-

[217] Die beschriebenen Strukturen haben sich 1999 nicht nennenswert geändert. Hessische Auspendler waren am häufigsten in Arbeitsstätten in Baden-Württemberg (gefolgt von Rheinland-Pfalz) beschäftigt. Für Auspendler aus Rheinland-Pfalz waren in Hessen und in Baden-Württemberg die häufigsten Arbeitsorte außerhalb der Landesgrenzen (vgl. Statistisches Bundesamt, Fachserie 1 Reihe 4.2.1).

lungsräume), zurückzuführen ist. Wenn dem so ist, dann spricht dies für eine Zuordnung von Rheinland-Pfalz zur Nordregion, denn die Unterscheidung von Nord- und Südregion soll ja schließlich nicht ein Stadt-Land-Gefälle ausdrücken. Anschließend werden die Ergebnisse einer detaillierteren Auswertung der Sozialhilfeempfängerstichprobe präsentiert. Hiermit wird das Ziel verfolgt, strukturelle Gemeinsamkeiten oder Unterschiede in verschiedenen Charakteristika der Hilfeempfänger bzw. deren Haushalte zwischen den drei Bundesländern herauszuarbeiten. Dabei steht der Haushaltskontext im Vordergrund. Abschließend werden einige Ergebnisse des vorangegangenen Abschnitts formaler untersucht. Mittels Komponentenzerlegung werden die Abweichungen der Sozialhilfequoten der drei betrachteten Bundesländer vom westdeutschen Durchschnitt einerseits auf Unterschiede in der Bevölkerungs- bzw. Haushaltsstruktur zwischen den Regionen, andererseits auf Differenzen in den gruppenspezifischen Sozialhilfequoten zurückgeführt.

8.2.1 Siedlungsstruktureller Vergleich

In Städten[218] lebt i.d.R. ein höherer Anteil von Sozialhilfeempfängern als in Landkreisen. Zunächst ist daher zu prüfen, wie sich die Siedlungsstruktur, also die unterschiedliche Verstädterung in den betrachteten Bundesländern auf die Sozialhilfequote auswirkt. Reflektiert die niedrigere Sozialhilfequote in der Südregion, hier repräsentiert durch Baden-Württemberg, in Wirklichkeit nur einen geringeren Grad der Verstädterung? Dann wäre es unangebracht von einem Nord-Süd-Gefälle zu sprechen, denn faktisch würde es sich um ein Stadt-Land-Gefälle handeln. Die Unterscheidung von kreisfreien Städten und Landkreisen kann nur als Proxi zur Abbildung des Stadt-Land-Gefälles angesehen werden, da die kreisfreien Städte und natürlich auch die Landkreise sehr heterogen sind. Daher erfolgt zusätzlich die Differenzierung nach Gemeindegrößenklassen. Aber auch bei dieser Abgrenzung zeigt sich, dass Spezifika in der Raumordnung der einzelnen Bundesländer die Vergleichbarkeit der Ergebnisse einschränken.

Einen Überblick über die siedlungsstrukturellen Basisdaten, differenziert nach den administrativen Gebietseinheiten der kreisfreien Städte und Landkreise der drei Bundesländer, gibt Tabelle 8.2. Rheinland-Pfalz ist nicht nur der kleinste der drei betrachteten Flächenstaaten, sondern auch der bevölkerungsärmste. Die Bevölkerungsdichte, also die durchschnittliche Anzahl der Einwohner je Quadratkilometer Landesfläche, ist deutlich niedriger als in den beiden benachbarten Bundesländern.

---

[218] In dieser Arbeit verwendete Terminologie: Kreise = Landkreise + kreisfreie Städte, nur kreisfreie Städte und Stadtstaaten werden als Städte bezeichnet.

Tabelle 8.2 Siedlungsstrukturelle Basisdaten für Rheinland-Pfalz, Hessen und Baden-Württemberg

	Datenstand	RP	HE	BW
Fläche (in qkm)	1998/E	19.847	21.115	35.752
Ant.Siedlungsfläche	1997	13,0%	14,5%	12,7%
Ant.Landwirtsch.Fläche	1997	43,4%	43,4%	47,5%
Einwohner (in Tsd.)	1999/E	4.031	6.052	10.476
Bevölkerungsdichte		203	286	292
Einwohner/Siedlungsfl.		1.564	1.973	2.306
Anzahl Kreise	1999/E	36	26	44
Kreisfreie Städte	1999/E	12	5	9
Landkreise	1999/E	24	21	35
Anzahl Gemeinden	1999/E	2.306	426	1.111
Einwohner / Kreis (Tsd.)		112	233	238
Einwohner je Stadtkreis		84	273	213
Einwohner je Landkreis		126	223	242
Kreisfreie Städte		12	5	9
< 200 Tsd.Einwohner	1999/M	12	3	5
> 200 Tsd.Einwohner	1999/M	0	2	4

Abkürzungen: RP=Rheinland-Pfalz, HE=Hessen, BW=Baden-Württemberg
Quelle: Statistisches Bundesamt, Statistisches Jahrbuch 2000

Die administrativen Gebietseinheiten lassen nicht ohne weiteres einen Vergleich zwischen den verschiedenen Bundesländern zu. Die Kreisstruktur unterscheidet sich zwischen den drei Bundesländern auffallend. Rheinland-Pfalz hat, gemessen an der Einwohnerzahl, vergleichsweise viele Kreise. Ungewöhnlich hoch ist hier der Anteil kreisfreier Städte. Dabei handelt es sich um relativ kleine Städte. In Rheinland-Pfalz gibt es keine kreisfreie Stadt mit mehr als 200.000 Einwohnern[219]. Im Durchschnitt leben in den Stadtkreisen lediglich 84.000 Einwohner. In den beiden Nachbarstaaten ist die Einwohnerzahl in diesem Kreistyp mehr als doppelt so hoch. Trotz der geringen Größe der rheinland-pfälzischen Städte lebt ein Viertel der Bevölkerung in kreisfreien Städten. Die Anteile sind in Hessen und Baden-Württemberg niedriger, was aber eben nicht auf einen geringeren Grad der Verstädterung zurückzuführen ist, sondern ausschließlich auf die administrativen Grenzziehungen.

Auch auf Gemeindeebene springt die abweichende Raumordnung von Rheinland-Pfalz ins Auge. Eine Fläche, die nur gut halb so groß ist wie die von Baden-Württemberg, ist in doppelt soviel Gemeinden untergliedert. Die Einteilung nach Gemeindegrößenklassen liefert für Rheinland-Pfalz ein starkes Übergewicht kleiner Gemeinden mit weniger als 5.000 Einwohnern. In diesen sehr kleinen Gemeinden leben über 40% der Bevölkerung (Tabelle 8.3). In Baden-Württemberg sind es knapp 15%, in Hessen gerade

[219] Eine vergleichbar geringe Repräsentanz an Großstädten (in Mainz, der größten Stadt von Rheinland-Pfalz leben 185.900 Menschen) weist lediglich das Saarland auf. Dessen größte Stadt Saarbrücken hat 185.500 Einwohner. Auf Kreisebene ist Saarbrücken dem Stadtverband Saarbrücken zugeordnet, der 352.500 Einwohner zählt.

einmal 6%. Die Gemeindestruktur in Rheinland-Pfalz unterscheidet sich also deutlich von der in Hessen und Baden-Württemberg.

Tabelle 8.3 Anteil der Bevölkerung in Kreisen und Gemeinden in Rheinland-Pfalz, Hessen, Baden-Württemberg (1998)

	RP	HE	BW
Landesdurchschnitt	100,0	100,0	100,0
Kreisfreie Städte	25,2	22,6	18,3
Landkreise	74,8	77,4	81,7
Gemeindengrößenklassen			
weniger als 5.000 EW	44,6	6,2	14,9
5.000 - 20.000 TW	23,0	43,0	36,9
20.000 - 100.000 EW	18,6	28,2	29,2
ab 100.000 EW	13,9	22,6	18,9

Abkürzungen: RP=Rheinland-Pfalz, HE=Hessen, BW=Baden-Württemberg
Quellen: Statistisches Jahrbuch 2000, Gemeindeschlüsselverzeichnis 1998 und Statistische Berichte Rheinland-Pfalz, Bevölkerung der Gemeinden

Ein Versuch, der spezifischen Raumordnung in Rheinland-Pfalz Rechnung zu tragen, besteht darin, für Rheinland-Pfalz statt der Gemeinden die Abgrenzung nach Verbandsgemeinden zu wählen. Bei dieser Betrachtung zeigt sich eine größere Ähnlichkeit zwischen den drei Bundesländern. In Verbandsgemeinden mit weniger als 20.000 Einwohnern leben gut 50% der Einwohner von Rheinland-Pfalz. Ein beinahe ebenso hoher Anteil wohnt in Baden-Württemberg in Gemeinden mit weniger als 20.000 Einwohnern. In Hessen sind es knapp 50% der Bevölkerung. Unter Berücksichtigung der Verbandsgemeinden ist zwar eine Korrektur der „Verzerrung" im unteren Bereich, bei den kleinen Gemeinden, möglich. Am anderen Ende der Skala, bei den bevölkerungsstarken Gemeinden mit mehr als 100.000 Einwohnern, lässt sich aber an der Position von Rheinland-Pfalz nichts ändern. Im Vergleich zu den beiden Nachbarstaaten lebt in Rheinland-Pfalz nur ein relativ kleiner Anteil der Bevölkerung in Gemeinden mit mehr als 100.000 Einwohnern. Insgesamt ist festzuhalten, dass Rheinland-Pfalz ein gegenüber Hessen und Baden-Württemberg dünn besiedelter westdeutscher Flächenstaat ohne größere Agglomerationsräume ist.

Welche Gemeinsamkeiten oder Unterschiede lassen sich in Bezug auf die demographische Zusammensetzung der Bevölkerung und hinsichtlich der Haushaltsstruktur zwischen den drei Bundesländern feststellen? Insbesondere die geringere Bedeutung größerer industrieller Zentren in Rheinland-Pfalz dürfte ein Grund für den geringen Ausländeranteil in diesem Bundesland sein. Während hier nur 7,8% der Einwohner keinen deutschen Pass haben, beträgt der Ausländeranteil in Hessen und Baden-Württemberg jeweils über 12%. Der geringere Ausländeranteil wirkt sich auf die Altersstruktur der Bevölkerung aus: Die Altersgruppe der über 65-Jährigen hat in Rheinland-Pfalz ein etwas höheres Gewicht als in den beiden Nachbarstaaten; unter den ausländischen Einwohnern sind Personen im Rentenalter deutlich unterrepräsentiert.

Im Durchschnitt sind die Haushalte in Rheinland-Pfalz größer (Anzahl der Personen je Haushalt) als in Baden-Württemberg und Hessen. Baden-Württemberg nimmt in dieser Durchschnittszahl eine Mittelposition ein. Es hat einen auffallend hohen Anteil von Ein-Personen-Haushalten (36,3%). Aber auch bei den größeren Haushalten (5 Personen und mehr) liegt Baden-Württemberg vorn. In Hessen kommen von den drei betrachteten Bundesländern im rechnerischen Mittel am wenigsten Personen auf einen Haushalt. Hier sind Kleinhaushalte (bis zu zwei Personen) etwas stärker vertreten als in den Nachbarländern. Rheinland-Pfalz hat von den drei Ländern den geringsten Anteil an Single-Haushalten (32,6%). Es dominieren die Zwei-Personen-Haushalte (33,6% aller privaten Haushalte). Die etwas höhere durchschnittliche Haushaltsgröße in Rheinland-Pfalz dürfte insbesondere auf das geringere Gewicht der Ein-Personen-Haushalte zurückzuführen sein. Auch hierfür lassen sich wieder siedlungsstrukturelle Überlegungen anführen, denn Single-Haushalte gibt es in Großstädten besonders häufig. Im Mittel sinkt die Haushaltsgröße mit zunehmender Gemeindegröße.

Für den Untersuchungsgegenstand, die Bestimmungsgründe für die regional unterschiedliche Höhe der Sozialhilfequote, ist die Arbeitsmarktsituation nicht unerheblich. Natürlich gibt es Umstände, die eine Beteiligung am Erwerbsleben temporär oder grundsätzlich erschweren oder gar gänzlich ausschließen. Hierzu zählen z.B. gesundheitliche Beeinträchtigungen und/oder familiäre Verpflichtungen wie die Pflege oder Versorgung von Hilfe bedürftigen Familienangehörigen. In diesen Fällen ist die Möglichkeit, ein angemessenes Einkommen aus Erwerbstätigkeit zu erzielen, häufig begrenzt. Die Nichtteilhabe am Erwerbsleben ist aber gerade in Zeiten der Massenarbeitslosigkeit nicht nur auf die erwähnten Gründe zurückzuführen, sondern auch auf ein fehlendes Angebot adäquater Arbeitsplätze.

Die Erwerbstätigenquote (Anteil der Erwerbstätigen an der Bevölkerung bzw. an der Bevölkerung im erwerbsfähigen Alter von 15 bis 64 Jahren) ist in Rheinland-Pfalz der hessischen vergleichbar. In Baden-Württemberg liegt sie etwas höher als in den beiden Nachbarstaaten. Allerdings gibt es in Rheinland-Pfalz gemessen an der Gesamtbevölkerung weniger sozialversicherungspflichtige Beschäftigungsverhältnisse als in den Nachbarstaaten. Wie bereits erwähnt, pendeln sehr viele Arbeitnehmer mit Wohnsitz in Rheinland-Pfalz in das benachbarte Hessen (und auch nach Nordrhein-Westfalen). Dort sind sie als sozialversicherte Beschäftigte (nach dem Arbeitsort) in der Statistik nachgewiesen. Das Arbeitsplatzangebot in der Region ist in Rheinland-Pfalz - gemessen am Anteil der sozialversicherungspflichtigen Beschäftigungsverhältnisse an der Bevölkerung im erwerbsfähigen Alter - deutlich niedriger als in Hessen und Baden-Württemberg. Während dieser Anteil in den beiden größeren Flächenstaaten über 50% erreicht, liegt der entsprechende Wert in Rheinland-Pfalz nur bei 43,5%. Regionalangaben über sozialversicherungspflichtig Beschäftigte existieren mittlerweile nicht mehr nur nach dem Arbeitsort, sondern auch nach dem Wohnort des Beschäftigten. Wird diese Größe ins Verhältnis zur Bevölkerung im erwerbsfähigen Alter (15 bis 64

Jahre) gesetzt, dann erhält man einen Indikator für die Erwerbsbeteiligung. Das Ergebnis ähnelt dem, zu dem auch die Erwerbstätigenquote geführt hat: Rheinland-Pfalz (47,5%) liegt dichter an Hessen (48,3%) als an Baden-Württemberg (50,2%).

Die Arbeitslosenquote von Rheinland-Pfalz ist etwas niedriger als die von Hessen. Baden-Württemberg hat eine deutlich geringere Arbeitslosigkeit als die beiden Nachbarländer. Eine weitere Ähnlichkeit zwischen Rheinland-Pfalz und Hessen lässt sich im Anteil der Frauen an den Arbeitslosen erkennen; in Baden-Württemberg haben Frauen ein höheres Gewicht an den Arbeitslosen. Im Anteil der Ausländer an den Arbeitslosen unterscheidet sich Rheinland-Pfalz wiederum deutlich von Hessen und Baden-Württemberg. Der Ausländeranteil an den Arbeitslosen lag 1998 in Rheinland-Pfalz bei knapp 13%, in den Nachbarstaaten hingegen bei über 20%. In Rheinland-Pfalz leben sehr viel weniger Ausländer als in den beiden anderen Bundesländern, was zum Teil eben auch darauf zurückzuführen ist, dass es hier an großindustriellen Zentren mangelt, in denen Ausländer in der Vergangenheit bevorzugt Beschäftigung fanden (vgl. Schulz 1999: 386).

8.2.2 Sozialhilfeempfängerquoten in den drei Bundesländern

Während die Arbeitslosenquote in Rheinland-Pfalz nur geringfügig unter der des hessischen Nachbarn liegt, ist der Anteil der Empfänger laufender Hilfe zum Lebensunterhalt an der Bevölkerung in Rheinland-Pfalz deutlich niedriger als in Hessen. Dies macht augenfällig, dass kein unmittelbarer Schluss von der Höhe der Arbeitslosenquote auf die Sozialhilfequote möglich ist. Um Parallelen zu den dargestellten Ergebnissen der Disparitäten in der Regionalstruktur der drei betrachteten Bundesländer ziehen zu können, werden für die Sozialhilfequoten wieder die Kreistypen kreisfreie Städte und Landkreise sowie die Gemeindegrößenklassen unterschieden (Tabelle 8.4).

Tabelle 8.4 Sozialhilfeempfängerquoten (1998) in Rheinland-Pfalz, Hessen, Baden-Württemberg

	RP	HE	BW
Landesdurchschnitt	2,8	4,3	2,4
Kreisfreie Städte	4,5	7,3	4,2
Landkreise	2,3	3,3	1,9
Gemeindengrößenklassen			
weniger als 5.000 EW	1,5	2,4	1,2
5.000 - 20.000 TW	3,1	3,0	1,6
20.000 - 100.000 EW	4,3	3,9	2,7
100.000 - 500.000 EW	4,8	8,5	4,1
ab 500.000 EW		6,0	4,2

Abkürzungen: RP=Rheinland-Pfalz, HE=Hessen, BW=Baden-Württemberg
Quellen: 25%-Stichprobe der Sozialhilfeempfängerstatistik und Gemeindeschlüsselverzeichnis 1998, eigene Berechnungen

Die Sozialhilfequote des Bundeslandes Rheinland-Pfalz liegt näher an der von Baden-Württemberg als an der von Hessen. Dies gilt auch für die Untergliederung nach kreisfreien Städten und Landkreisen. Hierbei ist zu berücksichtigen, dass sich die rheinland-pfälzischen Kreise unter siedlungsstrukturellem Aspekt von denen in Hessen und Baden-Württemberg unterscheiden. Auf Basis der Gemeindegrößenklassen kommt es zu dem zunächst überraschenden Ergebnis, dass die Sozialhilfequote in Gemeinden mit 5.000 bis 20.000 Einwohnern und in denen mit 20.000 bis 100.000 Einwohnern sogar höher ist als in hessischen Gemeinden vergleichbarer Größenordnung. Diese Ergebnisse relativen sich aber unter Berücksichtigung der oben ausgeführten Unterschiede in der administrativen Regionalgliederung. Werden für Rheinland-Pfalz als vermutlich eher vergleichbare Größe die Verbandsgemeinden herangezogen, dann passen die Ergebnisse wieder besser in das Gesamtbild. Danach hat Rheinland-Pfalz in den verschiedenen Größenklassen Sozialhilfequoten, die höher sind als die in Baden-Württemberg, aber niedriger als die in Hessen. Insbesondere in den Großgemeinden mit mehr als 100 Tsd. Einwohnern hat Rheinland-Pfalz deutlich geringere Sozialhilfequoten als Hessen. In dieser Gruppe sind die hessischen Städte Kassel, Offenbach und Wiesbaden vertreten, die im bundesweiten Ranking in der Gruppe der zehn Städte mit den höchsten Sozialhilfequoten zu finden sind.

In den bisherigen Ausführungen wurden einige Unterschiede in der Siedlungs-, Sozial- und Wirtschaftsstruktur zwischen Rheinland-Pfalz und den Nachbarländern Baden-Württemberg und Hessen aufgezeigt. In der geringeren Bevölkerungsdichte, insbesondere dem niedrigeren Anteil von größeren Städten mit ihren hohen Sozialhilfequoten, ist ein wesentlicher - wenn auch nicht hinreichender - Grund für die unterdurchschnittliche Empfängerquote in Rheinland-Pfalz zu sehen. Insofern erscheint der Schluss zulässig, dass die Unterschiede in der Sozialhilfequote zwischen Rheinland-Pfalz und Hessen zum Teil auf das Stadt-Land-Gefälle zurückzuführen sind. Diese Aussage ist aber gleich wieder zu relativieren, denn bei den erwähnten hessischen Städten mit der besonders hohen Sozialhilfequoten handelt es sich keineswegs um die größten Städte des Landes. Ein Blick auf Tabelle 8.4 zeigt, dass die größten Disparitäten in den Sozialhilfequoten von Rheinland-Pfalz und Hessen in Gemeinden mit 100.000 bis 500.000 Einwohnern bestehen. Das Stadt-Land-Gefälle, insbesondere das Fehlen von Großstädten, kann einen Teil der vergleichsweise niedrigen Sozialhilfequote in Rheinland-Pfalz erklären. Als alleinige Ursache kann die Regionalstruktur aber nicht angesehen werden. Um weitere Gemeinsamkeiten und Unterschiede zwischen den drei Bundesländern herauszuarbeiten, wird die Zusammensetzung der Empfänger laufender Hilfe zum Lebensunterhalt betrachtet. Hierbei steht der Haushaltszusammenhang im Vordergrund.

8.2.3 Sozialhilfeempfänger: Haushaltsstrukturen im Vergleich

Die Siedlungsstruktur dürfte sich auch auf die Zusammensetzung der Haushalte auswirken, da die verschiedenen Haushaltstypen regional nicht gleich verteilt sind. In Großstädten gibt es vergleichsweise viele Ein-Personen-Haushalte, während Haushalte mit Kindern häufiger an der Peripherie und in ländlichen Gebieten leben. Wie die Struktur der Sozialhilfeempfängerhaushalte in den drei betrachteten Bundesländern Rheinland-Pfalz, Hessen und Baden-Württemberg aussieht und wie sich die Empfänger laufender Hilfe zum Lebensunterhalt auf die verschiedenen Haushaltstypen verteilen, ist in Tabelle 8.5 dargestellt. Den spezifizierten Haushaltstypen sind – wie in dieser Arbeit üblich – nur die Bedarfsgemeinschaften zugeordnet, deren Personenzahl mit dem Haushalt identisch ist. Diese strenge Zuordnung führt zu einem vergleichsweise hohen Anteil der „sonstigen" Bedarfsgemeinschaften. In Rheinland-Pfalz sind mehr als ein Viertel aller Bedarfsgemeinschaften nicht zu spezifizieren. In den anderen beiden Bundesländern ist es ein deutlich geringerer Anteil. Eine detailliertere Analyse zeigt, dass es insbesondere unter den „Einzeln nachgewiesenen weiblichen Haushaltsvorständen"[220] in Rheinland-Pfalz einen vergleichsweise hohen Anteil von Bedarfsgemeinschaften gibt, die mit weiteren Personen im Haushalt leben.

Tabelle 8.5 Haushaltsstruktur der Empfänger laufender Hilfe zum Lebensunterhalt in Rheinland-Pfalz, Hessen und Baden-Württemberg (1998)

Haushaltstyp	Rheinland-Pfalz		Hessen		Baden-Württemberg	
	BG	HLU-E	BG	HLU-E	BG	HLU-E
	Anteil an allen Bedarfsgemeinschafte bzw. Hilfeempfängern					
Alleinstehende	35,2	17,9	39,2	20,0	35,6	18,1
männlich	14,8	7,5	18,8	9,6	17,7	9,0
weiblich	20,4	10,4	20,3	10,4	17,9	9,1
Alleinerziehende	18,9	25,1	18,8	25,3	25,4	34,1
Paare insgesamt	20,0	32,5	21,7	36,2	18,5	30,6
ohne Kind	8,4	8,6	8,3	8,4	7,4	7,6
mit Kind(ern)	11,5	23,9	13,4	27,7	11,0	23,1
Sonstige	25,9	24,4	20,4	18,5	20,5	17,2
Insgesamt	100,0	100,0	100,0	100,0	100,0	100,0

Erläuterungen: Paare = Ehepaare und nichteheliche Lebensgemeinschaften,
BG = Bedarfsgemeinschaft, HLU-E = Empfänger laufender Hilfe zum Lebensunterhalt.
Quelle: 25%-Stichprobe der Sozialhilfeempfängerstatistik, eigene Berechnungen

Rheinland-Pfalz hat im Vergleich zu Hessen und Baden-Württemberg den geringsten Anteil von Alleinstehenden an allen HLU-Empfängern. Dieses Ergebnis könnte einerseits auf die Regionalstruktur zurückgeführt werden (geringere Verstädterung), es ist aber andererseits nicht ganz unabhängig von dem deutlich höheren Anteil der nicht

[220] Diese Größe wird in den Tabellen der Statistischen Ämter ausgewiesen. Dort erfolgt kein Abgleich mit der Anzahl der Haushaltsmitglieder. Nur wenn keine weiteren Personen im Haushalt leben, handelt es sich tatsächlich um Alleinstehende.

zuzuordnenden Haushalte. Werden nur die eindeutig zu spezifizierenden Haushalte und die darin lebenden Personen betrachtet, dann gelangt man zu einem modifizierten Ergebnis. Rheinland-Pfalz nimmt in dieser Darstellung keine exponierte Position ein. Baden-Württemberg hat einen ausgesprochen hohen Anteil von Alleinerziehenden[221], Hessen liegt bei den Alleinstehenden vorn. Insgesamt liegt Rheinland-Pfalz in Bezug auf die Haushaltsstruktur der Empfänger laufender Hilfe zum Lebensunterhalt näher an Hessen als an Baden-Württemberg. Beim Vergleich der haushaltsspezifischen Empfängerquoten (Hilfeempfänger in bestimmten Haushaltstypen in % der Wohnbevölkerung in vergleichbaren Haushalten) ist diese Ähnlichkeit weniger gut zu erkennen.

Bereits in den Ausführungen zur Regionalstruktur wurde auf den Zusammenhang von großindustriellen Zentren und Ausländeranteil an der Bevölkerung hingewiesen. In Rheinland-Pfalz leben vergleichsweise wenige Ausländer. Diese Bevölkerungsgruppe hat einerseits eine andere Haushaltsstruktur als deutsche Hilfeempfänger und ist andererseits überdurchschnittlich häufig auf laufende Hilfe zum Lebensunterhalt angewiesen. Daher liegt die Vermutung nahe, dass sich auch der Ausländeranteil auf die Zusammensetzung der Sozialhilfepopulation nach Haushaltstypen auswirkt und hiervon zudem ein dämpfender Einfluss auf die gesamte Sozialhilfequote des Bundeslandes ausgeht.

Von allen Empfängern laufender Hilfe zum Lebensunterhalt außerhalb von Einrichtungen waren Ende 1998 in Rheinland-Pfalz 17,3% Ausländer, in Baden-Württemberg 26% und in Hessen sogar 31,6%[222]. Zu ähnlichen Anteilswerten führt die ausschließliche Betrachtung von Empfängern, die in den spezifizierten Haushaltstypen leben (Tabelle 8.6) [223]. Für jedes Bundesland bestätigt sich das auf Bundesebene dargestellte Ergebnis: Ein vergleichsweise großer Teil der ausländischen Hilfeempfänger lebt in Paarhaushalten, während die Haushaltstypen „Alleinerziehende“ und „Alleinstehende“ von geringerer Bedeutung sind als für deutsche Hilfeempfänger. Dennoch gibt es länderspezifische Unterschiede in der Relevanz der verschiedenen Haushaltstypen für die nicht deutschen Hilfeempfänger:

- In Rheinland-Pfalz ist der Anteil ausländischer Paare höher als in den beiden Nachbarstaaten.

---

[221] Eggen (2000c) führt dies auf die Familienpolitik in Baden-Württemberg zurück. Zwar leben in Baden-Württemberg vergleichsweise viel Hilfeempfänger in Haushalten von Alleinerziehenden. Dies bedeutete allerdings nicht, dass die Sozialhilfequote der Alleinerziehenden (Anteil der Hilfeempfänger in diesen Haushalten an der Gesamtbevölkerung in Ein-Eltern-Familien) höher wäre als in den beiden Nachbarstaaten.

[222] Diese Quoten ergeben sich auf Basis der Ergebnisse der Totalerhebung. Vgl. Statistischen Bundesamt, Fachserie 13, Reihe 2, 1998.

[223] Abweichungen ergeben sich aus verschiedenen Gründen: In Tabelle 8.6 bleiben Personen in sonstigen Bedarfsgemeinschaften unberücksichtigt. Zudem erfolgt in der Haushaltsbetrachtung die Zuordnung nach der Nationalität des Haushaltsvorstandes, und sie stimmt nicht zwingend mit der Nationalität der Haushaltsmitglieder überein.

- In Baden-Württemberg lebt auch von den ausländischen Hilfeempfängern ein vergleichsweise hohen Anteil in Haushalten von Alleinerziehenden.

Wenngleich der Ausländeranteil in Rheinland-Pfalz nur fast halb so hoch ist wie in Hessen, so zeigt sich in der Haushaltsstruktur der beiden Nachbarstaaten doch eine bemerkenswerte Ähnlichkeit. Anders sieht dies im Vergleich zu Baden-Württemberg aus, wo der Anteil der Alleinerziehenden deutlich aus dem Rahmen fällt. Dies dürfte wiederum auf die Ausrichtung der Familienpolitik in Baden-Württemberg zurückzuführen sein, die darauf abstellt, die Kleinkindererziehung durch die Eltern bzw. einen Elternteil statt in öffentlichen Einrichtungen sicherzustellen (vgl. Eggen 2000b). Ergänzend zur Haushaltsstruktur werden im Folgenden die Gründe für den Sozialhilfebezug in den drei Bundesländern verglichen. Aufschluss gibt einerseits die „besondere soziale Situation", andererseits der Erwerbsstatus des Haushaltsvorstandes. Die formale Qualifikation wird als Indikator für die Arbeitsmarktchancen interpretiert.

Tabelle 8.6 Empfänger laufender Hilfe zum Lebensunterhalt nach Haushaltstyp und Nationalität des Haushaltsvorstandes (1998) in Rheinland-Pfalz, Hessen und Baden-Württemberg

- nur Empfänger in spezifizierten Haushaltstypen -

Haushaltstyp	Rheinland-Pfalz		Hessen		Baden-Württemb.	
	Dt.	Ausl.	Dt.	Ausl.	Dt.	Ausl.
	Anteil an allen Empfängern in den spezifizierten Haushaltstypen					
Alleinstehende	26,3	11,4	28,9	14,5	24,8	13,7
männlich	10,8	6,1	13,5	7,9	12,0	7,8
weiblich	15,5	5,4	15,4	6,6	12,9	5,9
Alleinerziehende	36,5	18,3	36,6	18,6	46,9	25,1
Paare insgesamt	37,2	70,3	34,5	66,9	28,2	61,2
ohne Kind	10,9	13,4	9,3	12,7	8,6	10,6
mit Kind(ern)	26,3	56,9	25,1	54,3	19,7	50,6
Summe	100,0	100,0	100,0	100,0	100,0	100,0
Nachrichtlich:	Anteil deutscher und ausländischer Empfänger nach Bundesland					
Empfänger in spezifizierten Haushaltstypen	82,4	17,6	69,4	30,6	73,4	26,6

Quelle: 25%-Stichprobe der Sozialhilfeempfängerstatistik, eigene Berechnungen

Für die weit überwiegende Mehrheit der Hilfeempfänger stehen soziale Ausnahmesituationen wie sie in der „besonderen sozialen Situation" erfasst werden nicht in Zusammenhang mit dem Hilfebezug (vgl. Tabelle 8.7). Dies gilt für knapp 80% der hessischen Hilfeempfänger, etwa 75% der in Rheinland-Pfalz und für 70% der in Baden-Württemberg lebenden Empfänger laufender Hilfe zum Lebensunterhalt. Die quantitativ bedeutenden sozialen Situationen sind – wie auch für das gesamte Bundesgebiet – „Trennung oder Scheidung", gefolgt von „Geburt eines Kindes". Der Anteil der Hilfeempfänger, für die „Trennung oder Scheidung" im Zusammenhang mit dem Hilfebezug steht, ist in Rheinland-Pfalz und Baden-Württemberg mit 17% erstaunlich hoch (Hessen: 12%). Diese Notlage wird insbesondere von Alleinerziehenden angegeben, die in Baden-Württemberg wie ausgeführt überdurchschnittlich unter den Sozialhilfeempfängern im engeren Sinne repräsentiert sind. Auch für die an zweiter Stelle genannte besondere soziale Situation „Geburt eines Kindes" gilt, dass es sich um eine Problemlage handelt, die Alleinerziehende weit überdurchschnittlich häufig trifft. Hier zeigt sich aber ein anderes regionales Muster. In Baden-Württemberg ist diese soziale Ausnahmesituation für knapp 8% der Hilfeempfänger angegeben. In Rheinland-Pfalz und Hessen liegen die Anteilswerte mit 3% bzw. 4% vergleichsweise dicht beieinander und etwas unter dem Durchschnitt aller westdeutschen Bundesländer.

Tabelle 8.7 Ausgewählte besondere soziale Situationen nach Haushaltstyp in Rheinland-Pfalz, Hessen und Baden-Württemberg (1998)

Haushaltstyp	Trennung/Scheidung			Geburt eines Kindes			Keine spezifizierte besondere soziale Situation		
	RP	HE	BW	RP	HE	BW	RP	HE	BW
	%-Anteil an allen HLU-Empfängern des jeweiligen Landes, die in gleichem Haushaltstyp leben								
Alleinstehende	10,2	6,4	7,9	0,6	0,2	0,2	79,2	81,5	79,2
Männer	3,2	3,0	3,7	0,3	0,1	0,0	85,3	80,9	79,4
Frauen	15,3	9,5	12,1	0,8	0,3	0,4	74,7	82,1	79,1
Alleinerziehende	44,0	34,5	40,1	9,6	8,2	17,4	45,0	56,2	42,9
Ehepaare	0,0	0,0	0,0	1,4	1,3	2,7	94,7	95,0	92,5
ohne Kind	0,0	0,0	0,0	0,1	0,0	0,3	94,9	95,6	95,5
mit Kind(ern)	0,0	0,0	0,0	1,9	1,7	3,5	94,6	94,8	91,5
Nichtehel.LG	13,9	13,0	12,3	4,2	5,7	10,0	76,4	77,6	72,2
ohne Kind	12,8	10,1	7,6	0,3	0,2	0,6	77,4	82,4	81,2
mit Kind(ern)	14,5	14,3	14,4	6,2	8,0	14,0	75,8	75,6	68,4
Sonstige	14,0	7,8	10,3	4,1	2,4	4,0	79,0	84,4	80,8
Insgesamt	17,1	12,1	17,3	4,2	3,2	7,7	74,5	79,6	70,4

Abkürzungen: Nichtehel.LG=Nichteheliche Lebensgemeinschaften, RP=Rheinland-Pfalz, HE=Hessen, BW=Baden-Württemberg
Quelle: 25%-Stichprobe der Sozialhilfeempfängerstatistik, eigene Berechnungen

Die sozialen Ausnahmesituationen „Trennung/Scheidung" und „Geburt eines Kindes" konzentrieren sich auf Hilfeempfänger, die in Haushalten von Alleinerziehenden leben. Auf der Ebene der einzelnen Haushaltstypen gibt es im Ländervergleich stärkere Unterschiede, als sich dies in den Landesergebnissen gezeigt hat. Bei der Differenzierung nach einzelnen Haushaltstypen lässt sich eine gewisse Hierarchie zwischen den Ländern erkennen: In Rheinland-Pfalz ist die soziale Ausnahmesituation "Trennung/Scheidung" in allen der betrachteten Haushaltsformen relativ häufiger als in Hessen oder Baden-Württemberg. Für die Gesamtheit der Hilfeempfänger gilt dies nicht: Aufgrund der unterschiedlichen Gewichtung der verschiedenen Haushalte ist die Bedeutung von „Trennung/Scheidung" für alle Hilfeempfänger in Rheinland-Pfalz mit der in Baden-Württemberg vergleichbar.

In Bezug auf den Erwerbsstatus des Haushaltsvorstandes unterscheiden sich die drei Bundesländer vergleichsweise wenig. In Bedarfsgemeinschaften mit einem erwerbstätigen Haushaltsvorstand leben in Rheinland-Pfalz relativ die wenigsten Hilfeempfänger (11,4%). Die Anteile in Hessen und Baden-Württemberg sind etwas höher

(12,8%). Die Differenzierung nach Voll- und Teilzeiterwerbstätigkeit führt zu einer anderen Konstellation. Hessen hat einen vergleichsweise hohen Anteil von vollzeiterwerbstätigen Hilfeempfängern, Baden-Württemberg liegt bei den Teilzeitbeschäftigten vorn. In Bedarfsgemeinschaften von arbeitslosen Haushaltsvorständen leben in Rheinland-Pfalz 40% der Hilfeempfänger, in Hessen sind es 42%. Auch hier führt die differenziertere Betrachtung zu größeren Unterschieden. In Rheinland-Pfalz lebt ein größerer Anteil der Hilfeempfänger in Bedarfsgemeinschaften von arbeitslosen Haushaltsvorständen, die Leistungen nach dem SGB III erhalten. Dafür ist in diesem Bundesland der Anteil der Sozialhilfebezieher, die in Haushalten von arbeitslosen Hilfeempfängern ohne Leistungen der Bundesanstalt für Arbeit leben, vergleichsweise gering (18%). Bei der Nichterwerbstätigkeit wegen häuslicher Bindung sind sich Rheinland-Pfalz und Baden-Württemberg nahe (25,3% bzw. 26,2%). Dies korrespondiert mit den Ergebnissen zur besonderen sozialen Situation „Trennung/Scheidung".

Abschließend sei noch auf die Qualifikation der Hilfeempfänger eingegangen (vgl. Graphik 8.1). Bei der Beurteilung der Daten ist zu berücksichtigen, dass die Angaben nach wie vor sehr lückenhaft sind. In Hessen liegen für ein knappes Drittel der Hilfeempfänger in Bedarfsgemeinschaften mit einem Haushaltsvorstand im erwerbsfähigen Alter (15-64 Jahre) keine vollständigen Angaben zur formalen Qualifikation vor, in Rheinland-Pfalz gilt dies sogar für fast 45%.

Graphik 8.1 Hilfeempfänger nach Ausbildung des Haushaltsvorstandes in Rheinland-Pfalz, Hessen, Baden-Württemberg (1998)

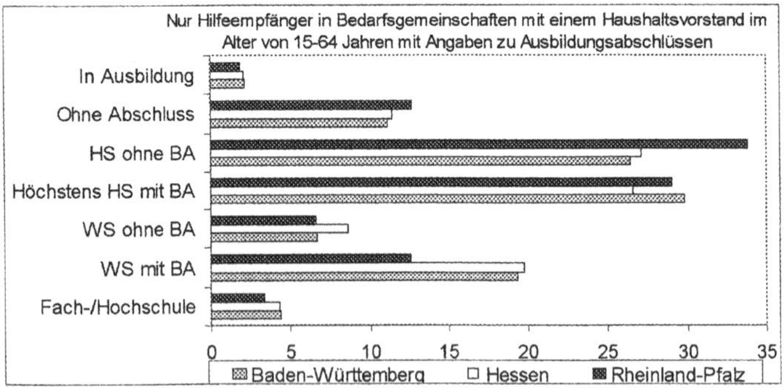

Abkürzungen: HS = Hauptschule, BA = Berufsausbildung, WS = weiterführende Schule
Quelle: 25%-Stichprobe der Sozialhilfeempfängerstatistik, eigene Berechnungen

In Graphik 8.1, in der nur die Hilfeempfänger in Bedarfsgemeinschaften mit Angaben sowohl zum Schul- als auch zum Berufsausbildungsabschluss des Haushaltsvorstandes berücksichtigt sind, ist zu erkennen, dass sich die Qualifikationsprofile in Hessen und Baden-Württemberg sehr ähnlich sind. In Rheinland-Pfalz leben demgegenüber im Vergleich zu den beiden Nachbarstaaten relativ mehr Hilfeempfänger in Haushalten von formal geringer qualifizierten Vorständen. Dies lässt sich in der Tendenz für alle der hier betrachteten Haushaltstypen nachzeichnen, wobei die Unterschiede bei den Alleinerziehenden besonders auffallen. Erstaunlich ist der höhere Anteil von Hilfeempfängern in Bedarfsgemeinschaften mit einem formal gering qualifizierten Haushaltsvorstand in Rheinland-Pfalz insbesondere deswegen, weil in diesem Bundesland der Ausländeranteil auffallend niedrig ist. Gerade diese Empfängergruppe hat auf Bundesebene einen besonders hohen Anteil gering Qualifizierter (vgl. Kapitel 5.3.2 dieser Arbeit).

Die Betrachtungen zu den Gründen des Hilfebezugs sollten deutlich gemacht haben, dass die Haushaltsstruktur auch hierauf Einfluss hat. Von sozialen Ausnahmetatbeständen sind Alleinerziehende und/oder weibliche Haushaltsvorstände besonders betroffen. Der Erwerbsstatus reflektiert ebenfalls zu einem gewissen Teil das familiäre Umfeld. Dies gilt insbesondere bei Nichterwerbstätigkeit wegen häuslicher Bindung. Und schließlich unterscheidet sich die formale Qualifikation als Indikator für die Arbeitsmarktchancen der Hilfeempfänger in den verschiedenen Haushaltstypen ebenfalls etwas voneinander. Unterschiede in den Gründen des Hilfebezugs zwischen den betrachteten Bundesländern sind daher zu einem gewissen Grad auf die abweichenden Haushaltsstrukturen zurückzuführen.

8.2.4 Einfluss von Struktur- und Regionalfaktor auf Differenzen in Sozialhilfequoten

In den bisherigen Betrachtungen ging es um die Beschreibung von Gemeinsamkeiten und Unterschieden zwischen den drei Bundesländern Hessen, Rheinland-Pfalz und Baden-Württemberg in Bezug auf die Empfängerstruktur. Im Folgenden wird versucht, die Abweichungen der landesspezifischen Sozialhilfequoten vom westdeutschen Durchschnitt mittels Komponentenzerlegung analytisch differenzierter zu erfassen. Hierzu wird von der Überlegung ausgegangen, dass sich Unterschiede sowohl durch die abweichende Bevölkerungs- und/oder Haushaltsstruktur ergeben können als auch durch Differenzen in den gruppenspezifischen Sozialhilfequoten. Der erste Faktor wird als Strukturkomponente bezeichnet, der zweite als Regionalfaktor oder Regionalkomponente. Der Strukturfaktor bildet den Einfluss der Unterschiede in der Bevölkerungs- und/oder Haushaltsstruktur zwischen dem jeweiligen Bundesland und dem früheren Bundesgebiet ab. Dies lässt sich am Beispiel der Alleinerziehenden veranschaulichen. Sie haben bekanntlich eine weit überdurchschnittliche Sozialhilfequote. Gibt es in einem Bundesland im Vergleich zu Westdeutschland relativ viele Alleinerziehende, so führt dies – ceteris paribus – zu einer höheren Sozialhilfedichte in dem betrachteten Bundesland. In diesem Fall hätte das betrachtete Bundesland eine „ungünstige" Haushaltsstruktur. Ebenso ist denkbar, dass Alleinerziehende in dem betrachteten Bundesland eine höhere Sozialhilfequote haben als im westdeutschen Durchschnitt, während dieser Haushaltstyp im Teilgebiet (Bundesland) ebenso häufig vertreten ist wie im Gesamtraum (früheres Bundesgebiet). Bei solch einer Konstellation läge die höhere Sozialhilfequote im Bundesland an regionalen Besonderheiten (Regionalfaktor). Worauf die in der Regionalkomponente abgebildeten Unterschiede in den gruppenspezifischen Sozialhilfequoten zurückzuführen sind, wird bei der Komponentenzerlegung nicht weiter analysiert.

Wie sich eine Zerlegung der Abweichung der Sozialhilfequote eines Bundeslandes vom westdeutschen Durchschnitt allgemein darstellen lässt, zeigt Formel 8.1.

Formel 8.1

$$SQ_L - SQ_D = \sum_{i=1}^{n}(ba_{Li} - ba_{Di})sq_{Di} + \sum_{i=1}^{n}(sq_{Li} - sq_{Di})ba_{Di} + \sum_{i=1}^{n}(sq_{Li} - sq_{Di})(ba_{Li} - ba_{Di})$$

Gesamteffekt = Strukturfaktor + Regionalfaktor + Interaktionsterm

Mit: SQ_L = Sozialhilfequote des Bundeslandes

SQ_D = Sozialhilfequote des früheren Bundesgebietes

sq_{Li} = Sozialhilfequote der Gruppe i des Bundeslandes

sq_{Di} = Sozialhilfequote der Gruppe i des früheren Bundesgebietes

ba_{Li} = Bevölkerungsanteil der Gruppe i im Bundesland

ba_{Di} = Bevölkerungsanteil der Gruppe i im früheren Bundesgebiet

i = 1, ..., n = unterschiedene Bevölkerungs- und/oder Haushaltsgruppen

Der erste Summand beschreibt den Strukturfaktor, der zweite den Regionalfaktor. Der dritte Summand ist als Interaktionsfaktor zu interpretieren[224]. Er sollte möglichst kleine Werte annehmen, damit er vernachlässigt werden kann. Der Strukturfaktor ergibt sich als Summe der gewichteten Differenzen der gruppenspezifischen Bevölkerungsanteile. Die Gruppen sind in dem hier betrachteten Fall die Personen und/oder Haushaltstypen, nach denen unterschieden wird. Als Gewichtungsfaktor dient die gruppenspezifische Sozialhilfequote des Gesamtraums (hier wie im Folgenden: früheres Bundesgebiet). Der so abgegrenzte Strukturfaktor basiert auf der Fiktion einer gleichen gruppenspezifischen Sozialhilfequote in beiden Regionen und beantwortet die Frage: Welcher Unterschied würde sich zwischen den Regionen ergeben, wenn im Teilraum (Bundesland) alle betrachteten Gruppen die gleiche Sozialhilfequote wie im Gesamtraum hätten? Die auf diese Weise ermittelten Differenzen sind auf die Unterschiede in der Bevölkerungs- und/oder Haushaltsstruktur zwischen beiden Regionen zurückzu-

[224] Neubauer (1994: 214) wählt die Bezeichnungen Struktur-, Niveau- und Mischeffekt. Da sich im Mischeffekt ebenfalls noch Niveau- und Strukturunterschiede widerspiegeln, unterscheidet Neubauer nach reinem und gesamten Niveau- bzw. Struktureffekt. Wenn im Folgenden von Struktur- und Regionaleffekt gesprochen wird, dann ist immer der reine Effekt gemeint. Der Teil des Gesamteffektes, der in den Interaktionsterm eingeht, bleibt unberücksichtigt.

führen. Die andere relevante Größe, der Regionalfaktor, ergibt sich als Summe der gewichteten Differenzen der gruppenspezifischen Sozialhilfequoten. Als Gewichte werden die Anteile der Personen und/oder Haushaltstypen an der Bevölkerung des Gesamtraums herangezogen. Der Regionalfaktor operiert also mit der Fiktion einer in beiden Regionen gleichen Bevölkerungs- und/oder Haushaltsstruktur. Er bildet die Unterschiede ab, die sich ergeben, wenn von der unterschiedlichen Bevölkerungsstruktur abstrahiert wird. Was übrig bleibt, sind regionstypische Unterschiede im Niveau der gruppenspezifischen Sozialhilfequoten[225].

Die Komponentenzerlegung wurde zum einen für eine rein personenbezogene Betrachtung vorgenommen, zum anderen erfolgte eine haushaltsbezogene Auswertung. Für die Haushaltsauswertung musste auf die Daten des Mikrozensus zurückgegriffen werden. Diese Daten waren zum Zeitpunkt der Untersuchung nur für das Jahr 1997 verfügbar. Daher beziehen sich die Haushaltsauswertungen auf dieses Jahr. Die personenbezogene Auswertung bezieht sich auf die Jahre 1997 und 1998. Die Ergebnisse finden sich im Anhang 2 in den Tabellen A8.1 (Personengruppen 1998), A8.2 (Personengruppen 1997) und A8.3 (Haushaltstypen 1997). Die im Folgenden referierten Zahlen beziehen sich auf das Erhebungsjahr 1997.

8.2.4.1 Ergebnisse der personenbezogenen Auswertung

Frauen haben eine höhere Sozialhilfebetroffenheit als Männer, Minderjährige eine höhere als Erwachsene und Ausländer eine höhere als Deutsche. In der personenbezogenen Auswertung der Sozialhilfequoten wird nach Deutschen und Ausländern und in beiden Gruppen nochmals nach Geschlecht und Altersgruppen differenziert. Insgesamt werden 32 Gruppen unterschieden.

Die Sozialhilfequote von Rheinland-Pfalz ist um 0,69%-Punkte niedriger als die Quote von Westdeutschland. Auf Basis der oben beschriebenen Zerlegung in eine Struktur- und Regionalkomponente sowie einen Interaktionsterm ergibt sich der Befund: Die Regionalkomponente erklärt den größeren Teil der Differenz (0,56%-Punkte). Auf die abweichende Bevölkerungsstruktur sind hingegen lediglich 0,17%-Punkte des Unterschiedes in der gesamten Sozialhilfequote zurückzuführen (Interaktionsterm: 0,04). Dies lässt sich vereinfacht (ohne Berücksichtigung der im Interaktionsterm enthaltenen Regional- und Struktureffekte) folgendermaßen interpretieren: Angenommen, die einzelnen Bevölkerungsgruppen in Rheinland-Pfalz hätten die gleichen Sozialhilfequoten wie in Westdeutschland, dann wäre aufgrund der Unterschiede in der Bevölkerungs-

[225] Die Zerlegung der Abweichung der Sozialhilfequote des Teilraum von der des Gesamtraums in eine Struktur- und Regionalkomponente ähnelt dem Vorgehen in der Shift-Analyse. Hier wird zwischen Struktur- und Standortfaktor unterschieden (proportional shift und differential shift). Allerdings ist die Shift-Analyse konzipiert, um regionale Wachstumsunterschiede zu erklären (vgl. Tengler 1989). Eine direkte Übertragung auf die hier vorgenommene Querschnittsanalyse ist nicht möglich.

struktur die Landesquote nur um 0,17%-Punkte niedriger als die westdeutsche Quote. Der größte dämpfende Effekt geht von den ausländischen Frauen aus (-0,15%-Punkte), gefolgt von den ausländischen Männern (-0,12%-Punkte). Das höhere Gewicht deutscher Frauen und Männer wirkt in die entgegengesetzte Richtung (erhöht die fiktive Landesquote), allerdings mit einem sehr viel geringeren Einfluss (jeweils +0,05%-Punkte). Rheinland-Pfalz hat wegen des niedrigen Ausländeranteils also einerseits eine für die Sozialhilfequote günstige Bevölkerungsstruktur (der Struktureffekt ist negativ), andererseits erklärt die Bevölkerungsstruktur aber noch nicht einmal ein Viertel der Gesamtabweichung vom westdeutschen Durchschnitt.

Auf die Regionalkomponente ist der weit größere Teil der Differenz zurückzuführen (0,56%-Punkte)[226]. Hier kommen die Unterschiede in den gruppenspezifischen Sozialhilfequoten zwischen Rheinland-Pfalz und Westdeutschland zum Tragen. In der Regionalkomponente wird mit der Unterstellung operiert, Rheinland-Pfalz hätte die gleiche Bevölkerungsstruktur wie Westdeutschland. Bei gleicher Bevölkerungsstruktur wie im früheren Bundesgebiet läge, allein wegen der unterschiedlichen Höhe in den gruppenspezifischen Empfängerquoten, die Quote von Rheinland-Pfalz um 0,6%-Punkte unter der westdeutschen Empfängerdichte. Im Regionalfaktor spiegeln sich also Besonderheiten des Bundeslandes wider, die zu abweichenden gruppenspezifischen Sozialhilfequoten führen.

Unter Berücksichtigung aller drei Effekte - des Struktur-, Regional- und Interaktionseffektes - zeigt sich, dass die Ausländer die Sozialhilfequote in Rheinland-Pfalz etwas stärker dämpfen (negativer Faktor) als die Deutschen. Für Ausländer sind sowohl der Struktur- als auch der Regionalfaktor negativ (bei positivem Interaktionsterm). Der Regionalfaktor ist bei den Deutschen stärker negativ als bei den Ausländern. Dafür hat diese Personengruppe aber einen positiven Strukturfaktor, so dass sich per Saldo – unter Einbeziehung des ebenfalls leicht negativen Interaktionsterms – für Deutsche ein geringerer Gesamteffekt ergibt als für Ausländer.

Der Befund für Hessen ist spiegelbildlich zu dem für Rheinland-Pfalz. Die Sozialhilfequote dieses Bundeslandes ist um 0,58%-Punkte höher als die westdeutsche. Wiederum ist der Einfluss der landesspezifischen Bevölkerungsstruktur vergleichsweise gering (+0,08%-Punkte), während die Unterschiede in den gruppenspezifischen Sozialhilfequoten mit +0,44%-Punkten den weit überwiegenden Teil der Gesamtabweichung „erklären“[227]. Im Gesamteffekt – also unter Berücksichtigung der Struktur-, Regional- und Interaktionskomponente – zeigt sich, dass (analog zu Rheinland-Pfalz) der

226 Der Interaktionsterm, in dem ebenfalls noch Elemente des Struktur- und des Regionaleinflusses enthalten sind, die sich aber nicht mehr identifizieren lassen, hat einen positiven Einfluss von 0,04%-Punkten.

227 Inwieweit die Komponentenzerlegung als Kausalanalyse betrachtet werden kann, wird von Neubauer (1990: 22 ff.) thematisiert.

Unterschied in den Sozialhilfequoten von Hessen und Westdeutschland insbesondere auf die Ausländer zurückzuführen ist. Aufgrund ihres überdurchschnittlichen Gewichtes an der Bevölkerung hat der Struktureffekt ein positives Vorzeichen. Zudem haben Nichtdeutsche in Hessen eine höhere gruppenspezifische Sozialhilfequote als im westdeutschen Durchschnitt. Insgesamt erklären Ausländer deutlich mehr als 80% der Gesamtabweichung. Deutsche haben entsprechend nur einen geringen Einfluss; für diese Personengruppe haben Regional- und Struktureffekt – ebenfalls analog zu Rheinland-Pfalz – bei sehr kleinem Interaktionseffekt entgegengesetzte Vorzeichen.

Von den drei betrachteten Bundesländern hat Baden-Württemberg die stärkste Abweichung von der Sozialhilfequote Westdeutschlands (-1,32%-Punkte). Die Zerlegung in eine Struktur- und Regionalkomponente führt – im Unterschied zu den beiden anderen Flächenstaaten – zu gegenläufigen Gesamteffekten. Die Bevölkerungsstruktur von Baden-Württemberg lässt bei isolierter Betrachtung der Strukturkomponente eine höhere Sozialhilfequote (+0,16%-Punkte) als im westdeutschen Durchschnitt erwarten. Dies ist dem hohen Gewicht von Ausländern zuzuschreiben. Tatsächlich liegt die Landesquote aber wie gesagt um 1,32%-Punkte unter dem westdeutschen Niveau. Dies ist auf den Regionaleffekt (-1,41%-Punkte) und zu einem geringen Anteil auf den Interaktionsterm (-0,08%-Punkte) zurückzuführen. Die sich im negativen Regionaleffekt widerspiegelnden Entlastungen der Sozialhilfequote fallen bei den deutschen Frauen am größten aus (-0,57%-Punkte), gefolgt von den deutschen Männern (-0,41%-Punkte). Ein Blick auf die Altersgruppen lässt erkennen, dass der Regionaleffekt bei Frauen im Alter von 18 bis unter 40 Jahre besonders hoch ist. In diesen Altersgruppen ist die Sozialhilfebetroffenheit von Frauen bundesweit deutlich höher als die von Männern, was wahrscheinlich vorwiegend auf eingeschränkte Erwerbsmöglichkeiten der Frauen wegen familiärer Verpflichtungen (Kinderbetreuung) zurückzuführen ist. In Baden-Württemberg scheint die Situation der Frauen dieser Altersgruppen deutlich besser zu sein als im westdeutschen Durchschnitt. Dies kann an verschiedenen Gründen liegen, zu denen bessere Erwerbsbedingungen (Arbeitsplätze, soziale Infrastruktur) ebenso zählen wie andere Haushalts- und Familienstrukturen.

8.2.4.2 Ergebnisse der haushaltsbezogenen Auswertung

Um den Haushaltsstruktureffekt abzubilden, wird die personenbezogene Auswertung um eine Haushaltsauswertung ergänzt. Hierbei wird wiederum auf Personen Bezug genommen, jetzt aber nicht unterschieden nach Altersgruppen, sondern nach Art des Haushaltes, in dem sie leben. Für einzelne Haushaltstypen erfolgt eine weitere Differenzierung danach, ob der Haushaltsvorstand älter oder jünger als 65 Jahre ist und/oder danach, ob der Haushaltsvorstand deutsch ist oder nicht. Eine solche Einteilung führt zu einer anderen Gewichtung der Struktur- und Regionalfaktoren als im vorher beschriebenen Fall. Aber auch in der Haushaltsbetrachtung zeigt sich, dass der Regionalfaktor, also der landesspezifische Einfluss, größer ist als der Struktureffekt. Unterschiede in der Haushaltsstruktur tragen demnach in geringerem Umfang zur Erklärung der Unterschiede in der Sozialhilfequote bei als die sich im Regionalfaktor widerspiegelnden landesspezifischen Besonderheiten.

Bei Zerlegung nach der Haushaltsstruktur hat in Rheinland-Pfalz der Strukturfaktor ein größeres Gewicht als in der Personenauswertung. Die Haushaltsstruktur von Rheinland-Pfalz wirkt sich entlastend (negativer Strukturfaktor) auf die Sozialhilfequote aus: Die westdeutsche haushaltsspezifische Sozialhilfequote unterstellt, lässt sich fast die Hälfte der Abweichung in den Sozialhilfequoten auf die Differenzen in der Haushaltsstruktur zurückführen. Die stärkste Entlastung kommt von Alleinerziehenden, gefolgt von Alleinstehenden, hier insbesondere von Deutschen unter 65 Jahren. Anders sieht es bei Paaren (Ehepaare und nichteheliche Lebensgemeinschaften) mit Kindern aus. Familien mit ausländischen Haushaltsvorständen haben einen negativen Strukturfaktor, Familien mit deutschen Haushaltsvorständen bei gleicher Kinderzahl einen positiven Wert. Bei diesem Haushaltstyp ist die Wirkung des geringeren Ausländeranteils an der Bevölkerung in Rheinland-Pfalz deutlich zu erkennen. In den übrigen Haushaltstypen springt der „Ausländereffekt“ weniger offensichtlich ins Auge. Der Regionalfaktor (Fiktion: Rheinland-Pfalz hat die gleiche Bevölkerungsstruktur wie Westdeutschland) wirkt wiederum bei den Alleinstehenden am stärksten entlastend (negativer Wert), gefolgt von Paaren mit Kindern und Alleinerziehenden. Der Gesamteffekt, also die Summe aus Struktureffekt, Regionaleffekt und Interaktionsterms ist für die Alleinerziehenden am größten. Es folgen die Alleinstehenden und Paare mit Kindern. Generell ist festzustellen, dass die gewählte Haushaltsgliederung im Vergleich zu der vorangegangenen personenbezogenen Betrachtung für Rheinland-Pfalz insofern „bessere“ Ergebnisse liefert, als die Strukturkomponente einen größeren Erklärungsbeitrag liefert. Die Auswirkungen des geringeren Ausländeranteils in Rheinland-Pfalz sind allerdings in der Haushaltstypisierung weniger klar zu erkennen als in der personenbezogenen Betrachtung.

Hessen, für das ein insgesamt positiver Effekt (höhere Sozialhilfequote als in Westdeutschland) zu erklären ist, hat auf Basis der Haushaltsstruktur einen leicht negativen Strukturfaktor. Hier wirkt sich insbesondere aus, dass der Anteil von Ein-Eltern-Familien mit ihren weit überdurchschnittlichen Empfängerquoten in Hessen geringer ist als im westdeutschen Mittel. Der Regionalfaktor ist für alle Haushaltstypen positiv. Die stärkste Belastung geht von Paaren mit Kindern aus, gefolgt von Alleinstehenden und Alleinerziehenden. In der Haushaltsabgrenzung lassen sich zwischen Hessen und Rheinland-Pfalz nicht mehr die Analogien (wenn auch mit umgekehrten Vorzeichen) erkennen, die auf Basis der personenbezogenen Auswertungen gezogen werden konnten.

Für Baden-Württemberg unterscheiden sich die Gesamteffekte auf Basis der Haushaltsabgrenzung nicht sehr stark von denen der Personentypisierung. Der Strukturfaktor ist positiv und der Regionalfaktor stark negativ. Der positive Strukturfaktor ist insbesondere auf Paarhaushalte mit Kindern zurückzuführen. Von diesen Haushalten haben solche mit einem ausländischen Haushaltsvorstand und mindestens zwei Kindern den größten Einfluss. Wie auch in der Personenauswertung zeigt die Haushaltsdifferenzierung einen „ungünstigen" Einfluss durch Haushalte mit ausländischen Vorständen. Im Unterschied zu Rheinland-Pfalz und Hessen haben auch Alleinerziehende in Baden-Württemberg einen positiven Effekt auf die Differenz zur westdeutschen Sozialhilfequote, wenngleich die belastende Wirkung von Alleinerziehenden für sich genommen nur gering ist. Der Regionalfaktor überkompensiert den im Strukturfaktor abgebildeten „ungünstigen" Haushaltseinfluss unabhängig vom Haushaltstyp. Für ein anderes Ergebnis aus der personenbezogenen Auswertung – die von Frauen im Alter von 18 bis 40 Jahren ausgehenden Entlastungen auf die Sozialhilfequote – lassen sich keine Entsprechungen in der Haushaltsauswertung finden.

Zusammenfassend lässt sich festhalten, dass die Unterschiede in der Sozialhilfedichte der betrachteten Bundesländer – dargestellt als Abweichung vom westdeutschen Durchschnitt – stärker auf landesspezifische Besonderheiten zurückzuführen sind als auf Unterschiede in der Zusammensetzung der Bevölkerung oder der Haushaltsstruktur. In der personenbezogenen Betrachtung fällt die Bedeutung des Ausländeranteils auf. Hiervon geht ein erhöhender Effekt auf die Sozialhilfequote in Hessen und Baden-Württemberg aus, ein dämpfender in Rheinland-Pfalz. In Baden-Württemberg wird diese Belastung durch niedrigere landesspezifische Sozialhilfequoten überkompensiert. In diesem Bundesland ist der belastende Einfluss der Ausländer auch in der Haushaltsstrukturbetrachtung eindeutig zu erkennen.

8.2.5 Zuordnung von Rheinland-Pfalz

Der Vergleich der drei Nachbarstaaten Rheinland-Pfalz, Hessen und Baden-Württemberg macht die Zuordnung von Rheinland-Pfalz zum Nord- oder Südblock - hier repräsentiert durch Hessen bzw. Baden-Württemberg - nicht augenfällig. Die Ergebnisse der vorangegangenen Ausführungen lassen sich folgendermaßen zusammenfassen:

- Die Siedlungsstruktur in Rheinland-Pfalz wirkt sich günstig auf die Empfängerquote aus. Allerdings ist in der geringen Repräsentanz von Metropolen nicht der einzige Grund für die vergleichsweise niedrige Sozialhilfequote des Landes zu sehen.
- Beim Vergleich der Struktur der Sozialhilfeempfängerhaushalte zeigen sich gewisse Parallelen zwischen Rheinland-Pfalz und Hessen. Baden-Württemberg fällt mit einem überdurchschnittlichen Anteil von Alleinerziehenden aus dem Rahmen. Bei der relativen Häufigkeit der Gründe für den Sozialhilfebezug lässt sich allerdings - insbesondere auf der Ebene der betrachteten Haushaltstypen - keine eindeutige Nä-

he von Rheinland-Pfalz zu einem der beiden Nachbarstaaten erkennen. Hier dominieren offenbar landesspezifische Aspekte.

- Die Komponentenzerlegung führt zu dem Ergebnis, dass in Rheinland-Pfalz bei der Personendifferenzierung ähnliche Faktoren ausschlaggebend sind wie in Hessen, allerdings mit umgekehrten Vorzeichen. In den betrachteten drei Ländern entfällt auf den Regionalfaktor der größte Anteil der Abweichung der landesspezifischen Sozialhilfequote vom westdeutschen Durchschnitt. Dies wird als Hinweis darauf gewertet, dass es in der Tat länderspezifische Faktoren sind, worauf die Unterschiede in den Sozialhilfequoten wesentlich zurückzuführen sind. Die Gründe für die vergleichsweise niedrige Sozialhilfequote in Rheinland-Pfalz sind also eher in Faktoren wie der sozialpolitischen Ausrichtung zu suchen als in Strukturähnlichkeiten oder -differenzen zu den benachbarten Bundesländern.

Die Auswertungen haben keinen eindeutigen Hinweis darauf gegeben, ob Rheinland-Pfalz in der Empfängerstruktur mehr Hessen oder Baden-Württemberg ähnelt. Daher wird eine „pragmatische“ Zuordnung gewählt, die sich ausschließlich an den Sozialhilfequoten orientiert: Die Empfängerquote von Rheinland-Pfalz weicht weniger stark von der durchschnittlichen Quote des Südblocks (ohne Rheinland-Pfalz) ab als vom Nordblock. Dies begründet die gewählte Zuordnung von Rheinland-Pfalz zum Südblock.

8.3 Längerfristige Entwicklung: Beharrlichkeit des Nord-Süd-Gefälles

Zwei Drittel der Empfänger laufender Hilfe zum Lebensunterhalt leben in der Nordregion, ein Drittel in der Südregion, der die Bundesländer Bayern, Baden-Württemberg und Rheinland-Pfalz zugeordnet sind. In den letzten zwanzig Jahren (von 1978 bis 1998) hat sich an diesem Verhältnis kaum etwas geändert. Der Anteilswert der auf den „Norden“ entfallenden Hilfeempfänger des früheren Bundesgebietes schwankte in dem Zeitraum zwischen 74% (1993) und 77% (1985). Auf Basis dieser großräumigen Regionaleinteilung ergibt sich also langfristig eine erstaunliche Stabilität des Regionalgefälles[228]. Diese Aussage gilt allerdings nur beim Vergleich der Blöcke. Auf der Ebene der einzelnen Bundesländer sieht es etwas anders aus.

Beim Nordblock handelt es sich um eine sehr heterogene Gruppe (vgl. Graphik 8.2). Hier hat es zwischen den einzelnen Bundesländern im Zeitablauf größere Gewichtsverschiebungen gegeben. Besonders auffallend ist der rückläufige Anteil der Hilfeempfänger in Nordrhein-Westfalen. In den letzten zehn Jahren sind die Empfängerzah-

[228] Wenn die ersten fünfzehn Jahre seit Inkrafttreten des BSGH mit berücksichtigt werden, ergeben sich ähnliche Resultate. Da für diesen Zeitraum nicht für alle Bundesländer die Daten in einer vergleichbaren Abgrenzung vorliegen, bleibt diese Periode in den folgenden Ausführungen weitgehend unberücksichtigt.

len in diesem Bundesland weit weniger stark gestiegen als im früheren Bundesgebiet. 1988 lebten knapp 36% aller westdeutscher Hilfeempfänger in Nordrhein-Westfalen, 1998 waren es nur noch 28%. Der Rückgang in dem Anteil der Hilfeempfänger aus Nordrhein-Westfalen fand in der ersten Hälfte der neunziger Jahre statt. Bereits seit 1995 liegt der Wert bei 28%. Kein einzelnes Bundesland hatte in dem Zeitraum eine vergleichbar ausgeprägte Gegenbewegung zu verzeichnen. Den größten relativen Zuwachs verbuchte Niedersachen, dessen Anteil an den westdeutschen HLU-Empfängern von 1988 bis 1995 von 11,5% auf 14,7% stieg, gefolgt von Hessen (Anstieg von 9,4% auf 11%). Seither sind die Empfängerzahlen in beiden Bundesländern wieder unterdurchschnittlich gewachsen. Im Zeitraum 1995 bis 1998 ist insbesondere in Berlin-West die Anzahl der Empfänger laufender Hilfe zum Lebensunterhalt überproportional gestiegen (von 5,9% auf 8,1%).

Graphik 8.2 Anteil der HLU-Empfänger der Nordregion nach Ländern an allen Hilfeempfängern im früheren Bundesgebiet

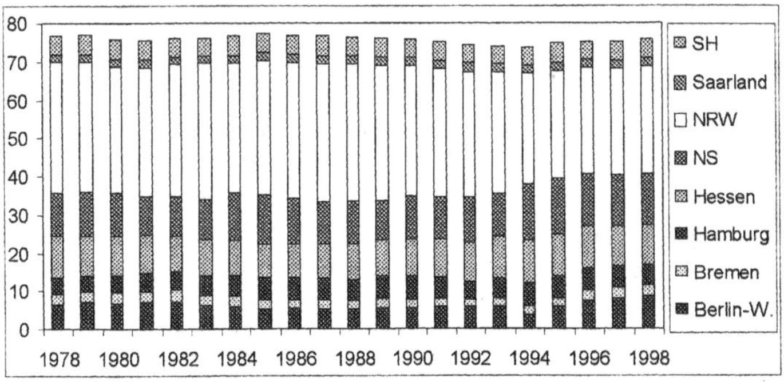

Abkürzungen: SH=Schleswig-Holstein, NRW = Nordrhein-Westfalen, NS= Niedersachsen
Quelle: Statistisches Bundesamt, Daten zur langfristigen Entwicklung

Insgesamt ist festzustellen, dass die Strukturen in der zweiten Hälfte des Betrachtungszeitraums - von 1989 bis 1998 - weniger stabil waren als in der davor liegenden Zehnjahresperiode. Werden die Variationskoeffizienten als Maß für die Streuung der Anteile herangezogen, dann lässt sich für die meisten Bundesländer eine zunehmende Streuung diagnostizieren. Die stärkste so normierte Streuung haben die Stadtstaaten Berlin-West und Bremen, aber auch Niedersachsen und Nordrhein-Westfalen weisen vergleichsweise hohe Variationskoeffizienten auf. Für die gesamte Nordregion ist hingegen, wie bereits erwähnt, nur eine sehr geringe Schwankung des Anteils an allen Empfängern laufender Hilfe zum Lebensunterhalt des früheren Bundesgebietes zu diagnostizieren.

Wie stellt sich die Situation in der Südregion dar, der die drei Bundesländer Rheinland-Pfalz, Baden-Württemberg und Bayern zugeordnet sind? Der Anteil an allen westdeutschen Hilfeempfängern hat sich in Rheinland-Pfalz und Bayern im Betrachtungszeitraum wenig verändert. Für diese beiden Bundesländer lässt sich weder im mittleren Anteil noch in dessen Schwankung ein Unterschied zwischen den betrachteten beiden Zehnjahresperioden erkennen. Anders sieht es für Baden-Württemberg aus. Von 1985 bis 1993 ist der Anteil an allen HLU-Empfängern des früheren Bundesgebietes von 9% auf 11,7% gestiegen, um dann bis 1998 wieder auf 9,9% zurückzufallen. Für die unterschiedenen zwei Zehnjahreszeiträume ist für dieses Bundesland sowohl ein in der zweiten Periode höherer durchschnittlicher Anteil an den Hilfeempfängern zu diagnostizieren als auch eine doppelt so hohe Schwankung um den Mittelwert. Die Südregion ist also ebenfalls kein homogener Block.

Werden die ersten fünfzehn Jahre seit dem Inkrafttreten des Bundessozialhilfegesetzes in die Betrachtung einbezogen, dann lässt sich für diesen Zeitraum eine vergleichsweise große Schwankung in der Verteilung der Hilfeempfänger auf die verschiedenen Bundesländer erkennen. In dieser Zeit waren wiederum andere Staaten von den Anteilsverschiebungen betroffen. Besonders stark fiel die Veränderung in Berlin aus. 1963 lebten in Berlin 12,4% aller Empfänger laufender Hilfe zum Lebensunterhalt. Im Jahr 1978 waren es nur noch 6,5%.

Die Veränderungen in den Anteilen an allen westdeutschen Empfängern laufender Hilfe zum Lebensunterhalt in den einzelnen Bundesländern spiegeln weitgehend die Verschiebungen in der Sozialhilfedichte wider. Der trendmäßige Anstieg der Sozialhilfequote macht die regionalen Verschiebungen weniger augenfällig als die Anteilsbetrachtung. Während sich die absolute Differenz in der Sozialhilfequote der beiden Blöcke im Betrachtungszeitraum nahezu verdreifacht hat, haben sich die relativen Positionen kaum verändert. Für die langfristige Entwicklung ergibt sich also der Befund, dass das Nord-Süd-Gefälle in der Sozialhilfequote bei trendmäßig steigenden Empfängerdichten vergleichsweise stabil geblieben ist. Eine Annäherung des Süd- an den Nordblock oder umgekehrt ist nicht festzustellen. Diese relative Stabilität des Nord-Süd-Gefälles sollte nicht darüber hinwegtäuschen, dass es innerhalb der Blöcke stärkere Veränderungen gegeben hat, die sich in der Summe aber weitgehend kompensierten.

Die Beharrlichkeit des Nord-Süd-Gefälles in der Sozialhilfedichte korrespondiert mit der gesamtwirtschaftlichen Entwicklung. Gornig/Häußermann (1998) legen in ihrer sehr langfristig angelegten Auswertung dar, dass im Süden[229] seit Bestehen der Bundesrepublik ein stärkeres Wirtschaftswachstum zu verzeichnen war, die Bevölkerung zugenommen hat, die Arbeitsmarktlage besser war und entsprechend die Beschäfti-

[229] Die Abgrenzung der Südregion weicht etwas von der in dieser Ausarbeitung vorgenommenen ab. Zum Süden zählen die Autoren nur Bayern und Baden-Württemberg. Die Einbeziehung von Rheinland-Pfalz wird das Ergebnis wahrscheinlich nicht stark beeinflussen.

gung stärker gestiegen ist als in der Gesamtheit der übrigen Bundesländer des früheren Bundesgebietes[230].

8.4 Schätzung der Sozialhilfequoten der westdeutschen Bundesländer (1980-1998)

Die bisherigen Betrachtungen haben deutlich gemacht, dass sich die Unterschiede in den Sozialhilfequoten zwischen ausgewählten Bundesländern nur zu einem geringen Teil auf die Empfänger-, Bevölkerungs- und Haushaltsstruktur zurückführen lassen. Gleichzeitig ist erstaunlich, dass sich die Unterschiede in den Sozialhilfequoten zwischen dem Nord- und dem Südblock langfristig nicht abgebaut haben. Mit einer Regressionsanalyse soll versucht werden, die Bedeutung relevanter Einflussfaktoren auf die Sozialhilfequoten zu quantifizieren. Im Zentrum der Untersuchung steht die Frage, ob sich ein nicht näher zu spezifizierender Regionaleinfluss - also Länderbesonderheiten - bei Berücksichtigung wichtiger sonstiger Einflussgrößen auf die Sozialhilfequoten der westdeutschen Bundesländer nachweisen lässt.

Im Folgenden werden zunächst vorhandene Untersuchungsergebnisse zu den regionalen Disparitäten im Sozialhilfebezug im früheren Bundesgebiet skizziert. Anschließend wird auf die Variablen eingegangen, die zur Schätzung der Sozialhilfequoten herangezogen werden. Es folgen die Erläuterung der Modellansätze und die Darstellung der Ergebnisse.

8.4.1 Ergebnisse quantitativer Untersuchungen zur Sozialhilfe mit Regionaldaten

Die umfangreiche Analyse zum Nachweis von Regionalgefällen in der Sozialhilfe (Nord-Süd- und Stadt-Land-Gefälle) von Krug/Rehm (1986) basiert auf dem Erhebungsjahr 1979. Einige Ergebnisse dieser Auswertungen auf Grundlage von Kreisdaten wurden mit dem Datenstand von 1982 nochmals geprüft. Der Schwerpunkt dieser Untersuchung liegt auf dem Nachweis der verschiedenen Regionalgefälle. Ergänzend sind die Ursachen für die Disparitäten analysiert. Für das hierfür angewendete Verfahren, die Faktorenanalyse, wurden mehrere Variablen zu den fünf Faktoren Wirtschaftskraft, Agglomeration, Alters- und Haushaltsstruktur, Verhaltensdisposition und Arbeitsmarkt verdichtet. Die Ergebnisse der Querschnittsanalyse beziehen sich einerseits auf die Erklärung des Stadt-Land- und Nord-Süd-Gefälles[231] und andererseits auf

[230] Die Autoren weisen allerdings darauf hin, dass sich seit der Wiedervereinigung die Beschäftigungssituation der von ihnen als Nordregion definierten Bundesländer (Schleswig-Holstein, Hamburg, Niedersachsen, Bremen) relativ verbessert hat. Dies wird von ihnen dahingehend interpretiert, dass die These von der Konstanz des Nord-Süd-Gefälles nicht mehr haltbar zu sein scheint.

[231] Bei Krug/Rehm steht der Nachweis der verschiedenen Regionalgefälle im Vordergrund. Sie isolieren das Nord-Süd- von dem Stadt-Land-Gefälle. Ergänzend berücksichtigen sie die gefälleunabhängigen Disparitäten. Das von ihnen spezifizierte Nord-Süd-Gefälle entspricht nicht – wie in dieser Arbeit vereinfachend unterstellt – den Unterschieden in den Sozialhilfequoten zwischen den beiden Blöcken. Vgl. hierzu auch Krug 1987.

Unterschiede in der Sozialhilfedichte. Danach hat der Faktor „Agglomeration mit Einkommensschwäche“ auf die Empfängerdichte der gesamten Bundesrepublik den größten quantifizierbaren Einfluss, gefolgt von „Wirtschaftskraft“ und „Arbeitsmarkt“. Im Norden sind die Einflüsse etwas anders als im Süden, in den kreisfreien Städten unterscheiden sie sich von den Landkreisen. Als weiteres „Interpretationsproblem“ kommt hinzu, dass die Faktoren nicht für alle betrachteten Regionalabgrenzungen identisch zusammengesetzt sind.

Schmolling (1994) hat einzelne Aspekte der Studie der Regionalgefälle von Krug/Rehm mit einem aktuelleren Erhebungsjahr reproduziert[232], dabei hat sie u.a. andere Regionaltypisierungen gewählt. Ihrer Analyse liegen Kreisdaten des Erhebungsjahres 1987 zu Grunde. Auch sie schätzt die Sozialhilfequoten mittels Faktorenanalyse, wobei das gleiche Problem auftaucht wie bei Krug/Rehm: die Faktoren sind für verschiedene Regionaleinheiten unterschiedlich zusammengesetzt. In Bezug auf den Faktor „Arbeitslosigkeit“ unterscheidet sich ihr Ergebnis von dem von Krug/Rehm. Für Gesamtdeutschland (früheres Bundesgebiet) hat der Faktor „Arbeitslosigkeit“ den Rang 1.

Die Untersuchung von Klagge (2000) zum Nord-Süd-Gefälle in der Sozialhilfedichte ähnelt in gewissen Punkten ebenfalls dem Vorgehen von Krug/Rehm. Klagge beschränkt sich auf die Analyse der westdeutschen Städte[233]. Ergänzend untersucht sie die längerfristige Entwicklung der regionalen Disparitäten (1970-1993). Die Nord-Süd-Kategorisierung übernimmt sie von Krug/Rehm: Der Südblock wird von den Kreisen der drei Bundesländer Bayern, Baden-Württemberg und Rheinland-Pfalz gebildet, alle übrigen Kreise gehören der Nordregion an. Mittels Varianzanalyse wird für verschiedene Zeitpunkte (1970-1995) die statistische Signifikanz des Nord-Süd-Gefälles nachgewiesen. Bei der Bestimmung der Einflussgrößen auf die Disparitäten in der Sozialhilfedichte der westdeutschen Städte kommt Klagge zu anderen Resultaten als Krug/Rehm. Dort stand der Faktor „Arbeitsmarkt“ erst an dritter Stelle. Bei Klagge, die statt der Faktorenanalyse die multiple lineare Regression für ausgewählte

[232] Die sich auf die Regionalanalyse beziehenden Querschnittsuntersuchungen ergänzt Schmolling um eine langfristige Perspektive, in der sie die Dynamik des Sozialhilfebezugs von 1950 bis 1991 (bis 1962 öffentliche Fürsorge und TBC-Hilfe, dann HLU-Empfänger) in dem wirtschaftlichen und sozialpolitischen Umfeld analysiert. Hierzu entwickelt sie „gesellschaftliche Profile“, die sie in vier Teile gliedert. Den ersten drei Teilen sind insgesamt 17 quantifizierbare Indikatoren wie Arbeitslosigkeit, wirtschaftliche Leistung, demographische Entwicklung usw. zugeordnet. Der vierte Teil ist das qualitative Urteil über die Tendenz im Bereich der Armuts- und Sozialpolitik. Anhand dieses Indikatorensystems unterscheidet sie im Betrachtungszeitraum insgesamt elf Phasen oder Zeitabschnitte der gesellschaftlichen Entwicklung. Aus ihrer Untersuchung zieht Schmolling u.a. den Schluss, dass Armut ebenso wie Arbeitslosigkeit ein strukturelles Problem geworden ist, das durch Wirtschaftswachstum allein nicht zu lösen ist (Schmolling 1994: 270 f.).

[233] Mit dieser Beschränkung auf einen Kreistyp wird ausgeschlossen, dass das Nord-Süd-Gefälle „eigentlich“ ein Stadt-Land-Gefälle reflektiert.

Jahre (Querschnittsanalysen für 1988 und 1993) anwendet, ist „Arbeitslosigkeit" die wichtigste unabhängige Variable (Klagge 2000: 49). Sie betrachtet thematisch festgelegte Teilmodelle, in denen sie den Einfluss der Arbeitslosenquote in Kombination mit anderen Variablen prüft. Abschließend fasst sie die Ergebnisse in zwei Gesamtmodellen zusammen. Neben der Arbeitslosenquote enthalten beide Modelle die „Tertiarisierungsvariable" (Anteil der im tertiären Sektor Beschäftigten). Als dritter Einfluss ist im ersten Modell die „Verhaltensdisposition" (Kirchenmitgliedsrate) spezifiziert, im zweiten Modell der „Ausländeranteil".

Einen anderen Ansatz wählen Seitz/Kurz (1998). Sie beziehen sowohl Querschnitts- als auch Zeitreihendaten in ihre Analyse ein. Ihre Untersuchung richtet sich nicht auf die Anzahl der Hilfeempfänger, sondern auf die Sozialhilfeausgaben. Die von ihnen vorgenommene ökonometrische Schätzung basiert auf den Daten von zehn westdeutschen Bundesländern (Berlin bleibt unberücksichtigt) von 1978 bis 1993. Die Ausgaben werden als Funktion der Regelsätze, der Arbeitslosen, der „EU-Bevölkerung" (Deutsche und Ausländer aus dem „westlichen" Ausland), der „potenziellen Asylbewerber" (sonstige Ausländer einschließlich Türken und Jugoslawen) und eines Indikators für den Lohnabstand zum Sozialhilfeniveau geschätzt. Die Variablen werden durch Bildung erster Differenzen in stationäre Zeitreihen transformiert. Die Schätzgleichung entspricht einem Fehlerkorrekturmodell, das mit OLS geschätzt wird. Das Modell ist so spezifiziert, dass sowohl die kurzfristige Anpassungsdynamik als auch der langfristige Gleichgewichtszustand abgebildet sind. Als Resultat der Schätzung ergibt sich ein signifikanter Einfluss der Arbeitslosigkeit, der „potenziellen Asylbewerber" und des Lohnabstands (falsches Vorzeichen) auf die kurzfristigen Änderungen. Die langfristige Entwicklung der Ausgaben für laufende Hilfe zum Lebensunterhalt außerhalb von Einrichtungen hängt in dem Modellansatz ausschließlich von der Arbeitslosigkeit ab. Arbeitslosigkeit ist als zentrale Triebfeder der Sozialhilfeausgaben ausgemacht (Seitz/Kurz 1998: 26). Dies wird von den Autoren als Indiz für eine bereits eingetretene Regionalisierung der Kosten der Grundsicherung angesehen.

Ebenfalls mit einem ökonometrischen Ansatz, in dem Querschnitts- und Längsschnittsdaten kombiniert sind, arbeitet Riphahn (1999). Dem Modell zur Erklärung der langfristigen Dynamik im Sozialhilfebezug ist die Frage der Kausalität vorgeschaltet: Beeinflusst die Sozialhilfequote die Arbeitslosigkeit (fehlender Arbeitsanreiz für Hilfeempfänger wegen zu hoher Transferleistungen) oder ist der Wirkungszusammenhang umgekehrt (zunehmende Arbeitslosigkeit führt zu höherer Sozialhilfequote wegen Einkommensausfällen)? Das Ergebnis des hier gewählten Ansatzes zur Überprüfung der „Granger causality": Während die Arbeitslosigkeit einen signifikanten Einfluss auf die Sozialhilfequote hat, lässt sich die umgekehrte Wirkungsrichtung statistisch nicht belegen (Riphahn 1999: 180). Die Schätzung der langfristigen Entwicklung der Sozialhilfequoten erfolgt mit Bundesländerdaten. Die Verwendung von Länderdaten begründet sich aus der unterschiedlichen Entwicklung auf Länderebene. Aufgrund von

Datenproblemen werden zwei Datensätze gebildet. Der kürzere Datensatz enthält alle westdeutschen Bundesländer und deckt eine 20 Jahresperiode ab (1978 bis 1997). Vor 1978 sind die Sozialhilfedaten von Bayern, Hessen und Nordrhein-Westfalen nicht als Jahresendstand verfügbar. Daher sind diese Länder in dem längeren Datensatz (ab 1974) nicht berücksichtigt. Die Liste der exogenen Größen zur Erklärung der Sozialhilfequote auf Länderebene umfasst elf Variablen. Um unbeobachtete regionale Heterogenität zu kontrollieren, erfolgt für beide Datensätze zusätzlich eine Schätzung mit fixen Effekten. Von den elf im Modellansatz berücksichtigten Variablen sind nur vier in allen vier Modellvarianten (zwei Datensätze jeweils ohne und mit fixen Effekten geschätzt) statistisch signifikant (Riphahn 1999: 200, Table 8.4). Hierzu zählen die Arbeitslosenquote und der Ausländeranteil[234]. Ergänzend seien noch die Ergebnisse für einige andere interessante Variable aufgeführt. Für den Anteil von Alleinerziehenden an allen Haushalten ist in der kürzeren aber alle Länder berücksichtigenden Schätzung (erstes Modell) kein signifikanter Einfluss festzustellen, ohne fixe Effekte ist das Vorzeichen sogar negativ. Die Partizipationsrate (Anteil der Erwerbspersonen an der Bevölkerung) ist nur im ersten Modell mit fixen Effekten insignifikant. Das Vorzeichen stimmt hier in allen Modellvarianten: Je höher die Partizipationsrate, desto niedriger die Sozialhilfequote. Die Scheidungsraten sind nur in den beiden Varianten des kürzeren Modells signifikant und haben in allen Modellen ein negatives Vorzeichen. Zunehmende Scheidungsraten führen danach zu niedrigeren Sozialhilfequoten. Scheidungsraten sind also nicht unbedingt als Anhaltspunkt für Versorgungsdefizite zu interpretieren, sondern u.U. Resultat einer größeren finanziellen Unabhängigkeit von Frauen (Riphahn 1999: 192). Als Resumée bleibt festzuhalten, dass auch mit diesen multivariaten Modellen der große Einfluss des Ausländeranteils und der Arbeitslosigkeit auf die Sozialhilfequote belegt wird.

8.4.2 Im Ländermodell berücksichtigte Einflussgrößen auf die Sozialhilfedichte

Sozialhilfebezug steht in einem gewissen Zusammenhang mit der Arbeitsmarktsituation. Dies gilt auch für das regional unterschiedliche Ausmaß des Hilfebezuges. Hohe Arbeitslosenquoten bedeuten, dass ein größerer Anteil der Erwerbspersonen auf Lohnersatzleistungen verwiesen ist oder – sofern die Voraussetzungen hierfür nicht erfüllt sind – noch nicht einmal Lohnersatzleistungen erhält. In einer erwerbszentrierten Gesellschaft, in der Einkünfte aus Erwerbstätigkeit oder daraus abgeleitete Ansprüche für

---

234 Ebenfalls signifikant sind die Insolvenzen, die aber ein unplausibles negatives Vorzeichen haben. Das „falsche" Vorzeichen ist wahrscheinlich auf die Variablenspezifikation zurückzuführen: Die Insolvenzen gehen nämlich als Absolutgröße in das Modell ein. Sie bilden also zum Teil die Größe der Volkswirtschaft der einzelnen Bundesländer ab (vgl. Riphahn 1999: 192). Die vierte signifikante Variable ist der reale Eckregelsatz, der vermutlich eher die Wirkung höherer Lebenshaltungskosten insbesondere in den Stadtstaaten widerspiegelt als ein variierendes Inanspruchnahmeverhalten in Abhängigkeit von der Höhe der staatlichen Leistung (Riphahn 1999: 193).

die Mehrheit der Bevölkerung die dominierenden finanziellen Ressourcen sind, birgt eine hohe Arbeitslosigkeit das Risiko, dass auch ein größerer Teil der davon Betroffenen unter die durch die Sozialhilfeschwelle festgelegte Armutsgrenze rutscht. Das Risiko ist dann besonders groß, wenn in einem Mehrpersonenhaushalt ohne weitere Erwerbseinkommen nur eine Person Lohnersatzleistungen bezieht und/oder diese Leistungen auf ohnehin niedrige Erwerbseinkommen berechnet sind[235]. Neben diesen direkten Wirkungen von Arbeitslosigkeit auf die Sozialhilfequote, auf die Seitz/Kurz mit der Diagnose der „Regionalisierung der Kosten der Grundsicherung" abstellen, gibt es auch mittelbar wirkende Effekte. Eine hohe Arbeitslosigkeit spiegelt eine relative Knappheit an Arbeitsplätzen wider. Bei solch einer Marktkonstellation haben „eingeschränkt Erwerbsfähige", wie z.B. Alleinerziehende oder Menschen mit schweren Behinderungen aber auch Personen mit geringen Qualifikationen schlechte Chancen, einen adäquaten Arbeitsplatz zu finden. Auch dieser Personenkreis ist bei hoher Arbeitslosigkeit in weit stärkerem Maße auf die Sozialhilfe verwiesen als bei günstigen Arbeitsmarktbedingungen[236]. Arbeitslosigkeit, abgebildet in der Arbeitslosenquote, ist also ein Indikator für die Absorptionsfähigkeit des Arbeitsmarktes.

Von den Empfängern laufender Hilfe zum Lebensunterhalt im erwerbsfähigen Alter (15-64 Jahre) sind bundesweit 40% arbeitslos gemeldet (Datenstand 1998). Bei den Männern liegt der Anteil sogar bei 55% (vgl. Kapitel 5.2.1 dieser Arbeit). Die Bedeutung von Arbeitslosigkeit für den Sozialhilfebezug zeigt sich auch im Vergleich der aggregierten Daten. In der mehrjährigen Betrachtung sind Ähnlichkeiten im Verlauf von Arbeitslosen- und Sozialhilfequote zu erkennen. Allerdings gilt der konstatierte Zusammenhang nur in der Tendenz; es gibt durchaus andere Faktoren, die sich in der Sozialhilfequote widerspiegeln ohne in der Arbeitslosigkeit eine Entsprechung zu finden[237].

Arbeitslosen- und Sozialhilfequoten schwanken nicht nur im Zeitablauf ähnlich, sie variieren auch zwischen den Regionen (vgl. Graphik 8.3). Eine Gegenüberstellung der Arbeitslosen- und Sozialhilfequoten der einzelnen westdeutschen Bundesländer veranschaulicht die Parallelen in den regionalen Disparitäten zwischen den beiden betrachteten Größen. Die Stadtstaaten mit ihren hohen Sozialhilfequoten haben auch die höchsten Arbeitslosenquoten. Am anderen Ende der Skala – bei den niedrigsten Ar-

---

[235] In dieser Argumentation wird davon abgesehen, dass der Staat in der Vergangenheit auf stark steigende Arbeitslosigkeit gelegentlich mit Einschnitten in die Lohnersatzleistungen reagiert hat. Maßnahmen dieser Art führen ebenfalls zu einer größeren Anzahl von Personen, die unter die Sozialhilfeschwelle fallen. Da solche staatlichen Eingriffe nur punktuell stattfinden, passen sie nicht in das hier unterstellte „lineare" Muster.

[236] Gerade für Alleinerziehende spielt natürlich nicht nur das Angebot an Arbeitsplätzen, sondern auch die Verfügbarkeit von Kinderbetreuungsplätzen eine Rolle.

[237] Hierzu zählt z.B. die Zuwanderung in der zweiten Hälfte der achtziger Jahre. Dies wurde in den Bremer Studien für die Zugangskohorte 1989 ausführlich beschrieben. Vgl. u.a. Zwick 1997.

beitslosenquoten – finden sich mit Baden-Württemberg und Bayern ebenfalls wieder die Länder mit den geringsten Sozialhilfequoten.

Graphik 8.3 Sozialhilfeempfänger- und Arbeitslosenquote der westdeutschen Bundesländer (1998)

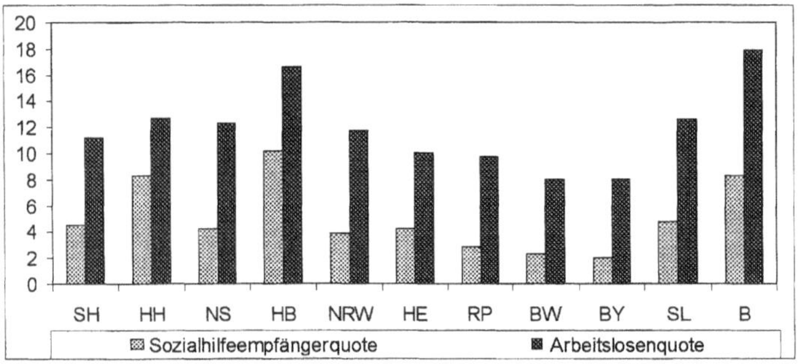

Anmerkung: Die Quoten für Berlin beziehen sich auf das gesamte Stadtgebiet
Abkürzungen: SH=Schleswig-Holstein, HH=Hamburg, NS=Niedersachsen, HB=Bremen, NRW=Nordrhein-Westfalen, HE=Hessen, BW=Baden-Württemberg, BY=Bayern, SL=Saarland, B=Berlin
Quelle: Statistisches Bundesamt, Statistisches Jahrbuch 2000

Neben der Arbeitslosigkeit spielen für eine Untersuchung der regionalen Disparitäten in der Sozialhilfedichte demographische Faktoren eine Rolle. Ausländer erhalten im Vergleich zu Deutschen weit häufiger laufende Hilfe zum Lebensunterhalt. War in der zweiten Hälfte der achtziger Jahre die Zuwanderung wichtig, so kann die erhöhte Sozialhilfebetroffenheit von Ausländern seit Einführung des Asylbewerberleistungsgesetzes nicht mehr auf den Asylaspekt zurückgeführt werden; diese Ausländergruppe ist seit 1994 in der Asylbewerberleistungsstatistik nachgewiesen. Im Unterschied zu Seitz/Kurz (1998) wird die hier verwendete Variable „Ausländeranteil an der Bevölkerung" daher auch nicht in Verbindung mit der Asylproblematik oder allgemeiner mit Zuwanderung gebracht. Es ist vielmehr unterstellt, dass Ausländer aufgrund von Qualifikationsnachteilen und wegen anderer Faktoren (z.B. Familienstruktur) besonders häufig auf Sozialhilfe angewiesen sind (vgl. Kapitel 5.3). Die ausländische Wohnbevölkerung ist regional nicht genauso verteilt wie die deutsche Bevölkerung. Dies gilt selbst für so vergleichsweise große Regionaleinheiten wie die Bundesländer. Der erwartete Einfluss ist positiv, d.h. mit steigendem Ausländeranteil sollte auch die Sozialhilfequote zunehmen.

Bekanntlich existiert ein Stadt-Land-Gefälle in der Sozialhilfedichte. In Städten erhält ein größerer Anteil der Bevölkerung laufende Hilfe zum Lebensunterhalt als in ländlichen Regionen. Um die unterschiedliche Siedlungsstruktur in den verschiedenen Bundesländern abzubilden, wurde die Bevölkerungsdichte als exogene Variable berücksichtigt. Diese Variable schwankt wenig im Zeitablauf, dafür aber sehr stark zwischen den Bundesländern, insbesondere zwischen den Stadt- und Flächenstaaten. Sie zielt daher auf die Abbildung des Struktureffektes (Querschnitt). Sinnvoll ist ein positiver Parameter, also eine mit steigender Bevölkerungsdichte zunehmende Sozialhilfequote.

In den vergangenen Jahren hat sich die Haushalts- und Familienstruktur deutlich verändert. Auch dies dürfte zum Anstieg in der Sozialhilfequote beigetragen haben. Als Proxi für den gesellschaftlichen Wandel auf diesem Gebiet wird der Anteil der Ein-Personen-Haushalte an allen Haushalten gewählt, wenngleich diese Haushaltsform keine exponiert hohe Sozialhilfequoten aufweist. Die Ein-Personen-Haushalte sind einerseits Indikator für die Auflösung der Familien bzw. von Mehrgenerationenhaushalten, in denen bspw. auch Menschen mit besonderen Problemlagen oder mit ausgesprochen geringen eigenen Einkünften Unterstützung gefunden haben, andererseits zeigen sie ein deutliches Regionalmuster: In ländlichen Regionen sind sie weit weniger verbreitet als in Städten. Daher bilden sie zum Teil etwas ähnliches ab wie die Variable „Bevölkerungsdichte“. Allerdings ist der „Anteil der Single-Haushalte“ im Zeitablauf volatiler als die „Bevölkerungsdichte“.

Ergänzend zu dem Anteil der Ein-Personen-Haushalten wird in dem hier betrachteten Bundesländermodell der Anteil der Alleinerziehenden[238] an allen Haushalten berücksichtigt. Alleinerziehende haben eine weit überdurchschnittliche Sozialhilfebetroffenheit. Ein steigender Anteil von Alleinerziehenden sollte daher zu einer höheren Sozialhilfequote führen. Der Grund für ihre Bedürftigkeit weist über die Arbeitsmarktsituation hinaus und spiegelt insbesondere bei Haushalten mit Kleinkindern den Betreuungsaufwand und Defizite in der sozialen Infrastruktur wider.

Schließlich wird geprüft, ob vom „Anteil der Wohngeldbezieher“ in Kombination mit den übrigen Variablen ein weiterer Erklärungswert auf das Modell ausgeht. Die Berücksichtigung dieser Variable beruht auf der Vorstellung, dass hiermit Haushalte im Niedrigeinkommensbereich erfasst werden. Andere Einkommensindikatoren beziehen sich i.d.R. auf Durchschnittsgrößen in der Region. Für den Sozialhilfebezug sind diese Mittelwerte aber wenig aussagefähig. Von Interesse ist nur die Bedeutung des unteren Einkommensbereichs. Der Anteil der Wohngeldempfänger erscheint als plausible Variable zur Abbildung des Niedrigeinkommensbereichs im Bundesland. Um Überschneidungen mit der Sozialhilfequote zu vermeiden, sind nur die Empfänger von Tabellenwohngeld berücksichtigt. Allerdings gibt es die Unterscheidung von Tabellen- und pauschaliertem Wohngeld erst seit 1991. Die davor liegenden Werte wurden um den Niveaueffekt des Jahres 1991 korrigiert. Problematischer erscheint ein anderes Defizit in den Daten. Die Wohngeldgrenzen wurden nicht beständig an die Mietentwicklung angepasst. Daher ist nicht auszuschließen, dass der „Anteil der Bezieher von

[238] Für diese Untersuchung waren nur Daten für die Alleinerziehenden unabhängig von dem Alter der Kinder verfügbar.

tabellierten Wohngeld" die Tendenz der Entwicklung einkommensarmer Haushalte nicht adäquat trifft. Was in den Daten an Information bleibt, sind die regionalen Disparitäten. Die langfristige Entwicklung dürfte von der Variablen hingegen weniger zuverlässig abgebildet sein. Einen Überblick über relevante Maßzahlen und Abhängigkeiten (Korrelationskoeffizient) der verwendeten Variablen gibt Tabelle 8.8.

Tabelle 8.8 Berücksichtigte Variablen im Regressionsmodell mit Daten der westdeutschen Bundesländer für die Stützperiode: 1980-1998

Variable	Mittelwert	Standardabw.	Minimum	Maximum	Korrelationskoeffizienten HLU-Quote	Arbeitslosenqu.	Ausländerant.	Bevölkerungsd.	Single Haush.	Alleinerzieh.
Sozialhilfequote	3,36	1,83	0,74	10,59	1,00					
Arbeitslosenquote	9,22	3,13	2,30	17,90	0,73**	1,00				
Ausländeranteil	8,43	3,37	3,01	18,20	0,54**	0,11	1,00			
Bevölkerungsdichte	9,06	11,68	1,50	44,60	0,56**	0,37**	0,59**	1,00		
Anteil Single-HH	3,60	0,65	2,41	5,24	0,69**	0,42**	0,70**	0,88**	1,00	
Anteil Alleinerzieh.	6,96	0,74	5,53	10,05	0,56**	0,58**	0,19**	0,57**	0,47**	1,00
Anteil Wohngeldb.	4,36	1,64	2,04	9,65	0,27**	0,38**	-0,23**	0,20**	0,17*	0,15*

Erläuterungen: Sozialhilfequote = HLU-Empfänger je 100 Einwohner, Arbeitslosenquote = Arbeitslose je 100 Erwerbspersonen, Ausländeranteil = Ausländer je 100 Einwohner, Bevölkerungsdichte = 100 Einwohner je qkm, Anteil Single-HH = 1-Personen-Haushalte je 10 Haushalte, Anteil Alleinerziehende = Alleinerziehende je 100 Haushalte, Anteil Wohngeldb. = Haushalte mit Tabellenwohngeld je 100 Haushalte
* = signifikant auf dem 0,05-Niveau (2-seitig), ** = signifikant auf dem 0,01-Niveau (2-seitig)

Neben den beschriebenen metrischen Exogenen werden im zweiten Schritt Regionaleinflüsse in Form von Dummy-Variablen in das Modell aufgenommen. Mit der Berücksichtigung der Regionalvariablen „Nord" soll zunächst geprüft werden, ob sich ein signifikanter Einfluss des Nord-Süd-Gefälles nachweisen lässt, der über das durch die exogenen Größen abgebildete Regionalgefälle hinausgeht. Anschließend wird die Variable „Nord" durch Dummy-Variablen für die einzelnen Bundesländer ersetzt. Dieser Modellspezifizierung liegt die Vermutung zu Grunde, dass es zwischen den Bundesländern unbeobachtete Heterogenität gibt, also Einflüsse auf die Sozialhilfequote, die sich in den Unterschieden der spezifizierten exogenen Größen nicht widerspiegeln. Hierzu zählen unbeobachtete Regionalmerkmale wie die Verwaltungspraxis bei der Sozialhilfegewährung oder die Ausrichtung der Sozialpolitik, die sich z.B. im Angebot von sozialer Infrastruktur zeigt. Solche nicht beobachtbaren landesspezifischen Faktoren gehen also in Form von Bundesland-Dummy-Variablen in das Modell ein.

8.4.3 Spezifikation des Ländermodells und Ergebnisse

Die Untersuchung richtet sich auf die Identifizierung von Regionaleffekten. Es soll geprüft werden, ob zusätzlich zu den aus anderen Modellen bekannten Einflüssen auf die Sozialhilfequote, die Arbeitslosigkeit und der Ausländeranteil, auch den Regionaleinheiten ein eigenständiger Erklärungswert beizumessen ist. Die in dem Modell analysierten Regionaleinheiten sind die westdeutschen Bundesländer. Die Stützperiode schließt den Zeitraum 1980 bis 1998 ein. Bei der Untersuchung handelt es sich folglich sowohl um eine Querschnittsbetrachtung als auch um eine Zeitverlaufsanalyse. Zwei Dimensionen werden kombiniert: Die langfristige Entwicklung ist ebenso berücksichtigt wie die Unterschiede auf Bundesländerebene[239]. In die Analyse eingeschlossen sind die elf westdeutschen Bundesländer. Für Berlin sind ab 1991 nicht mehr für alle Variablen die Datenwerte für den Westteil der Stadt verfügbar. Daher beziehen sich ab 1991 die Werte aller Modellvariablen für Berlin auf den um den Ostteil der Stadt erweiterten Gebietsstand[240]. Insgesamt erfolgt die Regressionsschätzung mit Daten für 19 Beobachtungszeitpunkte für 11 Bundesländer; die Schätzung basiert also auf 209 Beobachtungen (n=209).

Ausgangspunkt der Überlegung ist das klassische lineare Regressionsmodell. Die Parameter (b_k für die k verschiedenen Exogenen und a als Konstante) der Funktion (1) werden mit der Methode der kleinsten Quadrate (Ordinary Least Squares = OLS) geschätzt.

$$(1) \quad y_{it} = a + b_k x_{kit} + u_{it}$$

Mit y_{it} sind die Ausprägungen der zu erklärenden Variablen (hier die Sozialhilfequote) bezeichnet, mit x_{kit} die Werte der (k) exogenen Größe(n) (hier: Arbeitslosenquote, Anteil der Ausländer an der Bevölkerung usw.). Die einzelnen Variablen haben zwei Dimensionen: die Region, gekennzeichnet durch den Index i (= Bundesland) und die Zeit, gekennzeichnet durch den Index t. In dieser ersten Modellspezifikation sind nur Exogene berücksichtigt, die sich sowohl in der Zeitdimension als auch in der Regionalausprägung unterscheiden. Von Zeit- und/oder Regional-Dummy-Variablen wird also zunächst abgesehen. Eine auf diesem Ansatz basierende Kleinst-Quadrate-Schätzung (pooled regression) differenziert weder nach den unterschiedlichen Zeitpunkten noch nach den unterschiedlichen Regionen; jede Beobachtung – egal in welchem Jahr und in welcher Region – wird mit jeder Beobachtung zu einem anderen Zeitpunkt und in einem anderen Bundesland gleichgesetzt. Es bleibt also unberücksichtigt, dass es sich um Daten aus unterschiedlichen Gruppen (hier: Bundesländer) handelt.

Nun liegt die Vermutung nahe (siehe oben), dass die Bundesländer oder verschiedene Gruppen von ihnen (z.B. die der Nord- bzw. der Südregion) einen eigenständigen Ein-

---

[239] Die Verwendung von Regionaldaten erfolgt hier nicht zu dem Zweck „Varianz zu gewinnen" (Blien/Herrmann/Koller 1994:5), sondern ergibt sich aus der Fragestellung.

[240] Die Umstellung auf die reformierte Sozialhilfestatistik führte 1994 zu einer Untererfassung der Hilfeempfänger. Besonders gravierend fiel sie in Berlin aus (vgl. Statistisches Bundesamt, Arbeitsunterlage 1997). Hierfür wurde im Datensatz eine Korrektur vorgenommen. Bei der Sozialhilfequote für Berlin handelt es sich also um einen hypothetischen Wert für das Jahr 1994.

fluss auf die Sozialhilfequote haben, der sich in den unterschiedlichen Ausprägungen der spezifizierten exogenen Variablen (Arbeitslosenquote usw.) nicht widerspiegelt. Hierbei ist an Unterschiede in der Verwaltungspraxis bei der Sozialhilfegewährung zu denken oder an regional unterschiedliche Ausstattungen mit Kinderbetreuungsplätzen, was sich auf die Erwerbsmöglichkeiten insbesondere von Alleinerziehenden auswirken dürfte. Diese nicht direkt beobachtbaren regionalspezifischen Faktoren können in Form von Dummy-Variablen in das Modell aufgenommen werden. Das um solche Regionalvariablen erweiterte Modell hat die Form (2):

$$(2)\ y_{it} = a + b_k x_{kit} + c_l z_{il} + e_{it}$$

Für den Störterm (e_{it}) gilt:

$E(e_{it}) = 0$ (In der Störgröße ist kein „systematischer" Rest enthalten)

$E(e_{it}x_{kit}) = 0$ (Die Störgröße ist unkorreliert mit den exogenen Größen)

$E(e_{it}^2) = \sigma^2$ (Varianzkonstanz bzw. Homoskedastizität)

Dieses Modell hat zusätzlich zu den (k) erklärenden Variablen des ersten Modells (1) weitere Dummy-Variablen für die Regionalvariablen. In einer ersten Modellspezifikation wird das Nord-Süd-Gefälle abgebildet. Hierfür ist nur eine Dummy-Variable notwendig (l=1). Sie unterscheidet die Gesamtheit der Bundesländer der Nordregion (1) von den drei Ländern der Südregion (0). In einer zweiten Modellspezifikation werden Hilfsvariablen für die einzelnen Bundesländer berücksichtigt (l = i-1, da ein Bundesland als Referenzgröße zu wählen ist). Die Regionalvariablen (z_{il}) unterscheiden sich nur in einer Dimension (zwischen den betrachteten Regionaleinheiten i). Für die verschiedenen Zeitpunkte nehmen sie immer den gleichen Wert an. Im Fall von l=10, wenn also mit Dummy-Variablen für die einzelnen Bundesländer gerechnet wird, entspricht dieses auf Bundesländerdaten basierende Modell dem „fixed effects" Ansatz. Das in Regionalanalysen häufig verwendete Modell fixer Effekte kann als Spezialfall eines Fehlerkomponentenmodells[241] angesehen werden. Bei Fehlerkomponentenmodellen handelt es sich um einen Modelltyp, der für Datensätze mit kombinierten Querschnitts- und Längsschnittdaten (Panel) entwickelt wurde. Diese Modelle basieren auf der im Folgenden skizzierten Idee.

Eine Annahme für die Kleinst-Quadrate-Schätzung ist die Varianzkonstanz der Störgrößen. Diese als Homoskedastizität bezeichnete Eigenschaft besagt, dass sich die Streuung des „unerklärten Restes" im Zeitablauf oder über die betrachteten Querschnittseinheiten nicht ändern darf und damit unabhängig ist von den Ausprägungen

[241] Einen Überblick über die Modellpalette gibt Judge 1985.

der erklärenden Variablen. Bei Querschnittsdaten ist diese Annahme häufig verletzt. Die Folge von Heteroskedastizität[242]: Die geschätzten Parameter sind nach wie vor unverzerrt, aber sie sind nicht mehr effizient (minimale Varianz). Dies wirkt sich auf die Ergebnisse der F- und t-Tests aus, weil mit einer zu großen Varianz der Parameter gerechnet wird[243]. Zeigt sich Heteroskedastizität in der Störgröße, dann kann dies als Fehlspezifikation des Modells interpretiert werden: In der Störgröße ist noch ein systematisches Element enthalten, das durch die Modellvariablen nicht abgebildet wird (unbeobachtete Heterogenität). Hier setzt das Fehlerkomponentenmodell an. Der Störterm u_{it} wird in zwei Komponenten zerlegt, in die neue Störvariable e_{it} und in eine Störgröße z_i, die nur eine Dimension hat. Dies ist die Gruppenvariable, die nicht in der Zeit variiert und zum Ausdruck bringt, dass es Gruppeneinflüsse auf die zu erklärende Variable gibt (Baltagi 1999: 308). Das Fehlerkomponentenmodell lässt sich allgemein darstellen als (3):

$$(3)\quad y_{it} = a + b_k x_{kit} + z_i + e_{it}$$

Ein Spezialfall ist das „fixed effects" Modell. Hier werden die z_i (in diesem Fall die Regionalvariablen für die i=11 Bundesländer) als Konstante betrachtet. Eine andere Variante stellt das „random effects" Modell dar, in dem die z_i (allgemein: Gruppen- oder Individualvariable) als Zufallsvariablen angesehen werden. Diese unterschiedliche Interpretation der z_i wirkt sich auf die Beziehung zwischen z und x in den beiden Modellvarianten aus. Für das „random effects" Modell gilt die Bedingung, dass die Exogenen (x_{kit}) und die unbeobachteten Einflüsse (z_i) unkorreliert sind $[E(z_i x_{kit}) = 0]$. Im „fixed effects" Modell ist diese Bedingung nicht zwingend: Hier können die z_i mit den exogenen Variablen durchaus korrelieren[244]. Für beide Modellansätze, sowohl das „fixed" als auch das „random effects" Modell, gelten aber gleichermaßen die Bedingungen, dass im Störterm kein systematischer Rest enthalten ist $[E(e_{it}) = 0]$ und dass der Störterm nicht mit den Exogenen korreliert ist $[E(e_{it} x_{kit}) = 0]$.

Das Modell fixer Effekte wird mit der Methode der kleinsten Quadrate (OLS = ordinary least squares) geschätzt. Es entspricht dem bereits beschriebenen Ansatz mit Dummy-Variablen für die Bundesländer (Gleichung (2), für den Spezialfall l=i-1=10). Häu-

---

[242] Gujarati veranschaulicht diese Eigenschaft prägnant: „In short, not all Y values corresponding to the various X´s will be equally reliable, reliability being judged by how closely or distantly the Y values are distributed around their means". Gujarati 1995: 63.

[243] „what appears to be a statistically insignificant coefficient (because the t value is smaller than what is appropriate) may in fact be significant if the correct confidence intervals were established on the basis of the GLS procedure." Gujarati 1995:366.

[244] Bei Korrelation von z_i und x_{kit} sind die Schätzer in Modellen verzerrt, in denen z_i als Zufallsvariable angesehen wird. Daher ist bei Korrelation das Modell fixer Effekte zu verwenden (vgl. Judge 1985: 633 ff.).

fig, so auch bei der hier verwendeten Software Stata, basiert die Parameterschätzung im fixed effects Ansatz nicht auf den Originalwerten, sondern auf transformierten Größen (Gleichung 4). Das Modell fixer Effekte stellt auf die Varianz innerhalb der Gruppen ab („within estimator"). Geschätzt wird die Abweichung vom Durchschnitt (über die Zeit). Bei dieser Notation eines „fixed effects" Modells können Parameter ausschließlich für solche Variablen geschätzt werden, die sich im Zeitablauf ändern. Sämtliche zeitinvarianten Einflüsse, wie sie häufig in Mikroanalysen zu finden sind (bei personenbezogenen Individualdaten z.B. Geschlecht oder Nationalität), fallen aus der Betrachtung heraus. Alle diese Einflüsse werden (gemeinsam) in der Größe z_i abgebildet. Sie tauchen bei dieser Notation der Schätzgleichung für Modelle fixer Effekte (4) nicht mehr auf. Dieser Aspekt ist für die hier vorgenommene Untersuchung allerdings irrelevant, da einzig die Regionalvariablen als zeitinvariante Größen in das Modell eingehen. Allgemein ausgedrückt werden mit diesem Ansatz mögliche Verzerrungen im Basismodell (1) durch unbeobachtete Variablen, die im Zeitablauf konstant sind, eliminiert (Arminger/Müller 1990: 5). Es wird auch als Dummy-Variablen-Modell bezeichnet[245]. Solch ein Modell fixer Effekte hat die allgemeine Form (4). Die Notation macht deutlich, dass in diesem Modell sämtliche Variablen unberücksichtigt bleiben, deren Ausprägungen sich in der Zeit nicht verändern.

$$y_{it} - \sum_{t=1}^{T} y_{it}/T_i = (a + b_k x_{kit} + z_i + e_{it}) - (a + b_k \sum_{t=1}^{T} x_{kit}/T_i + z_i + \sum_{t=1}^{T} e_{it}/T_i)$$

$$(4)\quad y_{it} - \sum_{t=1}^{T} y_{it}/T_i = b_k(x_{kit} - \sum_{t=1}^{T} x_{kit}/T_i) + (e_{it} - \sum_{t=1}^{T} e_{it}/T_i)$$

Das „random effects" Modell schätzt nicht nach der Methode der kleinsten Quadrate, sondern nach der verallgemeinerten Methode der kleinsten Quadrate (GLS = general least squares). Abweichend von Gleichung (4) werden im „random effects" Modell als Gewichte Funktionen der Varianzen der „Störgrößen" σ^2_e und σ^2_z (statt $1/T_i$) verwendet. Die „within" und „between" Schätzer werden also entsprechend der relativen Bedeutung der Varianzen von z_i und e_{it} gewichtet[246].

Ob das „random" dem „fixed effects" Modell vorzuziehen ist, hängt von der Beurteilung der z_i ab. Sind es Zufallsvariablen oder Konstante? Anders ausgedrückt: Sind die z_i mit x_{kit} korreliert oder unkorreliert? Im hier angenommenen Fall von unbeobachteten Regionaleinflüssen ist die Bedingung $E(z_i x_{kit}) = 0$ verletzt und folglich ist als Spezifi-

[245] Baltagi (1999: 309) bezeichnet die mit diesem Ansatz ermittelten Schätzer als „least squares dummy variable estimator" (LSDV).
[246] Beim einfachen „pooling" werden „within" und „between" Schätzer gleich gewichtet.

kation das „fixed effects“ Modell zu wählen. Zusätzliche Hinweise auf die Güte der Modellspezifikation geben statistische Tests. Bei Verwendung der Statistiksoftware Stata wird bei einer „fixed effects“ Regression standardmäßig das Ergebnis eines F-Testes ausgewiesen. Dabei wird die Nullhypothese getestet, dass alle zeitinvarianten Einflüsse insignifikant sind (H_0: $z_1 = z_2 = ... = z_I = 0$). Der F-Test prüft also das „fixed effects“ Modell gegen die gepoolte OLS-Schätzung („simple pooling“). Der Hausman-Spezifikationstest kann im Anschluss an das „random effects“ Modell durchgeführt werden. Der Hausmann-Test prüft auf Gleichheit der geschätzten Parameter bei unterschiedlichen Modellspezifikationen (hier: „random“ versus „fixed effects“). Ist das Modell richtig spezifiziert, dann ist das „random effects“ Modell konsistent und effizient. In diesem Fall gilt die Annahme, dass die zeitinvarianten Exogenen (z_i) mit den übrigen exogenen Variablen (x_{ik}) unkorreliert sind. Führt der Hausmann-Test zu einer Ablehnung der Hypothese (Unterschiede in den Koeffizienten sind nicht systematisch), dann ist die Annahme der Unkorreliertheit nicht haltbar. Dies spricht für das „fixed effects“ Modell, das zwar ineffizient aber konsistent ist.

Welche Ergebnisse wurden erzielt (vgl. Tabelle 8.9)? Mit dem ersten Modell, also ohne Berücksichtigung von Regional-Dummy-Variablen, werden - gemessen am Bestimmtheitsmaß - gut zwei Drittel der Streuung der Sozialhilfequote erklärt. Alle Variablen haben einen signifikanten Einfluss, allerdings hat die Bevölkerungsdichte ein anderes Vorzeichen als vermutet[247]. In diesem Ansatz hat die Arbeitslosenquote einen vergleichsweise starken Einfluss. Danach führt eine Erhöhung der Arbeitslosenquote um 1%-Punkt zu einem Anstieg in der Sozialhilfequote von 0,27%-Punkten. Der entsprechende Einfluss des Ausländeranteils an der Bevölkerung liegt bei 0,23%-Punkten und der des Anteils der Alleinerziehendenhaushalte bei 0,54%-Punkten.

[247] Der erwartete positive Einfluss resultiert aus der bivariaten Betrachtung. In diesem multiplen Ansatz werden stadttypische positive Effekte durch den Anteil der Single-Haushalte und der Wohngeldbezieher abgebildet. Beide Effekte überschätzen in der gewählten Modellspezifikation offenbar den Stadteinfluss, so dass die dritte Variable „Bevölkerungsdichte“ einen Teil dieses Einflusses wieder zurücknimmt.

Tabelle 8.9 Ergebnisse der Regressionen zur Schätzung der Sozialhilfequoten der westdeutschen Bundesländer von 1980-1998

	OLS						GLS	
	ohne Regionalvariable		mit Nord-Süd-Dummy		mit Bundes-länder-Dummy		random effects	
	Koeffiz.	*t-Wert*	Koeffiz.	*t-Wert*	Koeffiz.	*t-Wert*	Koeffiz.	*Standardf.*
Konstante	-9,0767	*-8,841*	-9,8892	*-10,099*	-9,7918	*-3,601*	-8,5568	*0,9403*
Koeffizienten und *t-Werte (bzw. Standardfehler)* der Basisvariablen								
Arbeitslosenquote	0,2685	*10,444*	0,2131	*8,054*	0,1222	*5,529*	0,1331	*0,0221*
Ausländeranteil	0,2309	*8,109*	0,2252	*8,394*	0,3439	*9,288*	0,3308	*0,0352*
Bevölkerungsdichte	-0,0568	*-4,804*	-0,0694	*-6,094*	-0,0418	*-0,067*	-0,0570	*0,0207*
Anteil Single Haushalte	1,0971	*4,839*	1,2044	*5,616*	1,1310	*5,573*	1,1465	*0,2019*
Anteil Alleinerziehende	0,5383	*4,687*	0,6524	*5,911*	0,5986	*6,446*	0,6044	*0,0929*
Anteil Wohngeldbez.	0,1922	*4,371*	0,1226	*2,817*	0,0006	*0,011*	0,0205	*0,0487*
Koeffizienten und *t-Werte* der Regionaldummies								
Nord-Süd			0,8387	*5,184*				
Schleswig-Holstein					2,4899	*1,066*		
Bremen					1,4089	*1,237*		
Niedersachsen					1,9852	*0,845*		
Hamburg					2,4919	*1,739*		
Nordrhein-Westfalen					1,2201	*0,559*		
Hessen					0,7443	*0,317*		
Rheinland-Pfalz					1,8723	*0,797*		
Baden-Württemberg					-0,3575	*-0,152*		
Bayern					-0,1037	*-0,044*		
Saarland					2,2277	*1,016*		
Berlin								
R^2	0,7965		0,8205		0,9209			
R^2 adj.	0,7905		0,8143		0,9143			
F-Wert *(Prob > F)*	131,80	*0,000*	131,28	*0,000*	139,67	*0,000*		

Erläuterungen: Arbeitslosenquote = Arbeitslose je 100 Erwerbspersonen, Ausländeranteil = Ausländer je 100 Einwohner, Bevölkerungsdichte = 100 Einwohner je qkm, Anteil Single Haushalte = 1-Personen-Haushalte je 10 Haushalte insgesamt, Anteil Alleinerziehende = Alleinerziehende je 100 Haushalte, Anteil Wohngeldbezieher = Haushalte mit Tabellenwohngeld je 100 Haushalte, Nord-Süd-Dummy = Regionaldummy mit Wert 1 für Nord-Bundesländer, Bundesländer-Dummies für die 11 westdteutsche Länder

Mit der Berücksichtigung des Nord-Süd-Gefälles steigt das Bestimmtheitsmaß geringfügig an. Der geschätzte Koeffizient der Arbeitslosenquote sinkt von 0,27 auf 0,21. Demgegenüber ist der Koeffizient der Variablen „Anteil der Alleinerziehendenhaushalte“ in dieser Modellspezifikation deutlich höher. Der Koeffizient der Variable „Bevölkerungsdichte“ hat nach wie vor ein negatives Vorzeichen.

Wird die Regionalvariable für das Nord-Süd-Gefälle durch Dummy-Variablen für die einzelnen Bundesländer ersetzt, dann erklärt das so spezifizierte Modell über 90% der Gesamtstreuung. Neben dem Wohngeld ist in dieser Variante die Bevölkerungsdichte insignifikant. Gegenüber dem ersten Modell – ohne Regionaleinflüsse – ändern sich insbesondere die Parameter für die Arbeitslosenquote und den Ausländeranteil deutlich. Im Vergleich zum ersten Modell hat sich der Einfluss der Arbeitslosenquote in etwa halbiert. Offensichtlich steckt in den Länder-Dummy-Variablen, die in ihrer Gesamtheit statistisch signifikant sind, ein Teil der Information, der im ersten Modell durch die Arbeitslosigkeit abgebildet wurde. Der Koeffizient der Variablen Ausländeranteil ist unter Einschluss der Ländervariablen deutlich höher als ohne die fixen Effekte (0,34 ggü. 0,23).

Der F-Test führt zu dem Ergebnis, dass die Hypothese: alle Bundeslandvariablen (u_i) nehmen den Wert Null an, abzulehnen ist. Die Bundesländer-Dummy-Variablen haben also einen signifikanten Einfluss. Sie sind mit den exogenen Größen (Arbeitslosigkeit, Anteil der Ausländer an der Bevölkerung, Bevölkerungsdichte, Anteil der Single-Haushalte, der Alleinerziehenden und der Wohngeldbezieher) korreliert. Aufgrund dieser Korrelation ist der „fixed effects“ Ansatz bzw. die OLS-Schätzung mit den Dummy-Variablen für die Bundesländer der „random effects“ Schätzung vorzuziehen; in der „random effects“ Schätzung darf annahmegemäß keine Korrelation zwischen dem „Fehlerterm“ und den exogenen Variablen bestehen. Zum gleichen Ergebnis führt der Hausman-Test: Bei richtiger Modellspezifikation, ist die Ablehnung der Hypothese „keine systematischen Unterschiede in den Koeffizienten“ darauf zurückzuführen, dass die Annahme der Unkorreliertheit zwischen dem zeitinvarianten Störterm und den exogenen Variablen nicht erfüllt ist.

Als Ergebnis der Regressionsschätzungen lässt sich festhalten, dass es einen Regionaleinfluss auf die Sozialhilfequote gibt, der über die regionalen Disparitäten hinausgeht, die sich in anderen Einflussgrößen auf die Empfängerdichte zeigen (Bsp.: Nord-Süd-Gefälle in der Arbeitslosigkeit). Das Nord-Süd-Gefälle ist signifikant. Eine noch bessere Anpassung liefert aber die explizite Berücksichtigung der einzelnen Bundesländer. Eine Ignorierung dieser regionalen fixen Effekte wirkt sich dahingehend aus, dass der Einfluss der Arbeitslosigkeit auf die Sozialhilfequote überschätzt wird.

8.5 Zusammenfassung: Unterschiede in der Arbeitslosigkeit erklären nicht alles

Die Sozialhilfequoten schwanken zwischen den westdeutschen Bundesländern erheblich. Die höchsten Anteile von Empfängern laufender Hilfe zum Lebensunterhalt an den Einwohnern haben die Stadtstaaten. Aufgrund der geographischen Lage der Bundesländer mit vergleichsweise hohen Sozialhilfequoten wird von einem Nord-Süd-Gefälle in der Sozialhilfedichte gesprochen. Eine Nord-Süd-Disparität ist nicht nur in den landesdurchschnittlichen Quoten zu erkennen, sondern zeigt sich in den westdeutschen Flächenstaaten auch in den Sozialhilfequoten der kreisfreien Städte einerseits und der Landkreise andererseits.

Die Differenzierung nach kreisfreien Städten und Landkreisen erschwert die Zuordnung von Rheinland-Pfalz zum Nord- bzw. Südblock. Diese Uneindeutigkeit der Regionalzuordnung anhand der durchschnittlichen Sozialhilfequoten der kreisfreien Städte gilt insbesondere für die Jahre vor dem dieser Analyse zu Grunde liegenden Erhebungsjahr 1998. Eine vergleichende Untersuchung der drei benachbarten Flächenstaaten Hessen, Rheinland-Pfalz und Baden-Württemberg hilft bei der Entscheidungsfindung nicht weiter. Rheinland-Pfalz ist ein vergleichsweise dünn besiedelter Flächenstaat ohne Metropolen. Die Empfängerstruktur in Rheinland-Pfalz unterscheidet sich vor allen Dingen durch den geringeren Ausländeranteil von den beiden Nachbarn. Die im Vergleich zu Hessen niedrige Sozialhilfequote in Rheinland-Pfalz ist allerdings nicht ausschließlich auf Strukturfaktoren wie die Siedlungsstruktur und die Bevölkerungs- und Haushaltsstruktur zurückzuführen. Regionale Besonderheiten, die jenseits dieser quantifizierbaren Strukturgrößen liegen, haben – so das Ergebnis einer Komponentenzerlegung – den größeren Einfluss auf die Unterschiede in den Sozialhilfequoten der drei betrachteten Bundesländer.

In der längerfristigen Perspektive zeigt sich eine erstaunliche Stabilität des Nord-Süd-Gefälles. Innerhalb der Blöcke hat es allerdings zum Teil beachtliche Anteilsverschiebungen zwischen den Bundesländern gegeben. Dies dürfte nicht nur auf die unterschiedliche wirtschaftliche Entwicklung, insbesondere die Arbeitslosigkeit, in den Regionen zurückzuführen sein. Wie die Ergebnisse von Regressionsrechnungen zeigen, haben die Bundesländer bei Berücksichtigung der ebenfalls statistisch signifikanten Arbeitslosigkeit, des Ausländeranteils an der Bevölkerung, des Anteils der Ein-Personen-Haushalte und der Alleinerziehendenhaushalte einen eigenständigen Einfluss auf die Sozialhilfequote. Ohne Berücksichtigung der Bundesländereffekte würde die Bedeutung der Arbeitslosigkeit in einem Modell zur Schätzung der Sozialhilfequote zu hoch ausgewiesen. In den gewählten Modellspezifikationen liegt der Koeffizient für die Arbeitslosigkeit bei 0,12. Danach erhöht (senkt) ein Anstieg (Rückgang) der Arbeitslosenquote um 1%-Punkt die Sozialhilfequote im Mittel um 0,12%-Punkte.

9 Das Stadt-Land-Gefälle: Unterschiede im Sozialhilfebezug auf Kreisebene

In den bisherigen Betrachtungen zum Nord-Süd-Gefälle wurde von dem Stadt-Land-Gefälle weitgehend abstrahiert. Bekanntlich haben Städte im Mittel eine höhere Sozialhilfequote als ländliche Gebiete. Auch hier stellt sich die Frage nach den Gründen. Ist es vornehmlich die Arbeitsmarktsituation, sind es damit zusammenhängende Faktoren, ist es die Haushaltsstruktur, sind es Unterschiede in der Sozialstruktur der Bewohner ländlicher Gebiete im Vergleich zu Städten oder wirken auch hier zusätzlich unbeobachtete regionale Effekte? Niedrigere Sozialhilfequoten in ländlichen Regionen können z.B. mit einem höheren Maß an sozialer Kontrolle in Zusammenhang stehen, mit dem bewussten Verzicht auf professionelle Hilfe insbesondere durch Familien, aber auch mit besser funktionierenden sozialen Netzen (vgl. Chassé 1996: 34). In Großstädten wiederum ist eine größere Anonymität gegeben, und die Menschen sind hier vielleicht besser über ihre Rechte und/oder über den Umgang mit der Sozialbürokratie informiert. Zudem kann sich das in Großstädten häufig zu beobachtende Phänomen der Konzentrationen von Hilfeempfängern in bestimmten Gebieten (Quartiere) armutsverstärkend auswirken. Zu den benachteiligenden Effekten von „belasteten Quartieren" zählt Häußermann (2000) das Risiko einer „abweichenden Kultur" und Stigmatisierung. Beides kann z.B. dazu führen, dass der Zugang zum Arbeitsmarkt faktisch versperrt wird (wegen fehlender moralischer Kompetenz und/oder durch die Zuschreibung dieser Eigenschaft aufgrund des Wohnortes). In Bezug auf US-amerikanische Großstädte und dort existierende Gettos hat die Identifizierung von räumlicher Segregation und daraus resultierenden Ausgrenzungen zur Bestimmung einer „Underclass" (Wilson 1987) geführt. Solch kleinräumige Aspekte der Verteilung von Armut (und deren Folgen) sind Gegenstand der soziologischen Stadtforschung[248]. Im Rahmen dieser Arbeit wird hierauf nicht eingegangen. Die dieser Analyse zu Grunde liegenden kleinräumigen Regionaleinheiten sind die 440 bundesdeutschen kreisfreien Städte und Landkreise[249].

---

[248] Vgl. u.a. Alisch/Dangschat (1998). Empirische Untersuchungen zur räumlichen Segregation von Armut in deutschen Städten liegen u.a. von Burkart (1998) für Offenbach und von Farwick/Voges (1997), Farwick (1999) und Farwick (2001) für die beiden Städte Bremen und Bielefeld vor. Nach den mikroanalytischen Modellen von Farwick/Voges bzw. Farwick lassen sich „Armutsinseln" (Straßen bzw. Straßenzüge) identifizieren, in denen die Verweildauer im Sozialhilfebezug besonders lang ist. Die überdurchschnittliche Dauer lässt sich zum Teil mit selektiver Migration, also einer Häufung von Haushalten mit Merkmalen langfristiger Sozialhilfebedürftigkeit, erklären. Auf welche Weise das Wohnquartier die Dauer der Sozialhilfebedürftigkeit beeinflusst, konnte hingegen nicht hinreichend erklärt werden.

[249] In dem folgenden Kapitel – Auswertungen der Sozialhilfestatistik – werden insgesamt 441 Kreise zu Grunde gelegt. Daten für Berlin werden für den Ost- und Westteil der Stadt separat ausgewiesen. Der Gebietsstand „neue Bundesländer" oder „Ostdeutschland" umfasst die Flächenstaaten der Region und Berlin-Ost.

Dem Versuch, Einflussgrößen auf das Stadt-Land-Gefälle in der Sozialhilfedichte zu identifizieren, ist die Operationalisierung eines solchen Gefälles vorausgesetzt. Was ist als städtische, was als ländliche Region zu charakterisieren? Rein formal handelt es sich bei Städten um verdichtete Siedlungsgebiete, die durch eine hohe Bevölkerungszahl und entsprechend eine intensive Bebauung gekennzeichnet sind. Gleichzeitig sind es zentrale Orte mit einem hohen Arbeitsplatzangebot und Agglomerationsvorteilen (Kampmann 1991). Zum Einzugsgebiet der Städte gehören Umlandgemeinden. Bereits seit Beginn der siebziger Jahre ist eine Tendenz der Suburbanisierung zu verzeichnen, also des Fortzugs insbesondere von Familien mit Kindern aus den Städten in die umliegenden Gemeinden. Die Einzugsgebiete der Kernstädte haben sich in den letzten Jahren immer weiter ausgedehnt bis hinein in ländliche Regionen (Hesse/Schmitz 1998: 435 f.). Ländliche Regionen haben u.a. durch den Zuzug ortsfremder Bevölkerung ihren ehemaligen Charakter weitgehend eingebüsst. Der Unterschied zwischen Stadt und Land ist nach dieser Interpretation auf den Aspekt der Bevölkerungsdichte und Flächennutzung zu reduzieren.

Diese Untersuchung basiert auf Daten der Landkreise und kreisfreien Städte. Wie lässt sich mit diesen Daten ein Stadt-Land-Gefälle darstellen? In der grundlegenden Studie zu den Disparitäten im Sozialhilfebezug von Krug/Rehm (1986) wurde speziell für das Stadt-Land-Gefälle eine eigene Typisierung der Kreise gebildet. Hierzu wurde bis auf Gemeindeebene disaggregiert, um dann cluster- und varianzanalytisch insgesamt fünf verschiedene Kreistypen festzulegen (Krug/Rehm 1996: 19 f.). Die Regionalgliederung wurde speziell für den Untersuchungsgegenstand entwickelt: Ausgehend von den bestehenden Disparitäten in den Kreisdaten ist die Klassifizierung so gewählt, dass die in den jeweiligen Regionseinheiten zusammengefassten Kreise in Bezug auf die Sozialhilfequote weitgehend homogen sind, also möglichst wenig streuen. Zwischen den Regionseinheiten soll die Heterogenität demgegenüber möglichst groß sein. Von der Festlegung solch einer individuellen Regionalklassifizierung wird in dieser Arbeit abgesehen. Vielmehr wurde von existierenden Raumgliederungen ausgegangen und geprüft, welche von ihnen am besten geeignet erscheint, das Stadt-Land-Gefälle in der Sozialhilfe abzubilden. So liegt die Vermutung nahe, dass sich Landkreise im Einzugsgebiet von Großstädten von denen unterscheiden, die fernab von Ballungsgebieten in ländlichen Regionen liegen. Solche Unterschiede sollten sich in den siedlungsstrukturellen Kreistypen des Bundesministeriums für Bauwesen und Raumordnung (BBR) widerspiegeln, die in Regionalanalysen häufig Verwendung finden (exemplarisch: Bellmann/Blien 1996). Bezogen auf die Sozialhilfedichte führt eine solche Klassifizierung zu wenig befriedigenden Ergebnissen (Überprüfung mittels Varianzanalyse). Mit der einfachen Bildung der beiden Kategorien kreisfreie Städte und Landkreise lässt sich hingegen ein erheblicher Teil der Streuung der Sozialhilfequoten erklären. Dabei ist allerdings zu berücksichtigen, dass das so operationalisierte Stadt-Land-Gefälle nicht in allen großräumigen Regionen gleich ist. In den neuen Bundesländern ist es sehr viel geringer als in den alten Ländern. Zudem unterscheidet sich die westdeutsche Nord- und Südregion im Niveau der Sozialhilfedichte (Nord-Süd-Gefälle) und damit auch im Ausmaß der Stadt-Land-Disparität. Im folgenden Kapitel, in dem Auswertungsergebnisse der 25%-Stichprobe der Sozialhilfeempfängerstatistik präsentiert werden, ist eine Klassifizierung zu Grunde gelegt, die sowohl die drei großräumigen Regionaleinheiten berücksichtigt (Nord, Süd, Ost) als auch die Differenzierung nach kreisfreien Städten und Landkreisen.

Lassen sich auf Grundlage der gewählten Regionalgliederung Unterschiede in der Empfängerstruktur zwischen städtischen und ländlichen Regionen feststellen? Eine Antwort auf diese Frage wird in Kapitel 9.1 gesucht, in dem Auswertungen der 25%-Stichprobe der Sozialhilfeempfängerstatistik auf Kreisebene präsentiert werden. Hierbei geht es um die Frage, ob das Stadt-Land-Gefälle vorwiegend in Unterschieden in der Sozialhilfedichte besteht oder ob auch für die Empfänger laufender Hilfe zum Lebensunterhalt Differenzen bspw. in soziodemographischen Merkmalen, in der Haushaltsstruktur oder im Erwerbsstatus in Abhängigkeit vom Wohnort zu erkennen sind. Im anschließenden Kapitel 9.2 werden die Ergebnisse einer Regressionsanalyse präsentiert. Wie bereits im Bundesländermodell geht es auch bei diesen Schätzungen auf Basis der westdeutschen Kreisdaten um die Frage, ob neben fundamentalen Größen wie der Arbeitslosigkeit auch der Regionalfaktor (Nord-Süd- und Stadt-Land-Gefälle) einen signifikanten Einfluss auf die Höhe der Sozialhilfequote auf Kreisebene hat. Aufgrund der beschriebenen Strukturunterschiede zwischen den neuen und den alten Bundesländern beschränkt sich die Regressionsanalyse auf die alten Bundesländer.

9.1 Auswertungsergebnisse der Sozialhilfeempfängerstatistik

Die Bevölkerungs- und Haushaltsstruktur in kreisfreien Städten unterscheidet sich von der in Landkreisen. Kreisdaten für die Gesamtbevölkerung sind nur für bestimmte Abgrenzungen verfügbar[250]. Für Haushalte gibt es auf Kreisebene lediglich Angaben zu den Ein-Personen-Haushalten[251]. Bei der Verwendung dieser Haushaltsdaten tritt das Problem auf, dass die Haushaltsabgrenzung in der amtlichen Statistik nicht mit dem in dieser Arbeit verwendeten Konzept übereinstimmt[252]. Die Ergebnisse der Kreisauswertungen der Sozialhilfeempfängerstatistik lassen sich also nur für wenige personenbezogene Daten den Angaben zur Gesamtbevölkerung gegenüberstellen. Nur in diesen Fällen ist eine Berechnung von Sozialhilfequoten möglich. Für die meisten der im

---

[250] Wichtigste Quelle für Kreisdaten ist die Datenbank „Statistik regional", die von den Statistischen Landesämtern herausgeben wird und auch vom Statistischen Bundesamt zu beziehen ist.

[251] Der hier verwendete Indikator „Anteil der Ein-Personen-Haushalte an allen Haushalten" wird vom BBR veröffentlicht.

[252] Die in Kapitel 4.2.1 dargestellten Sozialhilfequoten für Haushalte basieren auf eigenen Auswertungen des Mikrozensus. Für Kreisdaten ist eine entsprechende Berechnung nicht möglich, da der verfügbare Mikrozensus-Datenfile keine Regionalvariable für Landkreise und kreisfreie Städte enthält.

Folgenden präsentierten Auswertungsergebnisse zur Struktur der Hilfeempfänger und ihrer Haushalte auf Kreisebene ist ein solcher Vergleich mit der Struktur der Gesamtbevölkerung nicht darstellbar. In diesen Fällen wird ausschließlich mit der relativen Häufigkeit gearbeitet: dem Anteil der jeweiligen Empfängergruppe an allen Hilfeempfängern der jeweiligen Region.

Die angegebenen Mittelwerte beziehen sich auf folgende sechs unterschiedenen Regionaleinheiten: jeweils die kreisfreien Städte bzw. die Landkreise in der westdeutschen Nord- und Südregion sowie in Ostdeutschland. Von den insgesamt 441 Kreisen (West- und Ostberlin sind getrennt erfasst) liegen 46 kreisfreie Städte in der Nordregion, 106 Landkreise in der Nordregion, 46 kreisfreie Städte in der Südregion, 130 Landkreise in der Südregion, 27 kreisfreie Städte in den neuen Bundesländern und 86 Landkreise in den neuen Bundesländern. Die Berechnung der Mittelwerte des Regionstyps basiert i.d.R.[253] auf dieser Anzahl von Kreisdaten. Bei den ausgewiesenen Daten handelt es sich um Gruppenmittelwerte für die jeweilige Region[254]. Sie weichen u.U. von den Mittelwerten der Regionen ab, die als gewichtete Durchschnitte berechnet sind. In die Ermittlung der Gruppenmittelwerte gehen alle Kreiskennziffern mit dem gleichen Gewicht ein.

Die Empfänger laufender Hilfe zum Lebensunterhalt sind auf die drei großräumigen Regionen (Nord, Süd, Ost) keineswegs gleichmäßig verteilt (vgl. Graphik 9.1):

- Mehr als ein Drittel aller Hilfeempfänger lebt in den kreisfreien Städten der westdeutschen Nordregion.
- In den Landkreisen der westdeutschen Nordregion wohnt ein gutes Viertel aller Empfänger laufender Hilfe zum Lebensunterhalt.
- In der westdeutschen Südregion leben nur ca. 20% aller Hilfeempfänger.
- Im Unterschied zur Nordregion wohnt im Süden der größere Teil der Leistungsbezieher in Landkreisen.
- In den neuen Bundesländer wohnen ebenso wie in der Südregion mehr Hilfeempfänger in Landkreisen als in kreisfreien Städten.

Dieses für die Gesamtheit der Sozialhilfeempfänger im engeren Sinne geltende Regionalmuster zeigt sich auch in den meisten Merkmalsausprägungen.

253 Eine Ausnahme stellt der Ausländeranteil und die Sozialhilfequote der Ausländer dar. Aufgrund offensichtlich fehlerhafter Angaben in einer kreisfreien Stadt der Nordregion fußt die Berechnung hierfür nur auf 440 Kreisen.

254 In diesem Teil der Untersuchung wird mit Gruppenmittelwerten gearbeitet, um die statistische Signifikanz von Unterschieden in Mittelwerten beurteilen zu können. Als Beurteilungskriterium wird der aus der Varianzanalyse bekannte Scheffé-Test herangezogen, der auf dem Vergleich zweier Gruppenmittelwerte basiert.

Graphik 9.1 Empfänger laufender Hilfe zum Lebensunterhalt nach Regionszugehörigkeit (1998)

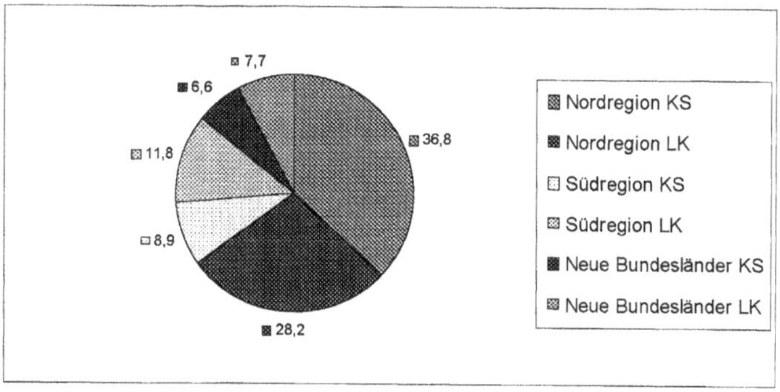

Abkürzungen: KS = Kreisfreie Städte, LK = Landkreise
Quelle: 25%-Stichprobe der Sozialhilfeempfängerstatistik, eigene Berechnungen

Bei den im Folgenden dargestellten Mittelwerten wird von der Verteilung zwischen der Nord-, Süd- und Ostregion abstrahiert. Ausgewiesen wird der Anteil der jeweiligen Merkmalsträger an allen Hilfeempfängern für jeden einzelnen der sechs verschiedenen Regionstypen. Sofern sich die Mittelwerte für kreisfreie Städte und Landkreise in den drei großräumigen Regionaleinheiten Nord, Süd und Ost (gleichgerichtet) unterscheiden (z.B. kreisfreie Städte haben immer einen höheren Anteil als Landkreise oder umgekehrt), wird dies als Hinweis auf die Existenz eines Stadt-Land-Gefälles interpretiert.

9.1.1 Empfänger- und Bevölkerungsstruktur in Stadt und Land

Die Sozialhilfequote ist in kreisfreien Städten im Mittel höher ist als in Landkreisen, in den Ländern der Nordregion ist sie höher als in denen der westdeutschen Südregion. Neben diesen regionalen Disparitäten gibt es Differenzen in der Sozialhilfebetroffenheit verschiedener Personengruppen. Eine überdurchschnittlichen Sozialhilfebetroffenheit haben z.B. Frauen, Ausländer und Minderjährige. In Tabelle 9.1 sind beide Ebenen – die Differenzierung nach der Region und nach verschiedenen Personengruppen – dargestellt. Zunächst ist für die verschiedenen Regionaleinheiten die Struktur der Empfänger laufender Hilfe zum Lebensunterhalt (HLU) als Anteil der jeweiligen Empfängergruppe an allen Hilfeempfängern angegeben. In der Spalte daneben findet sich die gleiche Betrachtung für die Gesamtbevölkerung (Bev.). Ergänzend ist die Sozialhilfequote für die verschiedenen Empfängergruppen in den jeweiligen Regionaleinheiten ausgewiesen.

Tabelle 9.1 HLU-Empfänger und Bevölkerung nach soziodemographischen Merkmalen in regionaler Gliederung auf Basis von Kreisdaten (1998)

soziodemo-graphische Merkmale	Regionalglied. Stadt-Land	Früheres Bundesgebiet						Neue Bundesländer		
		Nordregion			Südregion					
		Anteil		Quote	Anteil		Quote	Anteil		Quote
		HLU	Bev.	MW	HLU	Bev.	MW	HLU	Bev.	MW
		% Ant. in Region		% d.Bev.	% Ant. in Region		% d.Bev.	% Ant. in Region		% d.Bev.
Geschlecht										
Männlich	Kreisfr.Städte	43,0	48,2	5,4	42,2	47,8	3,3	45,0	48,3	3,2
	Landkreise	42,9	49,0	3,0	41,1	49,2	1,4	45,3	49,0	2,0
Weiblich	Kreisfr.Städte	57,0	51,8	6,6	57,8	52,2	4,2	55,0	51,7	3,6
	Landkreise	57,1	51,0	3,8	58,9	50,8	1,9	54,7	51,0	2,3
Nationalität										
Deutsche	Kreisfr.Städte	73,7	86,8	5,1	76,6	87,2	3,3	92,5	97,3	3,2
	Landkreise	80,3	93,0	2,9	85,4	93,0	1,5	96,5	98,5	2,1
Ausländer	Kreisfr.Städte*	26,3	13,2	12,4	23,4	12,8	7,1	7,5	2,7	9,9
	Landkreise	19,7	7,0	10,1	14,6	7,0	3,6	3,5	1,5	5,3
Altersgruppen										
Unter 18 J.	Kreisfr.Städte	36,3	17,5	12,5	34,6	17,2	7,6	38,8	17,3	7,5
	Landkreise	40,5	20,4	6,8	39,5	21,1	3,1	39,8	19,0	4,5
18 bis 39 J.	Kreisfr.Städte	33,1	32,2	6,3	32,7	32,6	3,8	41,6	31,7	4,4
	Landkreise	33,0	30,8	3,7	31,1	31,4	1,7	40,4	30,6	2,8
40 bis 64 J.	Kreisfr.Städte	23,9	33,0	4,4	24,3	32,2	2,8	16,9	35,6	1,6
	Landkreise	20,6	32,9	2,1	21,4	32,0	1,1	17,4	34,5	1,1
65 und älter	Kreisfr.Städte	6,7	17,3	2,3	8,4	17,9	1,7	2,7	15,4	0,6
	Landkreise	6,0	16,0	1,2	8,0	15,5	0,8	2,4	15,9	0,3

Erläuterung: Die ausgewiesenen %-Anteile geben an, wie hoch im jeweiligen Regionstyp im Mittel der Anteil der spezifizierten Gruppe an allen Empfängern laufender Hilfe zum Lebensunterhalt bzw. an der Gesamtbevölkerung ist. HLU = Empfänger laufender Hilfe zum Lebensunterhalt außerhalb von Einrichtungen, MW = Gruppenmittelwert

*Angaben zu den ausländ.HLU-Empfängern nur für 45 (von insgesamt 46) kreisfreie Städte der Nordregion

Quelle: 25% Stichprobe der Sozialhilfeempfängerstatistik und Statistik regional, eigene Berechnungen

Die bekannten Resultate, dass Frauen, Ausländer und Minderjährige ein höheres Sozialhilferisiko tragen (vgl. Kapitel 4.2.1), zeigt sich auch im Regionalvergleich: In jedem der sechs betrachteten Regionaleinheiten haben diese Gruppen überdurchschnittliche Sozialhilfedichten. Das in diesem Kapitel interessierende Regionalgefälle zwischen kreisfreien Städten und Landkreisen ist ebenfalls zu erkennen: Im Vergleich zu den Landkreisen haben alle der hier betrachteten Empfängergruppen in der jeweiligen großräumigen Region Nord, Süd bzw. Ost in kreisfreien Städten höhere Empfängerdichten als in Landkreisen. Allerdings fallen die so charakterisierten Stadt-Land-Disparitäten nicht für alle Empfängergruppen gleich groß aus. Weitere Unterschiede kommen hinzu, wenn die Nord- mit der Südregion bzw. mit den neuen Bundesländern verglichen wird. So ist z.B. das durch die Differenzen in den Gruppenmittelwerten operationalisierte Stadt-Land-Gefälle in der Sozialhilfequote von Ausländern im Süden deutlich höher als die entsprechende Differenz in der Nordregion, obwohl die Quoten im Süden niedriger sind. In den neuen Bundesländern sind die Disparitäten zwischen kreisfreien Städten und Landkreisen i.d.R. geringer als im früheren Bundesgebiet. Dies fällt insbesondere im Vergleich zur Südregion auf. Während die Gruppenmittelwerte der Sozialhilfedichte in den neuen Bundesländern nicht sehr stark von denen der Südregion abweichen, ist der Stadt-Land-Unterschied - die Differenz zwischen beiden Mittelwerten - hier für die meisten Bevölkerungsgruppen weniger ausgeprägt als im Süden des früheren Bundesgebietes.

Für das Stadt-Land-Gefälle in den Sozialhilfequoten lässt sich nicht unbedingt eine Entsprechung in den Anteilen an allen Hilfeempfängern finden. Besonders augenfällig wird dies bei den Minderjährigen. Für alle drei betrachteten großräumigen Regionaleinheiten (Nord, Süd, Ost) gilt, dass in kreisfreien Städten im Mittel ein geringerer Anteil minderjähriger Empfänger laufender Hilfe zum Lebensunterhalt lebt als in Landkreisen[255]. Die Sozialhilfequote dieser Altersgruppe ist in kreisfreien Städten aber deutlich höher als in Landkreisen. Dies ist darauf zurückzuführen, dass für die Gesamtbevölkerung das gleiche Verteilungsmuster gilt: Von der Bevölkerung in Landkreisen ist ein größerer Teil jünger als 18 Jahre als von der Stadtbevölkerung (kreisfreie Städte). Eine über- oder unterdurchschnittliche Repräsentanz einzelner Empfängergruppen in bestimmten Regionstypen lässt also keinen Schluss auf eine über- oder unterdurchschnittliche Sozialhilfebetroffenheit (Sozialhilfequote) zu. Dies sollte beachtet werden, wenn in den folgenden Ausführungen nur noch auf Unterschiede in der relativen Häufigkeit in kreisfreien Städten bzw. in Landkreisen eingegangen wird. Dabei interessieren nicht die absoluten Größenordnungen, sondern eventuelle Differenzen in der Struktur der Hilfeempfänger oder in ihrer Haushaltszusammensetzung zwischen kreisfreien Städten und Landkreisen.

Ein weiterer Aspekt ist anzumerken: Während sich die Sozialhilfequoten sowohl in der Differenzierung nach Geschlecht als auch nach Nationalität und Altersgruppe zwischen kreisfreien Städten und Landkreisen signifikant voneinander unterscheiden, gilt dies für die Anteile an allen Hilfeempfängern nicht immer. Nach diesem statistischen Kriterium (Scheffé-Test) sind die in Tabelle 9.1 ausgewiesenen Unterschiede im Anteil weiblicher Hilfeempfänger zwischen kreisfreien Städten und Landkreisen als zufällig zu beurteilen. Gleiches gilt für die Differenz im Anteil ausländischer Hilfeempfänger in den neuen Bundesländern und auch für verschiedene Altersgruppen.

9.1.2 Unterschiede in der Haushaltsstruktur zwischen Stadt und Land

Mit Hilfe der 25%-Stichprobe der Sozialhilfeempfängerstatistik lassen sich über die personenbezogenen Aussagen hinaus Erkenntnisse über die Haushaltsstruktur der Empfänger laufender Hilfe zum Lebensunterhalt gewinnen. Die interessierende Frage ist, ob sich ein Stadt-Land-Gefälle auch in der Haushaltsstruktur identifizieren lässt. Handelt es sich z.B. bei Hilfeempfängern in kreisfreien Städten häufiger um Personen

[255] Allerdings sind die Mittelwertdifferenzen für die minderjährigen HLU-Empfänger in den neuen Bundesländern nicht signifikant (Scheffé-Test).

aus Ein-Eltern-Familien als bei Hilfeempfängern, die in Landkreisen wohnen? Anders ausgedrückt: Dominiert in Landkreisen immer noch die Zwei-Eltern-Familie? Zur Beantwortung dieser Frage wird - wie oben beschrieben - nach den drei großräumigen Regionaleinheiten und nach kreisfreien Städten und Landkreisen unterschieden. Als Beurteilungskriterium für ein Stadt-Land-Gefälle werden Unterschiede in der relativen Häufigkeit zwischen kreisfreien Städten und Landkreisen in der jeweiligen großräumigen Region herangezogen. Auf diese Weise sollen Disparitäten zwischen der Nord- und Südregion des früheren Bundesgebietes und der neuen Länder aus der Betrachtung ausgeklammert werden.

In den Ausführungen zum Ost-West-Vergleich (vgl. Kapitel 7.2.1) wurde auf der Grundlage von Gemeindegrößenklassen darauf hingewiesen, dass einerseits ein eindeutiges Stadt-Land-Gefälle nur für Ein-Personen-Haushalte zu erkennen ist und dass es andererseits Unterschiede in der Haushaltsstruktur zwischen den alten und den neuen Bundesländern gibt. Beide Ergebnisse werden von der Kreisauswertung bestätigt. In allen drei großräumigen Regionen lebt in kreisfreien Städten im Vergleich zu Landkreisen ein höherer Anteil von Hilfeempfängern, die alleinstehend sind (Tabelle 9.2). Die Unterschiede zwischen den Mittelwerten sind in den alten Bundesländern größer als in den neuen[256]. Dies wird dahingehend interpretiert, dass das Stadt-Land-Gefälle im Westen ausgeprägter ist als im Osten. Für die übrigen Haushaltstypen ist das Bild weniger eindeutig[257].

Bei Alleinerziehenden ist das Muster in Ost- und Westdeutschland unterschiedlich. In den alten Bundesländern haben Landkreise einen etwas höheren Anteil von alleinerziehenden Hilfeempfängern (insgesamt, nicht aber für jede Kinderzahl) als kreisfreie Städte. Die Stadt-Land-Disparität ist in der Südregion größer als in der Nordregion. In den neuen Bundesländern gibt es hingegen in den kreisfreien Städten relativ mehr Hilfeempfänger in Ein-Eltern-Familien. Für Paare ohne Kinder gilt eher der umgekehrte Befund. Für Hilfeempfänger in Paarhaushalten mit Kindern lässt sich kein allgemeingültiges Urteil treffen. Hier beeinflusst die Kinderzahl und die großräumige Regionaleinheit das Resultat. Eindeutig ist das Ergebnis nur für Paare mit mindestens drei Kindern. Hilfeempfänger in solchen Haushalten sind in Landkreisen im Vergleich zu kreisfreien Städten überrepräsentiert, wenn auch z.T. nur geringfügig. Haushalte mit minderjährigen Kindern haben also nicht dieses eindeutige Regionalmuster, das bei Alleinstehenden zu erkennen ist. Der auf der Individualebene eindeutige Befund einer höheren Repräsentanz von Minderjährigen in Landkreisen spiegelt sich in der Haushaltsbetrachtung nur unzureichend wider. Die Unterscheidung nach Ein- und Zwei-Eltern-Familien und nach der Kinderzahl verwischt offenbar das Ergebnis.

---

[256] In den neuen Bundesländern sind die Differenzen im Anteil weiblicher alleinstehender Hilfeempfänger nicht signifikant.

[257] Zudem sind die Unterschiede in den Gruppenmittelwerten statistisch weniger gut gesichert.

Tabelle 9.2 HLU-Empfänger nach Haushaltstyp in regionaler Gliederung (auf Basis von Kreisdaten von 1998)

Haushaltstyp	Früheres Bundesgebiet				Neue Bundesländer	
	Nordregion		Südregion			
	Kr.Städte	Landkr.	Kr.Städte	Landkr.	Kr.Städte	Landkr.
	%-Anteil an allen Hilfeempfängern im Kreistyp (Gruppenmittelwerte)					
Alleinstehende						
Männer	9,8	6,3	9,7	6,4	11,1	8,7
Frauen	11,7	8,9	11,8	9,1	8,0	6,7
Alleinerziehende						
mit 1 Kind	11,7	11,2	13,0	14,4	15,4	13,1
mit 2 Kindern	9,6	10,4	10,6	13,1	12,2	10,6
mit 3 u.m.K.	5,7	6,6	5,7	8,1	7,6	7,5
Paare						
ohne Kind	7,9	7,6	9,1	8,1	6,2	6,4
mit 1 Kind	7,0	7,2	6,7	6,0	8,9	10,6
mit 2 Kindern	8,2	8,8	7,1	7,2	9,1	11,1
mit 3 u.m.K.	9,6	11,6	6,8	7,8	7,3	9,8
Sonstige	18,8	21,4	19,5	19,8	14,4	15,5

Erläuterung: Die ausgewiesenen %-Anteile geben an, wie viel Prozent der Hilfeempfänger im jeweiligen Regionstyp in den verschiedenen Haushaltsformen leben. Bei dem Anteilswert handelt es sich um den ungewichteten Gruppenmittelwert der Kreisdaten.

Quelle: 25% Stichprobe der Sozialhilfeempfängerstatistik, eigene Berechnungen

Insgesamt kann festgehalten werden, dass sich die Haushaltsstruktur zwischen Stadt und Land (kreisfreie Städte und Landkreise) nicht sehr markant unterscheidet. Ein eindeutiges Stadt-Land-Gefälle ist bei der hier gewählten Zuordnung zu den Regionstypen und bei der zu Grunde gelegten Haushaltsklassifizierung lediglich für Alleinstehende offensichtlich.

9.1.3 Zu den Gründen des Hilfebezugs in Stadt und Land

Wie sieht es nun mit den Gründen für den Hilfebezug aus? Lassen sich hier Unterschieden zwischen den kreisfreien Städten und Landkreisen feststellen? Ausgehend von der besonderen sozialen Situation können die Fragen aufgeworfen werden, ob z.B. in kreisfreien Städten häufiger die Sucht eines Haushaltsmitgliedes im Zusammenhang mit dem Hilfebezug steht oder ob dort Wohnungslosigkeit relativ häufiger ist als in Landkreisen. Auf solche Fragen lassen sich leider keine befriedigenden Antworten finden. Besondere soziale Situationen – hierauf wurde bereits mehrfach hingewiesen – sind nicht sehr häufig benannt. Dies führt einerseits dazu, dass die 25%-Stichprobe für diese Größen insbesondere für Kreise mit einer ohnehin geringen Fallzahl keine sehr zuverlässigen Werte liefert. Andererseits gibt es auf der kleinräumigen Kreisebene erhebliche Schwankungen. Die ausgewiesenen Gruppenmittelwerte für die meisten der erhobenen Problemlagen entziehen sich aufgrund der großen Schwankung (Standardabweichung) einer Interpretation. Lediglich für die am häufigsten genannte besondere soziale Situation „Trennung/Scheidung“ – bedingt gilt dies auch für „Geburt eines Kindes“ – sind die Mittelwerte deutlich höher als die Standardabweichungen. Bei der

Problemlage „Trennung/Scheidung“ ist ein Stadt-Land-Gefälle zu erkennen: Von den Hilfeempfängern in Landkreisen sind relativ mehr von dieser Problemlage betroffen als von denen, die in kreisfreien Städten leben. Für „Geburt eines Kindes“ gilt dies augenscheinlich auch (Ausnahme: westdeutsche Nordregion). Allerdings streuen die Werte dieser Variable zwischen den Kreisen schon erheblich stärker, so dass die Mittelwerte mit größerer Zufälligkeit behaftet sind; nach dem Scheffé-Test sind die Unterschiede nicht signifikant.

Sozialhilfebezug steht häufiger in Zusammenhang mit dem Erwerbsstatus als mit besonderen sozialen Situationen. In Bezug auf den Erwerbsstatus lassen sich nicht unmittelbar Gründe für ein Stadt-Land-Gefälle erkennen. Arbeitslose Hilfeempfänger in ländlichen Regionen können und haben sich dem Arbeitsmarkt auch in erheblicher Entfernung vom Wohnort zur Verfügung zu stellen. Ein relativ knappes Angebot an Arbeitsplätzen in ländlichen Regionen lässt also nicht den Umkehrschluss zu, dass die Menschen in diesen Regionen keine Arbeitsmöglichkeiten in akzeptabler Nähe finden könnten (sofern sie vorhanden sind). Anders sieht dies allerdings z.B. für Alleinerziehende aus. Hier spielt die Entfernung zum Arbeitsort und der damit verbundene Zeitaufwand eine viel größere Rolle. Erwerbstätigkeit und familiäre Verpflichtungen können in diesen Fällen in Konflikt geraten. Für Alleinerziehende, dies ist die Gruppe, die in besonders hohem Maße wegen häuslicher Bindung nicht erwerbstätig ist, dürfte nach dieser Überlegung eine Erwerbstätigkeit in ländlichen Regionen schwieriger sein als in kreisfreien Städten.

Wie sehen nun die Ergebnisse der Auswertung des Erwerbsstatus auf Kreisebene aus? Ein Stadt-Land-Gefälle ist bei den erwerbstätigen Hilfeempfängern nicht zu erkennen, unabhängig davon, ob sie einer Vollzeit- oder Teilzeitbeschäftigung nachgehen. Das Gleiche gilt für die Arbeitslosen unter den Empfängern laufender Hilfe zum Lebensunterhalt. Lediglich für Nichterwerbstätigkeit wegen häuslicher Bindung scheinen die Mittelwerte den vermuteten Zusammenhang zu bestätigen. Ausgehend von den Gruppenmittelwerten leben in Landkreisen relativ mehr Hilfeempfänger, die wegen häuslicher Bindung nicht erwerbstätig sind, als in kreisfreien Städten. Aber die Unterschiede – und dies gilt insbesondere für die neuen Bundesländer – sind nicht sehr ausgeprägt. Statistisch signifikant sind nur die Differenzen in der westdeutschen Südregion. Insgesamt muss festgehalten werden, dass die Unterschiede im Erwerbsstatus zwischen Hilfeempfängern in den alten und den neuen Bundesländern auffälliger sind als Differenzen zwischen kreisfreien Städten und Landkreisen. Der gleiche Befund gilt für die formale Ausbildung. Für die meisten der insgesamt sieben verschiedenen Ausbildungskategorien (vgl. Kapitel 5.3.2) gilt, dass sich ostdeutsche kreisfreie Städte und/oder Landkreise zwar signifikant von einzelnen Kreistypen der alten Bundesländer unterscheiden. In diesem Zusammenhang interessiert aber das Stadt-Land-Gefälle, also die Disparität zwischen kreisfreien Städten und Landkreisen innerhalb der drei großräumigen Regionaleinheiten (Nord, Süd, Ost). Der Mittelwertvergleich gibt keinen Hinweis darauf, dass sich die formale Qualifikationsstruktur zwischen Hilfeempfängern in kreisfreien Städten und denen in Landkreisen signifikant unterscheidet.

Als Fazit der Auswertung der Sozialhilfeempfängerstatistik auf Kreisebene lassen sich folgende Befunde festhalten. In Städten wohnen gemessen an der Gesamtbevölkerung erheblich mehr Empfänger laufender Hilfe zum Lebensunterhalt als in Landkreisen. In ihrer Zusammensetzung unterscheidet sich die Gesamtheit der Hilfeempfänger in beiden Regionaltypen aber nur vergleichsweise geringfügig. Kreisfreie Städte haben einen deutlich höheren Ausländeranteil als Landkreise. Zudem sind Ein-Personen-Haushalte hier relevanter, während in Landkreisen vergleichsweise mehr minderjährige Hilfeempfänger leben. Anhaltspunkte für eine deutlich abweichende Sozialstruktur bezogen auf die Empfänger laufender Hilfe zum Lebensunterhalt in kreisfreien Städten und Landkreisen konnten mit den Daten der Sozialhilfeempfängerstichprobe nicht gefunden werden.

9.2 Schätzung der Sozialhilfedichte auf Kreisebene

Welche Gründe lassen sich hinter den Disparitäten in der Sozialhilfedichte auf Kreisebene vermuten? Zunächst ist nicht auszuschließen, dass es ein regional unterschiedliches Inanspruchnahmeverhalten gibt. Nach Riphahn (2000: 21 f.) lässt sich ein solcher Effekt zumindest für kleinere Gemeinden (weniger als 20.000 Einwohner) empirisch belegen[258]. Aber das Inanspruchnahmeverhalten allein kann natürlich nicht die extremen Unterschiede in der Sozialhilfequote zwischen den Kreisen erklären. Auffällig ist, dass selbst in „reichen“ Städten (gemessen bspw. am pro-Kopf-Steueraufkommen) hohe Sozialhilfequoten existieren. Einkommensarmut und Reichtum existieren in Städten nebeneinander. Dangschat (1995, 1997) beschreibt dieses Phänomen als „Armut durch Wohlstand“. Die traditionelle Sozialstaatsvorstellung, dass Prosperität alle Gesellschaftsmitglieder gleichermaßen begünstigen sollte, ist danach obsolet geworden. An der Entwicklung erfolgreicher Großstädte lässt sich dies nachzeichnen. Insbesondere die Großstädte wollen sich im internationalen Standortwettbewerb durchsetzen (global cities). Hierzu ist der Strukturwandel vom Standort für Industrieproduktion hin zu modernen Dienstleistungszentren notwendig. Dieser Strukturwandel hat neue Berufsbilder und Wertvorstellungen hervorgebracht. Die Leistungsträger sind karriereorientiert, und sie stehen unter einem hohen Effizienzdruck. Zu den von ihnen vertretenen Haltungen gehört die Entsolidarisierung. Parallel zur Herausbildung dieser neuen Gruppe von Leistungsträgern hat der Bedarf an marginalisierten Dienstleistungsbeschäftigungsverhältnissen zugenommen. Nicht alle Dienstleistungen erfahren also eine gleich hohe Wertschätzung. Die neue Effizienz, Grundlage des Reichtums der einen, ist zum Teil Resultat der Entwertung von Humankapital (z.B. Kostensen-

[258] In ihrem Modell zur Schätzung der Dunkelziffer der Armut hat dieser Regionaltyp einen (signifikanten) positiven Einfluss.

kung durch Outsourcing), also Folge der Lohnsenkung bei anderen[259]. Die Armut speist sich aus zwei Quellen: einerseits aus dem niedrigen Einkommen in den marginalisierten Beschäftigungsverhältnissen, andererseits aus dem Zurückdrängen der besser bezahlten Industriearbeitsplätze.

Diese Überlegungen verdeutlichen die Schwierigkeiten, Indikatoren für den Sozialhilfebezug auf Kreisebene zu finden. Durchschnittswerte wie z.B. die Kaufkraft der privaten Haushalte, die von der Gesellschaft für Konsumforschung (GfK) berechnet wird, sind wenig hilfreich. Solche Kennzahlen enthalten sowohl die Haushalte mit ausgesprochen hoher als auch die mit extrem niedriger Kaufkraft. Für die hier aufgeworfene Frage ist aber das untere Einkommenssegment und nicht der Durchschnitt über alle Haushalte von Interesse. Ein anderes Problem tritt hinzu, das bei der Schätzung mit Bundesländerdaten (vgl. Kapitel 8.4) weniger relevant war. Es liegt in der Kleinräumigkeit der Analyseeinheit begründet. Der Hilfeempfänger wohnt in einer kreisfreien Stadt oder in einem Landkreis. Der Arbeitsort bzw. der potenzielle Arbeitsort kann aber durchaus in einem benachbarten Kreis liegen. Von daher sind wichtige Bedingungen für die Sozialhilfeabhängigkeit bzw. deren Überwindung nicht notwendig in der gleichen Regionaleinheit zu finden wie das zu erklärende Phänomen: die Höhe der Sozialhilfequote. Im Folgenden ist ein Versuch dargestellt, die Sozialhilfequote auf Kreisebene zu schätzen. In die Regressionsanalyse gehen Daten für die westdeutschen Kreise der Jahre 1996 bis 1998 ein. Die neuen Bundesländer sind aufgrund der oben beschriebenen Strukturdifferenzen zu den alten Ländern nicht berücksichtigt. Berlin umfasst sowohl den West- als auch den Ostteil der Stadt.

9.2.1 Im Kreismodell berücksichtigte Einflussgrößen auf die Sozialhilfequote

Die Auswahl der in das Modell aufgenommen exogenen Variablen orientiert sich an den Einflussgrößen, die bereits in dem Bundesländermodell Berücksichtigung gefunden haben und in Kapitel 8.4.2 eingehender besprochen wurden. Allerdings musste auf die Variable „Anteil der Alleinerziehenden an allen Haushalten“ verzichtet werden, da entsprechende Daten auf Kreisebene nicht verfügbar sind.

- Eine wichtige Größe ist die Arbeitslosenquote. Hierin spiegeln sich u.a. die negativen Folgen des oben skizzierten Strukturwandels wider. Die Arbeitslosenquote hat gegenüber den Beschäftigtendaten den Vorteil, dass sie sich ebenso wie die Sozialhilfequote auf den Wohnort der Betroffenen bezieht. Je höher die Arbeitslosenquote im Kreis ist, desto höher dürfte (im Mittel) auch die Sozialhilfequote sein.

---

[259] Auf die in den zitierten Aufsätzen angesprochenen regionalen Aspekte – die Konzentration der verschiedenen Bevölkerungsgruppen in unterschiedlichen Stadtteilen – wird hier ebenso wenig eingegangen wie auf die Diagnosen zur veränderten Kommunalpolitik (betriebswirtschaftliche Optimierung städtischer Politik und Verwaltung statt Orientierung am Gemeinwesen).

- Der Ausländeranteil ist eine weitere – in den verschiedenen Spezifikationen des Bundesländermodells signifikante – Einflussgröße auf die Sozialhilfequote. Ausländer haben eine deutlich höhere Sozialhilfebetroffenheit als Deutsche. Kreise mit einem überdurchschnittlichen Ausländeranteil an der Bevölkerung dürften daher auch eine tendenziell höhere Sozialhilfequote haben.
- Eine andere „demographische" Variable ist der Anteil der Ein-Personen-Haushalte (Single-Haushalte). Diese Größe wird als Indikator für die sich ändernden Familienstrukturen herangezogen. Bei dieser Größe taucht allerdings ein Datenproblem auf. Zum Untersuchungszeitpunkt waren die Kreisdaten für 1998 nicht verfügbar. Aus diesem Grund wurden die Daten für 1995-1997 in das Modell aufgenommen. Der damit abgebildete zeitverzögerte Einfluss ist also nicht inhaltlich begründet. Dieses Vorgehen erscheint nur deshalb legitim, weil sich die Haushaltsstrukturen von Jahr zu Jahr nicht sehr stark verändern dürften.
- Im Bundesländermodell wurde die Wohngeldempfängerquote als Proxi für Einkommensarmut herangezogen. In den Kreisdaten dürfte sich in dieser Größe aber nicht nur der Einkommenseffekt widerspiegeln, sondern auch das regional sehr unterschiedliche Mietniveau, das bei der Wohngeldgewährung Berücksichtigung findet. Ob Haushalte gleicher Zusammensetzung und mit gleichem (niedrigen) Einkommen Anspruch auf Wohngeld haben, hängt in Grenzfällen vom Wohnort ab. Die Wohngeldempfängerquote (Anteil der Empfänger von spitz berechnetem Mietzuschuss an allen Haushalten) hat also einerseits die Dimension Einkommensarmut und andererseits die Dimension Miethöhe. Beide Aspekte - das anrechenbare Einkommen und die anerkannte Bruttokaltmiete - wirken sich auf die Sozialhilfe aus.
- Unberücksichtigt bleibt in diesem Ansatz mit Kreisdaten die Bevölkerungsdichte. Sie sollte im Bundesländermodell die unterschiedliche Verstädterung der Bundesländer abbilden. Im Kreismodell tritt die Dummy-Variable für das Stadt-Land-Gefälle an ihre Stelle.
- Die eingangs beschriebenen Strukturveränderungen in Großstädten, die Entwicklung zu modernen Dienstleistungszentren lassen sich in dem kurzen Zeitraum, auf den sich die hier vorgenommene Schätzung bezieht, nicht erkennen. Wenn dennoch eine Variable „Erwerbstätige im Produzierenden Gewerbe je 10 Erwerbstätige" in das Modell aufgenommen wird, dann ist sie weniger als Indikator für den Strukturwandel zu interpretieren, vielmehr zielt sie auf einen anderen Aspekt: In der Industrie werden Tätigkeiten, die nur geringe Qualifikationen erfordern, im Vergleich zum Dienstleistungsbereich im Mittel höher entlohnt. Ein hoher Anteil von Erwerbstätigen im Produzierenden Gewerbe wird hier also gleichgesetzt mit vergleichsweise günstigen Einkommensbedingungen für Beschäftigte mit geringen Qualifikationen. Folglich ist ein negativer Zusammenhang mit der Sozialhilfequote zu erwarten: Ein hoher Anteil von Erwerbstätigen im Produzierenden Gewerbe sollte die Sozialhilfe-

quote tendenziell dämpfen. Auf das Problem, dass die Beschäftigung nicht zwingend im Kreis des Wohnsitzes erfolgt, wurde bereits hingewiesen.

- Das Problem, dass Wohn- und Arbeitsort u.U. auseinander fallen, tritt auch bei der Variable „Frauen je 10 sozialversicherungspflichtig Beschäftigte“ auf. Diese Größe wird hier als Indikator für die Arbeitsmarktpartizipation von Frauen betrachtet[260]. Bei einem hohen Anteil weiblicher Beschäftigter haben Frauen in der Region vergleichsweise gute Bedingungen, eigenständig für ihre Reproduktion zu sorgen[261] bzw. einen Beitrag zum Haushaltseinkommen zu leisten. Eine hohe Frauenerwerbstätigkeit müsste danach die Sozialhilfequote dämpfen. Allerdings gibt der Indikator keinen Hinweis auf die allgemeine Beschäftigungssituation. Ein hoher Frauenanteil bei insgesamt geringer Beschäftigung kann durchaus mit einer hohen Sozialhilfequote einhergehen. Im Modellzusammenhang wird die Beschäftigungssituation näherungsweise durch die Arbeitslosenquote abgebildet. Der Indikator Anteil der Beschäftigung von Frauen erscheint nur in Verbindung mit der Arbeitslosenquote - also in einem multiplen Modell - sinnvoll. Die bivariate Beziehung zwischen der Sozialhilfequote und dem Anteil weiblicher Beschäftigter lässt sich nicht eindeutig bestimmen.

Über die Ausprägungen und die Korrelationen gibt Tabelle 9.3 Auskunft.

Tabelle 9.3 Berücksichtigte Variablen im Regressionsmodell mit westdeutschen Kreisdaten Stützperiode: 1996-1998

Variable	Mittelwert	Standardabweich.	Minimum	Maximum	Korrelationskoeffizienten Sozialhilfequ.	Arbeitslosenqu.	Ausländerant.	Single-Haush.	Wohngeldbez.	ET Prod. Gew.
Sozialhilfequote	3,18	1,83	0,50	13,60	1,00					
Arbeitslosenquote	10,49	2,99	4,50	21,30	0,75**	1,00				
Ausländeranteil	8,83	4,51	2,10	28,90	0,38**	0,10**	1,00			
Anteil Single-HH	3,36	0,57	1,95	5,35	0,51**	0,33**	0,61**	1,00		
Anteil Wohngeldbez.	2,72	1,17	0,00	7,52	0,67**	0,67**	0,28**	0,38**	1,00	
ET Prod.Gew.	3,34	0,90	1,26	6,52	-0,43**	-0,27**	-0,09**	-0,43**	-0,31**	1,00
Anteil weibl.Besch.	4,33	0,40	2,73	5,43	0,06	-0,02	-0,02	0,33**	-0,02	-0,62**

Erläuterungen: Sozialhilfequote = HLU-Empfänger je 100 Einwohner, Arbeitslosenquote = Arbeitslose je 100 Erwerbspersonen, Ausländeranteil = Ausländer je 100 Einwohner, Anteil Single-HH = Single-Haushalte je 10 Haushalte im Vorjahr, Anteil Wohngeldbezieher = Haushalte mit Tabellenwohngeld (Mietzuschuss) je 100 Haushalte,
ET Prod.Gew.=Erwerbstätige im Produzierenden Gewerbe je 10 Erwerbstätige,
Anteil weibl.Besch. = Frauen je 10 sozialversicherungspflichtig Beschäftige.
** = signifikant auf dem Niveau von 0,01 (2-seitig)

260 Die Partizipationsrate, also der Anteil der erwerbstätigen an allen Frauen im erwerbsfähigen Alter, lässt sich mit den Kreisdaten nicht sinnvoll berechnen. Hierzu wären Angaben zur Erwerbstätigkeit nach dem Wohnort notwendig, die aber nicht für den gesamten hier zu Grunde liegenden Analysezeitraum verfügbar sind.

261 Hierbei ist zu beachten, dass sich das Lohnniveau von Frauen und Männern nach wie vor unterscheidet. Branchen, in denen weit überwiegend Frauen beschäftigt sind, zeichnen sich durch vergleichsweise niedrige Löhne aus. Erwerbstätigkeit von Frauen ist daher weniger geeignet, die eigene Reproduktion und insbesondere die von ganzen Familien zu sichern als Erwerbstätigkeit von Männern.

Auch in dem Modell auf Basis von Kreisdaten geht es um die Frage, ob sich zusätzlich zu der Regionalinformation in den exogenen Variablen ein eigenständiger Regionaleinfluss abbilden lässt. Hierzu wird einerseits eine Dummy für das Nord-Süd-Gefälle in das Modell aufgenommen, andererseits eine Dummy für das Stadt-Land-Gefälle. Die Ergebnisse der Regressionsschätzung auf Bundesländerebene (Kapitel 8.4.3) finden insofern Berücksichtigung, als in einer weiteren Modellspezifikation die Nord-Süd-Dummy durch Dummy-Variablen für die einzelnen Bundesländer ersetzt werden. Zudem wird geprüft, ob in dem multiplen Modell der Erklärungswert durch alternative Regionalklassifizierungen für das Stadt-Land-Gefälle verbessert werden kann.

9.2.2 Spezifikation des Kreismodells

Die Schätzung der Sozialhilfequote erfolgt weitgehend analog zu dem OLS-Regressionsansatz auf Bundesländerebene (vgl. Kapitel 8.4.3). Mit nur drei Jahren (1996 bis 1998) ist der Stützbereich deutlich kürzer als in der Bundesländerschätzung. Wegen der beschriebenen Strukturunterschiede zwischen den neuen und den alten Bundesländern (vgl. Kapitel 7) beschränkt sich die Schätzung auf die westdeutschen Kreise. Die Unterteilung von West- und Ostberlin wird aufgegeben. Berlin ist der westdeutschen Nordregion zugeordnet. Insgesamt gehen für jedes der drei Jahre 328 Kreisdaten in das Modell ein. Die Gesamtzahl der Beobachtungswerte (n) beträgt 984.

In einem ersten Ansatz wird die Sozialhilfequote mit einem linearen Regressionsmodell ausschließlich mit den oben beschriebenen sechs exogenen Variablen geschätzt. Die Schätzgleichung hat die allgemeine Form (1):

$$(1)\quad y_{it} = a + b_k x_{kit} + u_{it}$$

Die zu erklärende Variable y_{it} sind die Ausprägungen der Sozialhilfequoten auf Kreisebene. Die x_{kit} bezeichnen die Werte der (k=6) exogenen Größe(n): Arbeitslosenquote, Anteil der Ausländer an der Bevölkerung, Anteil der Ein-Personen-Haushalte, der Wohngeldempfänger, der Erwerbstätigen im Produzierenden Gewerbe und der Frauen an den sozialversicherungspflichtig Beschäftigten. Die einzelnen Variablen haben zwei Dimensionen: die Region, gekennzeichnet durch den Index i (= kreisfreie Stadt oder Landkreis) und die Zeit, gekennzeichnet durch den Index t. In dieser ersten Modellspezifikation sind nur Exogene berücksichtigt, die sich sowohl in der Zeitdimension als auch in der Regionalausprägung unterscheiden, also keine Dummy-Variablen für den Regionstyp.

In einer zweiten Variante wird dann geprüft, ob sich auch bei der Schätzung mit Kreisdaten Regionaleinflüsse nachweisen lassen, die sich in den unterschiedlichen Ausprägungen der spezifizierten exogenen Variablen (Arbeitslosenquote usw.) nicht widerspiegeln. Hierbei geht es allerdings – im Unterschied zu dem Modell mit den

Bundesländerdaten – nicht um Einflüsse, die sich auf der Ebene einzelner Kreise zeigen. Vielmehr werden hier Kreistypen berücksichtigt. Die Kreistypisierung unterscheidet zwei Ebenen. Durch die eine Gruppe von Regional-Dummy-Variablen sollen großräumigere Disparitäten wie das Nord-Süd-Gefälle abgebildet werden, durch die zweite Gruppe das kleinräumigere Stadt-Land-Gefälle. Das um solche Regionalvariablen erweiterte Modell hat die allgemeine Form (2):

$$(2)\ y_{it} = a + b_k x_{kit} + c_l z_{il} + e_{it}$$

Diese Modell hat zusätzlich zu den (k=6) erklärenden Variablen des ersten Modells (1) weitere Dummy-Variablen für die Regionalvariablen. Analog zum Bundesländermodell wird zunächst das Nord-Süd-Gefälle und das Stadt-Land-Gefälle jeweils durch eine differenzierende Variable abgebildet. In diesem Fall ist l=2. Anschließend wird das Ergebnis der Bundesländerschätzung eingearbeitet und die eine Dummy-Variable für das großräumige Nord-Süd-Gefälle durch Dummy-Variablen für die einzelnen Bundesländer ersetzt. Die Regionalvariable für das Stadt-Land-Gefälle bleibt erhalten (l=11). Die Ergebnisse dieser „Basisspezifikationen“ werden im folgenden Abschnitt dargestellt (Kapitel 9.2.3). Anschließend wird kurz skizziert, welche Auswirkungen alternative Varianten für die Operationalisierung des Stadt-Land-Gefälles auf die Regressionsergebnisse haben (Kapitel 9.2.4).

9.2.3 Regressionsergebnisse auf Basis von Kreisdaten

Welchen Einfluss haben Arbeitsmarktindikatoren und Unterschiede in der Bevölkerungs- und Haushaltsstruktur zwischen den Kreisen auf die Höhe der Sozialhilfequote? Einen Überblick über die Regressionsergebnisse gibt Tabelle 9.4.

In der ersten Modellspezifikation, in der lediglich die sechs erklärenden Variablen Arbeitslosenquote, Ausländeranteil, Anteil der Ein-Personen-Haushalte, der Wohngeldbezieher, der Erwerbstätigen im Produzierenden Gewerbe und der weiblichen sozialversicherungspflichtig Beschäftigten berücksichtigt sind, lassen sich gut 70% der Gesamtstreuung der Sozialhilfedichte auf Kreisebene erklären (R^2adj.). Die Parameter sämtlicher Variablen sind signifikant von Null verschieden und haben das erwartete Vorzeichen. Der Einfluss der Arbeitslosen- auf die Sozialhilfequote liegt in dieser Variante bei 0,33. Werden diese Basisvariablen um Regionalvariablen für das Nord-Süd- und Stadt-Land-Gefälle ergänzt, dann steigt das Bestimmtheitsmaß geringfügig von 0,71 auf 0,74. Beide Regionalvariablen sind signifikant von Null verschieden (t-Wert). Durch die explizite Aufnahme von Regionaleinflüssen in das Modell in Form dieser beiden Variablen sinkt der Koeffizient der Arbeitslosenquote von 0,33 auf 0,27.

Tabelle 9.4 Ergebnisse der linearen Regressionen (OLS) zur Schätzung der Sozialhilfequoten der westdeutschen Kreise von 1996-1998

	ohne Regionalvariable		mit Nord-Süd- und Stadt-Land-Dummy		mit Bundesländer- und Stadt-Land-Dummy	
	Koeffizient	*t-Wert*	Koeffizient	*t-Wert*	Koeffizient	*t-Wert*
Konstante	1,428	*2,264*	0,454	*0,708*	2,352	*4,235*
Koeffizienten und *t-Werte* der Basisvariablen						
Arbeitslosenquote	0,326	*22,187*	0,271	*17,587*	0,206	*14,711*
Ausländeranteil	0,086	*9,074*	0,066	*6,712*	0,061	*6,551*
Anteil Single-HH	0,246	*2,929*	0,247	*2,875*	0,108	*1,443*
Anteil Wohngeldbez.	0,221	*5,748*	0,093	*2,330*	0,234	*6,304*
Erwerbst.im Prod.G.	-0,522	*-10,464*	-0,364	*-7,175*	-0,225	*-5,049*
Anteil weibl.Besch.	-0,487	*-4,499*	-0,250	*-2,332*	-0,279	*-3,069*
Koeffizienten und *t-Werte* der Regional-Dummyvariablen						
Nord-Süd			0,774	*9,329*		
Schleswig-Holstein					Referenz	
Bremen					1,902	*4,076*
Niedersachsen					-0,581	*-4,259*
Hamburg					3,063	*8,708*
Nordrhein-Westfalen					-1,568	*-10,795*
Hessen					-0,062	*-0,391*
Rheinland-Pfalz					-1,135	*-8,007*
Baden-Württemberg					-1,393	*-8,723*
Bayern					-1,787	*-12,760*
Saarland					-0,304	*-1,382*
Berlin					0,288	*0,616*
Stadt-Land			0,564	*4,708*	0,818	*7,752*
R^2	0,715		0,738		0,825	
R^2 adj.	0,713		0,736		0,822	
F-Wert (*Prob > F*)	407,55	*0,000*	343,85	*0,000*	267,19	*0,000*

Erläuterungen: Sozialhilfequote = HLU-Empfänger je 100 Einwohner, Arbeitslosenquote = Arbeitslose je 100 Erwerbspersonen, Ausländeranteil = Ausländer je 100 Einwohner, Anteil Single-HH = Single-Haushalte je 10 Haushalte (Vorjahr), Anteil Wohngeldbezieher = Haushalte mit Tabellenwohngeld (Mietzuschuss) je 100 Haushalte, ET Prod.Gew.=Erwerbstätige im Produzierenden Gewerbe je 10 Erwerbstätige, Anteil weibl.Besch. = Frauen je 10 sozialversicherungspflichtig Beschäftige.
Nord-Süd = Regionaldummy mit Wert 1 für Nord-Bundesländer, Bundesländer-Dummies für 11 westdt. Länder, Stadt-Land = Regionaldummy mit Wert 1 für kreisfreie Stadt

Ein Ergebnis der Regressionsschätzung mit Länderdaten war, dass die einzelnen Bundesländer einen größeren Teil der Gesamtstreuung erklären als die alleinige Kennziffer Nord-Süd-Disparität. Das gilt auch für die Regression mit Kreisdaten. Mit einer solchen Spezifikation, in der statt des Nord-Süd-Gefälles die einzelnen westdeutschen Bundesländer als Regionalvariablen für die großräumigeren Disparitäten gewählt werden, lassen sich 82% der Gesamtstreuung der Sozialhilfequoten auf Kreisebene erklären. Der Anteil der Ein-Personen-Haushalte ist bei Berücksichtigung der einzelnen Bundesländer nicht mehr signifikant. Der Koeffizient der Arbeitslosenquote sinkt weiter und liegt nur noch bei 0,21. Zudem fällt auf, dass der Koeffizient für das Stadt-Land-Gefälle gestiegen ist. In dieser Modellspezifikation bekommt also die Stadt-Land-Disparität einen größeren Einfluss.

9.2.4 Regressionsergebnisse bei alternativen Kreistypisierungen

In dem bisher betrachteten Basismodell ist das Stadt-Land-Gefälle durch die Unterscheidung nach kreisfreien Städten und Landkreisen abgebildet. Diese Kategorisierung ist nicht sehr fein. Daher wird im Folgenden kurz erörtert, ob sich durch die Wahl differenzierterer Klassifizierungen der Stadt-Land-Disparität die Schätzergebnisse verbessern lassen. Die Ausführungen beschränken sich auf die siedlungsstrukturellen Kreistypen des BBR, auf eine daraus abgeleitete Kreistypisierung (modifizierter Kreistyp), sowie auf eine weitere Differenzierung der kreisfreien Städte nach Einwohnerzahl (200.000 bzw. 100.000)[262].

Das BBR unterscheidet insgesamt neun verschiedene „siedlungsstrukturelle Kreistypen"[263]. Für die Kategorisierung der Kreise spielt die Einwohnerzahl bzw. die Bevölkerungsdichte eine Rolle, zudem ist die Lage des Kreises im siedlungsstrukturellen Regionsgrundtyp relevant. Die Einbindung des Kreises in die Region – insgesamt werden drei Regionsgrundtypen unterschieden - führt dazu, dass z.B. relativ dünn besiedelte Kreise sowohl in Agglomerationsräumen (diese Kreise zählen zum Kreistyp 4) als auch in verstädterten Räumen (Kreistyp 7) und in ländlichen Räumen (Kreistyp 8 oder 9) zu finden sind. Ebenso können Kernstädte in Agglomerationsräumen oder in verstädterten Räumen liegen. In Abhängigkeit vom Regionstyp sind Kreise mit vergleichbarer Bevölkerungsdichte also u.U. unterschiedlichen Kreistypen zugeordnet. Landkreise, die im Einzugsgebiet von Großstädten liegen, gehören damit zu einem anderen Kreistyp als gleichgroße Landkreise in ländlichen Regionen.

Die Gliederung nach siedlungsstrukturellen Kreistypen ist sehr detailliert. Daher wurden in einem eigenen Ansatz („modifizierter Kreistyp") verschiedene Kreistypen des BBR nach dem Kriterium der Bevölkerungsdichte auf vier Ausprägungen komprimiert (vgl. Schaubild 9.1). Mit dem „modifizierter Kreistyp" wird die Bedeutung des Regionstyps für den Kreis gemindert, das Stadt-Land-Gefälle – hier abgebildet durch Unterschiede in der Bevölkerungsdichte – kommt dadurch aber besser zur Geltung.

Für weitere Klassifizierungsversuche für das Stadt-Land-Gefälle wurde ausschließlich die Unterscheidung nach kreisfreien Städten und Landkreise verwendet. Die Sozialhilfequoten streuen in kreisfreien Städten sehr viel stärker als in Landkreisen. Um homogenere Gruppen zu bilden, wurden kreisfreie Städte daher nochmals nach der Größe unterschieden. In der folgenden Übersichtstabelle (9.5) der Regressionsergebnisse bei alternativen Regionalklassifizieren für das Stadt-Land-Gefälle wurde die Grenze zunächst bei 200.000 Einwohnern gesetzt, alternativ dazu bei 100.000 Einwohnern.

---

262 Zudem wurden folgende Regionalklassifizierungen untersucht: Regionsgrundtyp (BBR), differenzierter Regionstyp (BBR), Verdichtungsräume (BBR), Kreisfreie Städte - Landkreise zusätzlich unterschieden nach der Größe der kreisfreien Städte (Einwohner über/unter 150.000).

263 Die siedlungsstrukturellen Regionstypen des BBR sind detaillierter in Anhang 3 beschrieben.

Schaubild 9.1 Modifizierter Kreistyp

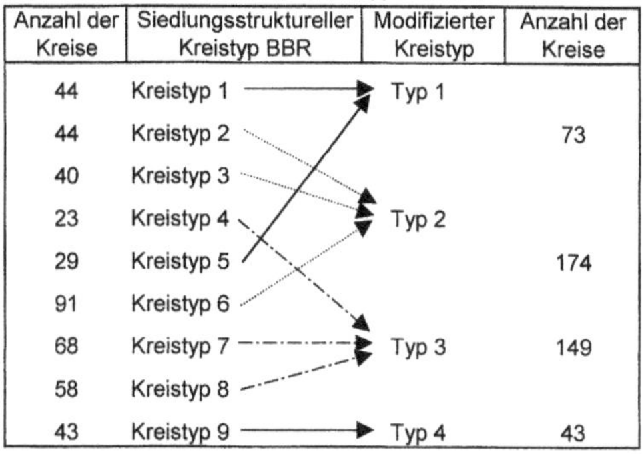

Durch die Verwendung der hier untersuchten alternativen Regionalklassifizierung für das Stadt-Land-Gefälle gelingt es nicht, einen größeren Anteil der Gesamtstreuung zu erklären (Kriterium: R^2adj.) als in dem Basismodell, das lediglich auf der groben Unterscheidung nach kreisfreien Städten und Landkreisen beruht. Dennoch zeigt die Wahl der Regionalklassifizierung Auswirkungen. In den Modellspezifikationen, die auf den Kreistypen des BBR und dem daraus abgeleiteten modifizierten Kreistyp beruhen, ist der geschätzte Parameterwert für den Anteil der Ein-Personen-Haushalte signifikant von Null verschieden. Für die Modellspezifikationen, in die ausschließlich Unterscheidungen nach kreisfreien Städten und Landkreisen eingehen, gilt dies nicht. Einen Überblick über die Ergebnisse gibt Tabelle 9.5. Auf den Ausweis der Parameterwerte für die Bundesländer wird aus Gründen der Übersichtlichkeit verzichtet.

Im Basismodell wurde das Stadt-Land-Gefälle lediglich durch zwei Merkmalsausprägungen (Stadt oder Land) abgebildet. In den hier betrachteten Modellspezifikationen gibt es mindestens drei Ausprägungen. Als Referenzgröße geht immer die am stärksten ländliche Region in die Regression ein. Die geschätzten Parameterwerte für die betrachteten Regionalvariablen geben also einen Hinweis darauf, ob das unterstellte Gefälle – eine mit zunehmender Verstädterung steigende Sozialhilfequote – in der gewählten Modellspezifikation, im Zusammenhang mit den übrigen exogenen Variablen, überhaupt zum Tragen kommt. Für die Kreistypen des BBR gilt dies nur bedingt. Beim modifizierten Kreistyp ist der Unterschied in der Größenordnung der Koeffizienten von Kreistyp 2 und 3 nicht sehr ausgeprägt. Mit der Klassifizierung nach kreisfreien Städten mit mehr oder weniger als 200.000 Einwohnern lässt sich ein differenzierteres Stadt-Land-Gefälle am besten abbilden.

Tabelle 9.5 Ergebnisse der linearen Regressionen (OLS) zur Schätzung der Sozialhilfequoten der westdeutschen Kreise von 1996-1998 für unterschiedliche Klassifizierungen des Stadt-Land-Gefälles

	Kreistyp (BBR)		modifizierter Kreistyp		Kreisfreie Städte mit +/- 200.000 EW		Kreisfreie Städte mit +/- 100.000 EW	
	Koeff.	*t-Wert*	Koeff.	*t-Wert*	Koeff.	*t-Wert*	Koeff.	*t-Wert*
Konstante	1,083	*1,992*	1,135	*2,071*	2,149	*3,858*	2,340	*4,160*
Koeffizienten und *t-Werte* der Basisvariablen								
Arbeitslosenquote	0,242	*16,838*	0,228	*16,058*	0,199	*14,163*	0,205	*14,592*
Ausländeranteil	0,077	*7,376*	0,069	*7,063*	0,057	*6,112*	0,060	*6,342*
Anteil Single-HH	0,270	*3,637*	0,230	*3,073*	0,087	*1,163*	0,108	*1,439*
Anteil Wohngeldbez.	0,308	*7,937*	0,342	*9,019*	0,269	*6,841*	0,245	*6,169*
Erwerbst.im Prod.G.	-0,238	*-5,207*	-0,238	*-5,160*	-0,190	*-4,169*	-0,224	*-4,967*
Anteil weibl.Besch.	-0,295	*-3,140*	-0,252	*-2,665*	-0,240	*-2,630*	-0,277	*-2,988*
Koeffizienten und *t-Werte* der Dummy-Variablen für die Stadt-Land-Disparität								
Kreistyp 1	0,478	*2,606*	0,721	*4,651*	*1,099*	*7,897*	0,826	*7,011*
Kreistyp 2	0,094	*0,627*	0,308	*2,625*	0,752	*7,008*	0,809	*6,553*
Kreistyp 3	0,281	*2,002*	0,255	*2,323*	Referenz		Referenz	
Kreistyp 4	1,053	*5,840*	Referenz					
Kreistyp 5	0,742	*4,491*						
Kreistyp 6	0,343	*2,879*						
Kreistyp 7	0,154	*1,293*						
Kreistyp 8	0,185	*1,529*						
Kreistyp 9	Referenz							
R^2	0,826		0,818		0,826		0,825	
R^2 adj.	0,821		0,815		0,823		0,821	
F-Wert (*Prob > F*)	189,25	*0,000*	228,26	*0,000*	255,08	*0,000*	252,09	*0,000*

Erläuterungen: Sozialhilfequote = HLU-Empfänger je 100 Einwohner, Arbeitslosenquote = Arbeitslose je 100 Erwerbspersonen, Ausländeranteil = Ausländer je 100 Einwohner, Anteil Single-HH = Single-Haushalte je 10 Haushalte im Vorjahr, Anteil Wohngeldbezieher = Haushalte mit Tabellenwohngeld (Mietzuschuss) je 100 Haushalte, ET Prod.Gew.=Erwerbstätige im Produzierenden Gewerbe je 10 Erwerbstätige, Anteil weibl.Besch. = Frauen je 10 sozialversicherungspflichtig Beschäftige, Kreistyp (BBR) = 9 Kreistypen, modfizierter Kreistyp = Aggregation der BBR-Kreistypen zu vier Kreistypen, Kreisfreie Städte mit +/-200.000 EW = 3 Kreistypen bestehend aus kreisfreien Städten mit mehr als 200.000 Einwohnern (1) bzw. weniger als 200.000 Einwohnern (2) und Landkreisen (3), Kreisfreie Städte mit +/- 100.000 EW = wie vorherige Klassifizierung aber Einwohnergrenze bei 100.00

9.3 Zusammenfassung: Gefälle in der Empfängerquote, nicht aber in der -struktur

In Städten leben in der Regel relativ zur Einwohnerzahl mehr Empfänger laufender Hilfe zum Lebensunterhalt als in ländlichen Regionen. Wie groß die Differenz ist, hängt nicht zuletzt von der Regionalklassifizierung ab. Beim Vergleich verschiedener Regionalgliederungen hat sich die Zuordnung nach kreisfreien Städten und Landkreisen als durchaus geeignet herausgestellt, das Stadt-Land-Gefälle in der Sozialhilfedichte abzubilden.

Die Niveauunterschiede in der Sozialhilfedichte zwischen kreisfreien Städten und Landkreisen spiegeln sich ebenfalls in den gruppenspezifischen Empfängerquoten wider. Allerdings sind die Stadt-Land-Unterschiede nicht für alle Empfängergruppen gleich ausgeprägt. Zudem variieren sie zwischen der Nord-, Süd- und Ostregion. Mit der Auswertung der Sozialhilfeempfängerstatistik wurde der Frage nachgegangen, ob sich die regionalen Unterschiede in der Sozialhilfequote auch in der Zusammensetzung der Sozialhilfe beziehenden Bevölkerung zeigen. Unterscheidet sich die Empfängerstruktur in Landkreisen von der in kreisfreien Städten? In Bezug auf die Haushaltsstruktur ist festzustellen, dass die Unterschiede zwischen Stadt und Land (kreisfreie Städte und Landkreise) nicht sehr markant sind. Ein eindeutiges Stadt-Land-Gefälle ist bei der hier gewählten Zuordnung zu den Regionstypen und bei der zu Grunde gelegten Haushaltsklassifizierung lediglich für Alleinstehende offensichtlich. Auch in den Gründen für den Hilfebezug lassen sich keine nennenswerten systematischen Unterschiede zwischen Hilfeempfängern aus Landkreisen und solchen aus kreisfreien Städten erkennen. Nach diesen Untersuchungen gibt es also keine Anhaltspunkte dafür, dass die Sozialstruktur der Empfänger laufender Hilfe zum Lebensunterhalt, die in Landkreisen leben, deutlich von der der Bewohner kreisfreier Städte abweicht.

Die Unterschiede in der Sozialhilfequote auf Kreisebene lassen sich zu einem großen Teil auf Faktoren zurückführen, die mit dem Arbeitsmarkt in Zusammenhang stehen. In einem linearen Regressionsmodell zur Schätzung der Sozialhilfequote für die westdeutschen Kreise sind neben den exogenen Variablen Arbeitslosenquote, Ausländeranteil, Anteil Ein-Personen-Haushalte, der Wohngeldbezieher, der Erwerbstätigen im Produzierenden Gewerbe und der weiblichen Mitarbeiter an allen sozialversicherungspflichtig Beschäftigten auch Regionalvariablen signifikant. Die Berücksichtigung der einzelnen Bundesländer führt zu einem besseren Ergebnis als die Klassifizierung nach der Nord- und Südregion. Das Stadt-Land-Gefälle, operationalisiert durch die Unterscheidung nach kreisfreien Städten und Landkreisen, ist ebenfalls statistisch signifikant. Die Wahl anderer Kreistypisierungen verbessert das Ergebnis (gemessen am Bestimmtheitsmaß) nicht. Mit solch einer Modellspezifikation lassen sich 82% der Gesamtstreuung der Sozialhilfedichte auf Kreisebene erklären. Eine Erhöhung der Arbeitslosenquote um 1%-Punkt führt danach im Mittel zu einer um 0,2%-Punkte höheren Sozialhilfequote.

10 Schlussbetrachtung

In dieser Arbeit werden Disparitäten im Bezug laufender Hilfe zum Lebensunterhalt beleuchtet. Den typischen Leistungsbezieher gibt es nicht. Aber es gibt Bevölkerungsgruppen, die besonders häufig auf Hilfe zum Lebensunterhalt angewiesen sind. Zu den „Risikogruppen" zählen Minderjährige, Alleinerziehende, Arbeitslose und Ausländer. Diese Aufzählung erfolgt nach disparaten Abgrenzungskriterien. Zunächst ist es die Altersgruppe, dann der Haushaltstyp, schließlich der Erwerbsstatus und dann auch noch die Staatszugehörigkeit. Die verschiedenen personenbezogenen Aspekte lassen sich durch die Haushaltsbetrachtung verknüpfen: Ein minderjähriger Hilfeempfänger kann im Haushalt einer deutschen Alleinerziehenden, eines arbeitslosen Ausländers oder in einem anders zu beschreibenden Haushalt leben. Die Region bzw. der Wohnort des Hilfeempfängers wirkt sich ebenfalls auf das Sozialhilferisiko aus. In den alten Ländern ist es höher als in den neuen, im Norden des früheren Bundesgebietes höher als im Süden und in kreisfreien Städten höher als in Landkreisen.

Die in dieser Arbeit dargestellten Ergebnisse basieren auf Auswertungen der Sozialhilfeempfängerstatistik und insbesondere der 25%-Stichprobe. Mit den Daten der Stichprobe ist es möglich, Haushaltstypen zu klassifizieren. Im Haushaltskontext fügen sich unterschiedliche individuelle Merkmale zusammen. So ist bspw. das Wissen darüber, in welchen Haushaltszusammenhängen Sozialhilfe beziehende Kinder leben, aufschlussreich. Erst über diesen Kontext erschließt sich der Grund ihrer Bedürftigkeit und die Möglichkeit ihrer Überwindung.

Bei den Hilfeempfängern handelt es sich um Personen, deren eigene finanzielle Mittel nicht ausreichen, um die Kosten des Lebensunterhaltes zu decken. Dies kann durch unzureichende Sozialleistungen der vorgelagerten Sicherungssysteme (Renten- und Arbeitslosenversicherung), durch fehlenden Versicherungsschutz, durch zu geringe Erwerbseinkommen, fehlende Ersparnisse und/oder durch den unzureichenden Familienleistungsausgleich zustande kommen. Gerade der letztgenannte Aspekt trägt wesentlich dazu bei, dass über eine Million Minderjährige auf laufende Hilfe zum Lebensunterhalt angewiesen sind. Die meisten der genannten Gründe stehen in Zusammenhang mit dem Arbeitsmarkt bzw. der Erzielung eines ausreichend hohen Markteinkommens. Der Ausschluss des Haushaltsvorstandes von einer Vollzeiterwerbsarbeit ist ein häufiger Grund für den Bezug laufender Hilfe zum Lebensunterhalt. Arbeitslose sind unter den Hilfeempfängern stark repräsentiert. Aber dies ist nicht die einzige Gruppe, bei der sich die angespannte Arbeitsmarktlage auswirkt. Es gibt auch indirekt Betroffene, denn das gemessen an der Nachfrage zu hohe Arbeitsangebot führt zu einer Selektion. Arbeitsanbieter, bei denen Restriktionen in Bezug auf die Leistung und Verfügbarkeit vermutet werden (z.B. Behinderte, Alleinerziehende, Ältere), haben schlechte Chancen im Wettbewerb um einen Arbeitsplatz. Sofern sie nicht dauerhaft ausgegrenzt bleiben, müssen sie häufig auf prekäre Beschäftigungsverhältnisse ausweichen, also auf niedrig bezahlte und wenig stabile Arbeitsplätze. Sie tragen ein latentes oder tatsächliches Sozialhilferisiko. Aber auch Änderungen in der Familienstruktur wirken sich aus. In dem Maße, wie traditionelle Familienstrukturen obsolet werden, steigt das Risiko, bei familienbezogenen Ereignissen sozialhilfebedürftig zu werden (Voges/Weber 1997).

Minderjährige Kinder sind eine Bevölkerungsgruppe mit einem sehr hohen Sozialhilferisiko. Von den deutschen Kindern im Hilfebezug lebt mehr als die Hälfte in Haushalten von Alleinerziehenden. Neben der Familienstruktur spielt Arbeitslosigkeit zumindest eines Elternteils eine große Rolle. Dies gilt insbesondere für Kinder aus Paarhaushalten. In Zwei-Eltern-Familien lebt der überwiegende Teil der ausländischen Kinder, die laufende Hilfe zum Lebensunterhalt erhalten. Die Haushaltsstruktur von Bedarfsgemeinschaften mit ausländischen und deutschen Vorständen unterscheidet sich merklich. Ausländer, eine andere Gruppe mit sehr hohem Sozialhilferisiko, leben relativ häufiger als deutsche Hilfeempfänger in Haushalten von Ehepaaren mit Kindern. Nichterwerbstätigkeit wegen häuslicher Bindung, der bei Alleinerziehenden weit verbreitete Erwerbsstatus, hat für ausländische Hilfeempfänger nicht annähernd den Stellenwert wie für Deutsche. Die hohe Sozialhilfebetroffenheit von Alleinerziehenden - und dies sind vorwiegend Frauen - ist auf die geringe Arbeitsmarktpartizipation zurückzuführen. Aufgrund ihrer Erziehungsaufgaben sind sie besonders häufig wegen häuslicher Bindung nicht erwerbstätig. Der im Vergleich zu Männern höhere Anteil weiblicher Hilfeempfänger verweist auf familiäre Verpflichtungen. Beim Nettoarbeitskräftepotenzial, das die dem Arbeitsmarkt zur Verfügung stehenden Hilfeempfänger ohne Beschäftigung quantifiziert, dominieren männliche Hilfeempfänger. Nach den in dieser Arbeit vorgenommen Berechnungen ist dieser Personenkreis (Stand: Ende 1998) auf ca. 740.000 Hilfeempfänger zu beziffern. Bei einem guten Drittel davon handelt es sich um Alleinstehende, die unter Anreizgesichtspunkten kaum ein Motiv haben dürften, die laufende Hilfe zum Lebensunterhalt einem regulären Arbeitseinkommen vorzuziehen. Obwohl die Daten der Sozialhilfeempfängerstatistik keinen Hinweis darauf geben, dass sich bei einem beachtlichen Teil dieser Personen vermittlungshemmende Merkmale kumulieren, kann dies dennoch nicht ausgeschlossen werden. Mehrheitlich leben die Hilfeempfänger, die zum Nettoarbeitskräftepotenzial zählen (480.000), mit weiteren Personen im Haushalt, zu denen häufig minderjährige Kinder gehören.

Die zum Nettoarbeitskräftepotenzial zählenden Hilfeempfänger sind die Zielgruppe für Maßnahmen im Rahmen der Hilfe zur Arbeit. Das Instrumentarium hierfür wurde in der Sozialhilfereform von 1996 ausgebaut (Jacobs 2001). Ergänzend wurde festgelegt, die Regelsätze bei Verweigerung zumutbarer Arbeit verbindlich um ein Viertel zu kürzen. Die jetzige Bundesregierung setzt ebenfalls in hohem Maße auf die Arbeitsmarktintegration der Hilfeempfänger. Zur Umsetzung dieses Ziels fördert der Bund diverse Modellprojekte auf kommunaler Ebene. Die rechtlichen Grundlagen für eine bessere Vermittlung der Hilfeempfänger in den Arbeitsmarkt und eine stärkere Partizipation an den Fördermaßnahmen der Bundesanstalt für Arbeit wurden mit dem „Gesetz zur Verbesserung der Zusammenarbeit von Arbeitsämtern und Trägern der Sozialhilfe" vom 20.11.2000 und dem Job-AQTIV-Programm geschaffen, das Anfang 2002 in Kraft getreten ist.

In ihrer sozialpolitischen Ausrichtung bezieht sich die Bundesregierung seit Ende 1999 auf das Leitbild des aktivierenden Sozialstaates (Reichard/Schuppan 2000: 81). Bezogen auf die Hilfeempfänger ist damit gemeint, sie zu befähigen, ihr Leben aus eigener Kraft zu gestalten. Die Regelungen zur Stärkung der Selbsthilfe haben einen besonderen Stellenwert. Im BSHG ist der prinzipielle Anspruch auf Selbsthilfe in §1 Abs.2 Satz 2 formuliert: Die Hilfe zum Lebensunterhalt wird mit dem Ziel gewährt, den Empfänger unabhängig von ihr zu machen. Dieser Anspruch der Sozialhilfe ist nicht neu; Hilfeempfänger waren immer schon verpflichtet, ihre Arbeitskraft einzusetzen. Geändert hat sich allerdings die Betonung dieses Aspektes zu Lasten des Bedarfsgesichtspunktes. Aktivierende Sozialpolitik ist mehr als eine gegenüber der umfassenden Daseinsvorsorge modifizierte Form der Hilfegewährung. Mit dieser Neuausrichtung der Politik werden Rechte und Pflichten in ein anderes Verhältnis gesetzt (Olk 2000: 121). Die Prinzipien Förderung und Aktivieren bedeuten für den Bereich der Sozialhilfe, die Einforderung der Eigenleistung des Hilfeempfängers[264]. Anspruch auf Hilfe zum Lebensunterhalt hat grundsätzlich nur, wer seine Leistungsbereitschaft unter Beweis stellt. Die Leistungsbereitschaft ist ganz prinzipiell zu demonstrieren. Ansprüche auf bestimmte Inhalte der Arbeitsleistung, die seinen Qualifikationen oder seinen Qualifizierungswünschen entsprechen, hat der Hilfeempfänger ebenso wenig wie den Anspruch auf eine leistungsgerechte Entlohnung[265]. Bei Leistungsverweigerung sind Kürzungen der Sozialhilfe vorgesehen, die bis zum Entzug der Hilfe reichen. Der Gesetzgeber möchte dies nicht als Sanktion verstanden wissen, sondern „als eine Form der Hilfe, um die Arbeitsbereitschaft des Hilfeempfängers zu fördern" (Erläuterungen zu § 25 Absatz 1 BSHG). Die Leistungskürzung wird als ein Anreiz zur Arbeitsaufnahme interpretiert.

Mit der aktivierenden Sozialpolitik wird im Bereich der Sozialhilfe der Gedanke umgesetzt, der insbesondere in den Studien der dynamischen Armutsforschung vorgetragen wurde: Auch der Sozialhilfeempfänger verfügt über Handlungsoptionen. Der Weg in, durch und aus der Sozialhilfe heraus ist nicht vorgezeichnet. Es gibt individuelle Unterschiede in den Bewältigungsstrategien. Aber die Bewältigungskompetenzen und -ressourcen dürften in der Gruppe der Sozialhilfeempfänger sehr unterschiedlich ver-

[264] In Bezug auf die aktivierende Arbeitsmarktpolitik stellen Dingeldey/Gottschall (2001) fest: „Insbesondere von den Erwerbspersonen wird eine stärkere individuelle Verantwortung für ihre Lage am Arbeitsmarkt und eine Bereitschaft zu höherer Flexibilität gefordert."

[265] Andres (2000: 46) beschreibt das damit, dass der Begriff des Zumutbaren in der Sozialhilfe sehr weit gefasst ist.

teilt sein. Eine aktivierende Politik, die auf diese Ungleichverteilung keine Rücksicht nimmt, schafft neue Ungerechtigkeiten (Olk 2000: 121).

Mit dem Plädoyer für eine aktivierende Sozialhilfepolitik wird das Bild eines Hilfeempfängers skizziert, der sich in Anbetracht der hohen Transfers gegen die Arbeit entscheidet und sich in der Sozialhilfe einrichtet. Die Statistik gibt keinen Hinweis darauf, dass solch ein Verhalten typisch ist (vgl. auch Brennecke/Knaup 2000). Die Auswertung der vierteljährlichen Zu- und Abgangsstatistik hat gezeigt, dass eine beachtliche Dynamik im Hilfebezug existiert. Für viele Bedarfsgemeinschaften endet der Hilfebezug bereits nach vergleichsweise kurzer Zeit wieder. Die Aufnahme einer Erwerbstätigkeit ist der mit Abstand wichtigste Grund für das Ende des Hilfebezugs. Hierbei spielen Leistungen nach dem BSHG oder SGB III nur eine untergeordnete Rolle. Der Hilfebezug wird also vorwiegend aus Eigeninitiative des Empfängers beendet. Aber es gibt natürlich auch Fälle mit sehr langem Hilfebezug. Hierzu zählen insbesondere weibliche Alleinstehende im Rentenalter. Alleinerziehende beziehen im Durchschnitt ebenfalls vergleichsweise lange laufende Hilfe zum Lebensunterhalt. Beide Haushaltstypen kommen für Maßnahmen im Rahmen der Hilfe zur Arbeit kaum in Betracht. Von den insgesamt ca. 455.000 Langzeitempfängern (Bezugsdauer von mindestens fünf Jahren) leben aber auch etliche in anderen Bedarfsgemeinschaftstypen. Hier sind einerseits „Problemfälle“ besonders stark vertreten, zu denen wegen gesundheitlicher Beeinträchtigungen Nichterwerbstätige gehören. Aber auch vollzeiterwerbstätige Ehepaare mit Kindern finden sich unter den Langzeitbeziehern. Sie dürften ebenfalls nicht zur Zielgruppe der aktivierenden Sozialpolitik gehören.

Aktivierende Sozialpolitik zielt vornehmlich auf die Integration in den Arbeitsmarkt. Der Erfolg dieser Bemühungen hängt nicht nur von den Anstrengungen auf kommunaler Ebene ab, sondern auch von der Aufnahmefähigkeit des Arbeitsmarktes. Die Regionalauswertungen haben gezeigt, dass die Arbeitslosenquote einen signifikanten Einfluss auf die Höhe der Sozialhilfequote hat. Arbeitslosigkeit ist aber nicht die alleinige Determinante. Ganz offensichtlich wird dies im Vergleich der alten mit den neuen Bundesländern. Trotz ungünstigerer Arbeitsmarktlage ist die Sozialhilfebetroffenheit in den neuen Ländern deutlich geringer als im früheren Bundesgebiet, was wesentlich auf eine stärkere Erwerbsorientierung der Frauen in den neuen Ländern zurückzuführen sein dürfte. Im früheren Bundesgebiet ist das Nord-Süd-Gefälle in der Sozialhilfedichte ebenfalls nicht ausschließlich ein Spiegelbild der Arbeitsmarktsituation. Aus dem Vergleich der Empfängerstruktur der drei Bundesländer Rheinland-Pfalz, Hessen und Baden-Württemberg geht zudem hervor, dass nur ein relativ kleiner Teil der Unterschiede in der Sozialhilfequote auf Differenzen in der Zusammensetzung der Bevölkerung und in der Haushaltsstruktur zurückzuführen ist; der Regionalfaktor ist in dieser Betrachtung von größerer Bedeutung. Ein Einfluss der einzelnen westdeutschen Bundesländer (unbeobachtete regionale Heterogenität) auf die Höhe der Sozialhilfequote wird durch die Ergebnisse der multiplen Regression bestätigt, wobei im Modell

Indikatoren für den Arbeitsmarkt, die Bevölkerungs- und Haushaltsstruktur berücksichtigt sind. Die Ausdehnung der Regionalbetrachtung auf Stadt-Land-Disparitäten belegt für die westdeutschen kreisfreien Städte und Landkreise ebenfalls einen signifikanten Einfluss des Gefälles im Kontext eines multiplen Regressionsmodells.

Literaturverzeichnis

Alisch, M. / Dangschat, J. 1998: Armut und soziale Integration. Strategien sozialer Stadtentwicklung und lokaler Nachhaltigkeit. Opladen

Andres, G. 2000: Über die Chancen, die Potenziale eines aktivierenden Sozialstaats in praktische Politik zu verwandeln, in: in: Mezger, E. / West, K.-W. (Hg.): Aktivierender Sozialstaat und politisches Handeln, S.41-49

Andreß, H.-J. 2000: Armut in Deutschland: Prozesse sozialer Ausgrenzung und die Entstehung einer neuen "Underclass"? Vorläufige Antworten auf der Basis von Umfragedaten, in: Büchel, F. u.a. (Hg.): Zwischen drinnen und draußen. Arbeitsmarktchancen und soziale Ausgrenzung in Deutschland. Opladen, S. 35-50

Andreß, H.-J. 1999 : Leben in Armut. Analysen der Verhaltensweisen armer Haushalte mit Umfragedaten. Opladen/ Wiesbaden

Andreß, H.-J. 1994 : Steigende Sozialhilfezahlen. Wer bleibt, wer geht und wie sollte die Sozialverwaltung darauf reagieren? In: Zwick, M. (Hg.): Einmal arm, immer arm? Frankfurt / New York, S.75-105

Andreß, H.-J. / Strengmann-Kuhn, W. 1997: Warum arbeiten, wenn der Staat zahlt? Über das Arbeitsangebot unterer Einkommensschichten, in: Zeitschrift für Sozialreform, 43.Jg., S.505-525

Arminger, G. / Müller, F. 1990: Lineare Modelle zur Analyse von Paneldaten. Opladen

AWO Bundesverband e.V. (Hg.) 2000: Gute Kindheit – Schlechte Kindheit. Armut und Zukunftschancen von Kindern und Jugendlichen in Deutschland. AWO-Sozialbericht 2000. Bonn

Backhaus-Maul, H. 1999: Ende eines Rechtsanspruchs: Die Welfare Reform in den USA, in: Backhaus-Maul, H. (Hg.): Von der Sozialhilfe in die Erwerbsarbeit. Die Welfare Reform in den USA als Vorbild? Frankfurt, S.8-20

Baltagi, B. 1999: Econometrics, 2nd ed., Berlin

Barlösius, E. 1997: Was ist Armut? Über den Kampf um Klassifikationen, in: Barlösius, E. / Kürsat-Ahlers, E. / Waldhoff, H.-P. (Hg.): Distanzierte Verstrickungen. Die ambivalente Bindung soziologisch Forschender an ihren Gegenstand. Berlin, S.89-106

Bartholmai, B. u.a. 2000: Wohnungs-, Bildungs- und Familienpolitik sollten im Sinne eines "sozialen Risikomanagements" verändert werden, in: DIW Wochenbericht, 67.Jg., S. 787-800

BBR (Hg.) 2001: Aktuelle Daten zur Entwicklung der Städte, Kreise und Gemeinden. Berichte Band 8, Ausgabe 2000. Bonn

Beck, M. 1992: Sozialhilfeempfänger 1990, in: Wirtschaft und Statistik, S.299-310

Beck, U. 1986: Risikogesellschaft. Auf dem Weg in eine andere Moderne. Frankfurt

Bedau, K.-D. 1999: Völlige Angleichung der Ost-West-Arbeitseinkommen nicht in Sicht, in: DIW Wochenbericht, 66.Jg., S.271-278

Beher, K. 2001: Kindertageseinrichtungen im Zwiespalt. Neue Qualität jenseits der Quantität?, in: Rauschenbach, T. / Schilling, M. (Hg.): Kinder- und Jugendhilfereport 1. Analysen, Befunde und Perspektiven. Münster, S.53-72

Behrendt, C. 2000: Lücken im sozialen Netz und Armutsrisiken in vergleichender Perspektive, in: Zeitschrift für Sozialreform, S.137-172

Behringer, F 1995.: Weiterbildung in Ost- und Westdeutschland, in: DIW Vierteljahreshefte zur Wirtschaftsforschung, Bd. 64, S. 26-51

Beisenherz, G. 2000: Kinderarmut global und lokal: Armut als Exklusionsrisiko, in: Butterwegge, C. (Hg.): Kinderarmut in Deutschland. Ursachen, Erscheinungsformen und Gegenmaßnahmen. Frankfurt / New York, S.78-95

Bellmann, L. 1998: Struktur der Arbeitslosigkeit und Sozialhilfebedürftigkeit, in: Sozialer Fortschritt, 47.Jg., S.207-209

Bellman, L. / Blien, U. 1996: Die Lohnkurve in den neunziger Jahren. Der Zusammenhang zwischen regionalen Durchschnittslöhnen und regionaler Arbeitslosigkeit in einer Mehrebenenanalyse mit dem IAB-Betriebspanel, in: Mitteilungen aus der Arbeitsmarkt- und Berufsforschung, 29.Jg., S. 467-470

Bender, S. / Rürup, B. / Seifert, W. / Sesselmeier, W. 2000: Migration und Arbeitsmarkt, in: Bade, K. / Münz, R. (Hg.): Migrationsreport 2000. Fakten – Analysen – Perspektiven. Bonn, S.59-83

Berger, P 1994: Individualisierung und Armut, in: Zwick, M. (Hg.): Einmal arm, immer arm? Frankfurt / New York, S.21-46

Berlit, U. 1999: Hilfe zur Arbeit im Kontext aktueller sozialpolitischer Entwicklungen, in: Hilfe zur Arbeit und kommunale Beschäftigungspolitik. Zwischenbilanz und Perspektiven. Zusammengestellt und bearbeitet von Petra Fuchs und Matthias Schulze-Böing. Frankfurt, S.15-57

Berthold, N. / Thode, E. / von Berchem, S. 2000: Arbeitslosenhilfe und Sozialhilfe: Zwei sind eine zuviel, in: Wirtschaftsdienst, S.576-584

Bertram, H. 1998: Familie, Ökonomie und Fürsorge, in: Aus Politik und Zeitgeschichte 53/1998, S.27-37

BfLR (Hg.) 1995: Laufende Raumbeobachtung. Aktuelle Daten zur Entwicklung der Städte, Kreise und Gemeinden 1992/93. Materialien zur Raumentwicklung Heft 67. Bonn

Bird, E. / Kayser, H. / Frick, J. / Wagner, G. 1999: The Immigrant Welfare Effect: Take-Up or Eligibility? (IZA Discussion Paper No. 66) Bonn

Bittner, S. u.a. 2001: Ein Jahr Erfahrungen mit dem arbeitsmarktpolitischen Sonderprogramm CAST. 1. Zwischenbericht. Hg.: Bundesministerium für Arbeit und Sozialordnung. Bonn

Blien, U. / Herrmann, H. / Koller, M. (Hg.) 1994: Regionalentwicklung und regionale Arbeitsmarktpolitik. Beiträge zur Arbeitsmarkt- und Berufsforschung 184. Nürnberg

BMA (Hg.) 2000a: Maßnahmen zur Erfolgskontrolle im Bereich der Sozialhilfegesetzgebung. Band 1: Zusammenfassung des Abschlussberichts. Forschungsberichte 284-1. Bonn

BMA (Hg.) 2000b: Übersicht über das Sozialrecht. Bonn

BMFSFJ (Hg.) 2000: Sechster Familienbericht. Familien ausländischer Herkunft in Deutschland. Leistungen – Belastungen - Herausforderungen. Bonn

BMFSFJ (Hg.) 1998: Zehnten Kinder- und Jugendbericht. Bericht über die Lebenssituation von Kindern und die Leistungen der Kinderhilfen in Deutschland. Bonn

Boss, A. 2001: Sozialhilfe, Lohnabstand, Leistungsanreize und Mindestlohnarbeitslosigkeit. Institut für Weltwirtschaft an der Universität Kiel. Kieler Arbeitspapier Nr. 1075

Boss, A. 1999: Sozialhilfe, Lohnabstand und Leistungsanreize. Institut für Weltwirtschaft an der Universität Kiel. Kieler Arbeitspapier Nr. 912

Bradbury, B. / Jenkins, S. / Micklewright, J. 2000: Child Poverty Dynamics in Seven Nations. DIW Discussion Paper No. 235. Berlin

Brenke, K. 2001: Löhne in Ostdeutschland – Anpassung an das westdeutsche Niveau erst auf lange Sicht möglich, in: DIW Wochenbericht 24, S.357-364

Brennecke, J. / Knaup, K. 2001: Soziale Strukturen und Verläufe bei EmpfängerInnen von Hilfe zum Lebensunterhalt in Wiesbaden, in: Brülle, H. / Reis, C. (Hg.): Neue Steuerung in der Sozialhilfe. Sozialberichterstattung, Controlling, Benchmarking, Casemanagement. Neuwied, S.79-101

Brühl, A. 2000: Mein Recht auf Sozialhilfe, 16.Auflage. München

Buchsbaum, R. 1996: Die wirtschaftliche Sicherung angemessenen und familiengerechten Wohnens - das Wohngeld, in: Nachrichtendienst des Deutschen Vereins für öffentliche und private Fürsorge, 76.Jg., S.318-323

Büchel, F. / Frick, J. / Voges, W. 1997: Der Sozialhilfebezug von Zuwanderern in Westdeutschland, in: Kölner Zeitschrift für Soziologie und Sozialpsychologie, 49.Jg., S.272-290

Buhr, P. 1995: Dynamik von Armut. Dauer und biographische Bedeutung von Sozialhilfebezug. Opladen

Buhr, P./ Leisering, L. 1995: Armut im Lebenslauf - Armut und Armutspolitik aus der Sicht der dynamischen Armutsforschung, in: Nachrichtendienst des Deutschen Vereins für öffentliche und private Fürsorge, 75.Jg., S.73-77

Buhr, P. / Weber, A. 1996: The Impact of Social Change on Social Assistance. Two Cohorts of German Welfare Recipients Compared. Arbeitspapier 31 des Sfb 186. Bremen

Bundesregierung (Hg.) 2001: Lebenslagen in Deutschland. Der erste Armuts- und Reichtumsbericht der Bundesregierung. Berlin

Burkart, G. 1998: Die Attraktoren der Armut. Eine sozialökologische Untersuchung der wohnräumlichen Verteilung von Armut in der Stadt Offenbach. Aachen

Burmann, N. / Sellin, C. / Trube, A. 2000: Ausstiegsberatung für Sozialhilfeempfänger. Konzepte, Instrumente und Ergebnisse eines vergleichenden Modell. Frankfurt

Burmester, M. 2003: Struktur und Erwerbstätigkeit von Sozialhilfeempfängern im Haushaltskontext, in: Merz, J. / Zwick, M. (Hg.): Mikroanalysen und amtliche Statistik (MIKAS). Spektrum der Bundesstatistik Band 22. Stuttgart (im Erscheinen)

Burmester, M. 2001a: Sozialhilfebezug in Ost und West – Eine vergleichende Analyse auf Basis der 25%-Stichprobe. Forschungsaufenthalte im Statistischen Bundesamt, Band 1. Wiesbaden

Burmester, M. 2001b: Quartalsstatistik der Empfänger laufender Hilfe zum Lebensunterhalt. Internes Arbeitspapier des Statistischen Bundesamtes, Bonn

Busch-Geertsema, V. / Ruhstrat, E.-U. 1997: Wohnungslosigkeit in Ostdeutschland, in: Nachrichtendienst des Deutschen Vereins für öffentliche und private Fürsorge, 77.Jg., S.358-365

Busch-Geertsema, V./ Ruhstrat, E.-U. 1992: Kein Schattendasein für Langzeitarme! Wider die Verharmlosung von Langzeitarmut im Zusammenhang mit der „dynamischen" Armutsforschung, in: Nachrichtendienst des Deutschen Vereins für öffentliche und private Fürsorge, 72.Jg., S.366-370

Buslei, H. / Steiner, V. 1999: Beschäftigungseffekte von Lohnsubventionen im Niedriglohnbereich. ZEW-Wirtschaftsanalysen – Schriftenreihe des ZEW Band 42. Baden-Baden

Butterwegge, C. 2000: Armutsforschung, Kinderarmut und Familienfundamentalismus, in: Butterwegge, C. (Hg.): Kinderarmut in Deutschland. Ursachen, Erscheinungsformen und Gegenmaßnahmen. Frankfurt / New York, S.21-58

Chassé K. 1996: Ländliche Armut im Umbruch. Lebenslagen und Lebensbewältigung. Opladen

Dangschat, J. 1997: Reichtum und Wohlstand auf Kosten der Armen. Folgen der städtischen Modernisierung für wachsende Einkommenspolarisierung und Segregation, in: Huster, E. (Hg.): Reichtum in Deutschland. Die Gewinner in der sozialen Polarisierung, 2.Aufl. Frankfurt / New York, S.321-355

Dangschat, J. 1995: „Stadt" als Ort und als Ursache von Armut und sozialer Ausgrenzung, in: Aus Politik und Zeitgeschichte, B 31-32, S.50-62

Dann, S. / Kirchmann, A. / Spermann, A. / Volkert, J. 2001: Einstiegsgeld in Baden-Württemberg. Eine Zwischenbilanz des baden-württembergischen Modellversuchs zum Kombi-Einkommen. Hg.: Sozialministerium Baden-Württemberg. Stuttgart

Deutsche Bundesbank 1996a: Die Ausgaben für Sozialhilfe seit Mitte der achtziger Jahre, in: Monatsbericht April, S.35-52

Deutsche Bundesbank 1996b: Fiskalische Hemmnisse bei der Aufnahme einer regulären Erwerbstätigkeit im unteren Lohnsegment, in: Monatsbericht Februar, S.61-66

Deutscher Verein 2002: Anforderungen an eine Reform der Sozialhilfe, in: Nachrichtendienst des Deutschen Vereins für öffentliche und private Fürsorge, 82.Jg., S.238-251

Dietz, B. 1997: Soziologie der Armut. Eine Einführung. Frankfurt / New York

Dingeldey, I. / Gottschall, K. 2001: Alte Leitbilder und neue Herausforderungen: Arbeitsmarktpolitik im konservativ-korporatistischen Wohlfahrtsstaat, in: Aus Politik und Zeitgeschichte, B 21, S.31-38

Dreger, C. / Kempe, W. / Kolb, J. / Trabert, L. 1998: Was bringt der Kombilohn? Eine ökonometrische Analyse der Arbeitsangebotsreaktionen von Sozialhilfeempfängern und der fiskalischen Effekte für Sozialhilfeträger, in: Mitteilungen aus der Arbeitsmarkt- und Berufsforschung, S.705-714

Eggen, B. 2000a: Erwerbsverhalten und Sozialhilfebedürftigkeit allein erziehender Frauen in Ost- und Westdeutschland, in: Nachrichtendienst des Deutschen Vereins für öffentliche und private Fürsorge, 80.Jg., S.417-422

Eggen, B. 2000b: Familien in der Sozialhilfe und auf dem Arbeitsmarkt, in: Sozialer Fortschritt, 49. Jg., S.149-153

Eggen, B. 2000c: Familien in der Sozialhilfe und auf dem Arbeitsmarkt in Ost- und Westdeutschland mit Hervorhebung von Thüringen und Baden-Württemberg. Familienwissenschaftlichen Forschungsstelle, Materialien und Berichte Heft 28. Stuttgart

Eggen, B. 1998: Privathaushalte mit Niedrigeinkommen. Schriftenreihe des Bundesministeriums für Gesundheit Band 100. Baden-Baden

Empter, S. / Frick, F. (Hg.) 1999: Beschäftigungsorientierte Sozialpolitik in Kommunen. Strategien zur Integration von Sozialhilfeempfängern. Gütersloh

Engelen-Kefer 1997: Sozialhilfe in Deutschland, in: Soziale Sicherheit, 46.Jg., S.332-334

Engels, D. 1999: Der Abstand zwischen der Sozialhilfe und unteren Arbeitnehmereinkommen. Forschungsbericht Nr. 276 des Bundesministeriums für Arbeit und Sozialordnung. Bonn

Engels, D. 2001: Abstand zwischen Sozialhilfe und unteren Arbeitnehmereinkommen: Neue Ergebnisse zu einer alten Kontroverse, in: Sozialer Fortschritt, 50.Jg., S.56-62

Engels, D. / Sellin, C. 2000: Die Praxis des automatisierten Datenabgleichs in der Sozialhilfe nach § 117 Abs. 1 und 2 BSHG. Forschungsbericht Nr. 283 des Bundesministeriums für Arbeit und Sozialordnung. Bonn

Farwick, A. 2001: Segregierte Armut in der Stadt. Ursachen und soziale Folgen der räumlichen Konzentration von Sozialhilfeempfängern. Opladen

Farwick, A. 1999: Segregierte Armut in der Stadt – Das Beispiel Bielefeld. Ursachen und soziale Folgen der räumlichen Konzentration von Sozialhilfeempfängern in benachteiligten Gebieten der Stadt Bielefeld. Arbeitspapier Nr. 33 des ZWE Arbeit und Region. Bremen

Farwick, A. / Voges, W. (1997): Segregierte Armut und das Risiko sozialer Ausgrenzung. Zum Einfluß der Nachbarschaft auf die Verstetigung von Sozialhilfebedürftigkeit. Arbeitspapier Nr. 27 des ZWE Arbeit und Region. Bremen

Feist, H. 2000: Arbeit statt Sozialhilfe. Zur Reform der Grundsicherung in Deutschland. Tübingen

Feist, H. / Schöb, R. 2000: Hilfe zur Arbeit – Lehren aus dem Leipziger Modell, in: Wirtschaftsdienst, S.159-166

Franz, W. 1999: Arbeitsmarktökonomik, 4. Aufl. Berlin u.a.

Frick, J. / Büchel, F. / Voges, W. 1996: Sozialhilfe als Integrationshilfe für Zuwanderer in Westdeutschland, in: DIW Wochenbericht, 63.Jg., S. 767-775

Gangl, M. 2000: Arbeitsmarktchancen von Sozialhilfebeziehern in West- und Ostdeutschland, in: Büchel, F. u.a. (Hg.): Zwischen drinnen und draußen. Arbeitsmarktchancen und soziale Ausgrenzung in Deutschland. Opladen, S.181-200

Gangl, M. 1998: Sozialhilfebezug und Arbeitsmarktverhalten, in: Zeitschrift für Soziologie, 27.Jg., S.212-232

Gebauer, R. / Petschauer, H. / Vobruba, G. 2002: Wer sitzt in der Armutsfalle? Selbstbehauptung zwischen Sozialhilfe und Arbeitsmarkt. Berlin

Geppert, K. 1999: Süd-Nord-Gefälle eingeebnet? Zur räumlichen Wirtschaftsentwicklung in Westdeutschland, in: DIW Wochenbericht, 66.Jg., S.67-78

Gern, K.-J. 1999: Auswirkungen verschiedener Varianten einer negativen Einkommensteuer in Deutschland. Eine Simulationsstudie. Tübingen

Glatzer, W. 1998: Nichteheliche Lebensgemeinschaften, in: Aus Politik und Zeitgeschichte, B53, S.17-25

Gornig, M. / Häußermann, H. 1998: Städte und Regionen im Nord-Süd und West-Ost-Gefälle, in: Wollmann, H. / Roth, R. (Hg.): Kommunalpolitik. Bonn, S.338-360

Grabka, M. / Otto, B. 2001: Angleichung der Markteinkommen privater Haushalte zwischen Ost- und Westdeutschland nicht in Sicht, in: DIW Wochenbericht, 68.Jg., S.51-56

Gujarati, D. 1995: Basic Econometrics. 3rd ed. New York

Hackenberg, H. / Wagner, G. 1997: Arbeitsanreize und Arbeitshemmnisse für Sozialhilfeempfänger, in: Wirtschaftsdienst, S.220-226

Häußermann, H. 2000: Die Krise der „sozialen Stadt", in: Aus Politik und Zeitgeschichte, B 10-11, S.13-21

Hagen, C. / Hock, B. 1996: Dynamik von Armut in einer hessischen Kleinstadt. Sozialhilfeverläufe und -karrieren. Frankfurt

Hagen, T. / Steiner, V. 2000: Von der Finanzierung der Arbeitslosigkeit zur Förderung der Arbeit. Analysen und Handlungsempfehlungen zur Arbeitsmarktpolitik. Schriftenreihe des ZEW Band 51. Baden-Baden

Hammel, M. 2000: Sozialhilfedetektive. Sozialhilfeempfänger als Zielperson für Detektive. Starnberg

Hanesch, W. 1995: Reformbedarf und Reformstrategien in der Sozialhilfe, in: WSI Mitteilungen, S.384-395

Hanesch, W. / Krause, P. / Bäcker, G. 2000: Armut und Ungleichheit in Deutschland. Der neue Armutsbericht der Hans-Böckler-Stiftung, des DGB und des Paritätischen Wohlfahrtsverbands. Hamburg

Hauser, R. 2000: Überlegungen zur Abgrenzung einer „Underclass" aus ökonomischer Sicht, in: Büchel, F. u.a. (Hg.): Zwischen drinnen und draußen. Arbeitsmarktchancen und soziale Ausgrenzung in Deutschland. Opladen, S.23-34

Hauser, R. 1997: Vergleichende Analyse der Einkommensverteilung und der Einkommensarmut in den alten und neuen Bundesländern von 1990 bis 1995, in: Becker, I. / Hauser, R. (Hg.): Einkommensverteilung und Einkommensarmut. Deutschland auf dem Weg zur Vierfünftel-Gesellschaft. Frankfurt / New York, S.63-82

Hauser, R. 1996: Ziele und Möglichkeiten einer Sozialen Grundsicherung. Baden-Baden

Hauser, R. 1995a: Die Diskussion um die Reform der Sozialhilfe, in: Wirtschaftsdienst, S.429-433

Hauser, R. 1995b: Das empirische Bild der Armut in der Bundesrepublik Deutschland – Ein Überblick, in: Aus Politik und Zeitgeschichte, B 33-34, S.3-13

Hauser, R. / Becker, I. 2001: Lohnsubventionen und verbesserter Familienlastenausgleich als Instrumente zur Verringerung von Sozialhilfeabhängigkeit, in: Mager, H.-C. / Schäfer, H. / Schrüfer, K. (Hg.): Private Versicherung und Soziale Sicherheit. Festschrift zum 60. Geburtstag von Roland Eisen. Marburg

Hauser, R. / Hübinger, W. 1993: Arme unter uns. Teil 1: Ergebnisse und Konsequenzen der Caritas-Armutsuntersuchung. Freiburg

Hesse, M. / Schmitz, S. 1998: Stadtentwicklung im Zeichen der „Auflösung" und Nachhaltigkeit, in: BBR (Hg.): Stadt – Landschaften. Orientierungen und Bewertungsfragen zur Entwicklung der Agglomerationsräume. Informationen zur Raumentwicklung Heft 7/8, Bonn, S.435-453

Hirschenauer, F. 1997: Erwerbsbeteiligung und Arbeitslosigkeit in den west- und ostdeutschen Arbeitsmarktregionen, in: BfLR (Hg.): Regionale Disparitäten zwischen Normalität und Handlungsbedarf. Bonn, S.63-75

Hoffmann, U. / Beck M. 1994: Die neue Sozialhilfe- und Asylbewerberleistungsstatistik, in: Wirtschaft und Statistik, S.116-127

Hübinger, W. 1996: Prekärer Wohlstand. Neue Befunde zu Armut und sozialer Ungleichheit. Freiburg

Hübinger, W. / Neumann, U. 1998: Menschen im Schatten. Freiburg

Jacobs, H. 2001: Sozialhilfe im Dilemma. Sozialhilfereformen zwischen sozialpolitischer Notwendigkeit und Sparzwang. Frankfurt/M.

Jacobs, H. 2000: Wie wirksam ist die „Hilfe zur Arbeit"? in: Nachrichtendienst des Deutschen Vereins für öffentliche und private Fürsorge, 80.Jg., S.77-84

Jacobs, H. / Ringbeck, A. 1994: Hilfen zur Überwindung von Sozialhilfebedürftigkeit. Eine Untersuchung zur Hilfe zum Lebensunterhalt in den alten Bundesländern. Schriftenreihe des Bundesministeriums für Familie und Senioren. Band 31. Stuttgart

Jakoby, H. 1990: Regionale Lohnstrukturen. Frankfurt / New York

Jenkins, S. / Schluter, C. / Wagner, G. 2000: The Dynamics of Child Poverty: Britain and Germany Compared. DIW Discussion Paper No. 233. Berlin

Jerger, J. / Pohnke, C. / Spermann, A. 2001: Gut betreut in den Arbeitsmarkt? Eine mikroökonometrische Evaluation der Mannheimer Arbeitsvermittlungsagentur. IZA Discussion Paper No. 285

Jeschek, W. 2001: Schulbesuch und Ausbildung von jungen Ausländern – kaum noch Fortschritte, in: DIW Wochenbericht, 68.Jg., S.162-172

Joos, M. 2000: Wohlfahrtsentwicklung von Kindern in den neuen und alten Bundesländern, in: Butterwegge, C. (Hg.): Kinderarmut in Deutschland. Ursachen, Erscheinungsformen und Gegenmaßnahmen. Frankfurt / New York, S.99-114

Judge, G. 1985: The Theory and Practice of Econometrics. New York

Kaltenborn, B. 2000a: Arbeitsmarkteffekte von Niedriglohnsubventionen, in: Sozialer Fortschritt, 49.Jg., S.85-90

Kaltenborn, B. 2000b: Reformkonzepte für die Sozialhilfe: Finanzbedarf und Arbeitsmarkteffekt. Baden-Baden

Kaltenborn, B. 1999: Reformvorschläge für die Sozialhilfe – und ihre Achillesfersen, in: Nachrichtendienst des Deutschen Vereins für öffentliche und private Fürsorge, 79.Jg., S.76-81

Kampmann, R. 1991: Großstädte im Wandel – eine Analyse der Auswirkungen regionaler und sektoraler Entwicklungstendenzen, in: RWI-Mitteilungen, 42.Jg.,S.215-248

Kempe, W. 1998: Hohe Erwerbsbeteiligung ostdeutscher Frauen unabhängig vom Einkommensniveau, in: Wirtschaft im Wandel, Heft 1, S.20-25

KGSt (Hg.) 1997: Steuerung der Sozialhilfe. KGSt-Bericht 11. Köln

Klagge, B. 2000: Disparitäten der Sozialhilfedichte in westdeutschen Städten. Universität Bremen. ZWE Arbeit und Region. Forschungsbericht 12

Klinger, R. 2000: Maßnahmenpaket gegen das Ärgernis „Sozialhilfemissbrauch", in: Nachrichtendienst des Deutschen Vereins für öffentliche und private Fürsorge, 80.Jg., S.73-76

Kohnz, S. / Erber, G. 2000: Lohnspreizung und Arbeitslosigkeit. Theoretische Erklärungsansätze und Stand empirischer Forschung. DIW Diskussionspapier Nr. 194. Berlin

Krämer, W. 1997: Statistische Probleme bei der Armutsmessung. Schriftenreihe des Bundesministeriums für Gesundheit. Baden-Baden

Krause, P. 1997: Zur Messung von Einkommensarmut am Beispiel des vereinigten Deutschlands. Diss. Bochum

Krause, P. / Habich, R. 1999: Einkommensverteilung und Armut, in: Statistisches Bundesamt (Hg.): Datenreport 1999. Zahlen und Fakten über die Bundesrepublik Deutschland. München, S.581-591

Krause, P. / Hanesch, W. / Bäcker, G. 2000: Normalarbeitsverhältnisse, niedrige Erwerbseinkommen und Armut, in: Büchel, F. u.a. (Hg.): Zwischen drinnen und draußen. Arbeitsmarktchancen und soziale Ausgrenzung in Deutschland. Opladen, S.125-138

Kreyenfeld, M. / Spieß, C. / Wagner, G. 2001: Finanzierungs- und Organisationsmodelle institutioneller Kinderbetreuung. Neuwied

Kreyenfeld, M. / Spieß, C. / Wagner, G. 2000: Kindertageseinrichtungen in Deutschland. Ein neues Steuerungsmodell bei der Bereitstellung sozialer Dienstleistungen, in: DIW Wochenbericht, 67.Jg., S.269-275

Kronauer, M. 1997: „Soziale Ausgrenzung" und „Underclass": Über neue Formen der gesellschaftlichen Spaltung, in: Leviathan, Heft 1, S.29-49

Krug, W. 1987: Multivariate Analysen zur Sozialhilfedisparität, in: Allgemeines Statistisches Archiv, 71.Jg., S.245-266

Krug, W. / Meckes, R. 1997: Hilfe zur Arbeit. Aktualisierte Arbeitspotentialschätzung 1994. Schriftenreihe des Bundesministeriums für Gesundheit Band 90. Baden-Baden

Krug, W. / Rehm, N. 1986: Disparitäten der Sozialhilfedichte – Eine statistische Analyse. Schriftenreihe des Bundesministeriums für Jugend, Familie, Frauen und Gesundheit Band 190. Stuttgart

Lampert, H. 1998: Lehrbuch der Sozialpolitik, 5.Aufl. Berlin

Landesarbeitsamt Hessen 1999: Pendler-Atlas Hessen. Frankfurt

Leibfried, S. u.a. 1995: Zeit der Armut. Lebensläufe im Sozialstaat. Frankfurt

Leisering, L. 1997: „Soziale Ausgrenzung" – Zur handlungstheoretischen Fundierung eines aktuellen sozialpolitischen Diskurses, in: Hradil, S. (Hg.): Differenz und Integration. Die Zukunft moderner Gesellschaften. Frankfurt / New York, S. 1039-1053

Leisering, L. 1995: Armutspolitik und Lebenslauf. Zur politisch-administrativen Relevanz der lebenslauftheoretischen Armutsforschung, in: Hanesch, W. (Hg.): Sozialpolitische Strategien gegen Armut. Opladen, S.65-111

Leisering, L. 1993: Armut hat viele Gesichter. Vom Nutzen dynamischer Armutsforschung, in: Nachrichtendienst des Deutschen Vereins für öffentliche und private Fürsorge, 73.Jg., S. 297-305

Leisering, L./ Leibfried, S. 1999: Time an Poverty in Western Welfare States. United Germany in Perspective. Cambridge

Ludwig, M. 1992: Sozialhilfekarrieren: Ein Teufelskreis der Armut? in: Nachrichtendienst des Deutschen Vereins für öffentliche und private Fürsorge, 72.Jg., S.359-365

Lüsebrink, K. / Pentzek, J. / Sommer, R. 2001: Hilfe zur Arbeit – kann sie die Erwartung auf Arbeitsmarktintegration und Unabhängigkeit von der Hilfe zum Lebensunterhalt einlösen? In: Nachrichtendienst des Deutschen Vereins für öffentliche und private Fürsorge, 81.Jg., S.182-187

Mädje, E../ Neusüß C. 1994: Alleinerziehende Sozialhilfeempfängerinnen zwischen sozialpolitischem Anspruch und gesellschaftlicher Realität, in: Zwick, M. (Hg.): Einmal arm, immer arm? Frankfurt / New York, S.134-155

Mädje, E../ Neusüß C. 1996: Frauen im Sozialstaat. Zur Lebenssituation alleinerziehender Sozialhilfeempfängerinnen. Frankfurt / New York

Mansel, J. / Brinkhoff, K-P. 1998: Armut und soziale Ungleichheit im Jugendalter, in: Mansel, J. / Brinkhoff, K-P. (Hg.): Armut im Jugendalter. Soziale Gettoisierung und die psychosozialen Folgen. Weinheim/München, S.7-16

Marlier, E. / Ponthieux, S. 2000: Niedriglöhne in den Ländern der EU, in: Statistik kurzgefasst. Bevölkerung und soziale Bedingungen, Heft 11, S.1-11

Müller, K. / Frick, J. / Hauser, R. 1997: Die hohe Arbeitslosigkeit in den neuen Bundesländern und ihre Verteilungswirkungen, in: Glatzer, W. / Kleinhenz, G. (Hg.): Wohlstand für alle? Opladen, S.63-85

Neubauer, W. 1994: Statistische Methoden. München

Neubauer, W. 1990: Komponentenanalyse. Ein deskriptives Pendant zur stochastischen Kausalanalyse. Johann Wolfgang Goethe-Universität Frankfurt. Fachbereich Wirtschaftswissenschaften

Neuberger, C. 1997: Auswirkungen elterlicher Arbeitslosigkeit und Armut auf Familien und Kinder. Ein mehrdimensionaler empirisch gestützter Zugang, in: Otto, U. (Hg.): Aufwachsen in Armut. Erfahrungswelten und soziale Lage von Kindern und Familien. Opladen, S.79-122

Neumann, U. 1999a: Struktur und Dynamik von Armut. Eine empirische Untersuchung für die Bundesrepublik Deutschland. Freiburg

Neumann, U. 1999b: Verdeckte Armut in der Bundesrepublik Deutschland, in: Aus Politik und Zeitgeschichte, B18, S.27-32

Olk, T. 2000: Weder Rund-Um-Versorgung noch „pure" Eigenverantwortung. Aktivierende Strategien in der Politik für Familien, alte Menschen, Frauen, Kinder und Jugendliche, in: Mezger, E. / West, K.-W. (Hg.): Aktivierender Sozialstaat und politisches Handeln, S.105-124

Olk, T. / Rentzsch, D. 1997: Armutsverläufe - erste Ergebnisse einer Kohortenanalyse Hallenser Sozialhilfeempfänger(innen), in: Becker, I. / Hauser, R. (Hg.): Einkommensverteilung und Armut. Frankfurt / New York, S.161-184

Otto, B. / Spieß, C. / Teichmann, D. 2001: Berechnung des grünen Kindergrundsicherungsmodells und einer Gegenfinanzierung durch ein Ehegattensplitting. Kurzgutachten des DIW Berlin für die Bundestagsfraktion von Bündnis 90/Die Grünen. Berlin

Paqué, K.-H. 1999 : Beschäftigung für Arbeitskräfte mit geringer Produktivität. Ein Beitrag zum Umbau des Sozialstaats, in: Jahrbücher für Nationalökonomie und Statistik, Bd. 219, S.194-215

Peters, B. 1996: Das öffentliche Bild von Armut. Aktuelle Armutsbilder im Spiegel der Presse, in: Zeitschrift für Sozialreform, 42.Jg., S.518-548

Pfeiffer, B. 1997: Determinanten von Erwerbschancen und Arbeitslosigkeitsrisiko im ostdeutschen Transformationsprozeß, in: Mitteilungen aus der Arbeitsmarkt- und Berufsforschung, S.170-194

Pohl, R. 2000: Der Konflikt zwischen tariflichen oder staatlichen Mindestlöhnen und dem Sozialhilfeniveau, in: Hauser, R. (Hg.): Die Zukunft des Sozialstaats. Berlin

Reichard, C. / Schuppan, T. 2000: Wie ernst ist es der Bundesregierung mit dem Thema „Aktivierender Staat"? Anmerkungen zum Konzept der Bundesregierung zur Staats- und Verwaltungsmodernisierung, in: Mezger, E. / West, K.-W. (Hg.): Aktivierender Sozialstaat und politisches Handeln, S.81-97

Rentzsch, D. / Buhr, P. 1996: Im Osten nichts Neues? Sozialhilfeverläufe in Ost- und Westdeutschland im Vergleich. Arbeitspapier Nr. 41 des Sonderforschungsbereich 186 der Universität Bremen. Statuspassagen und Risikolagen im Lebenslauf

Riehle, E. 2000: Die minderjährige Schwangere – ein Fall für § 16 BSHG? in: ZFSH/SGB 8/200, S.456-459

Riphahn, R. 2000: Rational Poverty or Poor Rationality? The Take-up of Social Assistance Benefits (IZA Discussion Paper No. 124). Bonn

Riphahn, R. 1999: Why did social assistance dependence increase? Habilitationsschrift (unveröffentlicht). Universität München

Riphahn, R. 1998.: Immigrant Participation in the German Welfare Program, in: Finanzarchiv, 55.Jg., S.163-185

Riphahn, R. / Thalmaier, A. / Zimmermann, K. 1999: Schaffung von Arbeitsplätzen für Geringqualifizierte. IZA research report series No.2. Bonn

Rothkegel, R. 2000: Der Bedarfsdeckungsgrundsatz der Sozialhilfe, in: ZFSH/SGB Heft 5, S.259-275

Ruspini, E. 1999: Living on the Poverty Line: A Comparative, Dynamic, Analysis of Lone Mothers' Poverty in Belgium, Germany, Great Britain, Italy and Sweden, in: DIW Vierteljahresheft 2/1999, S.263-269

Schäfer, C. 1997: Empirische Überraschungen und politische Herausforderung: Niedriglöhne in Deutschland, in: Becker, I. / Hauser, R. (Hg.): Einkommensverteilung und Armut. Frankfurt / New York, S.84-111

Schellhorn, H. 1994: Das Verhältnis von Sozialhilferecht und Unterhaltsrecht am Beispiel der Heranziehung Unterhaltsverpflichteter zu den Sozialhilfeaufwendungen. Frankfurt

Schmidt, H. 2000: Sprachwirrwarr. Die Begriffe Familienbesteuerung, Familienlastenausgleich und Familienleistungsausgleich, in: Jans, B. / Habisch, A. / Stutzer, E. (Hg.): Familienwissenschaftliche und familienpolitische Signale. Max Wingen zum 70. Geburtstag. Grafschaft

Schmolling, P. 1994: Die Armut in der Bundesrepublik Deutschland im Kontext gesellschaftlicher und politischer Entwicklung. Hamburg

Schneider, H. u.a. 2002: Anreizwirkungen der Sozialhilfe auf das Arbeitseinkommen im Niedriglohnbereich. Baden-Baden

Schoch, D. 2002: Einzelanspruch und Bedarfsgemeinschaft. Zur Bedeutung auch der neueren Rechtsprechung des Bundesverwaltungsgerichts für die Praxis, in: Nachrichtendienst des Deutschen Vereins für öffentliche und private Fürsorge, 82.Jg., Heft 1, S.8-16

Schoch, D. 2001: Sozialhilfe. Einführung, Sozialleistungen, Verwaltungsverfahren, Sozialdatenschutz, 3.Aufl. Köln

Schulte, B. / Trenk-Hinterberger, P. 1986: Sozialhilfe. Eine Einführung, 2.Aufl. Heidelberg

Schulz, E. 1999: Zuwanderung, temporäre Arbeitsmigranten und Ausländerbeschäftigung in Deutschland, in: DIW Vierteljahreshefte, S.386-423

Seewald, H. 1998: Zur sozialen Lage in den neuen Ländern und Berlin-Ost. Sozialhilfe und Leistungen nach dem Asylbewerberleistungsgesetz, in: Wirtschaft und Statistik, S.285-298

Seifert, W. 1996: Berufliche, ökonomische und soziale Mobilität von Arbeitsmigranten zwischen 1984 und 1993, in: Zapf, W. / Schupp, J. / Habich, R. (Hg.): Lebenslagen im Wandel: Sozialberichterstattung im Längsschnitt. Frankfurt / New York, S.240-263

Seitz, H. / Kurz, C. 1998: Arbeitslosigkeit, Zuwanderung und Sozialhilfe: Eine Analyse der Determinanten und der Finanzierung der Sozialhilfeausgaben. Europa-Universität Viadrina Frankfurt (Oder). Diskussionspapier 114

Sell, S. 2000: Sozialhilfe, Familienpolitik und Arbeitsmarktintegration. Schnittstellenprobleme und ausgewählte Lösungsansätze, in: Sozialer Fortschritt, 49.Jg., S.154-163

Semrau, P. 1990: Entwicklung der Einkommensarmut, in: Döring, D./ Hanesch, W./ Huster, E.-U. (Hg.): Armut im Wohlstand. Frankfurt, S.111-128

Sen, A. 1998: Ausgrenzung und Politische Ökonomie, in: Voges, W. / Kazepov, Y. (Hg.): Armut in Europa. Schriften der Sektion Sozialpolitik der Deutschen Gesellschaft für Soziologie, Band 2. Wiesbaden, S.12-25

Siebenhaar, B. / Sommer, R. 1999: Grundlagen des Sozialhilferechts, in: Imlau-Staupendahl (Hg.): Sozialhilfe. Eine Einführung. Frankfurt, S.1-34

Spindler, H 1999: Benchmarking - Wettbewerb unter den Kommunen, in: Sozialer Fortschritt, 48.Jg., S.303-312

Statistisches Bundesamt (Hg.) 2000a: Informationsblatt als Bestandteil des Erhebungsvordruckes für die Statistik der Empfänger von Sozialhilfe. Stand: April 2000

Statistisches Bundesamt (Hg.) 2000b: Sozialhilfe im Ländervergleich 1998. Hilfe zum Lebensunterhalt. Wiesbaden

Statistisches Bundesamt (Hg.) 1998: Im Blickpunkt: Leben und Arbeiten in Deutschland. Stuttgart

Strengmann-Kuhn, W. 2000: Erwerbstätigkeit und Einkommensarmut: Armut trotz Erwerbstätigkeit, in: Büchel, F. u.a. (Hg.): Zwischen drinnen und draußen. Arbeitsmarktchancen und soziale Ausgrenzungen in Deutschland, S.139-151

Strengmann-Kuhn, W. 1996: Arbeitsangebot privater Haushalte in Deutschland. Ein Ost-West-Vergleich unter Berücksichtigung des unteren Einkommensbereichs, in: Andreß, H.-J. (Hg.): Fünf Jahre danach. Berlin, S.67-99

Strohmeier, K. / Kersting, V. / Neubauer, J. 1999: „Steuerungskennzahlen" in der Sozialhilfe. Eine methodenkritische Untersuchung am Beispiel eines Kennzahlenvergleichs in der Sozialhilfe. Projektbericht für die Hans-Böckler-Stiftung. Bochum

Stubig, H.-J. 1998: Zur Situation von älteren Ausländern in der Sozialhilfe, in: Sozialer Fortschritt, 47.Jg., S.210-214

Stubig, H.-J. / Reuter, U. 1999: Senioren in der Sozialhilfe. Zum gleichzeitigen Bezug von Rente und Sozialhilfe, in: Sozialer Fortschritt, 48.Jg., S.12-17

Tengler, H. 1989: Die Shift-Analyse als Instrument der Regionalforschung. Stuttgart

Thränhardt, D. / Dieregsweiler, R. / Santel, B. 1994: Ausländerinnen und Ausländer in Nordrhein-Westfalen. Die Lebenslage der Menschen aus den ehemaligen Anwerbeländern und die Handlungsmöglichkeiten der Politik. Landessozialbericht Band 6 im Auftrag des Ministerium für Arbeit, Gesundheit und Soziales des Landes Nordrhein-Westfalen. Düsseldorf

Thuy, P. 1999: Sozialstaatsprinzip und Marktwirtschaft. Eine ordnungspolitische Analyse unter besonderer Berücksichtigung des grundgesetzlichen Sozialstaatspostulats und der Sozialen Marktwirtschaft. Bern

Veit-Wilson, J. 1998: Armutsgrenze oder Mindesteinkommensstandards? Das Problem eines Diskurskonfliktes, in: Voges, W. / Kazepov, Y. (Hg.): Armut in Europa. Schriften der Sektion Sozialpolitik der deutschen Gesellschaft für Soziologie, Band 2. Wiesbaden, S.25-45

Voges, W. / Weber, A. 1997: Sozialhilfe im Strukturwandel. Auswirkungen von Zuwanderung, Arbeitsmarkt und gewandelten Haushaltsstrukturen, in: Becker, I. / Hauser, R. (Hg.): Einkommensverteilung und Armut. Deutschland auf dem Weg zur Vierfünftel-Gesellschaft? Frankfurt/New York, S.135-159

Walwei, U. 1999: Subventionierung von niedrigen Löhnen: Zu den Vorschlägen einer Senkung der Sozialversicherungsbeiträge für Geringverdiener, in: Mitteilungen aus der Arbeitsmarkt- und Berufsforschung, S.514-535

Weick, S. 1999: Relative Einkommensarmut bei Kindern. Untersuchungen zu Lebensbedingungen und Lebensqualität von 1984 bis 1996. Gießen

Werner, W. 1998: Armut und Obdachlosigkeit in der Kommune, in: Wollmann, H. / Roth, R. (Hg.): Kommunalpolitik. Bonn, S.703-716

Wilson, J. 1987: The Truly Disadvantaged. The Inner City, the Underclass, and Public Policy. Chicago

Wingen, M. 1999: Balance von Familienarbeit und Erwerbsarbeit. Frankfurt

Wingen, M. 1997: Familienpolitik. Grundlagen und aktuelle Probleme. Bonn

Winter, H. 1999: Wohnsituation der Haushalte 1998, Teil 2: Haushalte und ihre Mieten, in: Wirtschaft und Statistik, S.858-864

Wogawa, D. 2000: Missbrauch im Sozialstaat. Eine Analyse des Missbrauchsarguments im politischen Diskurs. Wiesbaden

Wolff, K. / Beck, M. 1993: Defizite der amtlichen Sozialhilfestatistik, Armutsdiskussion und Statistikreform, in: Zeitschrift für Sozialreform, 38.Jg., S.417-442

Zahn, R. 1999: Die Erwerbsbeteiligung im Familienzusammenhang und ausgewählte Einflußfaktoren, in: Wirtschaft und Statistik, S.28-38

Zwick, M. 1997: „panta rhei" – Fluktuation und Strukturwandel der Sozialhilfeklientel, in: Müller, S. / Otto, U. (Hg.): Armut im Sozialstaat. Neuwied, S.49-94

Anhang 1: In der Sozialhilfeempfängerstatistik erhobene Merkmale

Der Erhebungsbogen richtet sich an die Bedarfsgemeinschaft (BG). Entsprechend werden bestimmte Merkmale nicht personenbezogen erhoben, sondern nur für die Bedarfsgemeinschaft. Im Folgenden sind die in der Bestandsstatistik erhobenen Merkmale aufgeführt. Es schließen sich die ergänzenden Angaben beim Abgang aus dem Hilfebezug an, die in der vierteljährlichen Zu- und Abgangsstatistik nachgewiesen sind.

Bestandsstatistik:

- *Wohnort der BG* (Land, Kreis, Gemeinde, Gemeindeteil)
- *Art des Trägers* (örtlich=1, überörtlich=2)

Neben diesen beiden Angaben, die jedem Empfänger zuzuordnen sind, werden spezifisch personenbezogene Daten erfasst, also individuelle Merkmale für jedes Mitglied der Bedarfsgemeinschaft:

- *Stellung zum Haushaltsvorstand* (Haushaltsvorstand, Ehegatte(in), Kind, Verwandte oder Verschwägerte, Sonstige Personen)
- *Geschlecht* (männlich, weiblich)
- *Geburtsjahr*
- *Personengruppe* (Deutsche, EU-Ausländer, Asylberechtigte, Bürgerkriegsflüchtlinge, sonstige Ausländer)
- *Art der gewährten Mehrbedarfszuschläge.* Max. 4 von 7 möglichen Zuschlägen für: (1) Personen, die mindestens 65 Jahre alt sind, (2) Erwerbsunfähige Personen unter 65 Jahre, (3) Werdende Mütter ab der 12. Schwangerschaftswoche, (4) Allein Erziehende mit einem Kind unter 7 bzw. zwei oder drei Kindern unter 16 Jahren, (5) Allein Erziehende mit vier und mehr Kindern unter 16 Jahren, (6) Behinderte ab 15 Jahre, die Eingliederungshilfe erhalten, (7) Personen, die Krankenkost benötigen

Für die Altersgruppe der 15- bis unter 65-jährigen Hilfeempfänger zusätzlich:

- Erwerbsstatus. (1) Vollzeiterwerbstätig, (2)Teilzeiterwerbstätig, (3) Arbeitslos mit Leistungen nach SGB III, (4) Arbeitslos ohne Leistungen, Nicht erwerbstätig: (5) Wegen Aus- und Fortbildung, (6) Wegen häuslicher Bindung, (7) Wegen Krankheit, Behinderung, Arbeitsunfähigkeit, (8) Aus Altersgründen, (9) Aus sonstigen Gründen

Wenn arbeitslos gemeldet, seit wann (Monat, Jahr)

- *Höchster allgemeinbildender Schulabschluss.* (1) In schulischer Ausbildung, (2) Volks-/Hauptschulabschluss, (3) Realschulabschluss oder gleichwertiger Abschluss, (4) Fachhochschul- oder Hochschulreife (Abitur), (5) Sonstiger Schulabschluss, (6) Kein Schulabschluss, (9) Unbekannt
- *Höchster Berufsausbildungsabschluss.* (1) Kein Abschluss und nicht in Ausbildung, (2) Noch in beruflicher Ausbildung, (3) Abgeschlossene kaufmännische

Lehre, (4) Abgeschlossene gewerbliche, technische o.a. Lehre, (5) Abgeschlossene beruflich-schulische Ausbildung, (6) Abschluss einer Fachschule, Meisterschule, Technikerschule, Berufs- oder Fachakademie, (7) Fachhochschul- oder Hochschulabschluss, (8) Anderer beruflicher Ausbildungsabschluss, (9) Unbekannt

Es folgen Fragen, die sich an die Bedarfsgemeinschaft richten, also keine personen-, sondern nur gruppenspezifische Merkmale erfassen:

- HLU innerhalb oder außerhalb von Einrichtungen
- Beginn der lfd. HLU an Bedarfsgemeinschaft in obiger Zusammensetzung (Monat/Jahr)
- Beginn der ununterbrochenen Gewährung lfd. HLU für mind. 1 Mitglied der BG (Monat/Jahr)
- Bruttobedarf der BG
- Anerkannte Bruttokaltmiete in DM/Monat
- (Netto-)Anspruch der Bedarfsgemeinschaft
- Besondere soziale Situation (max. 2 von 9 möglichen Angaben): (1) Tod eines Familienmitglieds, (2) Trennung/Scheidung, (3) Geburt eines Kindes, (4) Freiheitsentzug/Haftentlassung, (5) Unterbringung eines Familienmitglieds in einer stationären Einrichtung, (6) Suchtabhängigkeit, (7) Überschuldung, (8) Ohne eigene Wohnung, (9) Keine der vorgenannten sozialen Situationen
- HLU voraussichtlich nur als Vorleistung?
- Zahl der Haushaltsmitglieder
- Zahl aller HLU-Empfänger im Haushalt
- Angerechnetes bzw. in Anspruch genommenes Einkommen. Hier findet einerseits die Erfassung aller Einkommensarten statt, andererseits nur der Haupteinkommensart, also der betragsmäßig höchsten Einkommensart. Es werden 15 Einkommensarten (inkl. Sonstige Einkünfte) berücksichtigt. Bei der Haupteinkommensart besteht zusätzlich die Möglichkeit „Kein Einkommen" anzukreuzen. Die spezifizierten Einkommen im Einzelnen: (1) Einkünfte aus unselbständiger Arbeit, (2) Einkünfte aus selbständiger Arbeit. Die Leistungen der gesetzlichen Unfall-, Renten- und Handwerkerversicherung sowie der Alterssicherung der Landwirte werden unterschieden nach: (3) Erwerbs- und Berufsunfähigkeitsrente, (4) Altersrente, (5) Hinterbliebenenrente. Es folgen (6) Versorgungsbezüge, (7) Renten aus betrieblicher Altersversorgung, (8) Leistungen der GKV, (9) Arbeitslosengeld, (10) Arbeitslosenhilfe, (11) Unterhaltsvorschuss oder -ausfalleistung nach dem Unterhaltsvorschussgesetz, (12) Kindergeld, (13) Wohngeld, (14) Private Unterhaltsleistungen, (15) Sonstige Einkünfte und für das Haupteinkommen als zusätzliche Kategorie: Kein Einkommen

Abgangsstatistik:

Bei der Änderung in der Zusammensetzung der Bedarfsgemeinschaft ist anzugeben:

Zeitpunkt der Änderung in der Zusammensetzung der Bedarfsgemeinschaft

Bei der Einstellung der Leistungsgewährung sind anzugeben:

1. *Zeitpunkt der Einstellung der Leistungsgewährung*
2. *Grund der Einstellung der Leistungsgewährung.*
    - o Tod des Hilfeempfängers
    - o Ausreichendes Einkommen wegen:
        - o Eheschließung
        - o Erstaufnahme einer Erwerbstätigkeit
        - o Wiederaufnahme einer Erwerbstätigkeit
        - o Erhöhter Einkünfte aus Erwerbstätigkeit
        - o Gewährung oder Erhöhung anderer staatlicher Leistungen (z.B. Rente, Kindergeld etc.)
        - o erstmaligen Erhalts oder Erhöhung privater Unterstützungszahlungen
    - o Wechsel des Wohnortes innerhalb des Bundesgebietes
    - o Wechsel des Wohnortes außerhalb des Bundesgebietes
    - o Wechsel der Zuständigkeit
    - o sonstige Gründe.

Bei Erst- oder Wiederaufnahme einer Erwerbstätigkeit (Gründe (3) oder (4)) sind ergänzend anzugeben:

Die Aufnahme der Erwerbstätigkeit wurde

(1) gefördert durch Maßnahmen des BSHG

(2) gefördert durch Maßnahmen des SGB III

(3) nicht gefördert.

Quelle:
Statistisches Bundesamt (Hg.) 2000a: Informationsblatt als Bestandteil des Erhebungsvordruckes für die Statistik der Empfänger von Sozialhilfe. Stand: April 2000

Anhang 2: Ergebnisse der Komponentenzerlegung

Ergebnisse der Komponentenzerlegung der Sozialhilfequoten nach Nationalität, Geschlecht und Alter der Empfänger laufender Hilfe zum Lebensunterhalt außerhalb von Einrichtungen im Jahr 1998.

Tabelle A 8.1 Sozialhilfequoten ausgewählter Bundesländer
Abweichungen vom westdeutschen Durchschnitt
für Bevölkerungsgruppen nach Nationalität, Geschlecht und Altersgruppen (1998)

	Rheinland-Pfalz				Hessen				Baden-Württemberg			
	Struktur-faktor	Regional-faktor	Interaktions-term	Gesamt-effekt	Struktur-faktor	Regional-faktor	Interaktions-term	Gesamt-effekt	Struktur-faktor	Regional-faktor	Interaktions-term	Gesamt-effekt
Deutsche	0,093	-0,460	-0,016	-0,383	-0,089	0,225	-0,009	0,127	-0,023	-0,998	0,009	-1,012
Männlich	0,046	-0,223	-0,009	-0,185	-0,039	0,128	-0,005	0,084	-0,005	-0,429	0,001	-0,432
unter 6	0,004	-0,036	-0,001	-0,033	-0,013	0,022	-0,001	0,007	0,006	-0,061	-0,002	-0,057
6 bis 10	0,008	-0,024	-0,002	-0,018	-0,010	0,023	-0,002	0,011	0,002	-0,046	-0,001	-0,044
10 bis 18	0,018	-0,035	-0,003	-0,020	-0,013	0,016	-0,001	0,002	0,003	-0,077	-0,001	-0,075
18 bis 30	0,002	-0,020	0,000	-0,018	-0,004	0,015	0,000	0,010	-0,001	-0,066	0,000	-0,067
30 bis 40	0,000	-0,038	0,000	-0,038	-0,001	0,021	0,000	0,020	0,000	-0,069	0,000	-0,069
40 bis 50	0,012	-0,035	-0,003	-0,026	0,001	0,017	0,000	0,018	-0,004	-0,051	0,001	-0,053
50 bis 65	-0,001	-0,033	0,000	-0,034	0,001	0,010	0,000	0,011	-0,010	-0,046	0,003	-0,053
ab 65	0,004	-0,003	0,000	0,001	0,001	0,004	0,000	0,005	-0,002	-0,014	0,001	-0,015
Weiblich	0,047	-0,237	-0,007	-0,197	-0,050	0,097	-0,004	0,043	-0,019	-0,569	0,007	-0,580
unter 6	0,004	-0,034	-0,001	-0,031	-0,012	0,010	-0,001	-0,003	0,005	-0,054	-0,001	-0,050
6 bis 10	0,009	-0,023	-0,002	-0,016	-0,009	0,018	-0,001	0,007	0,002	-0,040	-0,001	-0,039
10 bis 18	0,017	-0,031	-0,003	-0,017	-0,013	0,020	-0,001	0,005	0,004	-0,074	-0,002	-0,072
18 bis 30	0,002	-0,035	0,000	-0,033	-0,008	0,009	0,000	0,001	-0,002	-0,103	0,001	-0,104
30 bis 40	0,001	-0,053	0,000	-0,052	-0,004	0,008	0,000	0,005	-0,003	-0,108	0,001	-0,110
40 bis 50	0,012	-0,027	-0,002	-0,017	0,001	0,009	0,000	0,010	-0,006	-0,067	0,002	-0,070
50 bis 65	-0,004	-0,024	0,000	-0,027	-0,002	0,002	0,000	0,000	-0,010	-0,070	0,004	-0,076
ab 65	0,006	-0,009	0,000	-0,003	-0,003	0,020	0,000	0,017	-0,009	-0,053	0,003	-0,058
Nichtdeutsche	-0,267	-0,264	0,068	-0,462	0,160	0,175	0,028	0,364	0,186	-0,447	-0,089	-0,350
Männlich	-0,115	-0,139	0,032	-0,222	0,072	0,092	0,014	0,179	0,087	-0,215	-0,041	-0,170
unter 6	-0,015	-0,026	0,006	-0,035	0,013	0,011	0,002	0,025	0,011	-0,026	-0,004	-0,020
6 bis 10	-0,011	-0,015	0,004	-0,022	0,006	0,009	0,001	0,015	0,007	-0,020	-0,003	-0,016
10 bis 18	-0,025	-0,013	0,004	-0,034	0,012	0,014	0,002	0,029	0,013	-0,035	-0,006	-0,027
18 bis 30	-0,017	-0,028	0,006	-0,039	0,008	0,016	0,002	0,026	0,015	-0,037	-0,007	-0,030
30 bis 40	-0,011	-0,028	0,004	-0,035	0,013	0,013	0,002	0,028	0,009	-0,033	-0,004	-0,029
40 bis 50	-0,010	-0,014	0,003	-0,021	0,009	0,008	0,002	0,019	0,009	-0,022	-0,004	-0,017
50 bis 65	-0,020	-0,011	0,004	-0,027	0,006	0,012	0,001	0,020	0,018	-0,031	-0,010	-0,023
ab 65	-0,007	-0,003	0,001	-0,009	0,004	0,009	0,002	0,015	0,006	-0,012	-0,003	-0,009
Weiblich	-0,152	-0,125	0,036	-0,241	0,088	0,083	0,014	0,185	0,099	-0,232	-0,047	-0,180
unter 6	-0,015	-0,022	0,005	-0,032	0,012	0,009	0,002	0,023	0,011	-0,028	-0,005	-0,022
6 bis 10	-0,011	-0,012	0,003	-0,020	0,006	0,008	0,001	0,014	0,006	-0,017	-0,003	-0,014
10 bis 18	-0,023	-0,015	0,005	-0,033	0,011	0,011	0,002	0,023	0,012	-0,031	-0,005	-0,025
18 bis 30	-0,028	-0,029	0,008	-0,049	0,016	0,018	0,003	0,037	0,020	-0,045	-0,009	-0,034
30 bis 40	-0,022	-0,024	0,006	-0,040	0,020	0,009	0,002	0,030	0,014	-0,036	-0,006	-0,028
40 bis 50	-0,018	-0,013	0,004	-0,026	0,009	0,008	0,001	0,018	0,012	-0,026	-0,006	-0,020
50 bis 65	-0,024	-0,005	0,002	-0,027	0,010	0,012	0,002	0,025	0,018	-0,033	-0,010	-0,025
ab 65	-0,012	-0,005	0,002	-0,015	0,004	0,010	0,001	0,015	0,006	-0,015	-0,003	-0,011
Insgesamt	-0,174	-0,723	0,052	-0,845	0,071	0,401	0,019	0,491	0,162	-1,445	-0,080	-1,363

Quelle: Eigene Berechnungen auf Basis der 25%-Stichprobe der Sozialhilfeempfängerstatistik und Statistik Regional

Ergebnisse der Komponentenzerlegung der Sozialhilfequoten nach Nationalität, Geschlecht und Alter der Empfänger laufender Hilfe zum Lebensunterhalt außerhalb von Einrichtungen im Jahr 1997.

Tabelle A 8.2 Sozialhilfequoten ausgewählter Bundesländer
Abweichungen vom westdeutschen Durchschnitt
für Bevölkerungsgruppen nach Nationalität, Geschlecht und Altersgruppen (1997)

	Rheinland-Pfalz				Hessen				Baden-Württemberg			
	Struktur-faktor	Regional-faktor	Interaktions-term	Gesamt-effekt	Struktur-faktor	Regional-faktor	Interaktions-term	Gesamt-effekt	Struktur-faktor	Regional-faktor	Interaktions-term	Gesamt-effekt
Deutsche	0,103	-0,351	-0,013	-0,262	-0,094	0,211	-0,008	0,109	-0,023	-0,970	0,009	-0,984
Männlich	0,051	-0,175	-0,007	-0,131	-0,042	0,111	-0,004	0,066	-0,005	-0,407	0,001	-0,410
unter 6	0,005	-0,036	-0,001	-0,032	-0,015	0,016	-0,001	0,000	0,006	-0,054	-0,002	-0,050
6 bis 10	0,010	-0,016	-0,001	-0,008	-0,011	0,013	-0,001	0,001	0,003	-0,043	-0,001	-0,041
10 bis 18	0,018	-0,023	-0,002	-0,007	-0,013	0,019	-0,001	0,005	0,003	-0,076	-0,001	-0,074
18 bis 30	0,002	-0,013	0,000	-0,011	-0,005	0,014	0,000	0,009	-0,001	-0,062	0,000	-0,063
30 bis 40	0,002	-0,030	0,000	-0,029	-0,002	0,020	0,000	0,018	0,001	-0,070	0,000	-0,069
40 bis 50	0,012	-0,029	-0,003	-0,020	0,002	0,015	0,000	0,017	-0,005	-0,045	0,002	-0,048
50 bis 65	-0,001	-0,026	0,000	-0,026	0,000	0,009	0,000	0,009	-0,009	-0,045	0,003	-0,051
ab 65	0,004	-0,002	0,000	0,001	0,001	0,005	0,000	0,006	-0,002	-0,012	0,001	-0,014
Weiblich	0,051	-0,176	-0,006	-0,131	-0,053	0,100	-0,004	0,043	-0,018	-0,563	0,007	-0,574
unter 6	0,005	-0,024	-0,001	-0,019	-0,014	0,015	-0,001	0,001	0,005	-0,055	-0,001	-0,052
6 bis 10	0,009	-0,024	-0,002	-0,016	-0,010	0,016	-0,001	0,005	0,003	-0,039	-0,001	-0,037
10 bis 18	0,018	-0,017	-0,002	0,000	-0,013	0,015	-0,001	0,001	0,004	-0,072	-0,001	-0,070
18 bis 30	0,001	-0,019	0,000	-0,018	-0,008	0,011	0,000	0,002	-0,002	-0,101	0,001	-0,103
30 bis 40	0,003	-0,045	0,000	-0,042	-0,004	0,010	0,000	0,006	-0,002	-0,107	0,001	-0,109
40 bis 50	0,011	-0,021	-0,001	-0,011	0,002	0,007	0,000	0,009	-0,006	-0,063	0,002	-0,067
50 bis 65	-0,003	-0,017	0,000	-0,020	-0,003	0,003	0,000	0,000	-0,010	-0,070	0,004	-0,076
ab 65	0,006	-0,010	0,000	-0,004	-0,003	0,022	0,000	0,019	-0,009	-0,055	0,003	-0,061
Nichtdeutsche	-0,274	-0,210	0,055	-0,430	0,166	0,265	0,044	0,475	0,182	-0,436	-0,085	-0,339
Männlich	-0,120	-0,111	0,026	-0,206	0,077	0,141	0,022	0,240	0,085	-0,210	-0,039	-0,164
unter 6	-0,015	-0,025	0,005	-0,035	0,013	0,016	0,003	0,032	0,011	-0,028	-0,005	-0,021
6 bis 10	-0,013	-0,010	0,003	-0,020	0,007	0,013	0,002	0,021	0,006	-0,020	-0,003	-0,016
10 bis 18	-0,026	-0,010	0,003	-0,032	0,013	0,020	0,003	0,037	0,013	-0,035	-0,006	-0,028
18 bis 30	-0,019	-0,024	0,005	-0,037	0,009	0,034	0,004	0,048	0,015	-0,036	-0,006	-0,027
30 bis 40	-0,012	-0,024	0,004	-0,032	0,015	0,023	0,004	0,042	0,009	-0,031	-0,004	-0,026
40 bis 50	-0,011	-0,009	0,002	-0,018	0,009	0,012	0,002	0,023	0,009	-0,021	-0,004	-0,016
50 bis 65	-0,019	-0,005	0,002	-0,023	0,007	0,015	0,002	0,023	0,017	-0,030	-0,010	-0,022
ab 65	-0,006	-0,003	0,001	-0,008	0,004	0,009	0,002	0,014	0,004	-0,010	-0,002	-0,007
Weiblich	-0,154	-0,099	0,029	-0,224	0,089	0,123	0,022	0,235	0,097	-0,226	-0,045	-0,175
unter 6	-0,015	-0,023	0,005	-0,033	0,013	0,017	0,004	0,034	0,011	-0,027	-0,004	-0,021
6 bis 10	-0,012	-0,010	0,003	-0,019	0,006	0,011	0,002	0,018	0,006	-0,018	-0,002	-0,014
10 bis 18	-0,024	-0,008	0,003	-0,029	0,011	0,016	0,003	0,030	0,013	-0,031	-0,006	-0,024
18 bis 30	-0,029	-0,029	0,008	-0,049	0,018	0,029	0,005	0,052	0,020	-0,046	-0,009	-0,035
30 bis 40	-0,023	-0,014	0,004	-0,033	0,020	0,016	0,004	0,039	0,013	-0,036	-0,006	-0,028
40 bis 50	-0,018	-0,006	0,002	-0,022	0,009	0,010	0,002	0,021	0,012	-0,025	-0,006	-0,019
50 bis 65	-0,023	-0,008	0,003	-0,027	0,010	0,015	0,003	0,027	0,017	-0,031	-0,010	-0,024
ab 65	-0,010	-0,001	0,000	-0,011	0,003	0,010	0,001	0,013	0,005	-0,012	-0,002	-0,009
Insgesamt	-0,171	-0,562	0,041	-0,692	0,072	0,476	0,036	0,584	0,159	-1,406	-0,076	-1,324

Quelle: Eigene Berechnungen auf Basis der 25%-Stichprobe der Sozialhilfeempfängerstatistik und Statistik Regional

Ergebnisse der Komponentenzerlegung der Sozialhilfequoten der Empfänger laufender Hilfe zum Lebensunterhalt außerhalb von Einrichtungen nach Haushaltstyp, Nationalität und Altersgruppe des Haushaltsvorstandes im Jahr 1997.

Tabelle A 8.3 Sozialhilfequoten ausgewählter Bundesländer
Abweichungen vom westdeutschen Durchschnitt nach Haushaltstyp
unter Berücksichtigung von Geschlecht, Nationalität, Altersgruppen und Kinderzahl (1997)

	Rheinland-Pfalz				Hessen				Baden-Württemberg			
	Struktur-faktor	Regional-faktor	Interaktions-term	Gesamt-effekt	Struktur-faktor	Regional-faktor	Interaktions-term	Gesamt-effekt	Struktur-faktor	Regional-faktor	Interaktions-term	Gesamt-effekt
Alleinstehende	-0,125	-0,136	0,026	-0,236	-0,040	0,168	-0,009	0,118	0,016	-0,326	-0,007	-0,317
Männer ab 65	0,001	-0,006	0,000	-0,005	-0,003	0,011	-0,001	0,007	0,000	-0,008	0,000	-0,009
unter 65, dt.	-0,048	-0,055	0,010	-0,093	-0,012	0,041	-0,002	0,027	0,008	-0,112	-0,003	-0,108
unter 65, ausl.	-0,019	-0,025	0,008	-0,036	0,000	0,036	0,000	0,036	0,005	-0,020	-0,002	-0,016
Frauen ab 65	0,002	-0,020	0,000	-0,019	-0,017	0,047	-0,006	0,023	-0,003	-0,056	0,001	-0,058
unter 65, dt.	-0,047	-0,017	0,004	-0,061	-0,013	0,023	-0,001	0,009	-0,002	-0,110	0,001	-0,111
unter 65, ausl.	-0,013	-0,013	0,005	-0,022	0,005	0,010	0,001	0,016	0,009	-0,019	-0,005	-0,015
Alleinerziehende	-0,193	-0,094	0,016	-0,272	-0,086	0,118	-0,013	0,019	0,020	-0,251	-0,008	-0,238
1 Kind	-0,079	-0,048	0,009	-0,118	-0,016	0,029	-0,001	0,011	-0,025	-0,088	0,005	-0,108
2 Kinder	-0,089	-0,015	0,004	-0,100	-0,031	0,044	-0,004	0,009	0,015	-0,100	-0,004	-0,090
ab 3 Kinder	-0,026	-0,031	0,004	-0,053	-0,039	0,046	-0,008	-0,001	0,030	-0,062	-0,009	-0,040
Paare ohne Kind	-0,019	-0,015	0,004	-0,030	0,018	0,045	0,004	0,066	-0,006	-0,097	-0,002	-0,104
ab 65, dt.	0,005	0,001	0,000	0,006	0,003	0,001	0,000	0,004	-0,001	-0,012	0,000	-0,012
ab 65, ausl.	0,000	-0,009	0,000	-0,009	0,007	0,007	0,002	0,016	0,005	-0,010	-0,002	-0,007
unter 65, dt.	-0,007	0,008	0,000	0,001	0,003	0,016	0,000	0,019	-0,019	-0,042	0,005	-0,056
unter 65, ausl.	-0,016	-0,015	0,004	-0,028	0,005	0,021	0,002	0,028	0,010	-0,033	-0,005	-0,028
Paare mit Kind	-0,095	-0,109	0,018	-0,186	0,039	0,249	0,010	0,298	0,131	-0,431	-0,065	-0,366
1 Kind, dt.	0,009	-0,012	-0,001	-0,004	0,003	0,029	0,000	0,032	-0,020	-0,054	0,006	-0,068
1 Kind, ausl.	-0,016	-0,040	0,006	-0,050	0,017	0,023	0,004	0,044	0,010	-0,045	-0,004	-0,040
2 Kinder, dt.	0,001	-0,012	0,000	-0,011	-0,008	0,049	-0,002	0,039	0,018	-0,088	-0,008	-0,078
2 Kinder, ausl.	-0,021	-0,043	0,007	-0,057	0,022	0,044	0,008	0,075	0,045	-0,070	-0,024	-0,049
ab 3 Kinder, dt.	0,000	0,014	0,000	0,013	-0,027	0,055	-0,008	0,020	0,024	-0,088	-0,012	-0,076
ab 3 K., ausl.	-0,067	-0,016	0,005	-0,077	0,031	0,050	0,008	0,089	0,054	-0,086	-0,024	-0,055
Sonstige	0,099	-0,073	-0,010	0,016	0,024	0,039	0,001	0,064	-0,004	-0,310	0,002	-0,312
Insgesamt	-0,333	-0,428	0,054	-0,708	-0,046	0,619	-0,007	0,565	0,157	-1,415	-0,080	-1,338

Anmerkungen: Für die Zuordnung nach Altersgruppen und Nationalität ist die entsprechende Ausprägung für den Haushaltsvorstand (Sozialhilfestatistik) bzw. für die Bezugsperson (Mikrozensus) berücksichtigt.

Quelle: Eigene Berechnungen auf Basis der 25%-Stichprobe der Sozialhilfeempfängerstatistik und des Mikrozensus

Anhang 3: Siedlungsstrukturelle Regionstypen des BBR

Die siedlungsstrukturelle Gebietstypisierung geht von den Raumordnungsregionen aus. Die 97 bundesdeutschen Raumordnungsregionen werden entsprechend der Merkmale Zentralität, Verdichtung und Lage nach drei *Regionsgrundtypen* unterschieden:

- Agglomerationsräume bzw. hochverdichtete Regionen: Regionen mit einem Oberzentrum von mindestens 300.000 Einwohnern (EW) oder/und einer Bevölkerungsdichte von ca. 300 EW/qkm und mehr.
- Verstädterte Räume bzw. Regionen mit Verdichtungsansätzen: Regionen mit einer Bevölkerungsdichte über 150 EW/qkm und/oder einem Oberzentrum von über 100.000 Einwohnern bei einer Mindestdichte von 100 EW/qkm.
- Ländlich Räume bzw. ländlich geprägte Regionen: Regionen ohne Oberzentrum über 100.000 Einwohner bei einer Bevölkerungsdichte unter 150 EW/qkm und Regionen mit Oberzentrum über 100.000 Einwohner bei einer Dichte unter 100 EW/qkm.

Diese Regionsgrundtypen werden nochmals tiefer gegliedert nach „differenzierten Regionstypen“. Gliederungskriterien bleiben die Bevölkerungsdichte und die Existenz von Oberzentren. Dadurch ergeben sich insgesamt sieben *differenzierte Regionstypen*:

- Hochverdichtete Agglomerationsräume: Regionen mit einem Oberzentrum über 100.000 Einwohnern und einer Umland-Dichte über 300 EW/qkm.
- Agglomerationsräume mit herausragenden Zentren: Regionen mit einem Oberzentrum über 100.000 Einwohner und einer Umland-Dichte unter 300 EW/qkm.
- Verstädterte Räume höherer Dichte: Regionen mit einer Dichte über 200 EW/qkm.
- Verstädterte Räume mittlerer Dichte mit großen Oberzentren: Regionen mit einer Dichte zwischen 100 und 200 EW/qkm und einem Oberzentrum mit über 100.000 Einwohnern.
- Verstädterte Räume mittlerer Dichte ohne große Oberzentren: Regionen mit einer Dichte von 150-200 EW/qkm und ohne Oberzentrum mit über 100.000 EW.
- Ländliche Räume höherer Dichte: Regionen mit einer Dichte über 100 EW/qkm.
- Ländliche Räume geringere Dichte: Regionen mit einer Dichte unter 100 EW/qkm.

Neben diesen siedlungsstrukturellen Regionstypen werden *siedlungsstrukturelle Kreistypen* festgelegt. Bei dieser Typisierung wird von den Kreisen ausgegangen. Die Kreise werden aber nicht isoliert betrachtet, sondern innerhalb des Regionsgrundtyps. Dieses Vorgehen, den Kreistyp in Abhängigkeit von Regionstyp zu bestimmen, soll gewährleisten, dass die Einbindung des Kreises in die Region berücksichtigt wird. Es können also durchaus relativ dünn besiedelte Kreise in hochverdichteten Regionen liegen und damit einem anderen Kreistyp zugeordnet werden als Kreise mit einer entsprechenden Bevölkerungsdichte, die aber in einem anderen Regionstyp liegen.

Für die Festlegung der siedlungsstrukturellen Kreistypen wird nach „Kernstädten" (kreisfreie Städte über 100.000 Einwohner) und sonstigen Kreisen differenziert. Die sonstigen Kreise sind nicht nur Landkreise, sondern können auch kreisfreie Städte mit weniger als 100.000 Einwohnern sein. Sie werden mit ihrem Umland zu „Kreisregionen" zusammengefasst. Die Zuordnung zu den Kreistypen erfolgt entsprechend der Bevölkerungsdichte unter Berücksichtigung der Regionsgrundtypen. Die Einbindung in die Region ist also gewährleistet. Es werden neun *siedlungsstrukturelle Kreistypen* unterschieden:

I. Agglomerationsräume:
1. Kernstädte in Agglomerationsräumen: kreisfreie Städte mit über 100.000 Einwohnern.
2. Hochverdichtete Kreise in Agglomerationsräumen: Kreise mit einer Bevölkerungsdichte von mindestens 300 EW/qkm.
3. Verdichtete Kreise in Agglomerationsräumen: Kreise mit einer Bevölkerungsdichte zwischen 150 und 300 EW/qkm.
4. Ländliche Kreise in Agglomerationsräumen: Kreise und Kreisregionen mit einer Bevölkerungsdichte von weniger als 150 EW/qkm.

II. Verstädterte Räume:
5. Kernstädte in verstädterten Räumen: kreisfreie Städte mit über 100.000 Einwohnern.
6. Verdichtete Kreise in verstädterten Räumen: Kreise und Kreisregionen mit einer Bevölkerungsdichte von mindestens 150 EW/qkm.
7. Ländliche Kreise in verstädterten Räumen: Kreise und Kreisregionen mit einer Bevölkerungsdichte von weniger als 150 EW/qkm.

III. Ländliche Räume:
8. Ländliche Kreise höherer Dichte: Kreise und Kreisregionen mit einer Bevölkerungsdichte von mindestens 100 EW/qkm.
9. Ländliche Kreise geringerer Dichte: sonstige Kreise und kreisfreie Städte in ländlich geprägten Regionen.

Quellen:
BBR (Hg.) 2001: Aktuelle Daten zur Entwicklung der Städte, Kreise und Gemeinden. Berichte Band 8, Ausgabe 2000. Bonn
BfLR (Hg.) 1995: Laufende Raumbeobachtung. Aktuelle Daten zur Entwicklung der Städte, Kreise und Gemeinden 1992/93. Materialien zur Raumentwicklung Heft 67. Bonn

Kolibri 360 GmbH
Ferdinand-Jühlke-Straße 7
99095 Erfurt, Deutschland
produktsicherheit@kolibri360.de

Druck:
CPI Druckdienstleistungen GmbH
im Auftrag der
Kolibri 360 GmbH
Ferdinand-Jühlke-Str. 7
99095 Erfurt